개정판

아동복지론

CHILD WELFARE

개정판

아동복지론

박인전 · 권성민 · 전혜경 · 김보민 지음

교문사

아동복지론의 초판이 출간된 지 어언 10여 년이 되어간다. 책의 내용을 개정해야 할 필요성을 벌써 절감하였으나 이런저런 핑계로 차일피일 미루다 이제야 개정판을 내게 되었다. 특히 이번 개정판 작업은 사랑하는 제자들과 함께여서 더없이 기쁘게 느껴진다.

최근 급속한 과학문명의 발달과 첨단산업화가 우리 인간의 물질적 생활을 보다 윤택하게 하고 편리한 생활을 영위하도록 기여했다는 데는 반론의 여지가 없을 것이다. 하지만 다른 한편으로는 인간의 정서적 생활에 부정적인 영향을 준 바도 적지 않으며, 그 대상이 아동인 경우는 더욱 심각해 보인다.

기계문명이 발달된 최첨단사회 속 아동은 이미 자신의 생활을 스스로 선택할 수 있는 자유를 잃어버렸다고 해도 과언이 아니다. 이들은 온종일 부모가 짜놓은 빽빽한 스케줄에 통제받고, 창의적인 놀이 대신에 텔레비전이나 스마트폰이나 게임기에 몰두하고 있다. 현대적인 의미의 더 좋은 놀이터가 생겨나고는 있지만 놀이의 실조를 제대로 보상하지는 못하고 있으며, 자연을 접할 기회 역시 그리 많아 보이지 않는다.

이렇다 보니 정서적으로 힘들어하는 아동의 수가 해를 거듭할수록 늘고 있다. 잠시도 가만히 있지 못하고 마구 돌아다니는 아이, 다른 친구와 긍정적 상호작용을 전혀 못하는 아이, 지나치게 자신만 아는 이기적인 아이, 심하게 위축되어 있고 불안해하는 아이 등 이러한 유형의 아이들이 안타깝게도 점점 늘고 있다. 또 한편으로 부모나 가까운 사람에게서 학대받는 아동의 수가 점차 늘어나고, 방임이나 방치 등 어른들의 무관심 속에서 지내는 아동이 증가하고 있다. 이 모든 일이 우리 아이들의 행복추구권을 침해하고 있다.

특별히 학대나 방임에 노출되어 있지 않다고 하더라도 요즘의 아이들은 정말 딱할 정도로 빽빽한 일과를 소화하고 있지 않은가? 아마도 이들은 성인보다 더 바쁘게 하루하루를 힘들게 보내고 있을 것이다. 조그마한 유아가 그 작은 등에 커다란 가방을 멘 채로 차를 기다리고 있는 모습을 볼 때마다 가슴 저 아래서 솟구치는, 뭔가 표현하기 힘든 그야말로 안타까운 심정이다. 진정으로 아이들이 행복하고 몸과 마음이 모두 건강하게 자랄 수 있는 환경을 조성하는 일이 이렇게 힘든 일인가, 하고 자문하지 않을 수 없다.

이 책에서는 아동복지에 대한 개념적 이해를 비롯하여, 아동복지 실천 방법에 대해 살펴보고자 한다. 책의 내용은 크게 2부로 이루어져 있는데, 1부는 아동복지를 배우는 사람들의 기본자세에서부터 아동복지의 운영체계, 자원봉사에 이르기까지 아동복지에 대한 전반적 이해를 도모하기 위한 내용으로 구성되어 있다. 2부는 저출산시대의 아동복지 실천부터 시설아동을 위한 복지 실천에 이르기까지 최근 우리 사회에서 문제시되고 있는 아동복지사업의 실제에 관한 내용을 담고 있다. 특히 개정판을 집필하면서 달라진 우리 사회의 현상을 적극 반영하기 위해 노력하였고 보다 구체적이고 현실적인 부분에 집중하였다.

본인을 비롯한 이 책의 저자들은 책의 내용을 개정하느라 나름 노력하였으나 미흡한 부분이 여전히 적지 않음을 느끼고 있다. 하지만 이 개정판이 유아교육현장을 비롯한 사회복지현장의 관계자, 나아가 각 가정의 부모님에게 조금이나마 도움이 될 수 있으면 더 없이 좋겠다는 소박한 바람을 가지고 부족함을 느낌에도 불구하고 출판을 결정하였다.

이 자리를 통해 우리나라를 비롯한 전 세계 아동의 복지수준 제고를 위해 각자의 일터에서 묵묵히 당신의 일을 하며 아이들에게 따뜻한 사랑과 관심을 보여주신 모든 분께 진심으로 감사를 전한다. 마지막으로 개정판이 나올 수 있도록 적극적으로 도와주신 교문사의 사장님과 편집부의 여러 선생님들의 노고에 깊은 감사의 마음을 표한다.

2015년 7월
저자 대표

최근 우리 사회에서 가장 빈번하게 회자되고 있는 말은 아마도 저출산, 고령화, 양극화일 것이다. 젊은 세대들이 아이를 낳지 않으려 한다고 온 나라가 저출산에 따른 걱정에 휩싸여 있다. 이런 추세가 지속된다면 우리 사회를 지탱해갈 기본인력조차 부족하게 되어 사회가 정상적으로 유지되기 어려운 상황이 닥칠지 모른다는 불안감에 국민들은 심히 염려하고 있다. 애를 많이 낳지 말라고 정부가 캠페인을 벌인 지가 불과 몇 해 전인 듯한데, 이제는 많이 낳으라고, 아이를 낳으면 여러 가지 혜택을 주겠다고……, 여러 가지 출산장려정책을 펼치고 있다.

우리 사회는 어느 시점부터인가 상당히 변화된 모습을 보이기 시작했는데, 아동복지 부분에서도 적잖은 변화를 초래하였다. 우리는 흔히 '아동은 우리의 미래를 짊어지고 나갈 역군'이라고 말한다. 그만큼 아동을 소중히 생각하고 잘 육성해야 함을 의미하는 말일 것이다.

하지만 최근 들어 나타나고 있는 사회현상을 보면 심히 걱정하지 않을 수 없다. 우선 급증하고 있는 아동학대문제가 그러하고 왕따, 학교폭력, 초 조기교육, 사교육 과열, 경제적 어려움으로 인한 가족해체, 빈곤가정아동 출현 등이 오늘날 심각한 사회문제로 대두되고 있다.

진정 아동이 행복한 것은 어떤 것일까? 그야말로 아동복지의 궁극적 목적은 아동을 진정으로 행복하게 만드는 것이 아닐까? 어른들은 아동을 보다 더 행복하게 해주기 위해 불철주야(?) 애쓰고 있다고 강조하고 있지만, 이 땅에 사는 아이들이 우리 성인에게 바라는 속내가 진정 무엇인지는 잠시라도 생각해볼 수 있기를 간곡히 바라는 마음이다.

이 책은 근본적으로 그런 맥락에서 출판되었다고 감히 말하고 싶다. 또한 아동복지에 대한 기본적 이해를 돕고, 아동복지 실천방법에는 구체적으로 어떠한 것이 있는지에 대해 관심이 있는 사람들을 위해 출간하였다.

책 내용은 크게 2부로 나누어져 있는데, 제1부는 아동복지를 배우는 사람들의 기본자세에서부터 아동복지의 운영체제, 자원봉사에 이르기까지 아동복지에 대한 전반적 이해를 도모하기 위해 구성되었으며, 제2부에서는 맞벌이가정의 아동복지 실천에서부터 시설아동을 위한 복지 실천에 이르기까지 최근 우리 사회에서 문제가 되고 있는 아동복지사업의 실제에 관한 내용을 담고자 하였다. 특히 2부에서는 각 아동복지사업과 관련한 최근 기사를 '시사쟁점' 부분으로 구성하여 소개함으로써 최근 일어나고 있는 아동복지사업 각 분야의 현상 내지 실제를 보다 현실감 있게 다루고자 노력하였다. 아울러 '교재는 왜 늘 딱딱한 느낌을 주어야 하는 것일까?' 하는 평소 저자의 개인적인 생각에, 학생들이 비록 전공서적이긴 하지만 교양도서처럼 항상 가까이에 두면서 읽고 싶은 마음이 생길 수 있게 하기 위하여 무거운 느낌이 다소 덜하도록 구성해보았다.

저자는 대학에서 약 20여 년 동안 아동복지를 강의해오면서 늘 반문하는 것이 있다. 과연 우리 아이들이 행복한 삶을 살아가도록 하기 위해 우리 성인들은 올바른 역할과 자세를 취하고 있는가 하는 것이다. 솔직히 저자 스스로도 이에 대하여 자신 있게 '예'라고 말하기는 어렵다.

책을 집필하는 내내 본인은 이런 다짐을 해보았다. 앞으로 이 땅의 우리 아이들이 더 이상 매 맞지 않고 성폭력을 당하는 일이 없으며, 부모로부터 버림받지 않고 인간으로서의 기본적 권리를 누릴 수 있는 사회 속에서 정말로 행복한 삶을 살 수 있도록 우리 어른들이 노력하지 않으면 안 될 것이라고……

책을 막 출간하고자 하였을 때 미흡한 부분이 적지 않음을 발견하고 부끄러운 마음이 들었던 것이 사실이다. 하지만 책이 세상의 빛을 보는 바로 그 시점은 아동복지의 끝이 아닌 시작이자 출발점에 불과하다는 생각에 많은 부족함을 느낌에도 불구하고 출판하기로 용기를 냈다. 이 책이 향후 보다 좋은 책이 될 수 있도록 평소 아동복지에 관심이 있는 분들의 애정 어린 조언을 기대해 마지않는다.

끝으로 책이 나올 수 있기까지 많은 도움을 주신 교문사 사장님을 비롯한 출판사 관계자분들께 감사드리며, 학문적 동반자인 남편에게도 감사의 마음을 전한다. 그리고 평소 엄마로서의 역할을 다하지 못함에도 내색 한 번 하지 않고 오히려 엄마 걱정에 여념이 없는, 사랑하는 두 아이에게 특별히 감사의 마음을 표하고 싶다. 이들은 내 삶이 지칠 때 언제나 날 일으켜 세워주고 보다 충실한 삶이 되도록 에너지를 주며 세상을 정말 아름다운 눈으로 바라볼 수 있도록 나를 독려해주는 든든한 후원자임이 틀림없다.

이 책이 세상에 나올 수 있도록 나에게 큰 힘이 되어주고, 늘 바라만 보고 있어도 가슴 저 밑바닥에서 용솟음치는 삶의 열정을 일깨워주는 사랑하는 아들 민호, 딸 민영에게 이 책을 바친다.

2006년 7월
저자

PART 1
아동복지에 대한 이해

PART 2
아동복지사업의 실제

아동복지에 대한 이해

CHAPTER 1

아동복지를 배우는
사람의 자세

웃어라, 세상은 그대와 함께 웃으리라.
울어라, 오직 당신 혼자 울게 될 것이다.
슬픈 지구는 웃음은 빌리고 싶지만
눈물은 이미 충분하기 때문이다.

– 엘라 윌러 윌콕스(Ella Wheeler Wilcox)

아동복지는 사회복지서비스의 한 분야로 아동에 관한 여러 가지 문제나 심리상태에 대해 현상학적으로만 연구하는 순수과학의 특성을 지닌다기보다는 아동의 심리적 측면과 아동이 속해 있는 사회환경과의 관계 속에서 아동이 지니고 있는 제반 문제와 이를 해결하기 위해 가능한 모든 방법을 찾아냄으로써 이들에게 도움을 주고자 하는 응용과학의 특성을 지닌다. 다시 말해 아동복지는 사회복지나 사회사업일 뿐만 아니라 사회학, 심리학, 문화인류학, 교육학, 철학, 의학, 간호학 등 다방면의 학문적 지식을 필요로 하는 종합과학이다.

프랑스의 철학자 베르그송(Bergson)은 "아이와 함께 잠을 자는 엄마는 천둥이나 번개 치는 소리는 의식하지 못해도 아이가 아파서 내는 신음이나 힘겨운 숨소리에는 눈을 뜨게 된다. 이렇듯 엄마는 자기 아이에 대해 늘 마음이 쓰여 잠을 제대로 잘 수가 없다."라고 하였다. 이 말은 비단 어머니–자녀 간 관계에 국한된 것이 아니라 사람은 누구나 마음을 쓰는 것 혹은 관심을 갖는 대상에 대해서는 잠을 자고 있거나 꿈을 꾸는 중에도 항상 주의를 집중하는 일에 게을리하지 않음을 뜻한다.

아동복지와 관련된 일을 하는 사람들은 단순히 아동을 보살피고 그들에게 지식이나 기능을 가르치는 것만으로 보육이나 교육을 다했다고 생각해서는 곤란하다. 인간이 '살아간다.'라고 하는 것이 무엇을 뜻하며 아동의 '발달가능성'이란 무엇인가에 대해 깊이 생각하고 아동이나 부모들로부터 경험하고 배운 것을 소중히 받아들여야 한다. 그 위에 자기 스스로 학습하고 터득한 지식이나 기술을 구사하며, 아동의 건전한 성장·발달을 위해 끊임없이 노력해야 한다.

따라서 아동복지 업무에 종사하는 사람은 아동을 사랑하는 마음과 다른 사람을 도우려는 자세를 항상 갖추어야 하고, 나아가 이러한 모든 일이 제 일이라 생각하고 받아들이는 태도를 갖추고 있어야 하며 그러한 생각을 실생활 속에서 행동으로 옮겨야 한다.

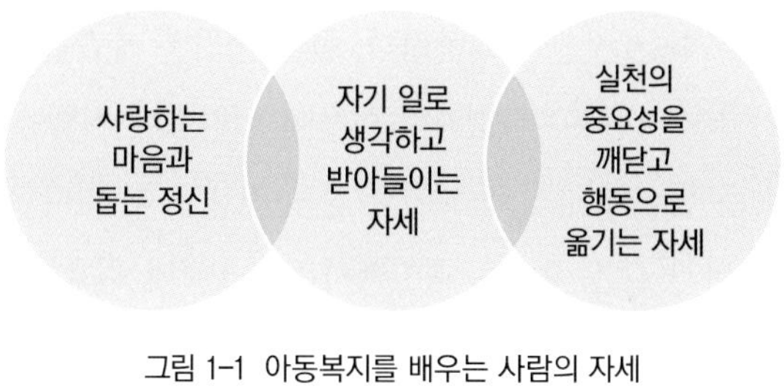

사랑하는
마음과
돕는 정신

자기 일로
생각하고
받아들이는
자세

실천의
중요성을
깨닫고
행동으로
옮기는 자세

그림 1-1 아동복지를 배우는 사람의 자세

복지사회 구현은 결코 말이나 생각만으로 이루어질 수 있는 것이 아니고 마음과 행동으로 실천하는 자세를 가질 때 비로소 이루어진다.

1 사랑하는 마음과 돕는 정신

아동복지에 대해 공부하거나 아동복지와 관련된 업무에 종사하는 사람이 기본적으로 지녀야 할 몇 가지 마음가짐이 있는데, 그중에서 우선적으로 필요한 부분이 복지(welfare)를 지탱하고 있는 정신을 아는 것이다. 아동복지도 사회복지서비스의 한 부분이므로 사회복지의 정신에 대해 생각해야 한다.

사회복지의 기본정신은 혜택받지 못한 사람에 대해 사랑의 마음과 도와주고자 하는 마음을 갖는 것인데, 여기서 사랑이란 자식에게 향하는 부모의 사랑과 같이 보상이나 대가를 바라지 않는 사랑, 즉 '주는 사랑(agape)'을 의미한다. 이와 같은 '주는 사랑'을 아동복지적 관점에서 생각해보면 '다른 어떤 조건을 떠나 아이를 사랑하고 아이를 돌보는 것 자체가 좋다.'라고 하는 마음가짐을 갖는 것이다. 특정 아동에 대해서가 아니라 장애아동을 포함한 모든 아동에 대해서 그러한 마음가짐과 자세를 가져야 한다는 것이다.

아동복지에서 복지에 관한 지식이나 기술은 중요하다. 하지만 그것보다 더욱 중요한 것은 복지의 마음, 즉 도와주고자 하는 마음이다. 돕는 정신이란 곤경에 처한 사람에게 도움을 주는 것으로, 어려운 사람을 돕는 것은 물론이고 어려울 때 같은 처지라고 도와주려는 마음, 인간으로서 서로 동료라는 연대감과 거기에 대한 상호부조의 정신을 토대로 한다(井上 肇·野口勝己, 1993). 그러나 오늘날 우리 사회에는 이러한 인간 대 인간의 연대감이 결여되어 있으며 바람직한 인간관계 형성이 부족하고, 사회 전반적으로 사랑의 마음과 남을 돕고자 하는 정신이 희박하다. 물론 어려운 사람을 도와주는 일에는 국가나 지방자치단체가 우선 나서야 하겠지만 이웃이 어려움에 처했을 때, 그들의 어려움이나 아픔이 나의 작은 관심과 정성으로 어느 정도 치유될 수 있다는 따뜻한 마음과 상부상조의 정신이 오늘날과 같은 각박한 현실에서는 무엇보다 필요한 요소이다.

2 자기 일로 생각하고 받아들이는 자세

산업화와 과학기술의 발달이 우리 인간의 물질적인 생활을 윤택하게 하고, 더욱 편리한 생활을 영위하도록 하는 데 큰 공헌을 한 것은 사실이다. 그러나 인간의 정서적 생활 등에 부정적인 영향을 미친 바 또한 적지 않으며, 특히 아동에게 미치는 영향은 매우 크다고 할 수 있다.

최근의 아동복지는 과거에 비해 활동범위가 굉장히 확대되고, 더욱 많은 아동이 그 대상이 되고 있다. 머지않아 우리 사회의 모든 아동이 아동복지의 대상이 될 수 있을 것이다. 모든 복지사업이 마찬가지겠지만 아동복지 역시 결코 다른 사람만의 일이 아닌 자기 일이다. 또 시설보호아동이나 교정시설 등에 수용되어 있는 아동을 두고 '가정환경이 나쁘다.' 혹은 '부모의 책임이다.'라고 말하거나, 한편으로 '나 자신이 축복받고 있다는 것을 알았다.'는 식으로 생각하는 것은 아동복지를 배우고, 이를 담당해야 할 사람의 자세로 적합하지 않다.

부정적인 상황은 누구에게나 발생할 가능성이 있다. 예를 들어 교통사고를 당해 장애인이 될 수도 있고, 부모의 이혼으로 부득이하게 한부모가정이 될 수도 있으며, 자녀가 비행에 빠지는 일 등은 오늘날 어느 가정에서나 발생할 수 있을 만큼 가능성이 높은 일이다. 그뿐만 아니라 이러한 불행이 일어나지 않게 하기 위해 사회가 어떠한 노력을 해야 하는지, 또는 현재 어려운 상황을 감당하고 있는 아동을 위해 사회 또는 개인이 어떤 일을 해야 하는지 등에 대해 새삼 깊이 생각하는 태도나 자세가 바로 아동복지를 배우고 이를 수행할 사람들의 자세인 것이다(井上 肇 外, 1993).

3 실천의 중요성을 깨닫고 행동으로 옮기는 자세

아동복지는 교실 안에서 하나의 학문으로 공부하는 것 못지않게 현장에서 몸소 체험하는 측면, 즉 실천이 매우 중요한 학문이다. "알고 있는 것은 행해야 하고, 알고 있으면서도 행하지 않는 것은 알고 있지 못한 것만도 못하다."라고 주장한 소크라테스의 말처럼, 이론만 알고 실행이 뒤따르지 않으면 아무 소용이 없다. 예를 들면, 자원봉사자들처럼 아동복지의 중요성을 알고 순수하게 복지에 대한 열의로 실천에 옮기는 것이 중요하다. 자원봉사자는 아동복지를 전문 직업으로 삼고 있는 사람들과 비교해보면 기술적으로는 다소 미흡하지만, 복지와 관련된 업무에 적극적으로 참가하는 그들의 열정과 노력은 더 없이 소중하다.

아동복지는 이런 의미에서 실천적이며, 사회를 살아가는 사람들을 대상으로 한 학문이다. 아동복지의 수많은 이론은 실천을 쌓아가면서 얻은 실천의 성과를 정리한 것이라고 할 수 있다. 따라서 실천에 의해 이론을 이해하고 실천을 통해 이론을 검증하는 것이 매우 중요하다. 실천으로부터 이론이 태어난다는 것은 실천으로부터 이론을 낳게 하는 노력이 필요하다는 사실을 의미한다. 즉 행동하는 것뿐만 아니라 실천의 성과를 쌓아가는 일로부터 이론을 낳으려는 노력이 필요하다. 그러한 과정 중 계속적인 지도와 개선의 노력이 학문의 발전과 진보로 이어지게 될 것이다(井上 肇 外, 1993).

아동복지현장에서 여러 사람이 겪는 고민이나 문제를 체험을 통해서 아는 것 역시 중요하다. 결국 실천을 통하여 올바른 아동관이나 아동양육철학을 갖게 된다. 예를 들어 어린이집 보육교사가 되기 위해서는 반드시 보육실습을 이수해야 하는데 보육교사를 위한 보육실습이 필수적이라고 말하는 자체가 바로 실천 체험의 중요성을 가리킨다. 나아가 아동복지와 관련된 다양한 현장을 견학하는 것도 귀중한 체험이 되며, 아동복지 이해를 위하여 시야를 넓히는 계기가 될 수 있다.

CHAPTER 2

아동복지란 무엇인가

울지 않기 위해 웃어야 한다.
밤과 낮 나를 짓누르는 두려운 고통 때문에,
웃지 않았다면 나는 죽었을 것이다.

– 에이브러햄 링컨(Abraham Lincoln)

1 아동복지의 개념

아동복지는 '아동(child)'과 '복지(welfare)'라는 두 용어의 합성어이다. '복지'란 원래 안녕(well-being), 행운(good fortune), 행복(happiness) 등의 동의어로 쓰이며 '잘 지내다.', '순조롭게 잘 되어가다.'라는 뜻을 가지고 있다. 이러한 맥락에서 살펴볼 때 아동복지란 아동이 더할 나위 없이 만족스러우며 행복하고 편안하게 잘 지내는 상태를 의미한다고 할 수 있다.

맨골드(Mangold, 1941)에 의하면 아동복지란 아동이라고 규정한 연령층에 속하는 사람에게 영양·교육·보호의 과정을 통하여 적절한 신체적·정신적 및 도덕적인 발전을 기하는 것이며, 아동의 심신발달에 좋지 않은 영향을 미치는 여러 가지 환경적 조건이나 장애를 제거하고, 그것으로부터 아동을 보호하는 여러 가지 방법을 말한다(성영혜·김연진, 1997, 재인용).

아동복지에 관한 개념은 구체적으로 어떤 아동이 아동복지의 대상이 되며, 또 어떠한 주체에 의해 복지활동이 수행되느냐에 따라 달라지는데 여기에서는 3단계, 즉 극히 넓은 의미로서의 아동복지, 넓은 의미로서의 아동복지, 좁은 의미로서의 아동복지로 나누어 살펴보기로 한다.

1) 극히 넓은 의미로서의 아동복지

극히 넓은 의미로서의 아동복지는 '아동의 행복'이라는 의미로 이용된다. 예를 들면, 정치가 등이 "지역사회의 아동복지 향상을 위하여…"라고 말하는 경우, 아동의 행복이라는 의미로 사용된다. 그러나 무엇이 행복이며, 어느 정도가 행복한 수준인지는 주관적인 성격이 다르므로 개인 혹은 사회에 따라 달라질 수 있다. 아동이나 성인의 경우 모두 마찬가지로 경제적으로 풍부한 상태를 행복이라고 생각하는 사람이 있는가 하면, 단지 편안한 생활을 행복이라고 생각하는 사람도 있다. 무엇이 행복인가 하는 것이 사람에 따라서 다르다는 것은 인간이 행복해지기 위한 방법도 여러 가지가 있을 수 있음을 의미한다. 그러므로 극히 넓은 의미에서 아동복지의 개념은 아동이 행복해지기 위한 실제적인 내용이나 구체적인 활동영역이 여러 가지이고 일정하지 않지만, 아동의 행복을 목적으로 하고 있다는 점에서 목적개념(目的槪念)이라고 할 수 있다. 목적개념으로서의 아동복지는 아동복지(child welfare)라기보다는 아동의 복지(welfare of child)라고 하는 것이 더 적절하다(井上 肇 外, 1993).

2) 넓은 의미로서의 아동복지

넓은 의미로서의 아동복지는 아동을 위한 사회적 서비스를 의미하는 것으로, 목적개념으로서의 아동복지와 달리 아동에 관한 구체적인 시설 또는 대책의 내용을 가진 실체개념(實體槪念)으로서의 아동복지를 말한다.

넓은 의미의 아동복지는 아동을 위한 건강, 교육, 노동, 오락 그리고 놀이터 설치나 통학로 확보 등을 포함한 건설, 정비 등 아동의 일상생활과 직접적으로 관련 있는 제 영역의 공적서비스를 포함한다. 따라서 넓은 의미의 아동복지란 아동이 가족 및 사회의 일원으로서 건전한 성장과 발달을 할 수 있도록 개인이나 단체에 의해 행해지는 일체의 활동을 말하며, 복지사업을 펼치는 다양한 주체가 서로 유기적인 관계하에 요보호아동을 포함한 모든 아동과 그 가족을 대상으로 체계적인 복지활동 및 서비스를 전개해나가는 것을 의미한다.

카두신(Kadushin, 1984)은 넓은 의미의 아동복지를 모든 아동의 행복 및 사회 적응을 위해 심리적·사회적·생물학적 잠재력을 길러주기 위한 각종 활동이라고 정의하였다. 코스틴(Costin, 1983)은 아동복지란 아동과 그 가족의 복지를 증진시키는 한편, 모든 아동의 복리증진을 위한 것이라고 하면서 그렇게 하기 위해서는 무엇보다도 가정생활의 기능을 강화해야 한다고 주장하였다. 특히 오늘날처럼 급변하는 시대에는 가정의 심리적 기능을 무엇보다 강화해야 하며, 부모–자녀 간 유대관계를 더 긴밀히 유지할 필요성이 절실히 요구된다. 병적으로 밀착된 부모–자녀의 관계가 아니라 긍정적이고 건강한 부모–자녀 간의 유대가 중요하다. 보다 폭넓게 보면, 부모가 아기를 가지기 이전부터 올바른 부모 됨에 대한 자세를 지니는 것부터 아기를 가진 태중의 시기를 잘 지나고 신생아기, 영아기, 유아기를 거쳐 아동기, 청소년기 등에 이르기까지 자녀의 건강한 심신발달을 위해 각 가정의 부모와 사회 모두가 노력하는 자세야말로 아동복지를 위한 기본 마음가짐이다.

3) 좁은 의미로서의 아동복지

좁은 의미로서의 아동복지는 구체적인 아동복지사업을 뜻한다. 일반적으로 좁은 의미
의 아동복지란 요보호아동을 중심으로 한 복지활동이며, 비교적 개인이나 민간단체를
중심으로 이루어지는 활동이다. 카두신(1984)은 좁은 의미의 아동복지란 특수한 문제나
요구가 있는 아동과 그의 가족에 관련되는 것으로, 이들을 대상으로 전문적인 기관에서
행해지는 특수한 서비스를 지칭한다고 주장하였다. 이소희(2003)도 좁은 의미의 아동복
지대상은 주로 요보호아동이며, 이들은 구조적으로나 기능적으로 부적절한 양육환경에
서 성장하는 아동이나 발달상의 문제나 장애를 가진 아동을 말한다고 하였다. 그 예로
빈곤가정이나 폭력 및 해체가정의 아동, 선천적 또는 후천적인 요인에 의해 정상적으로
성장하지 못하고 신체기능에 장애가 있거나 정서나 행동에 문제를 지닌 아동을 들 수
있을 것이다.

이상과 같이 아동복지란 특수한 장애를 가진 아동은 물론이거니와 모든 일반아동이
가족 및 사회의 일원으로서 육체적으로나 정신적으로 건전하게 성장·발달할 수 있도록
지역사회나 사회복지서비스 분야에 있는 공공단체나 민간단체들이 상호 협력하여 아동
복지에 필요한 사업을 계획하며 실행에 옮기는 조직적인 활동을 의미한다.

2 아동복지의 이념

아동복지의 이념은 아동권리선언, 유엔아동권리협약, 어린이헌장, 아동복지법 등에 구체
적으로 명시되어 있다. 이 장에서는 아동복지의 궁극적 이념과 유엔아동권리협약에 대
한 전반적인 내용을 살펴볼 것이다.

1) 아동복지의 이념

아동복지는 궁극적으로 아동의 권리를 보장해주는 것을 의미한다. 이것은 아동을 구제하는 것을 의미하지 않는다. 다시 말해 아동복지는 곤경에 처한 아동을 구해주는 것이다. 이는 윗사람이 아랫사람에게 베푼다는 관념이나 연민에 의한 것이 아니라, 아동이 마땅히 가져야 하는 한 인간의 권리인 생존권과 제대로 성장·발달할 수 있는 권리를 보장하는 것이다.

우리나라에서는 헌법을 기반으로 아동복지법, 어린이헌장 및 아동의 권리선언 등에서 아동복지의 이념을 명확히 제시하고 있다. 헌법 제10조를 보면 "모든 국민은 인간으로서의 존엄과 가치를 가지며, 행복을 추구할 권리를 가진다."라고 되어 있다. 동법 제34조 1항에는 "모든 국민은 인간다운 생활을 할 권리를 가진다."라고 되어 있어 모든 국민이 행복을 추구할 권리와 인간다운 생활을 할 권리를 가지고 있음을 명시하고 있다.

아동복지법에서도 아동복지의 이념을 명확히 표명하고 있다. 아동복지법 시행령 제1조를 보면 "이 법은 아동이 건강하게 출생하여 행복하고 안전하게 자랄 수 있도록 아동의 복지를 보장하는 것을 목적으로 한다."라고 되어 있으며, 동법 제4조에서는 "① 국가와 지방자치단체는 아동의 안전·건강 및 복지 증진을 위하여 아동과 그 보호자 및 가정을 지원하기 위한 정책을 수립·시행해야 한다. ② 국가와 지방자치단체는 보호대상아동 및 지원 대상아동의 권익을 증진하기 위한 정책을 수립·시행해야 한다. ③ 국가와 지방자치단체는 장애아동의 권익을 보호하는 데 필요한 시책을 강구해야 한다. ④ 국가와 지방자치단체는 아동이 자신 또는 부모의 성별, 연령, 종교, 사회적 신분, 재산, 장애 유무, 출생지역 또는 인종 등에 따른 어떠한 종류의 차별도 받지 아니하도록 필요한 시책을 강구해야 한다. ⑤ 국가와 지방자치단체는 아동의 권리에 관한 협약에서 규정한 아동의 권리 및 복지 증진 등을 위하여 필요한 시책을 수립·시행하고, 이에 필요한 교육과 홍보를 하여야 한다."라고 명시하고 있다.

아동복지의 이념은 아동보호의 역사적 과정을 거쳐 20세기에 들어오면서 비로소 정리를 하게 되었다. 19세기까지만 해도 세계 각국은 아동복지를 일종의 자선사업으로 간주하는 경향이 있었으나 20세기에 들어서는 아동을 하나의 독립된 인격체로 받아들이기 시작하였다. 엘렌 케이(Ellen Key, 1900)는 《아동의 세기》에서 아동에게는 "튼튼하게 태어날 권리, 건전하게 키워질 권리, 정상적인 가정생활을 영위할 권리, 교육을 받을 권리,

정신적 및 도덕적 훈련을 받을 권리, 유희나 오락을 충분히 즐길 수 있는 권리"가 있음을 주장하였다(주정일·이소희, 1994, 재인용).

또 국제적 차원에서 아동의 권리선언이 여러 차례 선포되었다. 그중 1959년 국제연합(UN)에서 공포한 아동권리선언에는 아동이 행복한 생활을 영위할 수 있게 하기 위한 인류의 의무, 그리고 양친·민간단체·정부와 그 밖의 노력이 필요하다고 설명하고 있다. 이 선언은 비록 법적 구속력은 없지만 세계 각국 어린이의 생존과 발달에 관한 권리를 보장하려는 노력에 영향을 미치게 되었다. 그러나 선언에도 불구하고 여러 나라의 아동들이 그들의 기본적 권리를 보장받고 있지 못하자 유엔에서는 아동권리선언(1959)이 선포된 지 20주년이 되던 1979년을 '세계 아동의 해'로 정하고, 아동권리선언에서 제시한 바를 이행하도록 촉구하였다. 그로부터 10년 후인 1989년 11월에 유엔 총회는 아동의 권리를 보장하기 위해 보다 구속력 있는 '아동권리에 관한 국제협약(Convention on the Rights of the Child)'을 통과시켰다.

유엔아동권리협약은 아동의 생존과 보호, 발달, 참여의 권리 등 어린이 인권과 관련된 모든 권리를 규정한 것이다. 1990년에는 아동권리협약에 관한 당사국의 협약의무 이행 및 진전사항을 감독하기 위하여 유엔아동권리위원회를 발족하였으며, 우리나라도 1991년 11월 20일에 비준함으로써 협약이행 당사국이 되었다. 유엔의 아동권리협약은 아동을 보호의 대상뿐만 아니라 적극적인 권리 주체로 인식하며 무차별의 원칙, 아동이익 최우선의 원칙, 아동의 생존·보호·발달의 원칙, 아동의 의사존중 및 참여의 원칙이라는 4개의 주요 원칙을 중심으로 하고 있다.

아동을 위한 범국가적인 차원에서의 이러한 노력이 아동의 복지권을 보장하고 강화하는 계기가 됨은 틀림없으며, 결과적으로 아동은 구제해야 할 존재가 아니라 자기 권리의 주체라는 사실, 그리고 각 나라의 모든 국민은 아동의 행복을 위해 아동의 이러한 권리를 보장하지 않으면 안 된다는 것이 아동복지의 궁극적 이념이라고 할 수 있다.

2) 유엔아동권리협약에 대한 이해

유엔아동권리협약을 이해하기 위해서는 유엔아동권리협약의 기본 원칙과 주요 골자를 살펴보아야 한다. 아동권리협약은 사회에서의 아동에 대한 대우, 보호 및 참여에 관한 몇몇 기본적 가치에 기초를 둔다. 아동권리위원회는 1991년 제1차 회기에서 당사국 정부의 제1차 보고서의 작성방법에 관한 지침을 마련하였는데, 지침에 따르면 위 협약상의 일반 원칙으로 다음 4가지를 들고 있다.

첫째, '최선의 이익'의 원칙이다. 이 원칙은 아동에 관한 모든 활동에서 그 활동이 공적 혹은 사적 사회복지기관, 법원, 행정부 혹은 입법부 등 어떤 기관에 의해 행해지든 아동의 '최선의 이익'을 일차적으로 고려해야 함을 의미한다(제3조: 당사국 정부는 아동의 이익을 최우선으로 고려하여 정책을 수립하고 시행해야 한다). 이것은 국가기관 등이 아동에게 어떠한 영향을 미칠 수 있는 공식적인 결정을 내릴 때마다 아동의 이익을 중요하게 고려하여야 하며, 부모 혹은 국가의 이익만이 전적으로 중요성을 가지고 평가되어서는 안 된다는 것을 의미한다. '최선의 이익'의 원칙은 주로 아동의 이익과 부모의 사생활의 이익 혹은 당국의 편의 등과 충돌할 때 적용되는데, 결국 여기에서 '최선의 이익'이란 의사결정권자가 아동의 이익에 관한 어떠한 결정을 할 때 아동의 권리보호와 그들의 복지 증진을 고려하여야 한다는 것이다.

둘째, '의견 존중'의 원칙이다. 이 원칙은 자신의 견해를 형성할 능력이 있는 아동에 대하여 본인에게 영향을 미치는 모든 문제에서 자신의 의견을 자유롭게 표현할 권리를 보장하며, 아동의 의견에 대하여는 아동의 연령과 성숙도에 따라 정당한 비중이 부여되어야 함을 의미한다(제12조: 당사국 정부는 모든 아동이 자신에게 영향을 미치는 사건에 대해 의견을 말할 권리를 보장하여야 하며, 아동의 의견에 정당한 비중을 두도록 해야 한다.). 이것은 아동의 자기결정권을 의미함과 더불어 아동에게 어떠한 영향을 미칠 결정을 할 때 아동 자신이 참여하는 것을 의미한다. 예를 들어, 부모가 이혼하는 경우 자녀인 아동의 양육권자를 결정하는 상황에서 의사결정능력이 있는 아동은 자신의 의견을 피력할 권리를 가지며, 그 의견은 당해 아동의 연령과 성숙 정도에 따라 정당하게 평가·존중되어야 한다. 하지만 아동의 자기결정권 한계가 어디까지인지 여부를 판단하는 것은 현실적으로 매우 어렵다. 아동은 육체적·정신적으로 취약한 성장단계이므로 성인과 비교할 때 정당하고 합리적인 판단능력을 제대로 갖추지 못했다고 판단되기 때문이다.

셋째, '생존과 발달보장'의 원칙이다. 이는 모든 아동은 생명에 관한 고유의 권리를 가지며, 당사국은 가능한 최대한으로 아동의 생존과 발달을 보장하여야 함을 의미한다(제6조: 모든 아동은 생명을 존중받을 권리를 가지며, 당사국 정부는 아동의 생존과 발달을 최대한 보장해야 한다). 여기서 생명권은 단순히 아동에게 죽임을 당하지 않을 권리를 부여하는 데 그치는 것이 아니라, 아동의 생존과 발달을 포함한다. 그리고 생명권이란 시민적·정치적 권리의 성격뿐만 아니라 경제적·사회적·문화적 권리로서의 성격도 가지는 것으로 해석할 수 있다. 또 발달이란 개념은 육체적 건강뿐만 아니라 정신적·정서적·사회적·문화적 발달에 대한 모든 것까지 포함하는 매우 넓은 의미로 해석되어야 할 것이다. 아울러 아동권리위원회에서는 특히 임산부의 건강관리에 대한 중요성을 강조한 바 있다. 모체의 영양상태가 좋지 못하거나 질병에 노출되어 있을 때 혹은 알코올·마약·담배 등을 섭취하는 경우 출생아가 건강과 생존에 치명적인 악영향을 입게 됨은 이미 알려진 사실이므로, 아동은 아동권리협약 제6조에 근거하여 건강한 모체로부터 태어날 권리를 가진다고 해석할 수 있다.

넷째, '차별금지'의 원칙이다. 이 원칙은 모든 아동은 차별 없이 자신의 권리를 향유할 수 있어야 함을 의미한다. 이는 곧 권리의 평등 내지 평등권을 의미하는 것으로 당사국은 자국의 관할권 안에서 인종·성별 등과 관계없이 그리고 어떤 종류의 차별 없이 이 협약에 규정된 권리를 존중하고 각 아동에게 보장하여야 하며, 또 모든 형태의 차별이나 처벌로부터 보호받을 수 있도록 모든 적절한 조치를 취하여야 한다(제2조: 모든 아동은 인종이나 성별, 종교, 사회적 신분 등에 따른 어떤 종류의 차별로부터도 보호받아야 한다.). 이 원칙에 따르면 여자아이는 남자아이와 동일한 대우를 받아야 하고 난민아동, 소수민족아동 혹은 장애아동도 다른 일반 모든 아동과 동일한 권리를 가져야 하며, 정상적인 생활을 할 수 있도록 동일한 기회가 주어져야 한다.

아동권리협약은 전문, 3부, 총 54개 조문으로 구성되어 있다. 전문에서는 유엔헌장, 세계인권선언, 아동권리선언, 국제인권규약 등의 국제문서에서 표명된 인간의 존엄과 가치 및 평등권 등 인간의 기본적 인권을 재확인하면서 아동은 그들 국가와 부모 혹은 국제사회로부터 특별한 보호와 원조를 받을 권리를 가진다고 선언하였다. 그리고 제1부(제1조에서 제41조)는 아동의 권리와 체약국의 아동보호의무를 규정하고 있고, 제2부(제42조에서 제45조)는 협약의 국제적 실시조치로서 국가보고제도와 아동권리위원회에 관하여 규정하고 있으며, 제3부(제46조에서 제54조)는 서명, 가입, 비준서 기탁, 개정절차, 유보, 폐기, 원본 등에 관하여 규정하고 있다.

유엔아동권리협약상의 아동권리를 파악하려면 협약의 내용을 하나씩 구체적으로 살펴보아야 하지만 여기서는 크게 2가지 틀, 즉 아동의 경제적·사회적·문화적 권리 그리고 시민적·정치적 권리로 구분하여 살펴본다.

(1) 아동의 경제적 · 사회적 · 문화적 권리

아동권리위원회는 1991년 제1차 회기에서 당사국 정부의 제1차 보고서의 작성방법에 관한 지침을 마련하였는데, 아동의 경제적·사회적·문화적 권리는 크게 4가지 형태 즉, 기본적 건강과 복지에 관한 권리, 교육·여가 및 문화적 활동에 관한 권리, 특별보호조치를 받을 권리, 가족환경과 대체적 보호를 받을 권리로 나누어볼 수 있다.

① 기본적 건강과 복지에 관한 권리

아동의 기본적 건강과 복지에 관한 권리는 유엔아동권리협약 중에서도 제24조 1항, 2항, 3항, 4항과, 제26조 1항, 제18조 3항, 제27조 1항과 3항, 제23조 2항의 내용이 주로 해당된다. 예를 들면, 당사국은 도달 가능한 최상의 건강수준을 향유하고 질병의 치료와 건강의 회복을 위한 시설을 이용할 수 있는 아동의 권리를 인정해야 하며, 이러한 권리의 완전한 이행을 추구하여야 할 뿐만 아니라, 여러 가지 조치를 취하여야 한다는 것이다. 즉, 유아와 아동의 사망률 감소, 의료지원과 건강관리의 제공, 환경오염으로부터의 보호 및 질병과 영양실조 퇴치, 모유 수유, 위생 및 환경정화, 각종 사고 예방 등을 위해 노력해야 한다.

그리고 아동의 건강을 해치는 전통관습을 폐지하기 위한 적절한 조치를 취하여야 하며, 모든 아동이 신체적·지적·정신적·도덕적 및 사회적 발달에 적합한 생활수준을 누릴 권리를 가짐을 인정한다. 이를 위해 당사국은 여건이 되는 범위 내에서 적절한 지원을 아끼지 않아야 한다. 아울러 장애아동이 특별한 보호를 받을 권리를 인정하며, 활용 가능한 재원의 범위 내에서 아동의 여건과 부모 또는 양육책임자의 사정에 적합한 자원이 제공되어야 하고 이를 장려·보장하여야 한다.

② 교육 · 여가 및 문화적 활동에 관한 권리

아동의 교육·여가 및 문화적 활동에 관한 권리는 유엔아동권리협약 중 제28조 1항과 2항, 제29조 1항, 제31조 1항과 2항의 내용이 주로 해당된다. 즉, 당사국은 아동의 교육에 대한 권리를 인정하며, 점진적으로 그리고 기회균등의 기초 위에서 이 권리를 달성하기 위하여 여러 가지 조치를 취하여야 한다. 학교 규율이 아동의 인간적 존엄성과 합치하고 이 협약에 부합하도록 운영되는 것을 보장하기 위한 모든 적절한 조치를 취하여야 한다.

그리고 아동의 인격, 재능 및 정신적·신체적 능력을 최대한 계발하고, 인권과 기본적 자유 및 국제연합헌장에 내포된 원칙에 대한 존중을 계발하는 등의 내용이 포함되어 있다. 당사국은 아동이 휴식과 여가를 즐기고 자신의 연령에 적합한 놀이와 오락활동에 참여하며 문화생활과 예술에 자유롭게 참여할 수 있는 권리를 인정한다. 아울러 문화적·예술적 생활에 완전하게 참여할 수 있는 아동의 권리를 존중하고 촉진하며 문화, 예술, 오락 및 여가활동을 위한 적절하고 균등한 기회의 제공을 장려하여야 한다.

③ 특별보호조치를 받을 권리

아동의 특별보호조치를 받을 권리는 주로 유엔아동권리협약 중 제22조 1항, 제30조, 제32조, 제33조, 제34조, 제35조, 제36조, 제38조의 내용이 해당된다. 여기서 특별보호조치란 특별한 곤란상태에 처한 아동에 대한 특별한 보호를 의미한다. 아동권리협약 전문은 모든 국가마다 예외적으로 곤란한 상태에서 생활하는 아동이 있으며, 이 아동에게는 특별한 배려가 필요하다고 선언하고 있다. 나아가 난민아동, 인종적·종교적 또는 언어적 소수자나 원주민인 아동 등에 대한 특별보호조치를 규정하고 있다. 예를 들면, 인종적·종교적 또는 언어적 소수자나 원주민아동은 자기 집단의 다른 구성원들과 함께 고유문화를 향유하며 고유의 종교를 믿고 실천하고 고유의 언어를 사용할 권리를 보호받는다.

당사국은 경제적 착취 및 위험하거나 아동의 교육에 방해되거나 아동의 건강이나 신체적·지적·정신적·도덕적 또는 사회적 발전에 유해한 어떠한 노동의 수행으로부터 보호받을 아동의 권리를 인정한다. 또 당사국은 모든 형태의 착취로부터 아동을 보호해야 할 뿐만 아니라 성적 착취와 성적 학대로부터 아동을 보호할 의무를 지닌다. 관련 국제조약에서 규정하고 있는 마약과 향정신성 물질의 불법적 사용으로부터 아동을 보호하고 이러한 물질의 불법적 생산과 거래에 아동이 이용되는 것을 방지하기 위하여 입법적·행정적·사회적·교육적 조치를 포함한 모든 적절한 조치를 취해야 한다는 것이다.

④ 가족환경과 대체적 보호를 받을 권리

아동은 건강한 성장과 조화로운 인격발달을 위해서 기본적으로 사랑과 이해를 필요로 하며 부모의 보호와 책임으로 성장하여야 한다. 그러므로 아동은 가족환경 속에서 성장할 권리를 가지며, 그러한 환경을 갖지 못한 아동들은 가족환경을 대체할 수 있는 환경을 제공받을 권리를 가진다.

이러한 아동의 가족환경과 대체적 보호를 받을 권리는 유엔아동권리협약 중 제7조, 제8조, 제9조, 제10조, 제19조, 제20조, 제21조의 내용이 해당된다. 예를 들면, 아동은 가능한 한 자신의 부모를 알고 부모에 의하여 양육받을 권리를 가지며, 당사국은 적용 가능한 법률 및 절차에 따라서 부모로부터의 분리가 아동에게 최상의 이익이 된다고 결정한 경우 외에는 아동이 자신의 의사에 반하여 부모와 분리되지 않도록 보장하여야 한다. 그리고 당사국은 아동이 부모, 법정 후견인 또는 기타 양육자의 양육을 받고 있는 동안 모든 형태의 신체적·정신적 폭력, 상해나 학대, 유기 그리고 유기적 대우, 성적 학대를 포함한 혹사나 착취로부터 아동을 보호하기 위하여 모든 적절한 입법적·행정적·사회적 및 교육적 조치를 취하여야 한다. 또 일시적 또는 영구적으로 가정을 박탈당했거나 이롭지 않은 가족환경으로부터 분리된 아동은 국가로부터 특별한 보호와 원조를 부여받을 권리가 있다. 아울러 입양제도를 인정하거나 허용하는 당사국은 아동의 최상의 이익이 최우선으로 고려되도록 보장하여야 한다.

(2) 아동의 시민적 · 정치적 권리

아동도 성인과 마찬가지로 당연히 시민적·정치적 권리를 갖는데 이에 대한 일반인들의 인식은 매우 부족한 실정이다. 단, 이 협약은 아동의 특별한 보호를 목적으로 아동 특유의 시민적·정치적 권리를 규정하고 있다.

① 모든 아동은 생명권을 가진다

여기에는 유엔아동권리협약 중 제6조와 제37조가 해당된다. 예를 들면 제6조에 당사국은 모든 아동이 고유의 생명권을 가지고 있음을 인정하며, 가능한 최대한도로 아동의 생존과 발달을 보장하여야 한다고 되어 있다. 여기서 생명권이라 함은 생명을 박탈당하지 아니할 권리의 의미에 제한되는 것이 아니라, 아동의 생존과 발달의 개념을 포함한 보다 적극적인 성격을 지닌 사회권적 권리로서의 의미도 동시에 가진다. 제37조 가호에 의하면 18세 미만의 아동에 대해서는 사형 또는 석방의 가능성이 없는 종신형이 부과되어서는 안 된다고 되어 있다.

② 아동은 신체적 자유권을 가진다

아동이 신체적 자유권을 갖는 권리는 제37조, 제40조 등이 해당된다. 예를 들어 제37조나호에 의하면 어떠한 아동도 위법적 또는 자의적으로 자유를 박탈당하지 아니하며, 아동의 체포·억류 또는 구금은 오직 최후의 수단으로서 또 최단 기간만 적절히 사용되어야 한다고 되어 있다. 다호를 보면 자유를 박탈당한 모든 아동은 성인으로부터 격리되어야 하고, 라호에서는 법률적 및 기타 적절한 구조에 신속하게 접근할 권리를 가진다고 되어 있다. 또 가호에는 모든 아동은 고문 또는 기타 잔혹하거나 비인간적이거나 굴욕적인 대우나 처벌을 받지 아니한다고 되어 있다.

그리고 제40조 제2항에 따르면 형사피의자 또는 형사피고인인 모든 아동은 법률에 따라 유죄가 입증될 때까지 무죄추정을 받으며, 증언이나 유죄의 자백을 강요당하지 아니하고, 판결 및 그에 따라 부과되는 조치는 법률에 따라 권한이 있고 독립적이며 공정한 상급 당국이나 사법기관에 의하여 심사되어야 한다고 명시되어 있다. 제3항에는 당사국은 아동보호를 위하여 형사상 미성년자를 규정하고 이러한 아동을 사법절차에 의하지 아니하고 다루기 위한 조치를 취하여야 한다고 되어 있다. 제4항에는 아동이 범행에 비례하여 취급될 것을 보장하기 위하여 보호, 상담, 보호관찰 등 제도적 보호에 대한 그 밖의 대체방안 등 여러 가지 처분이 이용 가능하여야 한다고 명시되어 있다.

③ 아동은 정신적 자유권을 가진다

여기에는 협약 제12조에서 제16조까지가 해당된다. 먼저 제13조를 보면 아동은 표현의 자유를 가진다고 되어 있고, 제12조에 당사국은 자신의 의견을 형성할 능력이 있는 아동에 대하여 본인에게 영향을 미치는 모든 문제에서 자신의 의견을 자유롭게 표현할 권리를 보장하며, 아동의 의견에 대해서는 아동의 연령과 성숙 정도에 따라 정당한 비중을 부여해야 한다고 되어 있다. 또 아동은 결사·집회의 자유(제15조), 사상·양심 및 종교의 자유(제14조), 사생활의 자유(제16조)를 가진다.

(3) 아동의 권리를 실현하기 위한 국가의 의무

당사국은 아동권리협약상에서 인정되는 아동의 권리를 실현하기 위하여 특별히 아동의 보호와 원조를 행할 협약상의 의무를 지닌다. 예를 들면, 아동권리협약 제4조에서는 위와 같은 국가의 일반적인 의무를 규정하고 있는데, 당사국은 이 협약에서 인정된 권리를 실현하기 위하여 모든 적절한 입법적·행정적 및 여타의 조치를 취하여야 하고, 경제적·사회적 및 문화적 권리에 관하여는 할 수 있는 한 최대한으로 그리고 필요한 경우에는 국제협력의 테두리 안에서 이러한 조치를 취하여야 한다고 명시되어 있다. 또 이 협약에서 규정한 국가의무의 구체적 내용으로는 아동의 보호와 원조를 위한 국내의 입법 및 행정적 조치를 취할 의무, 아동의 보호와 원조를 위한 자원 확보의 의무, 아동보호와 원조를 위한 국제협력의무가 있다.

(4) 협약의 국제적 실시조치

아동권리협약은 국제적 실시조치로서 국가보고제도를 적용하고 있는데, 여기에 해당되는 조항은 제44조와 제45조이다. 먼저 제44조 제1항에 따르면, 유엔아동권리협약당사국은 협약에서 인정된 권리를 실현하기 위하여 그들이 채택한 조치와 동 권리의 향유와 관련하여 달성한 진전상황에 관한 보고서를 협약 발효 후 2년 이내, 그리고 그 후 5년마다 유엔사무총장을 통하여 아동권리위원회에 제출하여야 한다고 되어 있다. 또 44조 제4항에 따르면 위원회는 당사국이 제출한 보고서의 내용이 불충분하다고 판단되는 경우에는 협약의 이행과 관련이 있는 추가정보를 요구할 수 있으며, 제6항에 따르면 보고서 제출과 관련하여 당사국은 자국의 활동에 관한 보고서를 자국 내 일반인이 널리 활용하게 할 의무가 있다.

　　그리고 제45조 라호에 따르면 아동권리위원회는 당사국이 제출한 보고서의 심사를 종료한 다음 그동안 수집된 정보에 기초하여 '제안과 일반적 권고(sugges-tions and general recommendations)'를 행할 수 있다고 되어 있다. 이러한 제안과 일반적 권고는 단순한 권고적 효력만을 가지며 당사국에 대하여 어떠한 법적 구속력을 가지는 것은 아니다.

3 아동복지의 대상

어떠한 아동을 아동복지의 대상으로 할 것이냐를 논할 때, 모든 일반아동을 대상으로 할 것인지 아니면 특수한 문제나 필요를 지닌 아동에 국한할 것인지가 초점이 된다. 일반적으로 과거의 아동복지대상은 범위가 좁아 고아나 기아 등 비교적 혜택을 받지 못한 극히 소수의 아동을 대상으로 삼았다. 그러나 현대사회에 접어들며 산업화가 가속화될수록 대상 범위가 점차 확대되어 많은 수의 아동이 아동복지의 대상이 되고 있으며, 일반가정의 아동도 점차 증가하고 있다. 더욱이 현대사회는 자동차나 항공기, 선박과 같은 교통수단에 의한 사고가 잦으며 비행, 정서·행동장애에 빠지기 쉬운 위험성을 가지므로 아동복지는 모든 아동을 대상으로 해야 한다. 하지만 보다 긴급한 조치를 필요로 하는 아동, 즉 빈곤가정의 아동, 학대 및 방임아동, 정신·신체상의 특수아동을 우선 대상으로 삼아야 할 것이다.

아동복지의 기본정신은 모든 일반아동과 함께 특수아동의 복지라는 견해를 확고히 해야 할 것이다. 이러한 관점에서 볼 때 일반아동을 포함한 다음과 같은 아동이 아동복지의 대상이 된다고 할 수 있다.

1) 정신·신체장애아동

정신·신체장애아동은 지적장애아 등 정신적 기능에 장애가 있는 아동이나 지체부자유아, 맹아, 농아, 허약아 등 신체에 장애를 가진 아동을 말한다.

2) 정서·행동장애아동

정서·행동장애아동은 심리적·정서적으로 여러 가지 어려움을 겪고 있거나 장애가 있는 아동, 행동상의 문제를 보이는 아동, 신경증아동, 정신질환아동 등 발달과정에 있는 아동의 적응장애 중 지적능력 이외의 요인으로 인한 장애가 주로 여기에 해당된다. 최근에는 사회가 급변함에 따라 정서·행동장애아동의 출현이 증가하고 있다.

3) 불우한 환경의 아동

불우한 환경의 아동은 고아, 기아, 방임 및 학대받는 아동, 빈곤가정아동, 부모의 이혼이나 별거·사망 등으로 인한 결손가정의 아동 등으로, 아동 자신은 정신적으로나 육체적으로 별다른 문제가 없지만 보호자나 가정, 사회 등에 문제가 있는 경우를 말한다.

4) 복합적 원인으로 인해 문제를 유발하는 아동

복합적인 원인으로 인해 문제를 유발하는 아동은 말 그대로 여러 가지 원인, 즉 정신장애나 신체장애 같은 아동 내적 문제나 바람직하지 못한 양육환경, 불우한 환경 같은 아동 외적인 문제 등이 복합적으로 작용하여 문제를 유발하는 아동이다. 이러한 유형에는 비행아동, 부랑아동, 가출아동, 장기결석아동 등이 포함된다.

이외에도 아동과의 관계로 볼 때 도움을 필요로 하는 성인도 아동복지의 대상에 포함된다. 예로는 임산부, 모자세대의 어머니, 문제아동을 둔 보호자 등을 들 수 있다. 아동복지대상에 부모가 포함되는 이유는 크게 2가지로 설명할 수 있다(이소희, 2003). 첫째, 아동은 일정 기간 타인의 도움을 필요로 할 정도로 미성숙할 뿐만 아니라 자신의 권익을 위한 적극적인 행동을 하기가 어려우므로 주 보호자인 부모를 통하여 아동의 복지를 도모해야 하기 때문이다. 둘째, 아동의 복지를 위협하는 대부분의 아동문제는 일차적으로 아동이 생활하고 있는 가정환경의 결함으로부터 비롯되기 때문이다.

CHAPTER 3

아동복지의 의의

행복의 한 문이 닫히면 다른 한 문이 열린다.
하지만 종종 우리는 닫힌 문을 너무 오래 바라보기 때문에
우리에게 열린 행복의 문은 보지 못한다.

– 헬렌 켈러(Helen Keller)

1 아동복지의 필요성

아동발달에 관한 제 연구의 성과는 아동복지의 필요성에 대한 인식을 증대시키는 데 기여하였다. 예를 들어 아동이 발달 초기에 적절한 복지적 조치를 받는다면 더 나은 발달적 성취를 이룰 수 있지만, 그렇지 못한 경우 발달적 손상을 경험하게 되어 이후의 발달에 심각한 영향을 끼쳐 돌이킬 수 없는 불행한 결과를 초래할 수도 있다. 또 이러한 결과는 비단 아동 자신의 안녕이나 행복에 국한되는 것이 아니라 가정, 나아가 사회 전체의 복지에도 영향을 미친다. 이러한 사실은 특히 유아기 및 아동기에 더욱 설득력 있게 작용하는데, 이는 다음의 4가지 발달원리로 설명할 수 있다. 발달의 4가지 원리는 각기 독립적이라기보다는 상호 밀접하게 관련되어 있다. 이 원리는 모든 인간발달영역에서 서로 영향을 미치기 때문에 매우 중요하다.

1) 기초성 원리

개성의 초석이 형성되는 기초성은 인간발달과업의 비교적 초기에 이루어진다. 이때 발달이 제대로 이루어지지 못하면 이후의 발달에 영향을 미치게 된다. 어릴 때일수록 그 시기의 경험이 향후를 위한 초석의 의미를 가진다는 원리이다. 집을 지을 때 주춧돌을 잘 쌓는 것이 매우 중요하듯이 인간의 발달에 있어서도 생후 초기발달이 제대로 이루어져야 이후 바람직한 성장·발달이 이루어질 수 있다는 것이다.

2) 적기성 원리

적기성이란 인간의 발달과업에는 가장 적절한 시기가 있어서 그 시기에 알맞은 발달과업이 이루어지지 못하면 향후 발달에 부정적인 영향을 미침을 의미한다. 예를 들면, 각 아동에게는 걸음마를 배울 시기와 말을 배울 시기가 따로 존재하는데, 그러한 것을 배울 기회를 놓치면 나중에는 그때만큼 적시적인 효과가 나타나지 않는다는 것이다. 이 원리는 "모든 일에는 때가 있다."는 말이 인간의 발달에서도 예외가 아님을 강조한다.

3) 누적성 원리

누적성이란 환경적 결함으로 인하여 아동 자신의 성장과 발달에 한 번 결손이 생기면 그 결손이 다음 단계의 성장·발달에도 계속적으로 영향을 미친다는 것을 의미한다. 예를 들어 영아기에 어머니와의 관계에서 불신감을 자주 경험한 아동은 불신감이 누적되어 이후의 부모-자녀관계뿐만 아니라 가족관계, 또래관계 및 향후 직장 내 인간관계까지 부정적 영향을 미쳐 만족스러운 사회생활을 하기 어려워진다는 것이다.

4) 불가역성 원리

불가역성이란 이미 주어진 발달적 손상은 이후 몇 배의 노력을 들이더라도 돌이키기가 매우 어렵다는 것을 뜻한다. 특히 신체발달이나 지적 발달은 불가역성의 영향을 상당히 많이 받는 것으로 알려져 있다. 예를 들어 빈곤한 문화환경이나 영양결손환경에서 기초와 적기를 놓친다면, 훗날 아무리 풍부한 영양과 문화자극을 받더라도 빈약해진 체격과 지능을 회복하지 못한다는 것이다.

2 아동복지의 중요성

오늘날 아동은 권리를 부여받은 혹은 존엄한 인격적 존재로서 의의만 있는 것이 아니라 미래를 짊어지고 나갈 주인공으로서, 능동적이며 발달적인 미래의 인간으로서의 의의를 가진다. 21세기에 보다 쾌적하고 경제적으로 풍요로우며 우리 사회에 소외된 계층 없이 모든 시민이 민주적으로 함께 참여하는 사회, 즉 복지사회를 구현하기 위해서는 미래사회를 이끌 주인공인 아동이 중요하다. 아동을 양육하고 지도해야 할 각 가정의 부모, 교사 그리고 우리 사회의 각계각층의 구성원들이 아동에게 보다 바람직한 미래사회를 건설할 수 있는 재능, 인격 및 기술 등을 갖출 기회를 최대한 마련해주어야 할 것이다.

1) 아동의 건전한 육성

아동은 성장하여 장차 우리 미래를 짊어질 주인공으로서 국가와 사회의 중심적인 기둥이 될 것이다. 국가나 사회의 장래는 아동에게 달려 있다고 해도 과언이 아니다. 아동이 건강하고 건전하게 자란다면 그 사회의 장래는 건강하고 번영할 것이며, 반대로 아동이 불건전하게 자란다면 사회의 장래는 그야말로 암울해지고 위험에 처할 수 있다. 이것은 아동복지가 사회복지의 다른 분야와 다소 차이를 보이는 특징적인 사항이므로, 보호자나 사회구성원은 책임감을 갖고 아동을 건전하게 육성해야 한다.

아동의 건전한 육성에는 3가지 차원의 건전육성이 포함된다. 제1차 건전육성은 더 넓은 의미를 지니는 것으로, 어린이헌장과 아동복지법에 기초하여 보건·교육·노동 등을 포함한 아동의 건전한 성장·발달을 도모하는 제반활동과 그 이념의 총칭이다.

제2차 건전육성은 가정, 학교, 직장 외에서의 아동·청소년의 사회적 학습활동, 단체 혹은 그룹활동, 문화활동, 체육활동, 스포츠활동을 말하며 이러한 활동을 위한 시설정비, 지도자 양성 등이 여기에 포함된다. 그러나 일반적으로 광의의 건전육성보다는 협의의 건전육성이 이용되고 있다. 협의의 건전육성은 아동의 건전한 활동 혹은 놀이의 보장과 비행의 방지로 아동을 건전하게 육성하는 활동으로 구성된다. 구체적으로는 아동유원지, 어린이회관의 정비, 어린이모임 조직화와 활동의 원조, 도시아동건전육성사업, 우량문화재 제공 등이 주된 활동이다.

제3차 건전육성에는 아동·청소년의 비행화 방지 또는 사회참가활동 등이 포함된다. 예를 들면, BBS(Big Brothers and Sisters Movement)나 VYSW(Voluntary Youth Social Worker) 등이 여기에 속한다. 물론 제1차 건전육성과 제2차 건전육성도 중요하지만, 제3차 건전육성도 긴급성이 있으며 응급조치적인 것으로 중요성을 갖고 있다(井上 肇 外, 1993).

2) 아동문제와 아동복지

오늘날 사회에서 아동문제라고 불리는 것에는 여러 가지가 있다. 아동문제는 빈곤아동 문제, 장애아문제, 한부모가정의 아동문제, 아동학대문제, 보육문제, 모자보건문제, 정서·행동장애문제, 비행문제 등을 포함한다. 이러한 문제는 아동기에 발생하는 것으로 사회문제의 일종으로 여겨진다.

일반적으로 사회문제에는 노동문제, 빈곤 및 빈곤가정 문제, 공해문제, 도시문제, 범죄문제, 노인문제, 아동문제 등이 있다. 사회문제의 발생 원인으로는 개인적 차원의 원인도 있겠지만 사회구조 자체가 발생 원인의 기본이 되고 있다. 따라서 문제해결을 위한 다양한 방법이 있을 수 있지만 사회구조 자체가 바뀌지 않으면 해결이 곤란한 부분이 적지 않다.

아동문제도 빈곤문제와 같이 사회구조와 깊이 관련되어 있고, 그러한 원인에 기인하면서 한편으로는 도시화·공업화 등 사회변동에 의한 인간성 상실과 같은 인간관계상 문제, 핵가족화 등이 원인이 되는 경우도 있다. 이러한 아동문제를 해결하기 위해서는 아동복지가 존재한다는 것을 명심해야 한다. 예를 들어 등교 거부, 가정 내 폭력 등을 겪는 정서장애아의 치료를 위해서는 아동 자신의 치료도 중요하지만 정서장애아의 발생을 예방하기 위하여 부모, 가정, 학교를 포함한 사회체제 본연의 자세를 개혁하는 것이 무엇보다 필요할 것이다.

3) 아동의 생존과 발달의 보장

아동은 발달과정 중에 있는 존재로서 미숙하므로 양육자의 양육기술 및 태도에 따라 잘 자랄 수도 있고 그렇지 못할 수도 있다. 이는 조셉 싱(Joseph Shigh) 목사에 의해 우리에게 알려진 이리로 자란 소녀(아마라, 카마라)의 예에서도 증명된다. 이 예에서 우리는 가정 중심의 성장환경이 인간의 발달에 얼마나 큰 영향을 미치는지를 알 수 있다. 인간답게 성장할 수 있는 자연환경을 만들어주는 것이 우리 성인의 책임이자 의무이다. 그러나 자연환경이 점점 파괴되고 있는 것이 오늘날의 현실이다.

지역사회 내 놀이공간 감소, 각종 공해발생, 교통사고 급증, 인간성 상실, 불량문화 증가 등 지역사회나 문화 전반에 걸쳐 많은 문제가 존재하며, 이로 인해 아동의 건전한 문화생활이 상당 부분 위협받고 있다. 아동의 생존권 보장 또한 오늘날의 과제인 것이다(井上肇 外, 1993).

아동은 무한한 발달가능성을 지니고 있다. 따라서 생존권 이상의 발달권 보장이 필요하다. 발달권이란 모든 사람이 평등하게 자신의 능력을 전적으로 발달시킬 수 있는 권리이다. 이것은 교육·의료·복지·노동·생활 등 모든 권리에서 아동의 발달을 보장한다는 통합적 관점을 취한다. 특히 장애아는 지금까지의 발달가능성을 박탈당했고 따라서 그 인권을 침해당해왔다고 해도 과언이 아니다. 하지만 어떤 심한 장애를 가진 사람이라 하더라도 그 사람 나름의 발달의 권리를 갖고 있으며 우리는 이러한 권리를 보장해주고 발달을 촉진해주어야 한다. 이것은 비단 장애아동뿐만 아니라 빈곤가정아동, 요보호아동, 정서·행동장애아동 등 전체 아동에게 해당된다.

CHAPTER 4

아동복지와
양육환경

인류에게 참으로
효과적인 무기는 웃음이다.

– 마크 트웨인(Mark Twain)

1 양육환경으로서의 가정의 중요성

아동복지가 더욱 효과적으로 이루어지기 위해서는 개체로서 아동 변화와 아동이 생활하는 주변환경을 충분히 파악할 필요성이 있다. 아동을 둘러싼 주변환경 중에서도 특히 가정환경은 아동에게 미치는 영향이 절대적이라고 할 만큼 중요하다. "최선의 아동복지는 가정복지에 달려 있다."라는 말이야말로 아동의 바람직한 성장·발달에 부모와 가정이 얼마나 중요한 비중을 차지하는가를 단적으로 보여준다.

이처럼 가정의 양육환경이란 아동이 태어나 성장하는 과정 속에서 경험하게 되는 삶의 장(場)을 의미한다. 이러한 양육환경에는 비단 주택 내·외부의 시설 설비나 장난감 등을 포함한 물리적 환경뿐만 아니라 부모의 양육태도 및 양육관을 비롯한 심리적 혹은 인적(人的) 환경이 포함된다. 특히 가정환경과 부모의 역할은 자녀가 성장·발달함에 있어서 필수적인 요소로 그 중요성에 대해서는 아무리 강조해도 지나치지 않다. 또 가정은 아동을 외부의 위험으로부터 보호하고 격려하면서 하나의 인격체로 성장시키는 가장 근본이 되는 장소이다.

인간은 대부분 어린 시절을 가정에서 부모의 보살핌을 받으며 자란다. 가정은 한 인간이 자신의 생을 시작하는 곳으로 각 개인의 인격 형성에 최초로, 그리고 가장 큰 영향력을 미치는 곳이다. 특히 영아의 사회화 과정에는 많은 사회적 요인과 집단이 영향을 미치게 되는데 그중에서도 가정은 가장 영향력 있는 집단이다. 가정이 영아가 가족구성원과 최초로 사회적 접촉을 하는 공간이기 때문이다. 따라서 부모의 성격, 태도, 사회·경제적 지위, 종교, 교육수준 등이 아동의 문화에 대한 가치관이나 태도, 의식 등에 영향을 미치게 된다.

가정은 아동이 언어와 인간관계를 배우고 질서와 규칙을 익히는 최초의 학교이자 사회화 과정을 연습하는 공간이다. 대부분의 인간은 가장 중요한 어린 시기를 가정 안에서 그들의 부모와 관계를 맺으며 지내게 된다. 특히 경제적으로나 사회적으로 완전히 독립을 이루기 전까지 가정의 영향력 안에서 다른 나라에 비해 긴 시간을 보내는 우리나라의 실정을 감안하면, 한 인간의 발달과 교육에 있어서 가정과 부모의 역할이 매우 중요하다는 것은 두말할 필요가 없다.

2 산업화·도시화·정보화가 아동복지에 미친 영향

인간의 전반적 생활수준과 삶의 질 향상에 산업화·도시화·정보화가 미친 영향은 지대하다. 과학기술의 눈부신 발전이 인간의 물질적 생활을 보다 윤택하게 하고 편리한 생활을 영위할 수 있게 하는 데 기여한 바가 크다. 하지만 산업화·도시화·정보화가 우리에게 끼친 영향력에 반드시 긍정적인 면만 있는 것은 아니다. 이는 인간의 정서적 생활에는 다소 부정적인 영향도 미쳤다. 특히 아동의 입장에서 볼 때 부정적 영향은 훨씬 크다. 전반적으로 약화된 가정의 양육적 기능, 가치관의 변화, 여성의 사회 참여 증대로 인한 기혼취업여성의 증가, 핵가족화, 자녀 수의 감소, 지나친 도시화 현상 등은 오늘날 아동복지를 심각하게 위협하는 요소가 되고 있다.

1) 지나치게 약화된 가정의 양육기능

부모는 자녀를 출산하고 양육하면서 부모로서 최소한의 기본적 역할을 수행해야 한다. 하지만 우리 주변을 돌아보면 그렇지 못한 경우가 많다. 부모가 자녀를 따뜻하게 돌보고 보살피지 못하는 양육상 결함이 오늘날 심각한 사회현상이 되면서 이로 인한 정서장애아동, 부적응아동 등 정서적으로 건강하지 못한 아동이 늘어나는 추세이다.

언제부터인가 우리 사회에는 삶의 기본을 이루는 것을 하찮은 일로 치부하면서 오직 앞만 향해 달려가는 것을 유능한 삶으로 여기는 풍조가 만연해 있다. 부모가 자녀를 잘 양육하고 정서적으로 안정감을 느낄 수 있도록 따뜻하게 돌보는 것이야말로 가정에서 부모가 해야 할 가장 기본적인 역할이지만 그렇지 못한 경우를 자주 보게 된다.

요즘 우리의 아침 광경을 잠시 살펴보자. 잠에서 채 깨지도 않은 아이를 아침도 제대로 먹이지 않고 끌다시피 하여 유치원이나 어린이집, 학원 등의 차에 떠넘기듯 실어 보내고 출근하기 바빠 매일 허둥대며 살아가는 오늘날의 부모들, 동네 편의점이나 학교 앞 문구점에서 컵라면으로 아침식사를 대신하고 등교하는 초등학생들, 아침을 먹고 학교에 가야 한다고 생각조차 하지 않는 중·고등학생들, 집에서 식사 준비를 하는 것이 점차 생활과 멀어지는 모습이 현대사회를 바쁘고 유능하게 살아간다고 자처하는 우리의 모습이 되어가고 있다. 우리는 잠시 여유를 갖고 생각할 틈조차 내기 어려울 정도로 바쁜 생활을 반복하고 있으며, 그로 인해 발생하는 여러 가지 현상은 가족 간의 상호작용 기회를 감소시킬 뿐만 아니라 자녀양육과 가족의 안녕에 미치는 부정적인 영향이 크다.

젊은 부부로 구성된 가정 중 부엌용 칼과 도마가 없는 경우가 상당수 있다는 보도를 10여 년 전에 접하고 놀란 적이 있다. 이는 집에서 식사다운 식사를 준비해서 먹지 않음을 의미한다. 이미 조리된 음식을 사서 먹는 편이 경제적으로나 시간적으로 훨씬 이득일 수도 있다. 하지만 부모가 사랑하는 가족을 위하여 정성껏 음식을 준비하고, 이런 부모의 모습을 아이가 바라보는 광경이야말로 우리가 어렸을 때 자연스럽게 보고 자란 모습이 아니었던가. 이때 아이의 머릿속에는 '엄마(혹은 아빠)가 사랑하는 우리 가족을 위해 정성스럽게 음식을 준비하시는구나.'라는 생각이 들 것이다. 안타깝게도 오늘날에는 부모와 자녀 간에 정서적 교감을 할 수 있는 기회가 점차 줄고 있다. 자녀를 위하여 식사를 준비하고 간식을 만들며, 가족이 함께 음식을 나누어 먹는 것은 아이의 신체를 건강하게 하는 것을 넘어 정서를 안정시키는 데 중요한 역할을 한다.

2) 가치관의 변화

산업화·도시화·현대화·정보화 현상은 여러 측면에서 사회구성원의 가치관 변화를 초래하였다. 자녀관·가족관·결혼관 등의 가치관 변화를 비롯하여 사회구성원 간의 지나친 경쟁심, 과도한 성개방 문화, 인명경시사상, 물질만능주의, 극단적 지역이기주의 혹은 가족이기주의 등이 바로 그 예이다. 이러한 가치관의 변화는 아동을 바라보는 관점부터 실제 아동을 둘러싸고 있는 환경적 변화에 이르기까지 아동복지 전반에 걸쳐 상당한 변화를 초래하였다.

예를 들어 자녀관 변화 하나만 살펴보더라도 상당히 달라진 것을 알 수 있다. 가난에 허덕이던 1950년대나 1960년대 무렵에는 대부분이 자녀를 많이 낳았다. 당시 사회적 분위기는 다산(多産)을 축복으로 여기고 이를 자연스럽게 받아들였으며 자녀 수가 곧 노동력을 의미하기도 하였다. 인구는 계속해서 늘어났고 이에 정부는 급기야 국가의 경제발전을 이유로 총력을 기울여 극약처방인 산아제한정책을 추진하기에 이르렀다. 일례로 예비군훈련 대상자인 가장이 정관수술을 받으면 이들의 예비군훈련을 면제해주고 수술

비도 지원해주었으며, 모성건강이나 태아질병 등의 사유로 인한 치료적 유산 외에도 인공임신중절수술인 낙태수술을 은연중에 허용하는 분위기였다.

하지만 지금의 상황은 어떠한가. 아이를 낳으라고 정부가 앞장서서 홍보하고 자녀를 낳으면 갖가지 혜택을 부여하는 등 적극적인 자녀 출산정책을 도입하여 출산율을 높이고자 안간힘을 쓰고 있다. 오늘날 저출산은 국가의 존립 자체를 위협할 정도로 심각한 사회문제가 되고 있으며, 이 시대의 화두가 되었다. 이와 같은 시대적 흐름 속에서 급격한 자녀관의 변화를 우리는 지금 경험하고 있다.

3) 지나친 도시화현상

산업화·도시화는 인구의 이농현상을 재촉하여 인구의 도시집중화현상을 초래하였으며, 도시화는 환경오염을 비롯한 많은 사회적 문제를 발생시키고 있다. 즉, 인구가 농촌을 떠나 도시로 모인다는 것은 도시를 발전시키기도 하지만, 그로 인한 쓰레기문제와 공기 및 수질오염, 소음 같은 갖가지 공해 발생 등 지나친 도시화현상으로 인한 부정적 영향을 초래하기도 한다.

지나친 도시화현상이 아동복지에 미친 영향의 예로, 아동놀이공간의 절대적 부족현상을 들 수 있다. 한 치의 여유 없이 빽빽하게 들어선 도심의 빌딩들, 좁은 골목 사이를 마치 곡예하듯 질주하는 위험한 차량들, 향락적이고 물질만능주의적 생활이 그대로 노출되는 거리의 모습, 이 밖에도 각종 공해, 유해음식물, 소음 등 아동의 건강한 성장과 발달을 위협하는 요소가 사회 곳곳에 자리하여 문제가 되고 있다.

4) 증가하고 있는 기혼여성의 취업률

1970년대 이래 우리나라의 경제사회발전과 더불어 여성취업률은 계속 증가 추세에 있다. 이는 여성의 대학교육이 보편화된 데다 경제적·사회적 이유 등으로 직업을 가진 여성이 늘어나고 있기 때문이다. 여성의 경제활동 참가율은 통계청이 조사를 시작한 1963년의 37.0%를 기점으로 1973년 41.5%, 1980년 42.8%, 1990년 47.0%, 2000년 48.8%, 2001년에서 2004년 49%대, 2012년 49.9% 등으로 계속해서 상승곡선을 그리고 있다.

특히 오늘날 영·유아기 자녀를 둔 여성의 취업이 점차 증가하고 있으며, 이러한 현상은 향후에도 지속될 것으로 예상된다. 자녀양육문제가 시급한 사회문제로 제기되면서 마침내 국가적 차원에서 보육정책을 수립하기에 이르렀으나 아직도 영아전담보육시설이 부족한 실정이다.

5) 자녀 수의 감소

"둘만 낳아 잘 기르자.", "딸 아들 구별 말고 하나만 낳아 잘 기르자."라는 말은 여전히 우리의 기억 속에 자리하고 있는 산아제한 관련 표어다. 얼마 전까지만 해도 우리는 '인구 증가를 막기 위한 출산 억제'를 위하여 국가적 차원의 총동원체제 아래 살았다. 하지만 오늘날의 '저출산, 고령화'가 우리 사회의 미래를 암울하게 하는 가장 큰 요소라는 위기의식이 팽배해졌고, 우리 사회는 그 대응책 마련에 고심 중이다. 우리나라의 합계출산율은 2005년 1.08명으로 최저수준을 기록한 후, 2010년 1.23명으로 OECD 국가의 평균 합계출산율(2010년 기준)인 1.74명보다 훨씬 낮은 수준이었으며, 2012년 합계출산율은 1.30명을 기록하였으나 다시 감소하여 2013년 1.19명으로 세계 최저수준을 유지하여 그 심각성을 더하고 있다.

적은 수의 자녀를 출산하여 그들에게 집중적으로 투자하겠다는 사회구성원의 인식하에 여러 형제자매가 있는 아동을 찾아보기가 쉽지 않은 실정이다. 대부분의 가정에서는 자녀를 1~2명 두고 있고, 최근 젊은 세대에서는 한자녀가정이 늘어나는 추세이다. 신세대 부부 가운데는 딩펫(Double Income No Kids Pets, DINKPets)족이라고 하여 소득은 2배, 자녀는 없고, 아이 대신 애완동물을 키우는 부류가 늘어나고 있다.

자녀 수의 감소가 한편으로는 아동복지의 수준을 향상시키는 요인이 되기도 하지만, 부정적인 측면 또한 적지 않다. 형제자매관계는 부모자녀관계나 또래관계와는 다른 특질을 가지고 있기 때문에, 다른 관계에서 얻을 수 없는 소중하고 값진 경험을 할 수 있기 때문이다.

6) 결손가정 및 해체가정의 증가

산업화·도시화·정보화가 급속하게 진행됨에 따라 사회 변화의 속도가 놀랄 정도로 빨라졌다. 이렇듯 빠른 변화 양상은 가족의 구조 및 기능 부분에서 많은 변화를 초래하였다. 산업화와 도시화의 영향으로 전통적인 확대가족이 핵가족으로 변모하였을 뿐만 아니라 한부모가족, 독신가족, 재혼가족, 무자녀가족 등 다양하고 새로운 형태의 가족유형이 늘고 있다. 이처럼 가족구조의 다양화와 더불어 가족기능의 양상도 달라지고 있다. 가족의 전통적 기능은 점차 약화 또는 소멸되거나 상당 부분 사회로 이양되었고 가정 내 여성의 역할에도 많은 변화가 생겼다.

고도로 산업화·현대화된 사회는 정상적인 가정의 수마저 점차 감소시키고 있다. 점점 심화되는 소득 격차, 여러 가지 양상의 안전사고 및 산업재해 등에 따른 가족구성원의 사망, 실종 등의 현상은 정상적인 가정생활의 유지를 어렵게 할 뿐만 아니라 이에 따른 가족해체현상이 증가하면서 빈곤아동, 아동방임 및 학대, 가출, 비행 등의 발생빈도가 높아지고 있다.

3 자녀양육환경의 변화

바람직한 자녀의 성장·발달에 필요불가결한 요소는 올바른 부모의 역할이다. 자녀의 성장에서 부모의 역할은 아무리 강조해도 지나치지 않을 만큼 중요하다. 하지만 최근 사회가 급속히 변화하면서 자녀양육환경에도 많은 변화가 나타나고 있다. 예전에는 아동이 태어나면 가정에서 부모와 조부모 등 가족 내지 친인척의 손에 의해 양육되는 형태가 보편적이었으나, 오늘날에는 맞벌이가정의 증대와 핵가족형태의 보편화로 인하여 아동이 다른 사람의 손에 양육되거나 아주 이른 시기부터 보육시설이나 유아교육기관에 다니게 되었다. 이러한 시대적 변화, 즉 핵가족의 보편화, 맞벌이가정의 증대, 유치원이나 어린이집 같은 제도화된 유아교육기관의 양적 증가는 어쩔 수 없이 모성실조 및 부성실조환경을 증가시키는 요인으로 작용하고 있다. 특히 이혼가정 등이 늘어남에 따라 양쪽 부모

아래 성장하는 아동의 비율이 감소하고, 그 외 다양한 형태의 양육을 제공받는 아동의 비율이 증가하고 있다.

부모의 이혼이나 신체 및 정신질환, 약물복용이나 알코올중독 혹은 미혼모의 증가로 인하여 조부모-손자녀로 구성된 조손(祖孫)가정이라는 새로운 형태의 가족구조도 나타났다. 미국의 경우 1997년에 370만 명 정도의 조부모들이 손자녀양육에 참여하였으며, 부모 없이 손자녀를 양육하고 있는 조부모의 수도 어림잡아 100만 명에 이를 것이라 추정하였다(Cox, 2000; 옥경희, 2005a, 재인용).

우리나라도 조부모에 의해 양육되는 아동의 수가 해마다 늘어나는 추세이다. 2005년 통계청 자료에 의하면 우리나라 조손가구는 5만 8,101가구로 전체 가구의 0.36%를 차지하였으나 2010년에는 11만 9,294가구로 약 2배의 증가율을 보이고 있다(구향숙, 2013, 재인용).

이처럼 조부모-손자녀가족의 비율이 꾸준히 증가하고 조손가정에 대한 문제가 사회적 관심의 대상이 되었음에도 불구하고 이에 대한 연구는 활발히 이루어지지 않고 있다. 그러므로 과거보다 훨씬 다양한 가족구조에서 성장하고 있는 오늘날 아동의 양육환경에 대한 사회적 관심과 이것이 아동발달에 어떠한 영향을 미치는지에 대한 심도 깊은 연구가 이루어져야 할 것이다.

1) 모성실조환경

모성실조(maternal deprivation)환경은 여러 상황에서 발생한다. 예를 들어 친모나 대리모는 있지만 불충분한 모성의 양육을 받으며 어머니와 충분한 상호작용을 하지 못하는 경우, 주 양육자의 결여로 불충분한 모성양육을 받거나 아동이 병원이나 고아원 등에 수용되어 어머니와 충분한 상호작용의 기회를 갖지 못하는 경우, 어머니가 아동을 양육할 수 있는 능력을 갖고는 있으나 아동 자신이 어머니와 원만한 상호작용을 할 수 있는 능력이 없는 경우 등이 이에 해당된다.

특히 어머니의 역할 변화로 인해 핵가족 내에서 자녀를 보살필 성인이 부족해지고, 성인과의 접촉이 감소하여 안정된 동일시 모델이 될 만한 여성이 없는 사회환경도 그 원인이라고 할 수 있다. 그러나 이러한 경우보다는 어머니의 애정이 제한되어 정서발달에 바람직한 영향을 미치지 못하고, 긍정적 감정반응이나 부정적 감정반응을 제대로 나타내지 못하는 데서도 그 원인을 찾을 수 있다. 이와 함께 어머니 역할의 변화 원인은 어머니와 떨어져 사는 모성분리와 어머니의 성격장애나 부적절한 양육방식에서 비롯된 모성왜곡 등에서도 찾아볼 수 있다(김명희, 1998).

이러한 모성실조환경은 아동의 제 발달에 영향을 미친다. 특히 아동이 아주 어린 시기에 모성실조환경에 노출되면, 아동의 지적 발달에 부정적 영향을 미칠 뿐만 아니라 인성발달에도 치명적인 영향을 미치게 된다. 예를 들면 정서적 불안정성, 공격적 성향, 거부적 행동, 적대적 반감 등이 모성실조아동의 특성으로 거론된다. 또 모성실조아동은 성인과 원만한 애정관계를 형성하지 못하여 적절한 동일시 대상을 갖기 어려우므로 이러한 환경에서는 감정표현방법이나 대인관계기술을 배울 기회가 부족해져 사회성발달에 어려움을 겪게 된다. 신체발달 역시 지연될 수 있다. 이상에서 살펴본 바와 같이 아동양육에 있어서 어머니의 역할이 중요하지만, 사회의 변화로 인한 어머니의 역할 변화는 모성실조환경을 초래하는 상황에 이르렀다.

한편 바깥에서 일하는 어머니의 비율이 해마다 늘면서, 직장에 나가는 기혼여성들이 자녀의 발달 양상에 대해 갖는 관심이 커지고 있다. 한 예로 일하는 어머니들은 하루 중 대부분을 가정 밖에서 지내므로, 자녀와 함께할 수 있는 시간이 전업주부에 비해 상대적으로 적어 자녀에게 생길 수 있는 발달상의 부작용 또는 문제를 궁금해 한다. 맞벌이가정이 지속적으로 증가함에 따라 이러한 궁금증이 커지는 것은 당연한 일이다. 이러한 시점에서 육아문제로 고민하고 있는 맞벌이가정의 걱정을 덜어주는 연구 결과가 나와 관심을 끌고 있다.

미국 텍사스 대학의 휴스턴(Huston, 2005) 교수 등은 엄마와 많은 시간을 보낸 아이들과 일하는 엄마를 두고 있어 그렇지 못한 아이들을 비교·분석한 결과, 두 집단 간의 사회적·심리적 발달에 별다른 차이가 없음을 밝혀냈다. 이 연구자들은 아기가 태어난 뒤 3살이 될 때까지 엄마와 아동의 상호작용을 관찰하였으며, 엄마가 아이의 요구에 얼마나 민감하게 반응하는지 살펴보았다.

연구 결과, 어머니의 직장 유무는 크게 중요한 변수가 아닌 것으로 나타났다. 아이와 많은 시간을 보낼 수 없는 엄마들이 그에 대한 보상으로 주말에 더 많은 시간을 자녀와 함께 보내고, 레저활동이나 쇼핑 등 개인적인 외부활동을 가능한 한 줄이려고 노력했기 때문이다. 결과적으로 아동과 함께하는 물리적 시간이 문제가 아니라, 엄마와 아이의 바람직한 관계 형성이 중요함을 보여준 것이다. 부모-자녀 간 관계 형성에는 엄마의 성격, 개인성향, 신념, 가정환경 등의 요소가 엄마의 외부활동 유무보다 더 큰 영향을 미친다. 또 엄마가 아기와 보내는 시간의 총량은 엄마와 아기의 긍정적 관계 형성의 결정적인 요인이 아니며, 엄마의 성격 등과 같은 다른 요인이 자녀의 향후 성격 형성과 행동에 더 큰 영향을 미친다(Huston et al., 2005). '아이를 돌보는 시간은 양보다 질'이라는 연구 결과가 계속해서 보고됨에 따라 맞벌이가정 부모들이 지나친 죄책감 등 부정적인 사고를 지닐 필요가 없다는 주장이 제기되고 있다.

맞벌이가정의 부모는 자신이 직업을 가짐으로써 자녀가 불안정한 발달패턴을 보이거나 부정적인 발달양상을 보일 것이라는 불안한 심리를 갖기보다는 낮 동안 함께하지 못했던 부분을 퇴근 후 충분히 보상해주려는 마음과 더불어 아이와 함께 상호작용하는 시간을 질적으로 높이고자 하는 마음을 가지려고 노력해야 할 것이다. 부모가 자녀와 24시간 함께한다고 해서 반드시 아이의 발달이 성공적인 것은 아니다. 그러나 아이가 아주 어릴 때는 가급적 부모, 특히 어머니로부터 분리되지 않도록 배려해야 한다. 아이가 자라면서는 아이의 관심을 또래나 다른 대상 및 환경으로 돌리는 것 역시 아동발달에 도움이 되므로, 무엇보다 부모가 안정적이고 일관적이며 지속적인 양육행동을 취하려는 노력이 중요할 것이다.

2) 부성실조환경

아동이 성장하는 과정에서 아버지의 역할은 어머니 못지않게 중요하다. 아버지는 자녀의 지적·사회적 발달을 촉진하며 성역할의 동일시 대상으로서 보다 중요한 역할을 담당한다. 자녀양육환경의 변화 가운데 가장 큰 부분 중 하나는 아버지의 양육행동참여 감소와 부성실조(deprivation of fathering)이다. 부성실조환경은 자녀가 아버지로부터 받아야 할 교육과 보살핌이 결여된 상태를 말하며, 결과적으로 아동은 부적절한 양육환경에서 성장하게 된다.

부성실조의 원인은 여러 가지가 있다. 아버지의 사망이나 이혼·별거 등으로 인한 경우, 아동이 장·단기적으로 부성과 분리되어 자라는 경우, 아버지가 실제 아버지로서의 역할을 수행하지 못하는 경우 등이 그 예이다.

아버지가 없는 가정의 자녀를 대상으로 한 연구 중 아동의 성역할, 학문적 성취, 그리고 도덕성 발달과 아버지 역할 간의 관계를 살펴본 연구에 따르면, 남자아이의 경우 아버지 부재의 영향을 더 많이 받는 것으로 나타났다. 특히 어린 4~5세 남자아이의 경우 아버지 없이 양육되면 보다 공격적인 성향을 보이고 어머니에게 지나치게 의존적인 경향을 보이는 것으로 밝혀졌다(Clark-Stewart, 1977). 호프먼(Hoffman, 1971)은 아버지 없이 성장한 소년은 가책이나 내적·도덕적 판단, 비난의 수용, 도덕적 가치 등의 점수가 낮은 반면, 공격성 표출에서는 높은 점수를 얻은 것으로 나타났다고 밝혔다. 또 아버지 없이 자란 아동은 학업성취와 도덕적 발달, 행동 등에 어려움을 겪을 수 있다(Biller, 1974). 아버지는 전반적으로 딸보다 아들의 직업 선택에 직접적인 영향을 주는 것으로 나타났다(Lynn, 1974).

하지만 부성실조환경이 아동의 성장·발달에 미치는 영향에 대해 논할 때 간과해서는 안 될 사항이 있다. 아버지의 부재 자체에 초점을 두기보다는 실제 가정 내 아버지의 역할을 파악해야 한다는 것이다. 예를 들어 아버지가 물리적으로는 존재하지만 아버지의 역할을 전혀 수행하지 못하는 경우를 우리는 흔히 볼 수 있다. 나아가 사회계층의 차이에서 야기되는 제 요인, 아버지를 잃은 슬픔과 스트레스, 아버지 부재의 원인 등과 같은 요소도 함께 검토해야 할 것이다.

이상으로 부성실조환경에 대해 살펴보았다. 분명한 사실은 아버지는 어머니와 함께 자녀양육에서 중요한 비중을 차지하며, 단순히 어머니의 대리역할만을 하는 존재가 아니라는 것이다. 아버지와 자녀의 친밀한 관계는 자녀는 물론 아버지에게도 유익하다. 자녀가 아버지를 필요로 하듯 아버지도 자녀를 필요로 하는 것이다.

4 부모의 역할

아무리 사회가 변하고 세상이 달라졌다고 해도 변해서는 안 되는 것이 있다. 그중 하나가 바로 자녀에 대한 부모의 변함없는 사랑과 관심이다. "부모는 자식의 거울이다."라는 말이 있다. 부모는 매사 자녀 앞에서 모범을 보이도록 노력해야 하며 자녀양육에 최소한의 책임을 지녀야 한다. 그뿐만 아니라 자녀가 올바르게 성장하도록 최선의 노력을 기울여야 한다.

1) 아버지의 역할

아동의 성장에 부모가 미치는 영향의 중요성은 이미 널리 알려져 있으며, 이에 대한 연구도 다수 진행되었다. 이렇게 부모의 역할을 강조하고는 있지만 사실상 자녀에 대한 부모로서의 책임은 관습상 어머니에게 편중되어 있는 것이 사실이다. 그 이유로는 여러 가지가 있겠으나, 전통적으로 아버지의 역할은 자녀 탄생의 기원 혹은 창조자(creator)로서의 생물학적 관점에서 주로 이해되었으며, 산업화가 진행되던 근대 및 현대사회에서도 경제적 제공자의 역할이 마치 아버지 역할의 모든 것인양 인식되어온 것이 사실이다.

전통적인 관점에서 아버지는 자녀에게 가계를 승계한다거나 성공적으로 직업을 승계하게 하는 역할을 수행하고, 어머니는 자녀를 돌보면서 집안일을 담당한다는 인식이 있다. 아버지란 존재는 자녀양육에 직접 참여하기보다는 자녀와 일정한 거리를 두고 심지어 냉정하게 대하는 인물로 인식되었으며, 엄격하고 처벌을 하며 쉽게 접하기 어려운 존재이자 경외의 대상이었다. 파슨스와 베일스(Parsons & Bales, 1955)도 아버지를 아동이 가족 밖 세계와 관계를 맺는 데 책임과 대표성을 지닌 존재로 보면서 아버지를 '도구적(instrumental) 존재'로 받아들였다.

하지만 1970년대부터 자녀양육에서의 아버지 역할에 대한 논의가 본격적으로 일어나고 자녀의 성장·발달에서 어머니의 역할 못지않게 아버지의 역할이 매우 중요하다는 사실이 여러 연구에서 밝혀지기 시작하였다. 아울러 최근 여성의 취업률이 증가하면서 자녀양육이 사회적 문제가 되고, 남녀평등과 관련한 가정 내 역할 변화로 인하여 아버지의 가정 내 양육 참여에 대한 요구가 점차 강조되고 있다.

맞벌이부부가 증가 추세이긴 하지만 다행히도 직업적 성공보다는 자녀와 함께 지내는 것을 소중히 여기는 부모가 점차 늘고 있으며, 자녀양육에서 아버지의 참여가 자녀의 일상적 삶에서 중요한 역할을 수행하고 있다(이영환, 2012). 사피로(Shapiro, 1997)의 주장에 따르면 아버지가 자녀양육에 깊이 관여할 때 아동의 인지적·사회적 발달이 더 잘 이루어지는 것으로 나타났다. 또 자녀양육에 적극적인 아버지는 자녀의 학업성적에 긍정적인 영향을 미친다는 연구 결과가 최근 소개되었다. 옥스퍼드대학교 자녀양육연구센터가 40여 년에 걸쳐 연구한 바로는 자녀가 7세 때 아버지가 양육에 적극 참여하면 훗날 자녀의 학업성적에 좋은 영향을 끼칠 수 있다고 한다. 이는 1958년에 태어난 어린이 1만 7,000명의 성장과정을 추적한 연구 보고서는 "아버지와 자녀 간의 강한 유대관계는 훗날 자녀에게 정신질환이 발생할 확률을 줄인다."라고 하였다. 또 "아버지가 자녀양육에 적극 참여하면 자녀가 성장 후 범죄자나 부랑자가 될 가능성도 줄어든다."라고 주장하였다. 별거 중인 아버지도 자녀들이 책 읽는 것을 거든다거나 숙제를 도와주는 등의 일을 함으로써 긍정적 영향을 미칠 수 있다.

기존의 여러 선행연구는 아버지의 역할이 어머니에 비해 결코 미약하지 않으며, 어머니의 역할과는 질적으로 다를 뿐만 아니라 오히려 어머니의 양육행동 자체에 영향을 줄 수 있으므로 건전한 아동의 성장·발달을 위해서는 아버지와 어머니의 역할 모두가 중요하다고 주장한다. 보다 구체적인 내용을 살펴보면, 아버지는 자녀와의 상호작용에서 어머니와는 매우 다른 유형으로 참여하며(Bridges, Connell, & Belsky, 1988; MacDonald & Parke, 1984), 자녀양육에 참여하는 시간은 적을지라도 아버지가 아동에게 미치는 영향력은 어머니와 비슷할 뿐만 아니라 아버지가 아동의 요구에 대해서도 훨씬 민감하게 반응한다는 것이다(Parke & Tinsley, 1987). 또 아버지의 양육태도는 자신의 아버지로부터 받은 양육방식에 영향을 받는 것으로 나타났다(forste, Bartkowxki & Jackson, 2009; Guzzo, 2011; Morman & Floyd, 2006). 이와 반대로 아동기에 아버지와의 관계가 원만하지 못했던 남성의 경우에는 좋은 아빠가 되기 위해 많은 노력을 하는 경향이 있었다(권영임, 2012, 재인용).

아동기 부모-자녀의 결합 형태와 사회적 능력과의 관계를 연구한 박인전(1998)의 연구 결과에 따르면, 아버지의 자녀에 대한 돌봄은 아동의 자신감이나 문제해결력과 같은 능력을 발달시키는 데 기여하는 반면, 어머니의 자녀 돌봄은 아동의 부모에 대한 애정표현이나 불안정성 같은 아동의 감정이나 정서적 특성에 더 많이 기여하는 것으로 밝혀졌다. 결국 아동의 바람직한 성장·발달을 도모하기 위해서는 자녀양육이 어머니의 몫이라는 종래의 생각에서 벗어나 부모 모두가 적극적으로 양육에 참여하도록 노력해야 한다.

한편, 유영주(1985)는 아버지의 역할을 다음과 같이 정의하였다. 첫째, 아버지는 도구적·수단적 역할을 담당하고 가정의 경제적 담당자로서 생활비를 조달해야 하므로 가정에 대해서나 자녀에 대해서 간섭성·부재성·소극성의 성격을 띤다. 둘째, 아버지는 자녀들의 사회적 지위의 표본이 되므로 아버지의 사회적 지위가 자녀들의 심리적·내적 요구의 대상이 될 수 있고 또 심리적 안정을 줄 수 있다. 셋째, 아버지는 자녀에게 좋은 동료적 역할을 할 수 있는데 이것은 민주적인 아버지에게서 나타난다. 넷째, 아버지는 이성적이고 공정한 판단자의 역할을 한다.

이처럼 아버지의 역할은 어머니의 역할만큼 중요하다. 아버지가 매사 자녀에 대해 세심한 관심을 가지고 사랑으로 대하며 자녀의 일에 적극 참여하는 것이야말로 진정한 아버지의 역할이라고 할 수 있다.

2) 어머니의 역할

자녀양육에서 어머니의 역할이란 절대적이라 해도 과언이 아닐 정도로 매우 중요하다. 어머니의 역할은 아기를 잉태하는 순간, 즉 태교를 하기 전부터 중요하며, 출산의 과정을 거치면서 자녀의 성장·발달에 지대한 영향을 미치게 된다.

아기가 세상에 태어난 순간 처음으로 대면하는 사람이 바로 어머니이고, 그 순간부터 어머니와의 애착이 형성된다. 특히 어머니는 자녀의 사회화를 비롯한 제반 발달에 중요한 역할을 한다. 어머니는 자녀의 인성 형성에 절대적인 영향을 미치며 최초, 그리고 가장 긴 사회화의 대행자이다. 어머니는 자녀양육에서 표현적·정서적 역할을 담당하므로 자녀와의 감정적 교류가 매우 강하다.

설리번(Sullivan)은 아기가 태어난 초기에 어머니의 역할이 매우 중요하다고 지적하였는데, 특히 유아는 어머니와의 피부 접촉을 통해 사랑, 미움, 신뢰, 불안, 공포 등의 감정을 전달받게 되며 이러한 초기의 경험이 자녀의 성격 형성에 영향을 미친다고 하였다(유안진·김연진, 1994, 재인용). 기존의 많은 선행연구가 어머니의 역할을 전통적인 역할과 진보적인 역할로 나누어 설명하고 있는데, 그중 어머니를 대상으로 좋은 어머니에 대한 전통적 개념과 진보적 개념을 알아본 듀발(Duvall, 1977)에 따르면 전통적 개념의 좋은 어머니란 좀 더 엄격하며 양육과 통제의 기능 모두를 포함하는 다음과 같은 특성을 지니고 있다.

- 요리, 청소, 빨래 등 가사의 의무를 수행한다.

- 자녀의 신체적 욕구를 충족시킨다.
- 규칙적인 습관 기르기 등과 같이 자녀를 훈련시킨다.
- 도덕교육을 수행한다.
- 자녀의 훈련을 담당한다.

반면 진보적인 개념의 좋은 어머니란 전통적인 개념과는 다소 다른 것으로, 어머니의 역할수행방식이 엄격히 정해진 방식에서 융통성 있는 방식으로 다음과 같이 변하고 있음을 알 수 있다.

- 자신감과 자율성을 위해 자녀를 훈련시킨다.
- 자녀의 정서적 욕구를 충족시킨다.
- 자녀의 사회성발달을 격려한다.
- 자녀의 지적 성장을 자극한다.
- 아동의 양육환경을 제공한다.
- 개인의 발달적 욕구에 관심을 가진다.
- 이해심을 가지고 훈육한다.

유영주(1985)는 어머니의 역할을 다음과 같이 정의하고 있다.

- 첫째, 어머니는 자녀의 인성 형성에 큰 영향을 미치며 인성의 형태를 결정한다.
- 둘째, 자녀의 사회화 과정에 있어서 최초로 그리고 가장 장기간의 대행자 역할을 담당한다.
- 셋째, 자녀에 대하여 표현적 · 정서적 역할을 담당한다.
- 넷째, 자녀의 건강과 위생 담당자의 역할을 한다.
- 다섯째, 어머니는 아버지와 자녀 사이, 사회와 가정 사이에서 교량 역할을 한다.
- 여섯째, 종교적 차원에 이르는 도덕적 교육담당자이다.

이처럼 일상생활 전반에서 어머니의 역할은 어느 하나 중요하지 않은 것이 없다. 이처럼 중요한 어머니의 역할을 수행하기 위하여 어머니는 더욱 폭넓은 지식과 기술을 익혀야 한다.

한편 현대사회에서 어머니의 역할 변화를 주장하는 의견을 살펴보면, 예전과 달리 어머니 역할에 큰 변화가 있음을 알 수 있다. 하나 예를 들면, 어머니에 대한 역할 기대가 전반적으로 높아졌으며 전통적인 어머니 역할과 달리 예방접종, 사회화 등과 관련된 활동이 증대했다는 것을 알 수 있다. 이처럼 과거에 비해 어머니 역할이 증대 혹은 변화된 현상은 자녀교육 전반에 영향을 미쳤으며, 부모들이 어린이집이나 유치원 등과 같은 유아교육 및 보육기관에 자녀의 양육 및 교육을 위탁하는 경우가 늘고 있다. 이와 관련한 연구 중 몇몇은 아동이 어머니에 의해 양육되지 않는 것이 아동의 바람직한 성장·발달을 저해하는 요인임을 지적하였다(Schwarz et al., 1974). 하지만 상당수의 연구(Barglow et al., 1987; Clark-Stewart, 1977)는 낮 동안 어린이집 같은 가정 밖 시설에서의 보육경험이 아동의 발달에 해롭지 않으며 오히려 사회성발달 등에 더 유리할 수 있다고 주장하고 있다.

3) 자녀를 바람직하게 양육함에 있어서의 부모의 역할

자녀가 바람직하게 성장하는 데 있어 부모의 역할이란 전술한 바와 같이 매우 중요하다. 그러나 실제로 부모가 자녀양육의 역할을 수행하는 데는 성역할 변화, 형제의 출생, 가족구조의 변화 등 여러 가지 요인이 작용한다. 예를 들어 성역할 변화는 부모역할수행에 상당한 영향을 미치는데, 오늘날 시대적 흐름은 부모들이 양성성 성격의 역할을 수행하는 경우가 많아 어머니의 역할과 아버지의 역할을 뚜렷이 구분하는 경우가 드물어지고 있다.

이러한 경향은 최근 급격한 사회 변화로 인한 취업여성 증가 등과 같은 현상이 아버지로 하여금 자연스럽게 육아의 일부분을 담당하게 한 것과 부분적으로 관련이 있다고 할 수 있다. 이렇게 아버지가 자녀양육에 참여하면서 부모의 역할을 새로운 시각에서 보게 되었고, 아버지와 자녀 간 관계에 대한 연구가 활발히 이루어지게 되었다. 그 결과 현대사회에서 전통적인 아버지의 역할만을 고집하는 것은 더 이상 바람직한 자녀의 성장·발달에 이롭지 못하다는 결론을 얻게 되었다. 다시 말해 아버지가 전통적인 아버지 역할만을 고집할 경우 '가장' 또는 '생계부양자'로서의 역할을 성공적으로 이행하였다 하더라도 자녀의 사회적·심리적 발달이 원만하지 않았다. 자녀가 속해 있는 사회에서는 적절한 성역할 발달이나 도덕성발달, 그리고 학업성취상의 성공이 자녀 일생의 성공과 직결되는

데, 이러한 영역의 발달은 아버지와 자녀 간 직접적인 상호작용을 통해 가능해진다.

자녀를 바람직하게 양육하기 위하여 부모가 취해야 할 역할 및 자세, 특히 인간발달 중 그 중요성이 가장 큰 시기인 영·유아기 자녀를 둔 부모의 역할 및 자세를 살펴보면 다음과 같다.

(1) 언어적 상호작용의 기회 증대

인간의 거의 모든 활동은 언어라고 하는 수단을 통하여 이루어진다. 그뿐만 아니라 우리의 거의 모든 사고가 언어를 통하여 이루어진다는 점을 감안할 때, 각 개인의 언어적 능력은 지능발달을 비롯하여 다른 발달에 많은 영향을 미친다. 영·유아는 언어를 부모로부터 가장 많이 배우게 되므로, 부모가 해야 할 가장 중요한 일 중 하나는 자녀와 충분히 함께하면서 놀아주고 끊임없이 말을 주고받는 등 언어적 상호작용을 하는 것이다.

특히 영·유아기는 질문이 많은 시기로 이들의 질문에 인내심을 가지고 성의껏 대답해 주어야 한다. 대화할 때 부모는 가능한 한 자녀에게 말할 기회를 많이 주며, 발음 및 낱말을 올바르게 사용하도록 도와주어야 한다. 젖을 물리거나 기저귀를 가는 등 아동을 대할 때는 언제나 웃는 얼굴로 이야기하고, 아이가 어떤 반응을 보일 때는 이에 대한 피드백을 하는 것이 바람직하다. 옹알이를 하는 시기에는 아이의 반응에 다시 반응하려는 노력이 매우 중요하다. 아기가 어머니의 말을 정확하게 알아듣지는 못하지만 말이 지닌 감정과 말할 때 어머니가 짓는 표정을 감지하기 때문이다. 부모가 자녀와 충분히 대화하는 것은 자녀의 언어발달을 비롯한 지적 측면의 발달, 정서적 발달에 상당한 영향을 미치므로 그 중요성이 더욱 크다.

(2) 풍부한 놀이 및 학습경험의 기회 제공

부모는 아동의 바람직한 발달을 도모하기 위하여 풍부한 놀이 및 학습경험을 할 수 있는 환경을 조성해주어야 한다. 연령에 맞는 장난감이나 책 등 여러 종류의 학습도구나 놀잇감을 제공하고, 문화시설을 관람할 수 있는 기회를 마련해주며, 공원이나 놀이터 등 주변시설이나 시장, 백화점, 동물원 등에 자주 데려가서 새로운 사물과 상황을 접할 기회를 제공해야 한다. 여기서 유념해야 할 것은 아동은 꼭 새로운 환경이 아니더라도 아동이 생활하고 있는 가정환경 속에서 많은 것을 경험하고 배우기 때문에 가정과 그 주변환경에서 무언가를 경험하고 학습하도록 양육자가 배려해야 한다는 것이다. 예를 들어 아동에게 놀잇감을 제공할 때도 일상생활 속에서 놀이의 재료를 찾을 수 있다. "아동은 놀이의 천재"라는 말이 있듯이 아이들은 우리 주변에 있는 어떤 물건을 이용해서 어른이 생각하지 못하는 새로운 놀이를 창조하는 놀라운 능력을 지니고 있다. 그들은 나뭇잎 몇 개로도 거북이, 물고기, 나비를 만들며 우유팩이나 빈 과자상자로 집이나 기차, 딸랑이 등을 창조한다.

늘 부모가 사다준 기성품 장난감만을 가지고 노는 아동에게는 주변의 사물에서 새로운 놀잇감을 창조하는 응용력과 창의력이 부족하기 마련이다. 생활 주변에 흩어져 있는 재료로는 조금만 머리를 쓰면 얼마든지 새로운 놀이를 창조해낼 수 있는 데 비해, 기성품 장난감은 대부분 놀이방법이 한정되어 있기 때문이다. 부모가 일상생활의 여러 가지 재료를 가지고 아동과 함께 놀이하면서 대화하는 가운데 아동은 풍부한 경험을 쌓아간다.

(3) 자녀에 대한 신뢰와 격려의 태도 유지

부모는 자녀가 잘할 수 있다는 확신을 가지고, 아동이 자신의 능력을 신뢰하고 할 수 있다는 자신감을 가지도록 도와야 한다. 아동 스스로 '나는 할 수 있어.'라는 느낌이 들 수 있게 끊임없이 자녀를 격려해야 한다. 자신감은 향후 아동이 맞이하게 될 일에 임하는 태도와 일을 처리하는 능력에 영향을 미치며, 자아개념 형성에도 영향을 주게 된다.

부모는 자녀를 신뢰하고 수용하며, 아동의 노력과 성취를 인정하고 매사 격려하는 자세를 가져야 한다. 부모가 자녀를 신뢰하지 않는데 자신을 신뢰하는 아동은 많지 않다. 부모는 자녀가 노력한 결과를 긍정적인 측면에서 관심을 가져야 한다. 부모는 자녀의 장점, 잘하는 것, 노력한 점에 관심을 가지고 이를 인정하고 격려하는 것이 좋다. 격려와 칭찬만큼 좋은 교육방법은 없다고 해도 과언이 아닐 정도로 이 2가지는 아동의 바람직한 성장·발달에 매우 중요하다.

(4) 좋은 모델로서의 부모 됨과 원만한 부부관계 유지

자녀는 부모를 통해 가장 많은 것을 배운다. 그들은 삶의 방향과 목적, 가치관 및 도덕관, 남녀의 역할 등을 부모로부터 배우게 되므로, 부모는 자녀의 바람직한 성장을 위하여 매사 모범적인 생활을 해야 한다.

특히 어린 자녀를 둔 부모는 원만한 부부관계를 유지하도록 노력해야 한다. 가정의 화목한 분위기는 사회생활의 기본이 되며, 가정이 화목해야 자녀의 정서도 안정될 수 있기 때문이다. 가정 화목의 파괴는 가족구성원 간 갈등을 의미하며, 이러한 갈등을 경험한 자녀는 가정으로부터 벗어나려 하고 급기야 비행을 할 가능성이 매우 높다. 따라서 부모는 다 같이 자녀양육과 가정교육에 협력하여 참여하고, 부부간 원만한 관계를 유지함으로써 자녀의 성격발달이나 지적 발달을 보다 긍정적인 방향으로 이끌도록 노력해야 할 것이다.

CHAPTER 5

아동복지의
기본 전제조건과 원칙

그대의 마음을 웃음과 기쁨으로 감싸라.
천 가지 해로움을 막아주고
생명을 연장시켜줄 것이다.

– 윌리엄 셰익스피어(William Shakespeare)

1 아동복지의 기본 전제조건

아동이 행복한 삶을 영위하기 위해서는 먼저 아동의 건전한 성장과 발달에 필요한 욕구가 충족되어야 하며, 나아가 아동의 잠재능력을 최대한 발휘할 수 있는 기본적 요소가 구비되어야 한다. 아동복지의 기본요소는 아동복지사업의 기본구조를 구성하는 요인으로, 아동복지대책을 전개할 때 우선 적용되어야 할 부분이다. 아동복지의 기본요소, 즉 기본 전제조건은 학자에 따라 다소 이견을 보인다. 이를 표로 제시하면 표 5-1과 같다.

이들 학자들의 주장에서 주로 언급되는 요소를 중심으로 아동복지의 기본 전제조건을 재구성하여 살펴보기로 한다. 여기에서 제시하는 아동복지의 기본 전제조건에는 부모 및 가정, 교육받을 권리, 심신건강의 증진, 놀이 및 여가활동, 부적절한 노동 및 착취로부터의 보호, 특수아동보호, 경제적 안정 등이 포함된다.

1) 부모 및 가정

아동을 둘러싼 환경 중 부모 및 가정환경은 아동의 환경 중 일차적이면서도 가장 중요한 환경이며, 아동 다음으로 우선적 관심을 두어야 하는 아동복지의 대상이다. 다시 말해 아동의 부모와 가정은 아동복지의 일차적 책임을 가지고 있으며 직접적인 영향을 미치는 중요한 요소이므로, 안정된 가정생활과 바람직한 부모의 역할이야말로 아동발달의 기본조건이라 할 수 있다.

아동은 태어나는 순간, 아니 엄격히 말하면 잉태되는 순간부터 부모와 가족을 통해 생존에 필요한 가장 기본적인 욕구를 충족하게 되고, 부모 및 가족과 더불어 정서적인 경험을 공유하고 사회화의 기초를 다진다. 그러므로 도저히 어쩔 수 없는 경우를 제외하고는 아동이 자신의 가정에서 이탈되어서는 안 된다.

하지만 최근 아동이 자신의 친가정에서 부당한 취급을 받거나 바람직하지 않은 양육을 받는 안타까운 상황이 늘어나고 있다. 또 자녀를 출산하고도 양육을 제대로 할 수 없어 자녀양육을 포기하거나 자녀를 유기하는 사례가 증가하여 사회적 문제가 되고 있다.

우리 사회에서는 고등학교나 대학을 졸업한 후 직업을 가지기 위한 기술교육이나 지식

표 5-1 아동복지의 기본 전제조건

구분	내용
케이(Key, 1909)	• 튼튼하게 태어날 권리 • 건강하게 양육받을 권리 • 정상적인 가정생활을 누릴 권리 • 교육받을 권리 • 도덕적·정신적 훈련을 받을 권리 • 유희나 오락을 즐길 권리
사회사업백과사전(1965)	• 가족생활 • 부모의 보호 • 적절한 가정경제, 주거 • 건강과 의료보호 • 교육, 유희나 교우 • 윤리적 표준 • 이념과 가치 • 교육적·직업적 지도
프레더릭센과 멀리건 (Fredericksen & Mulligan, 1972)	• 법적보호 등 • 부모역할이 준비된 부모 • 경제적 안정 • 보건, 교육, 종교, 놀이 • 유해한 노동으로부터 보호 • 특수욕구아동에 대한 서비스 • 시민권, 자유권
아동권리협약(1999)	• 가정환경 및 대리보호에 대한 권리 • 기초보건 및 복지에 대한 권리 • 교육, 여가, 문화활동에 대한 권리 • 특별보호조치에 대한 권리
장인협·오정수(2001)	• 안정된 가정생활 • 경제적 안정 • 보건 및 의료보호 • 교육, 노동, 오락 • 특수보호 등

교육이 비교적 적절히 이루어지는 편이지만, 후에 부모가 되었을 때 부모로서의 역할을 어떻게 수행해야 하는지, 자녀가 성장하면서 어떠한 발달과정을 거치는지, 자녀와의 상호작용 혹은 대화는 어떠한 방식으로 해야 하는지에 대한 교육은 대학의 일부 관련 학과를 제외하고는 거의 이루어지지 않고 있다.

부모 됨은 직업교육 못지않게 우리 삶에 매우 중요한 부분을 차지한다. 모성애는 자녀를 잉태하고 출산한다고 해서 저절로 생겨나는 것이 아니며, 적어도 부모가 자녀를 제대로 양육하기 위해서는 자녀양육에 대한 기본지식이나 기술만이라도 익혀야 한다는 주장이 힘을 얻고 있다. 과거보다 가정 내 자녀 수가 점차 줄어듦에 따라 부모들은 적은 수의 자녀를 양육하는 데 더욱 많은 정성과 관심을 쏟고 있다. 하지만 요즘 부모들은 올바른 자녀양육방식을 알지 못한 채 자녀를 양육하여 아동의 바람직하지 못한 행동을 유발하거나 부모-자녀 간 정서적 긴장관계 및 갈등을 초래하기도 한다.

바람직한 부모역할 수행과 안정된 가정, 그리고 양호한 경제적 여건이야말로 아동복지 실현의 가장 중요한 기본요소이다. 부모로서 자녀양육을 위한 책임과 준비를 다하는 것은 무엇보다 중요하고 아동복지에 필수적인 요소이다. 따라서 예비부모를 대상으로 부모 됨에 대한 교육 및 상담·지도가 적절히 이루어져야 할 것이다. 아울러 아동복지의 궁극적 목표를 이루기 위해서는 무엇보다 아동이 몸담고 있는 가정을 보호해야 하며, 가정의 기능을 강화해야 하고 가족구성원이 제 기능을 원활하게 수행할 수 있도록 다양한 가족정책과 가족복지서비스를 제공해야 한다.

선진국에서는 기본적으로 가능한 한 아동이 친가정에서 친부모와 살 수 있도록 여러 측면에서 노력하며, 이를 위한 법적·제도적 장치를 보완하고 있다. 만약 아동이 친부모와 살 수 없는 환경에 처한 경우에는 대안으로 가정위탁을 먼저 고려하고, 그다음에 입양을 권하며 아동이 가정위탁이나 입양이 불가능할 정도로 알코올·마약중독 같은 심각한 문제를 가지고 있을 때에만 시설수용보호를 허용하는 경향이 있다.

일례로 호주의 경우, 여러 가지 사정으로 부모와 살 수 없는 아동의 80% 정도가 위탁가정으로 보내져 보살핌을 받으며, 이 중 약 80% 정도가 친부모와 재결합하고 있다. 호주에서는 미혼모 등 모자가정 아동의 경우, 가정위탁이나 입양이 아닌 정부의 지원으로 친모와 아동이 어려움 없이 지낼 수 있도록 더 많은 생활비를 지원한다. 가정위탁센터의 복지사들은 위탁가정과 아동을 관리하고 친부모가 아동을 다시 키울 수 있는 자격을 갖추도록 직업훈련이나 심리치료 같은 도움을 준다.

부모가 아동을 방임하거나 학대하는 것 같은 특별한 경우를 제외하면, 아동은 자신의 친부모와 함께 사는 것이 가장 행복하다. 만약 부모가 아동을 올바르게 양육할만한 환경에 처해 있지 않다면, 정부는 이러한 가정의 부모를 도와 자녀를 잘 기를 수 있도록 가정의 기능을 강화하고 부모를 지원할 수 있도록 최대한의 노력을 기울여야 할 것이다.

2) 교육받을 권리

이 세상에 태어나는 아동은 타고난 잠재능력을 계발하여 자신의 능력을 최대한 발휘할 수 있는 사회적 기회를 가져야 한다. 이는 아동 자신의 능력 및 필요, 흥미에 따라 교육의 기회가 부여되어야 함을 의미하는 것으로, 우리나라 헌법 제27조에는 "모든 국민은 능력에 따라 균등하게 교육을 받을 권리를 가진다."라고 명시하여 국민의 교육평등권을 강조하고 있다.

하지만 가정의 경제적 여건, 부모의 근로상황, 가족기능의 변화 등 여러 가지 사정으로 인하여 교육을 받을 수 있는 기회가 박탈되고, 심지어 교육의 내용과 질에 있어서 계층 간 상당한 차이가 발생하고 있다. 예를 들면 도시·농촌 간 정보격차, 혹은 한 도시 내에서도 빈부격차에 따른 계층 간 차이가 심해졌다. 일부 부유층 가정에서는 학교교육 외에 학원수강이나 고액과외를 시키는 등 상당한 금액을 사교육에 지출하거나 조기유학, 해외 어학연수 등을 보내는 반면, 빈곤층가정에서는 공교육기관인 학교 내 교육조차 제대로 받지 못하는, 말하자면 교육의 사각지대에 자녀를 방치하는 경우도 많다. 우리 사회의 양극화현상은 교육에서조차 심화되고 있다.

최근 소개된 한 보도자료(MK뉴스, 2013. 8. 19)에 따르면, 수능점수는 수험생이 속한 가구의 소득·생활수준과 연관이 높은 것으로 나타났다. 2012년 한국교육개발원의 연구 보고서에 따르면 부모의 소득수준에 따라 자녀의 수학성적이 최대 19점까지 벌어지는 것으로 나타났으며, 영어 성적은 국어·수학 등 다른 과목보다 소득수준에 비례하는 민감성이 높은 것으로 조사됐다. 이는 사회 전반적으로 사교육 의존도가 높아지면서 저소득층의 아이들이 사교육시장에서 밀려 학교수업조차 제대로 따라가지 못하는 교육의 '빈익빈 부익부' 현상을 보여주는 결과라 할 수 있다.

한편, 아동발달에 관심이 있는 심리학자나 교육학자들이 조기교육의 중요성과 필요성을 강조함에 따라 아동복지의 전제조건 중 하나인 교육의 권리가 유아기에도 예외가 아님이 강조되고 있다. 빈곤층의 조기보상교육 역시 이러한 맥락에서 이해할 수 있을 것이다. 빈곤가정의 자녀가 조기에 양질의 교육을 받도록 교육기회를 확대함으로써 결과적으로 빈곤이 대물림되는 일이 발생하지 않도록 국가가 앞장서야 할 것이다. 그리고 장애가 있는 아동에게 조기에 특수교육을 받을 수 있는 교육적 조치가 이루어져야 할 것이다. 모든 아동이 잠재력을 최대한 발달시켜 사회에 통합되고, 자신의 행복을 추구할 수 있게 하는 사회적 기반이 시급히 조성되어야 한다.

3) 심신건강의 증진

우리나라 아동복지법 제1조에는 "아동이 건강하게 출생하여 행복하고 안전하게 자랄 수 있도록 아동복지를 보장하는 것을 목적으로 한다."라고 명시되어 있어 아동의 건강이 아동복지의 기본전제임을 알 수 있다. 아동 자신의 건강 및 모체의 건강은 아동복지의 기본이자 매우 중요한 요소이다. 아동의 건강은 모체의 건강과 불가분의 관계이고, 두 요소가 각각 독립적일 수 없다는 것은 모체가 태아를 건강하게 기르기 위한 일차적이면서 가장 중요한 환경일 뿐만 아니라 모체의 건강이 직·간접적으로 태아의 건강에 영향을 미치기 때문이다.

아동의 건강은 모체의 신체적·심리적 건강에 의해 절대적인 영향을 받기 때문에 건강한 아동의 탄생을 위해서는 모체가 임신 전부터 주의해야 하며, 사회는 모자보건을 위한 대책을 마련해야 한다. 특히 태중환경은 매우 중요한 부분으로 모체의 영양, 심리적 안정 유지, 약물복용 금지 등 임산부에 대한 특별한 대책 및 관리가 절실하다.

예를 들어 예비부모를 대상으로 한 결혼 전 부모 됨에 대한 준비교육이 필요하며, 아동이 자라는 동안 성장발육의 증진과 질병의 조기발견 및 치료를 위하여 정기적인 건강검진과 예방접종이 이루어져야 한다. 무엇보다 예비부모 및 부모를 대상으로 한 출산 후 자녀양육 관련 지식에 대한 체계적인 교육이 필요하다.

여기서 아동의 건강이라 함은 신체적 건강에 국한된 것이 아니라 심리적·정신적 건강도 포함하는 것이다. 오늘날의 아동은 과거와 달리 빨리 성장하기를 바라는 주변의 압력과 책임 및 변화로 인한 부담뿐만 아니라 사회적 규제도 함께 받아 이로 인한 정서적 부담이 크다. 더욱이 이전 시대의 아동에 비하여 급속한 사회 변화의 과정 속에 놓였고 아동에 대한 기대와 요구가 증가함에 따라 미처 준비를 갖추기도 전에 다양한 변화를 경험하게 되며 높은 수준의 성취를 요구하는 주변의 압력으로 인해 많은 스트레스를 경험하게 된다(Elkind, 1984).

아동의 바람직한 성장·발달을 도모한다는 관점에서 볼 때, 아동은 아직 성장 중으로 주변의 도움을 필요로 하는 시기에 있을 뿐만 아니라, 자신이 경험하고 있는 스트레스에 대한 이해력이 부족하고 스트레스에 효과적으로 대처하는 능력이 미흡하므로, 부모는 아동의 스트레스에 관심을 가져야 한다. 하지만 근래 들어 스트레스로 고통받는 아동이 증가하면서 아동기의 위궤양 발생률이나 자살을 기도하는 아동의 수가 늘고 있다. 또 심한 스트레스 상황에 놓인 경우, 아동의 혈관에 나타나는 콜레스테롤 수치가 일반아동보다 높고, 극도의 긴장이나 심장병으로 발전할 가능성도 높게 나타나 심히 우려할 만한 현상이라고 할 수 있다.

아동은 스트레스를 받을수록 우울 성향이 증가하며(Daniel & Moos, 1990; Rowlison & Felner, 1988), 문제행동이 증가하게 된다(한미현, 1996; Dubow, et al., 1991). 이처럼 지나친 스트레스는 아동의 에너지를 고갈시키고 심각한 경우 신체적·정신적 질병을 초래한다. 더 큰 문제는 과도한 스트레스로 인하여 심리적으로 힘들어하는 아동 및 청소년의 수가 늘고 있다는 점이다. 아동기의 문제행동과 정신병리는 아동 자신뿐만 아니라 그들을 돌보는 사람에게도 어려움을 겪게 하며, 그대로 방치할 경우 문제행동과 정신병리가 청년기를 거쳐 성인기에도 지속되어 다음 세대의 건강과 행복도 해칠 수 있으므로 (신현순, 2000), 아동의 문제행동과 심리적·정신적 어려움을 조기에 발견하여 적절한 시기에 전문가의 도움을 받을 수 있도록 조치를 취해야 할 것이다.

아동의 신체적 건강 못지않게 심리적·정신적 건강이 중요한 것처럼 모체 역시 신체적·정신적 건강 모두 중요하다. 예를 들어 부모의 우울은 아동과 부모 간 상호작용의 질에 영향을 미치며, 이는 결국 아동의 바람직한 성장·발달을 저해한다. 특히 어머니의 우울은 모자 상호작용의 질을 손상시킴으로써 아동발달에 영향을 미친다. 모체의 임신 중 심리적 상태에 따라 태어나는 아동의 상황이 다르다는 연구는 지금까지 많이 이루어졌다. 예를 들어 미국의 아동심리학 전문지 〈아동발달(Child Development)〉에 따르면, 임신 3~4개월에 스트레스와 불안을 자주 겪은 여성이 출산한 아이는 나중에 주의력결핍과잉행동장애(ADHD)나 불안장애, 행동장애를 보일 위험이 크다고 한다. 그 외에도 산모의 우울증이 여자아이보다 남자아이의 지능 저하에 영향을 미친다는 연구 결과도 소개되어 이를 통해 모체 정신건강의 중요성을 알 수 있다.

아동이 바람직하게 성장·발달하기 위해서는 부모와 자녀 간의 관계가 긍정적으로 형성되어야 하며, 무엇보다 부모 자신의 정신건강이 바람직해야 할 것이다.

4) 놀이 및 여가활동

아동을 자세히 관찰하면, 깨어 있는 시간 동안 대체로 무언가에 몰입하고 움직이며 놀고 있는 것을 알 수 있다. 이처럼 놀이는 아동에게 생활의 전부라 할 만큼 매우 중요한 의미를 가진다. 영국의 교육학자 닐(Neal)은 "아동기는 놀이의 시기이므로 만약 어렸을 때 아동이 충분히 뛰어놀지 못하면 성장해서도 놀아야겠다는 환상에 사로잡혀 생산적인 일을 못하게 된다."라고 지적하면서 아동기 놀이의 중요성을 역설하였다.

성인에게 놀이란 오락과 휴식이며 일로부터의 탈출인 반면, 아동에게 있어 놀이란 곧 생활의 주된 내용이다. 아동은 대부분 놀이를 통해 경험하고 지식을 얻는다. 그들은 놀이를 행하면서 사회성 및 도덕적 가치를 형성하고 창조력을 증진시키며 정서를 안정시키고 신체활동 기능을 발달시키는 등 여러 가지 경험을 하게 된다. 또 성인의 놀이와 달리 자발적인 의미에서 놀이 그 자체를 목적으로 한다.

아동이 노는 모습을 살펴보면, 미소와 웃음을 통해 마냥 즐겁고 행복해 한다는 것을 느낄 수 있다. 그러나 놀이에는 즐거움의 속성만 있는 것이 아니다. 아동은 놀이를 통해 그 누구도 가르칠 수 없는 많은 것을 배우게 된다. 이들은 노는 동안 다른 아동의 행동을 모방하고 되풀이하며 탐험하고 실험하면서 신체적·사회적·언어적 그리고 인지적으로 성장·발달한다. 다시 말해 아동의 놀이는 학습의 기회이자 발달의 기회이다. 아동은 놀이를 통해서 경험을 재구성하고, 억압된 감정을 해소하거나 감정을 표출하며 창의적으로 사고하고 표현한다. 특히 유아기의 놀이는 생활의 대부분을 차지하므로 놀이의 중요성이 다른 시기보다 더 크다고 할 수 있다. 그러므로 인지적 학습에 대한 지나친 요구는 금물이다.

최근 어릴 때부터 인지적 교육을 시켜야 된다는 사회적 분위기가 형성되어 있는 것이 현실이다. 아이가 뱃속에 있을 때부터 외국어교육을 시키며, 제대로 걷지도 못하는 아이를 일찍부터 똑똑한 아동으로 키운다고 야단법석이다. 아이를 적게 낳으니 아이에 대한 기대가 커져 일찍부터 아이를 인지적 교육으로 몰아붙이는 셈이다. 아이들의 놀이를 위해 대도시의 특정 지역을 중심으로 방문교사가 매주 1~2회 아이들 집을 찾아가 게임하며 노는 '놀이과외'가 인기라는 것은 더욱 이해할 수 없는 부분이다. 놀이과외의 주 대상은 4~10세의 어린이지만 생후 6개월 전후의 아기들이 과외를 받기도 한다. 이처럼 놀이과외가 유행하는 것은 아이들이 평균 5~10개씩의 과외를 받으면서, 놀이터나 골목길에서 친구와 노는 문화가 사라졌기 때문이다. 특정 학원에 들어가기 위해 '학원입학용 과외'를 별도로 받거나, 일찍부터 대입 논술을 준비하고, 특정 과목은 말할 것도 없으며 줄넘기나 멀리뛰기까지 과외를 받는 아동이 늘어나고 있다. 이러한 추세에 맞추어 대학 입학을 위한 맞춤식 진학지도를 하는 '입시 컨설팅 회사'도 생겨나고 있다.

상황이 이러하다 보니 일찍부터 거센 부모의 압력에 견디다 못해 자살이라는 극단적 선택을 하거나 심리적으로 큰 어려움을 호소하는 아동이 늘고 있다. 유아기에는 유아기에 적합한, 아동기에는 아동기에 적합한 그들만의 놀이문화가 있어야 하며, 유아기까지는 놀이가 그들 생활의 주가 되어야 한다.

놀이가 아동의 바람직한 성장에 매우 중요한 역할을 한다는 사실에 대해 대다수의 어머니들이 공감하고 있지만 현실적으로 어린이의 놀이는 공부, 학원, 예체능교육 등에 의하여 상당 부분 압박받고 있다. 또 많은 부모들이 학교시험이나 성적에는 매우 민감하게 반응하면서도 아이가 보이는 정서적 문제는 상대적으로 등한시하고 있다. 밀집된 도시에서 어린이의 놀이장소가 점점 사라지고 있다는 사실과 그것이 아동에게 어떠한 영향을 미치는지에 대해서 부모들은 의외로 둔감하다. 이는 최근 입시 위주 교육에 대한 학부모의 지나친 부담과 인지적 교육에 대한 사회구성원의 관심 증대, 그리고 아동놀이에 관한 일반 성인의 생각이 놀이를 단지 별 목적 없이 시간을 보내는 것에 지나지 않는다고 받아들이기 때문이다. 어린이의 놀이를 학습 그 자체로 보지 않을 뿐만 아니라 놀이를 통해 어떻게 학습하는지에 대해 구체적으로 알지 못하는 경우가 많기 때문일 것이다.

이상에서 살펴본 바와 같이 아동에게는 놀이가 중요한 의미를 가지며, 놀이공간은 학습공간이자 성장공간이라 할 수 있다. 따라서 아동이 정신적·육체적으로 건강하고 건전하게 발달하기 위해서는 놀이를 충분히 즐길 정도의 공간이 가까이 있어야 하고, 그곳이 안전하며 매력이 넘치는 여러 가지 요소를 갖춘 장소여야 한다. 즉, 놀이에 대한 부모의 인식 변화와 연령에 맞는 놀이활동공간이 확충되어야 최근 사회문제가 되고 있는 컴퓨터 게임과 같은 온라인상의 놀이활동이 어느 정도 해결될 것이다.

아동의 놀이공간이 매우 부족한 데 비하여 성인은 직장과 가정 주변에 다양한 놀이장소를 가지고 있다. 셀 수 없을 정도로 많은 유흥음식점, 도박장, 게임장, 술집, 볼링장 등 번화가는 모두 성인들의 놀이장소가 차지하고 있다고 해도 과언이 아니다.

놀이장

오른쪽을 보아도 파칭코집

왼쪽을 보아도 파칭코집

어른들의 놀이장은 너무도 많다.

이래서는 불공평하다.

좀 더 어린이들을 위한

놀이장소를 만들어주었으면 좋겠다.

위 글은 일본의 한 아동이 쓴 글이다. 대수롭지 않게 보일 수도 있지만 놀이장소가 턱없이 부족한 아동의 서운함이 담겨 있는 사회에 대한 고발장일지도 모른다. 우리는 아동이 인간으로서 존중받아야 한다고 하면서도, 생활권을 억압하고 사회적 차별을 하고 있다고 할 수 있다(안옥희·박인전·안지연, 1995).

또 어린이 놀이시설과 환경의 안전성에 대한 구체적 법적 기준 마련이 절실하다. 놀잇감이나 놀이터의 흙, 놀이시설물에서 납과 같은 중금속이 다량 검출되어 문제가 되고 있다. 환경부가 어린이 장난감 등 4,000개 제품에 대한 유해물질 함유실태를 조사한 결과, 20개 제품 중 1개꼴로 기준을 초과한 유해물질이 검출되었다(한국경제TV, 2013. 1. 11). 어린이의 주요 활동공간인 어린이집, 학교, 놀이터 등지에서 비스페놀-A, 포름알데하이드, 석면, 중금속 등의 유해성분이 함유되어 이에 대한 주의를 지적하였다(매일신문, 2013. 12. 6). 개나 고양이 같은 동물의 배설물도 철저히 관리해야 할 것이다.

정보화 사회에서는 자칫하면 가족구성원이 뿔뿔이 흩어질 수 있으므로 가족이 의도적으로 서로를 함께 엮으려는 최소한의 노력이 필요하다. 이를 위하여 가족이 서로에게 심리적 부담을 주지 않는 범위에서 작은 것이라도 함께할 수 있는 활동을 시작해보는 것이 좋다. 아울러 아동이 여가생활을 건설적으로 활용하고 자신의 취미를 발전시킬 수 있도록 성인의 적절한 지도 및 감독이 뒤따라야 할 것이다.

참고로 수년 전 미국 가정에서는 '가족시간 늘리기' 바람이 불어 화제가 된 적이 있다. '가족시간 늘리기'는 가능한 한 부모가 일정을 줄이고 가족이 '그냥 함께 있는 것'이다. 가족이 함께 무언가를 하기 위해 행사를 준비한다기보다는 서로에게 심리적 부담이 되지 않는 일상적 활동, 예를 들면 산책, 식사 준비와 청소 등 가사일, 세차, 어린이 숙제 등을 하면서 가족이 함께하는 시간을 늘리는 것이다.

5) 부적절한 노동 및 착취로부터의 보호

아동은 성장·발달과정을 거치고 있으므로 성인의 지속적인 관심과 보호를 받아야 하는 대상이다. 모든 아동은 이유를 막론하고 연소노동이나 유해노동, 혹은 기타 착취적 노동으로부터 보호받아야 한다. 이는 연소노동이나 유해한 노동환경 등이 아동의 제반 발달에 악영향을 끼치기 때문이다. 성인의 신체적 조건에 맞춘 작업환경, 작업과정에 대한 지식 부족 등으로 인하여 아동의 경우 성인보다 사고가 발생할 확률이 높으며 질병에 쉽게 노출되고, 질병 및 사고에 대한 회복 역시 어렵다. 아울러 아동이 일찍부터 노동에 종사하면 교육받을 기회를 박탈당하는데, 이로 인해 아동은 장래에 보다 안정적이고 미래가 보장된 직업에 종사할 기회를 빼앗기게 된다.

유해아동노동의 대표적인 사례로는 개발도상국의 수출산업현장이나 관광산업의 미명 아래 매춘을 강요당하는 아동을 들 수 있다. 우리나라에서도 청소년 아르바이트가 늘고 있지만 이들의 권리가 보호되지 못하고 있으며, 임금체불이나 초과근로, 신체적 학대 및 성희롱 같은 부당한 대우가 문제시되고 있다(공계순 외, 2003).

아동을 연소노동, 유해노동, 기타 착취적 노동환경으로부터 보호하기 위해서는 범국가적 차원의 노력이 필요하며, 무엇보다 아동노동의 부당성 및 유해성에 대한 일반인의 인식 제고가 절실하다. 보다 구체적이고 직접적인 방안으로는 관련 법률 제정 및 실시가 있다. 우리나라에서도 연소노동이나 피착취로부터 아동을 보호하기 위한 법률적 규정을 두고 있는데, 근로기준법에는 15세 미만 채용 금지, 위험한 사업의 경우 여자와 18세 미만 채용 금지, 15세 이상 18세 미만인 자는 1일 7시간, 1주 40시간 초과근로 금지 등이 명시되어 있다. 또 아동복지법에도 아동을 학대하거나 착취하는 행위를 금하도록 되어 있다. 이처럼 아동노동과 관련된 내용이 법적으로 명시되어 있음에도 상당수의 근로청소년이 저임금, 장시간 노동에 노출되어 있고 비위생적이고 위험한 작업환경, 열악한 기숙사 생활, 영양실조 등의 문제로 인해 만성질병, 비행 등 여러 가지 사회적 문제를 겪고 있다. 그러므로 근로아동 및 청소년에게 교육기회를 부여하고, 노동조건 및 작업환경 개선, 근로환경에 걸맞은 적절한 처우, 인권보장을 위한 법률적 제 정비, 심리적 문제를 호소하거나 기타 문제를 상담할 수 있는 상담창구 마련 및 상담서비스 확충 등이 절실히 필요하다.

6) 경제적 안정

아동이 건강하게 성장하기 위해서는 먼저 아동의 기본적 욕구인 의식주문제가 해결되어야 하며, 가정생활에 필요한 최소한의 물질적 욕구도 충족되어야 한다. 따라서 아동의 바람직한 성장과 발달을 도모하기 위해서는 가정의 경제적 안정이 우선 이루어져야 한다. 만약 가정의 경제적 여건이 안정되지 못하면 일차적으로 아동의 기본적 욕구 충족이 이루어지기 어려울 뿐만 아니라 아동의 신체적·정신적 건강이 침해받을 소지가 있고 교육받을 기회마저 박탈당하여 지적 발달이나 정서발달을 비롯한 아동의 제반 발달에 지장을 초래하게 된다. 심한 경우 가정의 경제적 불안정으로 가족이 해체되기도 한다.

최근 우리 사회에서는 여러 가지 이유로 빈곤가정의 아동이 증가하고 있다. 이러한 빈곤아동은 단지 경제적 이유만으로 발생하지는 않는다. 부모의 가출이나 이혼, 질병, 사망 등으로 인한 아동방임도 결식아동이나 빈곤아동의 양산으로 이어질 수 있다. 근래 들어 한부모가정의 증가도 아동·청소년의 빈곤 위험을 가속화하는 요인이 되고 있다. 특히 부모의 이혼율 증가는 가정해체를 심화시키는데, 보건사회연구원(2012)은 부모의 이혼·별거·가출이 가정해체 원인의 약 40%를 차지한다고 밝혔다.

중산층에서 하루아침에 빈곤가족으로 전락한 아동은 공격성과 비행 등 외현화된 문제를 나타내는데, 청소년개발원 보고에 따르면 저소득층 가정의 자녀는 자살 충동, 사람이나 물건에 대한 폭력 사용, 돈이나 물건 절도, 가출 경험, 약물 복용, 본드, 부탄가스 흡입 등의 문제행동을 경험한다고 밝혔다.

가정문제전문가들은 빈곤아동을 그대로 방치하여 그들이 실업, 복지, 범죄 등과 같은 추가적인 사회정책의 대상이 될 경우 매우 비효율적이라고 지적한다. 3~4세 유아에 대한 투자는 사후 대책보다 약 7배 효과적이라고 한다. 한 통계조사에 따르면 아동 1인당 2년간 1만 4,716달러를 투입하면 20년 뒤에는 범죄 예방 등 사회적 비용 절감, 세금수입, 성인에 대한 사회복지서비스 절감 등에 소요되는 예산이 무려 10만 5,324달러 정도 절약되는 효과가 생긴다고 한다. 지금도 빈곤으로 인하여 각국의 수많은 아동이 열악한 환경에서 부당한 대우를 받고 있다. 대부분의 아동복지문제가 그러하듯 빈곤아동문제 역시 아동에만 초점을 맞출 것이 아니라 빈곤아동의 부모 및 가정에도 관심을 가져야 것이다. 빈곤가정의 부모와 아동에 대하여 정부는 공적부조와 사회보험, 그리고 아동수당제도 등 각종 복지대책을 펼쳐야 할 것이며, 부모에게 직업을 가질 수 있는 기회를 적극 부여함으로써 가정이 기본적으로 경제적 안정을 되찾을 수 있도록 배려해야 할 것이다.

비교적 복지제도가 자리잡은 선진국에서는 연간 소득이 일정 수준에 미치지 못할 경우 세금을 반환해주거나, 주택을 구입할 때 저리 융자나 대출을 해줌과 동시에 집세를 감면해주며, 빈곤계층의 임산부와 그 자녀를 위한 건강증진 프로그램을 가동하고 빈곤층 영·유아를 위한 조기 보상교육 실시, 각종 수당제도 도입 등 다양한 사회적 서비스를 확충하고 있다. 가정의 경제적 사정이 아무리 어렵더라도 아동을 포기하거나 가정이 해체되지 않도록 부모 자신도 노력해야 하겠지만, 국가적인 차원의 지원도 필요하다. 그러기 위해서는 사회구성원 모두가 관심을 갖고 함께 노력하는 자세를 가져야 할 것이다.

7) 특수한 욕구를 지닌 아동을 위한 보호

광의의 개념으로 보면 일반아동을 포함한 모든 아동이 아동복지의 대상이 되지만, 우선순위를 정한다면 요보호아동을 제일 먼저 고려해야 하며, 그 외 특별한 욕구를 지닌 아동도 고려대상에 우선 포함해야 한다. 다시 말해 아동복지가 일반아동을 포함한 모든 아동의 복지를 실현하기 위한 것이기는 하나, 특수한 욕구를 지닌 아동에 대해서는 사회적으로 특별조치 및 보호를 취해야 한다.

예를 들면, 신체적·정신적·심리적 장애를 지닌 아동의 경우 교육 및 치료와 보호가 이루어져야 하며, 빈곤층 아동의 경우 교육 및 보건·의료 조치, 그리고 이들을 위한 문화공간 조성 등도 이루어져야 한다. 특히 최근 사회적·경제적 어려움이 지속됨에 따라 빈곤가정의 아동이 늘어나고 있으므로 이에 따른 대비책이 필요하다.

한편 다문화가정 자녀나 새터민가정의 아동에 대한 사회적 관심도 필요하다. 국제결혼가정을 돕기 위해 운영되는 '결혼이민자가정지원센터'에서는 결혼이민자를 위한 한국어와 한국 가정문화교육, 법률 및 부부상담서비스, 이들 가정의 아동을 위한 보육지원 등 다양한 프로그램을 확대하여야 할 것이다. 특히 남북통일은 우리 민족의 숙원사업이므로 향후 통일한국을 이끌 아동에 대한 관심이 필요하다. 북한에서 남한으로 옮겨오는 아동 수가 차츰 늘어나고 있으므로 이들에 대한 배려도 빠뜨리지 않아야 할 것이다.

2 아동복지의 원칙

아동복지를 실천함에 있어 기본적으로 적용해야 하는 원칙이 있다. 아동복지 관련 정책 입안자나 관련 종사자는 아동복지사업의 제 원칙을 고려하여야 할 것이다. 아동복지 실천의 원칙에는 권리와 책임의 원칙, 보편성과 선별성의 원칙, 개발성의 원칙, 예방성과 치료성의 원칙 등이 있다.

1) 권리와 책임의 원칙

아동복지는 어느 한 주체가 일방적인 책임을 지는 것이 아니라 각자에게 부여된 사회적 역할의 범주에서 독자적인 책임을 지고, 상호 유기적인 관련 아래 서로 책임을 나누는 것이다. 권리와 책임의 원칙은 아동, 부모, 사회 및 국가의 권리와 책임으로 구분할 수 있다.

(1) 아동의 권리와 책임

아동은 성인과 다름없는 하나의 인격체로서 자신의 행복 추구 및 성장·발달을 위한 권리를 가진다. 새로이 개정된 아동복지법의 기본이념이나 영·유아보육법의 보육이념을 보면 두 법령의 공통점을 발견할 수 있다. 아동의 이익을 최우선으로 고려하여야 한다는 점과 아동이 안전하고 쾌적한 환경에서 자라야 하며, 자신 또는 부모의 성별, 연령, 종교, 사회적 신분, 재산, 장애 유무, 출생지역 등에 따른 어떠한 차별도 받지 않고 성장해야 한다는 것이다.

아동권리에 대한 내용은 세계아동권리선언이나 우리나라의 어린이헌장, 청소년헌장 등에도 명시되어 있다. 권리에 이어 책임도 강조되는데, 아동 역시 자신의 성장과 발달에 대한 책임을 지녀야 한다. 아동은 사회와 성인의 기대 및 합리적 요구를 고려해야 하고, 자신에 대한 책임감을 발달시키며, 자신의 발전에 도움이 되는 기회를 적극 활용해야 한다(장인협·오정수, 2001). 새롭게 제정된 청소년헌장에는 지금까지 청소년을 보호와 육성의 대상으로 규정하던 것과 달리 청소년의 권리와 더불어 청소년의 책임 부분도 추가로 구성하고 있다. 아동복지의 주체로서 아동 및 청소년은 권리의 주체이기도 하지만 동시에 일련의 책임도 가진다는 의미이다.

(2) 부모의 권리와 책임

아동복지에 대한 책임의 상당 부분이 사회나 국가로 이양되었다고 하더라도 부모는 여전히 자녀보호 및 양육에 대한 일차적 책임을 지닌다. 즉, 아동양육의 일차적 권리와 책임은 부모에게 있다. 실제로 양육상 부모의 책임은 각종 아동복지관계법에 규정되어 있다. 아동복지법 제5조 1항에는 "아동의 보호자는 아동을 가정에서 그의 성장시기에 맞추어 건강하고 안전하게 양육하여야 한다."라며 부모의 책임을 강조하고 있다. 다시 말해 부모는 아동을 사회에 필요한 올바른 인재로 양육할 의무와 아동의 사회적 행동에 대하여 책임지고 동시에 아동의 생활방식과 행동기준을 결정할 권리를 가진다. 하지만 부모가 자녀양육의 의무를 제대로 다하지 못한다면 사정이 달라진다. 이 경우 자녀양육 자체만을 부모의 권리라고 주장하기는 어려우며, 아동의 최상의 이익을 위하여 아동학대와 같이 부득이한 경우 자녀양육에 대한 부모의 권리를 박탈할 수도 있다.

아동복지전문가들은 아이를 학대하고 돌보지 않는 데도 부모로서의 권리인 '친권'이 유지되는 것은 심각한 문제라고 지적한다. 아동복지법 제18조에는 "시·도지사 또는 시장·군수·구청장은 아동의 친권자가 그 친권을 남용하거나 현저한 비행, 그 밖에 친권을 행사할 수 없는 중대한 사유가 있는 것을 발견한 경우 아동의 복지를 위하여 필요하다고 인정할 때는 법원에 친권행사의 제한 또는 친권상실의 선고를 청구하여야 한다."라고 명시되어 있다. 그렇지만 2013년에 청구된 친권상실 55건 가운데 처리된 건수는 불과 31건이다. 친권상실청구권은 반영구적으로 친권을 박탈하는 극단적인 제도이기 때문에 사실상 제대로 적용하기가 어려운 것이다.

(3) 사회 및 국가의 권리와 책임

사회 및 국가는 국민의 의사를 수렴하여 아동복지의 방향과 실제를 결정하는 주체이자 아동복지의 증진에 대한 권리와 책임을 지니고 있다. 이들은 의무교육을 통하여 아동의 교육권을 보장하거나 술이나 담배와 같은 유해물질을 아동에게 팔지 못하도록 금지하는 등 유해한 환경으로부터 아동을 보호하는 데 힘을 쏟고 있다. 모이니햄(Moyniham, 1986)은 "그 사회가 어린이를 어떻게 보호하고 교육하느냐로 한 나라의 미래를 예측할 수 있다."고 주장함으로써 아동복지에 대한 사회와 국가의 책임성을 강조하였다(주정일

외, 1994, 재인용).

우리나라 아동복지법 제4조 1항에도 "국가와 지방자치단체는 아동의 건강과 복지 증진을 위해 노력하여야 하며 이를 위한 시책을 시행하여야 한다."라고 명시되어 있으며, 제4조 3항에서 "모든 국민은 아동의 권익과 안전을 존중하여야 하며 아동을 건강하게 양육하여야 한다."고 되어 있다. 또 영·유아보육법에 제4조 책임 부분에서 "모든 국민은 영·유아를 건전하게 보육할 책임을 지며, 국가 및 지방자치단체는 보호자와 더불어 영·유아를 건전하게 보육할 책임을 진다."라고 규정하고 있다.

2) 보편성과 선별성의 원칙

보편성과 선별성은 아동복지의 제 원칙 중 하나이다. 여기서 보편성의 원칙이란 계층, 인종, 민족, 장애 유무, 부모 유무 등과 같은 어떠한 조건이나 제한을 두지 않고 모든 아동에게 동등한 종류의 사업을 동일한 수준에서 제공해야 한다는 것이다. 예를 들어 가족수당이나 아동수당제도, 무상의무교육 등이 여기에 포함된다.

반면 선별성의 원칙은 여러 가지 조건이나 기준에 따라 복지 실천의 대상을 제한하는 것으로, 그야말로 보호를 필요로 하는 아동을 대상으로 복지서비스를 실시하는 것을 말한다. 예를 들면, 모자보호시설에서 생활하는 아동에 대한 보호, 장애아동에 대한 무상 특수교육, 저소득층 맞벌이가정의 아동을 위한 무료보육 등이 이에 해당된다.

앞서 언급한 바와 같이 과거 아동복지사업은 동서양을 막론하고 주로 열악한 상황에 처해 있는 요보호아동을 대상으로 매우 제한적으로 실시되어 온 것이 사실이다. 하지만 선별성의 원칙에 입각한 요보호아동의 보호는 말할 것도 없고, 예방과 치료를 모두 고려한 보다 광범위한 차원의 보편성의 원칙이 적용된 아동복지사업이 전개되어야 할 것이다.

3) 개발성의 원칙

아동복지에서 개발적 기능의 원칙이란 사후대책적 기능이 주가 되는 과거지향적인 아동복지가 아니라 예방적이며 의도적인 변화를 가져올 수 있는 개발지향적인 아동복지체계를 형성하는 것이다(공계순 외, 2003). 즉, 아동복지 실천에서의 개발성의 원칙이란 아동이 가진 능력을 최대한으로 발휘하게 하는 것으로, 기본적으로 모든 아동이 이 원칙의 적용을 받는다.

특히 지금까지 우리나라의 아동복지사업은 구호적인 성격과 사후대책적인 기능이 주가 되었던 것이 사실이다. 하지만 앞으로는 이처럼 사후대책적이고 구호적인 기능만으로는 아동복지의 궁극적인 목표 구현이 사실상 어렵다. 향후에는 보다 예방적이며 적극적인 개발지향적인 아동복지사업을 펼쳐나가야 할 것이다.

4) 예방성과 치료성의 원칙

아동복지사업뿐만 아니라 모든 분야의 사업에서 가장 이상적인 형태는 문제의 발생을 미연에 예방하는 것이다. 특히 아동복지 분야에서 예방성의 원칙은 더욱 중요하다. 복지사업의 수혜대상이 바로 아동이기 때문이다. "1파운드의 치료보다 1온스의 예방이 더 효과적이다."라는 외국 격언과 "호미로 막을 것, 가래로 막는다."라는 우리나라 속담은 예방의 중요성을 가장 단적으로 설명한다. 이 2가지 표현 모두 예방적인 차원에서 적은 비용으로 조금만 관심을 쏟으면 문제 발생을 사전에 충분히 막을 수 있음을 시사한다.

일반아동을 위한 모든 사업이 예방의 원칙을 적용받지만, 이 원칙을 적용한 사업은 국가의 재정적 지원을 상당수준 필요로 한다. 하지만 문제가 발생한 후, 사후대책적인 차원에서의 예산 사용 역시 적지 않다. 또 사후에는 투자비용과는 비교할 수 없을 정도의 막대한 비용을 쏟아붓더라도 결코 상황을 원점으로 되돌릴 수 없다.

아동에 대한 투자는 장래에 대한 투자이다. 그러므로 아동을 대상으로 하는 복지사업에서 '소 잃고 외양간 고치는 식'의 정책이 이루어져서는 안 될 것이다. 특히 저출산시대에 아동양육을 포함한 아동복지문제는 보다 신중히 다루어야 할 과제이다.

반면 치료성의 원칙은 문제가 발생한 후에 실시되는 사후조치에 해당되는 것으로, 조기에 적용할수록 그 효과가 클 뿐만 아니라 노력과 시간, 경비를 절감하게 된다.

CHAPTER 6

아동복지의 운영체제

웃는 사람은 실제로
웃지 않는 사람보다 더 오래 산다.
건강은 웃음의 양에 달렸다는 것을
아는 사람은 거의 없다.

– 제임스 월시(James Walsh)

1 아동복지서비스

아동복지서비스는 매우 다양하지만 아동복지가 이루어지는 장소, 대상, 기능, 방어선의 위치에 따라 다양하게 분류할 수 있다. 아동복지조직 역시 정부기관, 아동복지 심의 및 자문기관, 민간아동복지기관 등 다양하다.

1) 아동복지서비스의 분류

아동복지서비스는 서비스를 제공하는 장소, 서비스를 제공받는 대상, 서비스가 수행되는 기능 및 방어선의 위치에 따라 분류할 수 있다.

(1) 서비스 제공 장소에 따른 분류

아동복지서비스는 서비스가 제공되는 장소에 따라 가정 내 서비스와 가정 외 서비스로 나눌 수 있다. 즉, 아동이 원가정에서 생활하면서 제공받는 가정 내 서비스와, 원가정을 떠나 시설이나 다른 가정에서 생활하면서 받는 가정 외 서비스로 나누어진다(장인협·오정수, 2001).

① 가정 내 서비스

가정 내 서비스(in-home service)는 재가서비스라고도 하며, 아동이 가정 내에서 생활하면서 필요한 서비스를 제공받는 것을 말한다. 이 서비스는 가족이 아동에게 필요한 기본적인 욕구를 충족시키지 못하거나 부모-자녀관계에 문제가 있는 경우 외부로부터 도움을 받는 것이다. 예를 들면, 상담서비스나 보호적인(protective) 서비스 등이 가정 내 서비스에 포함된다.

　가정 내 서비스는 아동의 양육과 발달에 가정이 차지하는 몫이 큼을 감안할 때 원가정의 기능 중 부족한 부분을 보충하거나 지지함으로써 가정이 해체되거나 붕괴되는 현상을 막는 중요한 기능을 한다.

② 가정 외 서비스

가정 외 서비스(out of-home service)는 주로 아동이 자신의 가정을 떠나 일정 기간 타 가정이나 시설 등에서 생활하면서 보호 및 양육서비스를 제공받는 형태이다. 여기에는 가정위탁보호사업, 입양사업, 시설보호사업 등이 포함된다. 아동이 원가정에서 생활하지만 일정 기간 가정 밖 시설에서 양육과 보호를 받는 것 역시 엄밀히 말하면 가정 외 서비스에 해당된다. 예를 들어 취업모 가정의 경우 아동이 낮 동안 어린이집 등에서 보호 및 양육 서비스를 받게 된다.

(2) 서비스 제공 대상에 따른 분류

아동복지서비스는 서비스가 제공되는 대상에 따라 요보호아동을 위한 서비스와 일반아동을 위한 서비스로 나눌 수 있다.

① 요보호아동을 위한 서비스

요보호아동을 위한 서비스는 아동양육환경에 문제가 있거나 아동이 장애를 지닌 경우, 혹은 아동방임이나 학대 등 특별한 보호가 필요한 경우 등 그야말로 위기상황에 처해 있거나 장기적인 보호와 치료를 요하는 아동을 위한 서비스이다. 여기에는 가정위탁서비스, 입양 및 시설보호서비스, 상담 및 치료서비스, 재활서비스, 생계지원서비스, 의료서비스 등이 포함된다.

② 일반아동을 위한 서비스

일반아동을 위한 서비스에는 아동애호사상의 앙양(昻揚), 아동교육 및 보육서비스, 모자보건서비스, 부모교육 및 상담서비스, 아동전용시설의 설치, 아동수당제도 등이 포함된다. 예방적인 차원과 아동의 건전육성 차원에서라도 모든 아동을 위한 아동복지서비스가 지속적으로 이루어져야 할 것이다.

(3) 서비스 기능에 따른 분류

아동복지서비스는 서비스의 기능에 따라서도 달리 구분할 수 있으며 지지적 서비스, 보충적 서비스, 대리적 서비스로 나누어진다(Kadushin, 1980).

① 지지적 서비스

지지적 서비스란 가정의 역할을 지원하고 지지하며 강화해주는 서비스를 의미한다. 가족의 적응기능을 향상시키고 가족이 건강한 가정을 가꾸는 데 필요한 지원을 해주는 것이다. 여기에는 아동상담, 부모 및 가족상담서비스, 부모교육서비스, 지역사회조직사업 등이 포함된다.

② 보충적 서비스

보충적 서비스는 가정의 역할을 일부 보충하거나 아동이 받을 수 있는 보호를 보충·보상하는 서비스이다. 즉, 부모가 자신의 역할을 제대로 수행할 수 없는 상황이 발생할 경우, 부모의 역할을 보충해주거나 일부를 대신해주는 것으로 빈곤가정을 지원하는 소득보완사업(공적부조 등), 아동수당, 보육서비스, 부모가 질병에 걸렸을 때나 부모가 부재 중일 때 아동을 돌보는 가정조성사업(homemaker service) 등이 이에 해당된다.

③ 대리적 서비스

대리적 서비스는 아동복지사업의 최후 대책으로, 가정이 와해되거나 부모의 역할을 포기하는 경우, 부모역할의 전부를 대신하는 서비스이다. 이 경우 아동은 자신의 가정이 아닌 다른 가정이나 시설에서 생활하면서 서비스를 받게 되는데 가정위탁서비스, 입양서비스, 시설보호서비스 등이 여기에 속한다. 하지만 정상화의 원리(normalization principal)에 따라 가급적 시설보호보다는 가정위탁보호나 입양에 의한 보호를 우선해야 하며, 부득이하게 시설보호를 해야 하는 상황이더라도 지역사회 중심의 소사제(cottage system)나 그룹홈 활용을 권장한다. 아동에게 가능한 한 가정과 유사한 환경을 제공하기 위해서이다.

(4) 방어선의 위치에 따른 분류

아동복지서비스는 방어선의 위치에 따라 제1차 방어선으로서의 가정지원서비스, 제2차 방어선으로서의 대리가정서비스, 제3차 방어선으로서의 시설보호서비스로 나눌 수 있다(한성심·송주미, 2013).

① 제1차 방어선으로서의 가정지원서비스

제1차 방어선으로서의 가정지원서비스는 아동이 자신의 기본적 욕구를 충족시키지 못할 위험에 처해 있거나 부모-자녀의 역할관계에 장애가 있을 경우, 가정의 사회적 기능을 회복·유지·강화함으로써 가정을 지원해주는 것이다. 여기에는 상담 및 교육서비스, 보육서비스, 프로텍티브서비스, 지역사회중심의 아동복지사업, 소득보완사업 등이 포함된다.

② 제2차 방어선으로서의 대리가정서비스

제2차 방어선으로서의 대리가정서비스란 가정과 유사한 환경, 즉 생물학적인 친부모가 아니더라도 지속적으로 자녀를 돌보아주는 대리부모를 통해 일반아동과 마찬가지로 가정생활을 누릴 수 있게 하는 것이다. 예를 들어 가정위탁보호서비스, 입양서비스가 이러한 서비스에 해당된다.

③ 제3차 방어선으로서의 시설보호서비스

제3차 방어선으로서의 시설보호서비스는 아동이 친가정에서 양육될 수 없거나 위탁 및 입양으로 인한 대리가정에서 생활할 수 없는 경우에 주어지는 시설에서의 보호서비스이다. 시설보호서비스는 통상적으로 집단보호의 형태로 이루어졌으나, 최근 소규모 집단시설 및 가정이 증가하는 추세이다. 이 서비스는 아동이 받을 수 있는 최후의 서비스로서, 제3차 방어선에 도달하기 전에 예방적 차원의 아동복지서비스가 확대되어야 할 것이다.

2) 아동복지조직

아동복지조직은 크게 정부기관, 아동복지 심의 및 자문기구, 민간아동복지기관, 아동복지시설, 아동복지국제기구 등으로 나눌 수 있다.

(1) 정부기관

정부는 중앙정부와 지방정부 조직으로 구성되며, 입법이나 행정절차를 통해 주요 정책을 실행하며 민간기관 및 단체를 지원하는 역할을 한다. 정부는 민간기관과 달리 재정 확보와 서비스 전달에 있어 강력한 행정력을 발휘하기 때문에 사업을 보다 효율적으로 수행할 수 있다. 우리나라의 경우, 정부 차원의 대표적인 아동복지전담기구로 보건복지부와 여성가족부가 있다. 이들은 아동복지에 관한 일반행정과 아동의 건전육성 및 불우아동보호 등의 업무를 관장하고 있다.

(2) 아동복지 심의 및 자문기구

중앙정부와 지방자치단체는 업무를 보다 효율적으로 수행하기 위하여 각종 자문기구 및 심의위원회를 설치하고 있다. 이와 같은 아동복지 심의 및 자문기구를 설치함으로써 아동복지행정의 전문화를 도모할 수 있고, 나아가 관련 부서 간 업무조정과 상호 협조체제 구축이 가능하며 국민의 의사를 최대한 반영할 수 있다. 아동복지 심의 및 자문기구로는 아동정책조정위원회, 아동복지위원회, 중앙보육위원회, 보육정책위원회, 모자복지위원회, 저출산대책위원회, 저출산고령사회대책위원회 등이 있다.

(3) 민간아동복지기관

아동복지에서 국가나 정부의 역할이 예전보다 강조되고 있으나, 정부에서 모든 아동복지사업을 관장하기는 현실적으로 불가능하다. 그리하여 정부는 주로 정책적 접근을 통해, 민간기관은 전문적·기술적·임상적 접근을 통해 아동복지서비스를 제공한다. 민간아동복지기관은 개별적이고도 다양하며 보다 구체적인 서비스를 제공한다. 예를 들면 종합사회복지관, 아동복지관, 장애인복지관 등이 대표적인 민간아동복지기관에 속한다. 이들 민간아동복지기관의 주요 활동으로는 아동의 권익을 보호하는 활동, 유아교육, 부모교육 및 상담사업, 결손 및 빈곤가정의 아동을 위한 각종 지원사업, 보육서비스, 장애아동복지서비스, 가정위탁양육서비스, 입양서비스, 시설양육서비스, 결연서비스, 미아찾기사업 등을 들 수 있다. 우리나라의 대표적인 민간아동복지기관 및 기관별 주요 사업을 살펴보면 대체로 표 6-1과 같다.

(4) 아동복지시설

우리나라에는 아동복지법, 영·유아보육법, 모부자복지법 등으로 규정된 여러 복지시설이 있으나, 여기서는 아동복지법에 규정된 아동복지시설을 중심으로 살펴보기로 한다. 2014년 개정된 아동복지법(제52조 아동복지시설의 종류)에서 규정하고 있는 아동복지시

표 6-1 민간아동복지기관별 주요 사업

기관명	주요 사업
초록우산 어린이재단	불우아동결연사업, 지역아동센터, 아동·가족상담사업, 지역아동지킴이사업, 학교사회사업, 교정사회사업, 아동학대예방사업, 가정위탁보호사업, 중증장애아동교육사업, 실종아동보호 및 지원사업, 긴급지원사업 등
굿네이버스	피학대아동지원사업, 아동학대예방교육사업, 결식아동지원사업, 가정위탁지원사업 등
홀트아동복지회	입양사업, 가정위탁보호사업, 미혼부모지원사업, 장애인복지사업, 북한아동돕기사업, 외국인 이주노동자 가정·혼혈아동돕기사업, 희망장학금지원사업, 입양인지원사업 등
세이브더칠드런	아동권리사업, 의료복지사업, 아동학대예방치료사업, 농촌아동의료복지사업, 아동지원사업, 북한지원사업, 국제협력사업, 긴급구호사업 등
한국심장재단	심장병어린이진료비(수술비)지원사업, 환자관리사업, 심장병예방사업, 후원사업, 홍보사업 등
한국아동복지협회	아동복지시설 관련 조사연구, 아동복지시설 종사자 교육훈련사업, 정책 건의(사회복지관계법 령개정 건의, 퇴소아동자립지원정책 건의, 시설종사자 처우 및 지위 향상 건의), 홍보사업, 행사 개최, 후원 지원사업, 자립지원센터 운영 등

표 6-2 아동복지법이 규정하는 아동복지시설

시설	하는 일
아동양육시설	보호대상아동을 입소시켜 보호·양육 및 취업훈련을 하고 자립지원서비스 등을 제공하는 것을 목적으로 하는 시설
아동일시보호시설	보호대상아동을 일시보호하고 아동에 대한 향후의 양육대책수립 및 보호조치를 행하는 것을 목적으로 하는 시설
아동보호치료시설	불량행위를 하거나 불량행위를 할 우려가 있는 아동으로서 보호자가 없거나 친권자나 후견인이 입소를 신청한 아동 또는 가정법원, 지방법원 소년부지원에서 보호위탁된 아동을 입소시켜 치료와 선도를 통하여 건전한 사회인으로 육성하는 것을 목적으로 하는 시설. 정서적·행동적 장애로 인하여 어려움을 겪고 있는 아동 또는 학대로 인하여 부모로부터 일시 격리되어 치료받을 필요가 있는 아동을 보호·치료하는 시설
공동생활가정	보호대상아동에게 가정과 같은 주거여건과 보호, 양육, 자립지원서비스를 제공하는 것을 목적으로 하는 시설
자립지원시설	아동복지시설에서 퇴소한 사람에게 취업준비기간 또는 취업 후 일정 기간 보호함으로써 자립을 지원하는 것을 목적으로 하는 시설
아동상담소	아동과 그 가족의 문제에 관한 상담, 치료, 예방 및 연구 등을 목적으로 하는 시설
아동전용시설	어린이공원, 어린이놀이터, 아동회관, 체육, 연극, 영화, 과학실험전시시설, 아동휴게숙박시설, 야영장 등 아동에게 건전한 놀이·오락 기타 각종 편의를 제공하여 심신의 건강유지와 복지 증진에 필요한 서비스를 제공하는 것을 목적으로 하는 시설
지역아동센터	지역사회 아동의 보호·교육, 건전한 놀이와 오락의 제공, 보호자와 지역사회의 연계 등 아동의 건전육성을 위하여 종합적인 아동복지서비스를 제공하는 시설

표 6-3 아동복지법에 명시된 아동복지시설의 사업

사업명	사업내용
아동가정지원사업	지역사회 아동의 건전한 발달을 위하여 아동, 가정, 지역주민에게 상담·조언 및 정보를 제공
아동주간보호사업	부득이한 사유로 가정에서 낮 동안 보호를 받을 수 없는 아동을 대상으로 개별적인 보호와 교육을 통하여 아동의 건전한 성장을 도모
아동전문상담사업	학교부적응아동 등을 대상으로 올바른 인격 형성을 위한 상담, 치료 및 학교폭력예방 실시
학대아동보호사업	학대아동의 발견, 보호, 치료 및 아동학대 예방 등을 전문적으로 실시
공동생활가정사업	보호대상아동에게 가정과 같은 주거여건과 보호를 제공
방과 후 아동지도사업	저소득층아동을 대상으로 방과 후 개별적인 보호와 교육을 통하여 건전한 인격 형성

설은 표 6-2와 같다. 또 아동복지법 제52조 2항에는 "1항에 따른 아동복지시설은 통합하여 설치할 수 있다."고 명시하고 있으며, 3항에는 "1항에 따른 아동복지시설은 각 시설 고유의 목적사업을 해치지 아니하고, 시설별 설치기준 및 운영기준을 충족하는 경우 다음과 같은 각 호의 사업을 추가로 실시할 수 있다."라고 규정하고 있다. 각 호의 사업 내용을 살펴보면 표 6-3과 같다.

(5) 아동복지국제기구

아동복지 관련 국제기구로는 세계보건기구, 국제노동기구, 국제연합 교육·과학·문화기구, 국제아동기금 등과 같은 국제연합 산하기구 등이 있다. 이러한 아동복지국제기구는 국가 간의 상호이해와 협력을 통해 세계 모든 나라의 평화와 발전을 공동으로 구현하기 위한 기구로 세계 각국의 아동복지 증진을 위한 다양한 활동을 펼치고 있다.

① 세계보건기구

세계보건기구(WHO)는 1948년에 창립되어 전 세계의 모든 인류의 건강과 관련된 사업을 실시한다. 특히 아동복지와 관련해서는 모자보건 향상을 위한 교육과 훈련, 의료기기와 용품 지원, 모유 먹이기 캠페인 등을 실시하고 있다.

② 국제노동기구

국제노동기구(ILO)는 1919년에 발족되었으며, 노동자의 완전 고용과 생활수준의 향상을 목적으로 한다. 노동시간의 규정, 실업에 대한 대책, 연소근로자 및 부녀노동자의 보호, 고용으로 인해 발생한 질병과 장애에 관한 보호 등의 사업을 펼치고 있다.

③ 국제아동기금

국제아동기금(UNICEF)은 1946년 제2차 세계대전 이후 고아, 난민, 미아 등의 구호를 위해 설립되어, 개발도상국 및 후진국의 아동복지를 위해 각종 원조사업을 실시하고 있다. 비상구호, 모자보건, 비상급식, 의료지원, 아동교육 및 보육과 부모교육, 학대아동보호 사업 등 사업을 보다 확장하여 전반적인 아동복지사업을 추진하고 있다.

④ 국제연합 교육·과학·문화기구

국제연합 교육·과학·문화기구(UNESCO)는 1946년에 설립되어 교육·과학·문화의 보급 및 교류를 통해 세계 여러 나라를 이해하고 협력관계를 촉진하여 궁극적으로 세계 평화에 이바지하는 것을 목적으로 하고 있다. 주요 사업으로는 문맹 퇴치, 의무교육 보급을 비롯한 모든 이를 위한 평생교육, 인류에 기여하는 과학, 세계문화유산의 보호와 창의성을 바탕으로 하는 문화 발전 정보, 정보학의 기반 구축사업 등이 있다.

2 아동복지종사자

아동복지종사자는 공식적·비공식적으로 각계각층에서 아동복지의 증진을 위해 애쓰는 사람 모두를 말한다. 오늘날에는 아동복지종사자의 수가 많이 늘어났을 뿐만 아니라 전문지식과 기술을 겸비한 전문가들에 의하여 보다 조직적인 아동복지사업이 이루어지고 있다.

1) 아동복지종사자의 개념

아동복지종사자는 광의의 의미와 협의의 의미로 구분할 수 있다. 협의의 종사자는 아동 복지 관련 법에 의하여 규정된 법적인 자격요건을 갖춘 자이며, 광의의 종사자는 아동 복지 관련 분야에 종사하는 모든 사람을 의미한다. 다시 말해, 광의의 아동복지종사자 로는 법적인 자격을 갖춘 자 외에도 각종 아동복지 관련 전문가, 그리고 민간아동복지 기관이나 시설에서 일하는 자원봉사자 등도 포함된다.

2) 아동복지종사자의 종류와 자격

아동복지종사자는 중앙정부 및 지방행정기관 등 아동복지 관련 행정부서에서 아동복 지업무를 관장하는 사람과 아동복지 관련 법에 규정된 종사자 등으로 구별하여 살펴볼 수 있다.

(1) 아동복지 관련 행정담당자의 자격과 직무

아동복지 관련 행정담당자는 중앙정부 및 지방행정기관의 종사자와 산하기관 및 협력기 관에 종사하는 사람을 말한다. 예를 들어 중앙정부의 보건복지부, 여성가족부 및 그 외 관련 부처(교육부, 법무부, 고용노동부 등)에 종사하는 사람과 각 구청 및 동사무소의 사 회복지전문요원 등이 대표적이다. 정부 및 지방행정기관의 종사자는 공무원 채용시험을 통해 임용되며 사회복지전문요원은 별정직으로 별도의 채용과정을 통해 선발된다. 아동 복지종사자의 직무 성격은 각종 관계법에 명시되어 있다.

(2) 아동복지 관련 법에 규정된 종사자의 종류

우리나라 아동복지 관련 법에서 규정된 종사자의 종류는 매우 다양하다. 아동복지법에 의한 종사자로는 아동복지지도원(일반직 혹은 별정직 공무원으로 아동상담소 근무), 시 설장, 사무국장, 보육사, 생활복지사 또는 상담지도원, 직업훈련교사, 임상심리상담원, 자립지원전담요원 등이 있다.

영·유아보육법에 의한 종사자로는 시설장(원장), 보육교사(1~3급), 보육교직원(의사, 간호사, 사회복지사, 사무원, 관리인, 위생원, 운전기사, 치료사 등), 보육정보센터 보육지도원 등이 있다.

(3) 기타

아동복지 관련 행정담당자나 아동복지 관련 법에 규정된 종사자 외에도 각종 학회(한국아동학회, 한국놀이치료학회, 한국아동복지학회, 한국부모교육학회, 한국가족복지학회 등) 차원에서 교육 및 훈련을 통해 부여하는 아동상담사, 놀이치료전문가, 아동발달전문가, 부모교육전문가, 아동복지를 연구하고 교육하며 아동복지 증진을 위해 노력하는 교수 및 연구자 등도 아동복지종사자에 포함된다. 나아가 아동복지기관이나 시설 등에서 봉사하는 자원봉사자 등도 아동복지종사자로서 중요한 아동복지의 인적자원이라고 할 수 있다. 결연이나 후원을 통해 아동복지시설을 물심양면으로 지원하는 사람도 아동복지사업의 중요한 주체라고 할 수 있다.

CHAPTER 7

자원봉사활동

웃음은 말 다음으로
사회를 유지하는 주요한 것이다.

– 맥스 이스트먼(Max Eastman)

1 자원봉사활동의 개념 및 필요성

자원봉사활동이란 사회 전반의 여러 가지 문제를 예방할 뿐만 아니라, 그것을 해결하기 위해 개인이 자유의지에 따라 조직체와 관계하여 보수를 받지 않고 일하는 자발적 활동을 뜻한다. 이러한 자원봉사활동의 필요성은 사회적 차원과 개인적 차원에서 찾을 수 있으며, 자원봉사활동의 효과로는 여러 가지를 들 수 있다.

1) 자원봉사활동의 개념

오늘날 세계의 모든 국가는 복지사회 구현을 향해 나아가고 있다. 사회복지의 궁극적인 형태는 국민생활 전체가 균형 있게 향상하는 것이며, 국민생활의 질적 향상은 국민의 사회연대의식과 참여의식이라는 정신적 기반 위에서 실현될 수 있다. 이러한 사회연대의식과 참여의식은 대개 자원봉사 또는 시민의 적극적 참여라는 형태로 나타나게 된다.

자원봉사활동이란 '스스로 원해서 하는 활동(voluntarism)'을 의미하는 것으로 인간의 가치와 존엄성에 대한 신념을 강화하고 이웃, 지역사회, 전체 사회와 한 묶음이라는 공동체의식을 체험할 기회를 제공해주는 활동이다. 미국의 《사회사업사전》에서 규정하고 있는 자원봉사활동에 대한 정의를 보면, "자원봉사활동이란 개인, 집단, 지역사회에서 발생하고 있는 여러 가지 사회문제를 예방하거나 통제·개선하는 일이며, 공적·사적 조직에서 보수를 받지 않고 자발적으로 서비스를 제공하는 행위"를 의미한다.

자원봉사활동은 특정한 사람이나 집단 그리고 시간적·경제적 여유가 있는 사람이 사회복지 분야에서 행하는 활동(자선·구빈활동 등)과 같은 좁은 의미뿐만 아니라, 인간성과 가정의 기능 회복 및 보완, 지역사회 회복 및 개발 등 인간 상호 간 공동복지를 실현하기 위한 자발적 참여활동이라고 할 수 있다.

2) 자원봉사활동의 필요성

사회가 발전하면서 아동복지 분야에서도 전문성이 더욱 강조되고 있는 것이 사실이지만, 그렇다고 해서 모든 아동복지사업이 전문가에 의해 실시되어야만 효과적인 것은 아니다. 예를 들어 시설에 수용되어 보호받고 있는 아동은 과중한 손길을 필요로 하는데, 이때 자원봉사자의 활동은 아동의 보호수준을 향상시킬 뿐만 아니라 많은 경비 절감을 가져올 수 있다. 사회적으로 자원봉사활동을 통해 정부의 손길이 미처 닿지 못하는 계층에 대한 관심을 고조시켜야 할 것이다.

오늘날에는 산업화·도시화·정보화로 인해 각종 사회문제가 많이 발생하고 있는데, 이러한 사회적 문제해결을 위해서라도 자원봉사활동은 꼭 필요하다. 자원봉사활동은 자원봉사자 개인에게는 자기만족과 성취감을 주고, 이웃과 사회를 돌아볼 수 있는 폭넓은 시각을 부여하며 나아가 자기성장 및 자기발전의 중요한 밑거름이 될 수 있다. 자원봉사활동은 국가의 손길이 닿지 못하는 소외계층에게 도움을 주는 기회이며, 사회문제를 예방하고, 더불어 살아가는 성숙한 민주사회 구현의 원동력이다.

우리나라의 전국자원봉사센터 통계를 살펴보면, 2012년 자원봉사 등록인원은 821만 6,716명으로 이 중 활동인원은 216만 3,174명으로 나타났다. 2013년 등록인원은 953만 3,237명, 활동인원은 264만 2,529명으로 2012년보다 다소 증가한 것으로 나타났다. 또 총인구 대비 활동인원은 2013년 현재 약 5.2%로 비교적 복지가 자리 잡고 있는 선진국과 비교할 때 아직도 낮은 편이다(자원봉사 1365). 이러한 결과로 볼 때, 우리도 이제 자원봉사활동에 대한 범국민적인 관심과 참여를 한층 높여야 한다. 무엇보다 남을 위해서가 아니라 우리 모두를 위하여 자원봉사가 반드시 필요하다는 인식을 가져야 하며, 이러한 인식을 생활화하도록 노력해야 할 것이다. 그러기 위해서는 어릴 때부터 자원봉사활동의 중요성을 깨닫고 실천하려는 노력이 필요하다.

3) 자원봉사활동의 효과

자원봉사활동으로 얻을 수 있는 이점이나 효과는 상당히 크다. 자원봉사활동은 다른 사람의 잠재력을 현실화할 수 있도록 도와 자원봉사자 자신의 생활에도 많은 변화와 기뺨을 가져온다. 결과적으로 이 활동은 다른 사람뿐만 아니라 자기 자신을 위한 활동으로, 자신의 존재 가치와 긍지를 확인함으로써 삶의 보람을 얻을 수 있고 자신의 문제를 해결하고 지식을 증가시키며 소속감, 건전한 시민정신을 배양할 수 있다.

최근 연구 결과에 의하면 남을 돕는 사람은 그렇지 않은 사람보다 오래 산다. 미국 미시간대학교의 심리학자 브라운(Brown) 박사는 "자신만 아끼고 남을 돕지 않는 사람이 남을 돕는 사람보다 일찍 사망할 가능성이 2배나 높은 것으로 나타났다."고 밝혀 남으로부터 도움을 받는 사람의 수명이 연장된다는 기존 연구 결과와 배치되는 결과를 제시하였다. 브라운 박사는 "장수의 비결은 도움을 받는 것이 아니라 도움을 주는 것"이라고 강조했으며, 이러한 연구 결과는 자원봉사활동에 시사하는 바가 크다. 여기서 솔로몬(Solomon) 등이 제시한 자원봉사활동의 효과를 살펴보면 다음과 같다(성영혜·김연진, 1997, 재인용).

- 자원봉사는 마음의 평화, 자기존엄성, 지역사회존중의 감정을 가져온다. 이를 통하여 자신의 긍지나 위치를 확인하여 마음의 안정을 찾고, 자아를 발달시키게 된다.
- 자원봉사는 일을 성공적으로 처리한 후 얻는 성취감뿐만 아니라 자신감과 즐거움을 맛보게 한다.
- 자원봉사는 좋은 일을 하면 그 보상으로 지역사회에서 가치 있는 존재로 인정받을 수 있다는 것을 알게 한다.
- 자원봉사는 무언가 가치 있는 부분에 소속되어 남에게 필요한 존재가 되고 사회에서 높이 평가받고자 하는 인간의 욕구를 충족시킨다.
- 자원봉사는 새로운 기술을 배울 수 있게 하고, 이미 가지고 있는 지식을 발전시킬 기회를 준다.
- 자원봉사는 현재 할 수 있는 흥미 있고 활력 있는 일감을 제공하며, 동시에 미래를 위한 여러 계획과 프로그램을 제시한다.
- 자원봉사는 개인의 올바른 판단력과 잠재적인 지도력을 개발한다.
- 자원봉사는 대인관계와 의사소통의 훈련기회를 제공한다.
- 자원봉사는 개인의 사교의 범위를 넓혀 새롭고 유익한 친구를 많이 사귈 기회를 제공한다.
- 자원봉사는 개인의 직책, 직종, 성별, 연령에 따른 인간관계의 폭을 넓혀준다.

이처럼 자원봉사활동은 자원봉사자 개인적인 차원에서 여러 가지 효과를 낸다. 또 이러한 개인적 효과 이외에도 비용 절감 등의 사회적 효과를 불러온다.

2 자원봉사자의 자세와 역할

최근 자원봉사활동에 대한 사회적 관심이 고조되는 시점에서 자원봉사자의 자세와 역할은 매우 중요한 요소라고 할 수 있다. 자원봉사자가 봉사활동을 할 때 어떠한 원칙에 따라 일을 수행하는지, 어떠한 자세를 갖는지는 매우 중요하다. 실제로 자원봉사자의 역할은 무한하다고 할 만큼 다양하며 그 중요성 또한 크다.

1) 자원봉사자의 자세

1장에서 언급한 바와 같이, 아동복지업무에 종사하는 사람은 먼저 아동을 사랑하고 남을 도우려는 자세를 갖추어야 하며, 이러한 모든 일이 제 일이라 생각하고 받아들이는 태도를 가져야 하고, 매사에 그러한 생각을 실제 행동으로 옮기려는 자세가 중요하다. 자원봉사자의 자세 역시 여타 아동복지업무종사자의 자세 및 태도와 다르지 않다. 자원봉사자가 갖추어야 할 자세를 요약하면 다음과 같다(성영혜·김연진, 1997).

- 자원봉사자는 삶에 대한 철저한 자세가 필요하다.
- 자원봉사자는 축복받은 것을 다른 사람과 함께 나눈다는 소명감을 가져야 한다.
- 자원봉사자는 나만이 할 수 있는 일이고 안 하면 안 된다는 의식을 가져야 한다.
- 자원봉사자는 시간관념과 책임감을 가져야 한다.
- 자원봉사자는 기관이나 단체의 목표를 이해하고 동조해야 한다.
- 자원봉사자는 방관자가 아니라 주인으로서 참여하고 행동해야 한다.
- 자원봉사자는 자원봉사자 간 서로 존중하고 관심을 가지며 이해하고 공감대를 가져야 한다.
- 자원봉사자는 자신의 약점과 제한점을 인식하고 일을 수행하는 데 필요한 훈련, 지도감독이나 지시를 받으려는 순수한 의지를 지녀야 한다.
- 자원봉사자는 활동의 한계를 명확히 해야 한다.
- 자원봉사자는 활동기관이나 대상자의 비밀을 반드시 지켜야 한다.
- 자원봉사자는 끊임없이 공부하며 배우는 자세를 가져야 한다.

이처럼 자원봉사자는 인간의 존엄성과 인류문화의 존중을 바탕으로 하여, 자원봉사활동을 통해 자아성장을 도모하고 새로운 기술과 지식을 익히며 잠재력을 개발하고 가족공동체, 사회국가공동체 건설에 앞장서야 한다.

2) 자원봉사자의 역할

자원봉사자의 역할은 극히 사소한 부분에서부터 매우 중요한 일에 이르기까지 상당히 다양하고 무한하다. 따라서 자원봉사자의 역할을 여러 가지로 설명할 수 있겠으나, 일반적으로는 개인적 역할과 사회적 역할로 구분할 수 있다(성영혜·김연진, 1997).

(1) 개인적 역할
자원봉사자의 개인적 역할로는 대인서비스 제공의 역할, 사무 및 행사업무 지원의 역할, 정책 결정 및 자문 역할 등이 있다.

① 대인서비스 제공의 역할

대인서비스 제공의 역할이란 어려움에 처해 있거나 문제가 있는 사람을 대상으로 하는 상담이나 개별지도 및 집단지도, 그 외 일상생활의 다양한 문제해결을 위한 노력 등 도움을 요하는 개인 혹은 집단과 직접적인 만남을 통해 관계를 맺고 서비스를 제공하는 것이다.

② 사무 및 행사업무 지원의 역할

사무 및 행사업무지원의 역할은 업무와 관련한 서류 정리, 전화 응답을 포함한 접수업무 처리, 우편업무, 기타 홍보활동 및 각종 모금활동 등 사회복지시설 및 관련 기관 등에서 관련 사무 및 업무를 지원하는 것이다.

③ 정책 결정 및 자문역할

정책 결정 및 자문역할이란 여러 가지 유형의 정책 결정위원회나 여타 자문위원회와 같이 학계 전문가나 실무행정에 경험이 많은 사람들로 구성되어 중요한 정책을 심의하거나 결정하며 자문하는 것이다.

(2) 사회적 역할

자원봉사자의 사회적 역할로는 문제예방 및 치료자로서의 역할, 대변자·매개자·협력자로서의 역할, 변화자·개혁자로서의 역할 등이 있다.

① 문제예방 및 치료자로서의 역할

문제예방 및 치료자로서의 역할은 사회가 안고 있는 문제와 욕구가 무엇인지를 파악하여 남과 더불어 문제를 미연에 예방하고, 사후에 치료하는 기관의 방침을 세운다거나 여러 가지 서비스활동에 직접 참여하는 것이다.

② 대변자 · 중재자 · 협력자로서의 역할

대변자·중재자·협력자로서의 역할은 도움을 필요로 하는 개인이나 집단 혹은 지역사회의 현안 문제를 대중에게 알리는 대변자, 그리고 도움을 중재에 나서는 중재자로서의 역할과 문제해결을 위해 지역사회의 지지 및 지원을 촉구하는 협력자로서의 역할이다.

③ 변화자 · 개혁자로서의 역할

변화자·개혁자로서의 역할이란 이상적이고 바람직한 사회를 구현하기 위하여, 또 인간 존엄의 정신을 실현하기 위하여 사회 각계각층의 여러 가지 문제점을 제기하고, 개혁을 주장하고 변화를 도모하기 위한 역할이다.

3 자원봉사활동의 분야

아동복지 분야에서의 자원봉사는 요보호아동을 비롯한 모든 아동을 대상으로 하지만, 여기에서는 아동을 대상으로 한 자원봉사활동뿐만 아니라 이 활동의 모든 분야에 대해 살펴보되 사회복지 분야에서의 자원봉사활동과 사회복지가 아닌 분야의 자원봉사활동으로 나누어 살펴보기로 한다.

1) 사회복지 분야

사회복지 분야에서의 자원봉사활동은 아동 및 청소년복지, 장애우복지, 노인복지, 여성복지, 의료복지, 교정복지, 다문화가족복지 등의 분야로 구분할 수 있다. 여기서는 국내에서 이루어지는 자원봉사활동의 내용을 중심으로 다루겠지만, 이들 분야 중 아동 및 청소년복지, 장애우복지, 노인복지, 여성복지, 그리고 의료복지 분야의 자원봉사활동은 오늘날 그 영역이 국내뿐 아니라 국외로도 확대되고 있다.

(1) 아동 및 청소년복지 분야

아동 및 청소년을 대상으로 하는 자원봉사활동으로 아동이나 청소년보호시설에서 개최하는 여러 가지 행사를 지원하거나, 아동 및 청소년상담, 학습부진아를 위한 학습보조, 레크리에이션 지도, 캠프활동 지도, 빈곤가정 및 결손가정 청소년과 근로청소년 상담 및 지원, 따돌림아동 및 비행청소년에 대한 교육 및 상담, 치료 등이 이에 해당된다. 아동복지시설 및 기관 등에서 보수를 받지 않고 운영위원 또는 이사로 활동하거나 정책의 입안, 재원 확보 등의 업무에 참여하는 것도 이에 해당된다.

(2) 장애우복지 분야

각종 장애를 지닌 장애우를 위한 자원봉사활동으로 장애우를 위한 교과교육지도, 물리치료 보조, 바깥 나들이 돕기, 재활훈련 돕기, 직업훈련 및 취업 알선, 제반생활상담, 수화, 체육활동지도 등이 있다.

(3) 노인복지 분야

노인을 대상으로 하는 자원봉사활동으로 노인이 겪는 제반 어려움을 덜기 위한 노인상담과 말벗 되기, 심부름하기와 청소·세탁·목욕·이발 등 각종 시중 들기, 연극·서예·운동 및 레크리에이션 등 제반 행사 지원 등이 있다.

(4) 여성복지 분야

특히 열악한 계층의 여성을 위한 자원봉사활동으로 저소득 혹은 빈곤층 취업여성을 위한 육아지원, 보조교사, 상담 등과 같은 제반 지원활동, 미혼모나 윤락여성을 위한 성교육·성상담 등의 활동이 있다.

(5) 의료복지 분야

병원이나 보건소 같은 의료기관 등에서 환자를 대상으로 하는 자원봉사활동으로 병원 시설안내, 병원접수 대신하기, 동반아동 돌보기, 목욕 돕기, 산책 보조, 물리치료 보조, 입원환자를 위한 각종 심부름, 식사 보조, 청소, 세탁, 간병 등의 활동이 있다.

(6) 교정복지 분야

교호시설 혹은 교정시설 내 재소자를 위한 자원봉사활동으로 교도소 내 교사, 교도소 내 교화방송, 상담 프로그램 참여, 법정후견인 역할, 보호관찰위원, 법률상담 및 변호 등과 같은 활동이 있다.

(7) 다문화가족복지 분야

다문화가족을 대상으로 하는 자원봉사활동으로 한글교육, 가족상담, 의료지원, 출산도우미 및 아동양육지원, 가족캠프 또는 문화체험행사 지원 등이 있으며, 노동 및 직업상담, 법률상담 서비스 등을 제공하는 것도 이에 해당한다.

2) 사회복지 이외의 분야

사회복지 분야 외의 자원봉사활동은 환경보존, 공공시설, 교육, 소비자보호, 문화, 놀이 및 여가활동, 지역사회활동 분야 등으로 구분할 수 있다. 이외에도 후원금 내기 및 물품 모금행사 참여, 모니터로서의 활동, 부정선거 감시 등 다양한 유형의 자원봉사활동이 있을 수 있다. 사회가 다변화되고 발전함에 따라 자원봉사활동 분야 역시 더욱 다양화되고 전문화 및 세분화될 것이다.

(1) 환경보존 분야

오늘날의 가장 중요한 현안은 역시 환경문제이다. 개발 및 성장을 위해 지금까지 이루어진 지구환경 파괴행위는 결과적으로 공기 및 물의 오염, 오존층 파괴, 지구온난화, 기상이변 등 심각한 부작용을 초래하였다. 환경 파괴를 막기 위한 환경보존에 관한 노력은 더 이상 미룰 수 없는 중요한 사안으로, 환경보존을 위한 자원봉사활동에는 여러 가지가 있다.

예를 들면 일회용품 사용 자제하기, 산이나 강·바다·공원·도로에 쓰레기 버리지 않기, 분리수거를 범국민적 차원에서 생활화하고 대기오염을 막기 위한 매연 발생 줄이기 등 각종 환경보존 캠페인에 참여함으로써 환경의 중요성을 알리고 보다 적극적으로는 환경감시원의 역할을 할 수 있다. 자원봉사자는 아주 작은 일부터 환경보존활동을 시작할 수 있다는 것을 적극적으로 홍보해야 하며, 자신부터 솔선수범하는 자세를 갖도록 노력해야 한다.

(2) 공공시설 분야

우리 지역사회에 소재한 동사무소나 구청, 시청 같은 공공기관에서 사무보조역할을 하거나 각종 민원서류 정리, 서류접수를 위한 대필, 민원안내 및 상담·통역 등의 활동이 포함된다. 또 지역사회에서 개최되는 각종 행사의 도우미 역할 역시 공공 분야에서의 자원봉사활동에 해당된다.

(3) 교육 분야

학교나 도서관 같은 교육 관련 기관에서의 제반 봉사활동을 말하는 것으로 이 분야에는 보조교사, 진로지도 및 생활상담, 개별학습지도, 예체능이나 특별활동지도, 도서대출 관련 업무, 급식이나 청소, 기타 학교행사 보조 등이 포함된다.

(4) 소비자 보호 분야

소비자의 권익 보호와 관련된 영역에서의 자원봉사활동을 말한다. 예를 들어 물가 변동의 추이를 알아보기 위한 시장조사, 소비자 권익을 보호하기 위한 각종 캠페인 참가, 소비자 고발 상담 등을 통한 보다 적극적인 참여 등이 이에 해당된다.

(5) 문화 · 놀이 및 여가활동 분야

문화시설 등에서의 자원봉사활동이란 미술관, 박물관, 기념관, 음악회 및 각종 전시회, 동물원, 식물원 등에서 여러 가지 봉사활동을 하는 것이다. 또 놀이 및 여가시설에서의 자원봉사활동으로 아동 및 청소년캠프 지도, 공공기관이 주최하는 여러 가지 행사에서의 레크리에이션 지도 등이 이에 해당된다.

(6) 지역사회활동 분야

우리가 생활하는 지역사회에서 할 수 있는 자원봉사활동으로 동네 공원이나 길거리 미화 작업, 놀이터의 놀이기구 점검 및 수리, 지역자율방범대원으로서의 활동 등이 이에 해당된다.

PART 2

아동복지사업의 실제

CHAPTER 8

저출산시대의
아동을 위한 복지 실천

아이의 웃음을 싫어하는 사람을
조심하라.

– 요하나 카스파 라바터(Johann Kaspar Lavater)

1 저출산현상의 배경

우리나라의 인구정책 슬로건의 변천사를 살펴보면, 1960년대 초반의 "정신없이 낳다 보면 삼천리가 거지소굴"에서 1960년대 후반에는 "3·3·35", "3살 터울로 아이 셋을 낳되 35세 이전에 낳자."로 바뀌었다. 1970년대에 들어서는 "딸, 아들 구별 말고 둘만 낳아 잘 기르자."였고, 1980년대에는 "한 자녀 낳기 운동"을 추진하였다. 이후 "1·2·3" 표어로 "결혼 후 1년 안에 임신해서 2명의 자녀를 30세 이전에 건강하게 잘 기르자."는 정책을 펼쳤다. 1960년 한국 여성 1인당 합계출산율은 6.0명으로 매우 높은 수준이었다.

하지만 급격한 산업화와 함께 정부 주도의 가족계획사업이 실시된 이후로는 합계출산율(total fertility rate)이 급속히 하락하여 1990년은 1.57명, 2000년은 1.47명, 2005년에는 1.08명까지 떨어져 사상 최저를 기록하였다. 이는 OECD 가입국 평균에도 크게 미치지 못하는 수준이며, 현 인구가 유지되기 위한 인구대체수준인 2.1명에도 크게 미치지 못한다. 합계출산율은 출산이 가능한 여성의 나이인 15세에서 49세까지를 기준으로 한

표 8-1 OECD 주요 국가의 출산율 동향

구분	1960	1970	1980	1990	2000	2005	2010	2011	2012	2013
뉴질랜드	4.24	3.17	2.03	2.18	1.98	1.97	2.17	2.09	2.10	2.01
독일	2.37	2.03	1.56	1.45	1.38	1.34	1.39	1.39	1.40	1.41
미국	3.65	2.48	1.84	2.08	2.06	2.06	1.93	1.89	1.88	1.86
스웨덴	2.20	1.94	1.68	2.14	1.55	1.77	1.98	1.90	1.91	1.89
영국	2.72	2.43	1.90	1.83	1.64	1.76	1.92	1.91	1.92	1.83
오스트레일리아	3.45	2.86	1.89	1.90	1.76	1.85	1.95	1.92	1.93	1.88
일본	2.00	2.13	1.75	1.54	1.36	1.26	1.39	1.39	1.41	1.43
프랑스	2.74	2.48	1.95	1.78	1.87	1.92	2.02	2.00	1.99	1.98
핀란드	2.71	1.83	1.63	1.79	1.73	1.80	1.87	1.83	1.80	1.75
한국	6.00	4.53	2.82	1.57	1.47	1.08	1.23	1.24	1.30	1.19

자료: OECD (2014). Family Database. SF2.1. Fertility rates.

여성이 평생 낳을 수 있는 자녀의 수를 의미하며, 국가별 출산력을 비교하는 주요 지표이다.

OECD 주요 국가의 출산율 동향은 표 8-1과 같고, OECD 가입국 가운데 합계출산율이 1.3명 미만으로 출산율이 떨어진 경험이 있는 나라는 한국, 일본, 독일 등 12개국이다. 그중에서도 우리나라는 2005년에 최저를 기록한 이래로 10년 동안 여전히 출산율이 1.3을 넘지 못하는 유일한 나라가 되었다. 우리 사회의 이 같은 저출산 현상은 다음에서 소개하는 것처럼 여러 가지 원인에 의하여 나타나고 있다.

1) 결혼관 및 자녀관을 비롯한 가치관의 변화

저출산현상의 원인은 우선 과거와 다른 가치관 형성에서 찾을 수 있다. 결혼에 대한 가치관, 자녀에 대한 가치관, 개인주의적 사고방식 등 가치관의 변화요소가 가임기 부부의 출산율을 저하시키고 있다. 과거 우리나라 사람들은 '결혼은 반드시 해야 한다.'는 사고방식을 가졌으므로 결혼적령기에 접어든 대부분의 성인남녀가 혼인하였지만, 최근 결혼이 '필수가 아닌 선택사항'이 되어 상당수 미혼남녀가 결혼계획을 아예 세우지 않거나 결혼을 유보하고 있다.

우리나라의 저출산현상의 원인은 결혼관 약화로 갈수록 비혼(非婚)자가 느는 데다 자녀양육을 비롯하여 일과 가정을 동시에 꾸리는 데 따른 부담이 큰 것으로 조사되었다. 실제로 한국보건사회연구원(2014)이 발표한 보고서에 따르면, 미혼자는 결혼을 부정적으로 보는 경향이 나타났고, 기혼자는 이혼에 대한 긍정적 의견이 과거보다 강해진 것으로 분석되었다. 전국 출산력 및 혼인가치관, 자녀가치관 등의 조사를 토대로 작성된 이 보고서에서 미혼남성은 결혼을 긍정하는 의견이 67.5%, 미혼여성은 56.7%로 줄었다. 이러한 수치는 지난 1998년 '반드시 결혼해야 한다.'가 20.3%, '결혼은 하는 편이 좋다.'가 40.3%로 60% 이상이 결혼에 긍정적이었던 것과 비교되는 수치이다. 결혼에 대하여 부정적인 의견을 내놓는 이유로는 '직장을 구하지 못하거나 안정된 직장을 가지기 어려워서', '결혼생활을 유지할 정도로 수입이 충분히 보장되지 않아서', '집 장만 등 결혼비용이 많이 들어서' 등이 있다. 이러한 조사 결과는 결혼은 사적 영역이지만 개인적으로 결혼을 원함에도 불구하고 사회적 요인에 의해 결혼을 못하는 것을 나타내는 것으로 결혼장려를 위한 사회적 지원이 절실히 필요함을 보여준다. 자녀에 대한 가치관 역시 많이 달라졌는데, 과거에는 결혼하면 일정 수의 자녀 출산을 당연하게 생각했지만 근래에는 출산에 대한 가치관이 많이 변했다. 한국보건사회연구원(2014)에 따르면 '자녀를 반드시 가져야 한다.'는 비율은 46.3%, '반드시 가질 필요는 없다.'는 53.5%로 나타나 '반드시 가질 필요는 없다.'고 답한 비율이 증가하였다.

또 보건복지부, 저출산·고령사회위원회, 한국보건사회연구원(2006)의 조사 결과에 따르면 기혼여성 10명 중 8명은 자녀가 있더라도 노후에 경제적인 도움이 안 된다고 생각하고 있었으며, 기혼여성 3명 중 1명은 자녀가 없어도 된다고 생각하는 것으로 나타났다. 집안의 대를 잇기 위해 자녀가 필요하다는 의견에는 27%만 찬성했고 73%는 반대하였다. 자녀를 갖는 것이 사회에 대한 의무라는 데는 38%가 찬성하는 반면, 62%는 반대 의견을 보였다. 하지만 부모가 되는 것이 인생에서 가치 있는 일이라는 의견에는 98%의 기혼여성이 찬성했으며, 79%의 기혼여성은 '자녀가 있는 사람이 노년에 덜 외로울 것'이라고 응답하였다.

요즘 젊은 세대는 자식을 낳아 기르는 일을 손해라고 생각하는 경향이 있다. 최근에는 기혼여성의 약 45%가 아이 낳기를 싫어하는 것으로 나타나 기혼여성의 무자녀선호현상이 위험수위에 육박했다. 한국보건사회연구원(2014)의 발표내용을 보면, '자녀를 반드시 가져야 한다.'는 비율이 1997년 73.7%에서 2012년 46.3%로 격감했지만, '반드시 가질 필요는 없다.'는 비율이 26.0%에서 53.5%로 증가하였다. 몇 차례 유사한 조사에서 출산을 선택이 아닌 필수로 보는 비율이 절반 아래로 떨어진 것은 이번이 처음이었고, '자녀를 가질 필요가 없다.'가 '반드시 가져야 한다.'는 수치를 넘은 것도 최초였다. 더욱이 자녀가 아예 없어도 무관하다는 응답이 무려 16.0%를 차지하여 우리 사회의 퇴색하고 있는 자녀가치관을 보여주었다. 이처럼 빠르게 변화하는 결혼관과 자녀관이 저출산의 요인으로 작용하고 있다.

아울러 개인주의적 사고방식도 저출산현상의 증가 원인으로 작용하고 있다. 오늘날 젊은 세대는 과거와 달리 결혼하여 가족을 형성하고 가계를 꾸린다는 책임감이 많이 희박하다. 가족을 형성하기 위해 결혼해야 할 책임이 개인에게 있는지에 대한 미혼남녀의 태도 변화를 조사한 결과, 미혼남녀의 34.1%가 '개인에게 책임이 없다.'고 응답하였다. 특히 여성이 남성보다 혼인에 대한 개인의 책임을 낮게 지각하는 것으로 나타났다(대통령비서실, 2004).

한편 사회가 변화하면서 부모-자녀관계의 의미가 약화되고 부부 중심 혹은 부부라 하더라도 개인주의의 지나친 강조가 무자녀가정의 증가로 이어지고 있다. 무자녀가정의 유형에는 자녀를 갖고 싶지만 가질 수 없는 비자발적 무자녀가정과 부부가 의도적으로 자녀를 갖지 않기로 한 자발적 무자녀가정이 있다. 여기서 무자녀가정이란 후자인 자의적 혹은 자발적 무자녀가정(voluntary childless family)을 말하는데, 이는 생리적이거나 의학적으로 문제가 있는 것이 아니라 부부가 합의하여 자발적으로 자녀를 갖지 않기로 결정하고 자녀 없이 부부만으로 구성된 가족을 의미한다. 자녀를 최소한으로 갖거나 심지어 전혀 가질 의사가 없는 젊은 세대가 늘어나고, 이들의 교육수준이나 전문직 지향의 수준이 계속 높아질 전망이기 때문에 장기적으로 가족 크기가 감소될 것으로 전망된다(박인전, 1998).

허버와 스피츠(Hurber & Spitz, 1983) 역시 젊은 여성이 출산으로 치러야 하는 대가에 매력을 느끼지 않게 되면서 앞으로도 출산율이 증가하지 않으리라고 예측하였다. 아마도 이러한 경향은 자녀를 더 이상 투자재로 여기지 않는다는 것으로 우리 사회가 획기적인 변화를 추구하지 않는 한 더욱더 심화될 것이다. 특히 우리나라 여성의 경우, 낮은 경제활동 참가율과 남성 대비 낮은 임금과 노동지위, 승진 시 불이익, 가사와 양육 부담으로 인한 가정과 일 양립의 어려움, 사회 전반에 걸친 각종 성적 차별 등을 경험하고 있다. 따라서 변화된 여성의 역할과 요구, 가부장적인 사회규범 간 갈등으로 어쩔 수 없이 결혼이나 출산을 연기하거나 포기하고 있다.

2) 여성의 다중역할에 대한 심리적 부담 가중

여성의 사회 진출이 증가하고 그에 따라 기혼 취업여성이 꾸준히 늘고 있지만 자녀양육 및 교육, 직장업무, 가사노동을 비롯한 여성의 여러 가지 역할수행에 대한 심리적 부담감이 여전히 높은 것으로 나타나 자녀 출산기피현상과 관련이 있음을 알 수 있다.

통계청(2009)의 성인남녀 20~65세를 대상으로 한 생활시간조사 결과를 보면 여성이 가족과의 식사, 가정 관리, 가족 보살피기, 가족 및 친척과의 교류, 관련 이동시간 등 전체적인 부분에서 남성보다 훨씬 많은 시간을 할애하는 것으로 나타났다. 이러한 내용은 그림 8-1에서 확인할 수 있다.

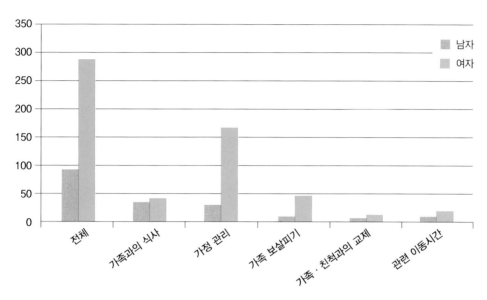

그림 8-1 가족과 함께하는 생활시간(성인남녀 20~65세 대상)
자료: 통계청(2009). 생활시간조사.

또 하루 24시간 중 가사노동에 투입되는 시간은 남성이 42분, 여성이 3시간 35분으로 2004년 조사시점보다 남성은 6분 증가, 여성은 5분 감소하였지만 여전히 한국 여성의 평균 가사노동시간이 남성보다 5배 이상 높은 것으로 나타났다. 물론 한국의 경우 다른 나라에 비하여 전업주부가 많은 특징이 있지만 맞벌이부부의 경우에도 남성의 가사노동시간이 여성보다 월등히 적어 남성이 24분, 여성이 2시간 38분으로 조사되었다. OECD 국가 남성의 평균 가사노동시간은 하루 131분이며, 한국은 OECD 회원국 가운데 꼴찌를 차지하였다. 이러한 결과는 우리 사회의 가부장적 이데올로기에 의한 획일적인 부부역할분담, 기혼여성의 가족에 대한 헌신과 복종문제가 여전히 자리함을 보여준다. 그뿐만 아니라 자료를 통해 우리나라 여성이 갖는 가사와 직장일, 육아라고 하는 다중역할수행에 대한 심리적 부담감이 매우 높음을 유추할 수 있다.

문화일보와 여성가족부가 한국리서치에 의뢰하여 전국 19세 이상 성인남녀 직장인 1,000명을 대상으로 '가족친화기업에 대한 인식'에 관한 설문조사를 한 결과, 20대 기혼 직장인의 89.2%가 맞벌이를 하는 것으로 나타났다. 부부 가운데 한쪽만 수입이 있는 '외벌이'의 비율은 60.2%였다. 이처럼 맞벌이 비율이 높지만 자녀보육의 책임은 배우자(53.9%)나 부모님·친인척(30.5%) 등 개인이나 가정에 있었다. 그리고 응답자의 절반 이상이 '가정이냐 직장이냐'를 놓고 선택의 기로에 선 경험이 있다고 응답하였다. 이처럼 여성의 취업률이 높아져 여성 2명 중 1명이 경제활동에 나서는 상황이지만 가사와 양육의 부담이 여전히 줄지 않고 있어 여성의 사회 참여 및 출산에 장애요소로 작용하고 있다.

3) 여성의 경제참여 증대와 여성취업 불이익

저출산현상의 발생 원인으로 여성의 경제참여 증대와 여성취업 불이익을 들 수 있다. '남성은 밖에 나가 돈을 벌고, 여성은 집에서 아이를 키우고 가사를 돌본다.'는 전통적인 성역할 개념은 퇴색된 지 오래다. 우리나라 여성의 경제활동 참가율은 지속적인 상승곡선을 보여 오늘날 약 절반가량인 50.2%의 여성이 경제활동을 하는 것으로 나타나고 있다. 하지만 선진국과 비교해보면 이는 낮은 수준에 불과하며, OECD 회원국 중 최하위 수준이다(김상신, 2013). 특히 고학력 여성의 전문 분야 경제활동은 여전히 낮은 것으로 나타났다.

한편 보건복지부와 저출산·고령사회위원회, 한국보건사회연구원(2006)이 발표한 '저출산 실태조사 및 종합대책 연구'에 따르면 일하던 여성이 결혼을 앞두고 직장을 그만두는 비율이 61.2%인 것으로 조사되었으며, 이 중 절반이 조금 넘는 52.8%만이 다시 취업하는 것으로 나타났다. 결혼하고도 일하던 여성이 아이를 낳으면서 일을 그만두는 비율이 첫 아이 출산 전후 49.9%로 가장 높았다. 또 결혼으로 직장을 그만둔 여성은 그렇지 않은 여성보다 아이를 더 낳겠다는 출산욕구가 현격히 줄었다. 첫 아이를 낳고 다시 일하더라도 이전보다 열악한 일을 하는 경우가 많아 정규직으로 일하던 여성이 직장을 그만둔 뒤 다시 정규직이 되는 경우는 38%에 그쳤다. 나머지는 임시직이나 일용직 등 비정규직으로 일하게 되었으며, 사무직인 경우에는 동일 직종에 근무하는 비율이 42.9%에 그쳤고, 나머지는 서비스 및 생산직으로 직종이 바뀐 것으로 보고되었다. 이처럼 여성에게 있어 결혼과 출산은 곧 퇴직으로 이어졌다. 이러한 점에서 볼 때 여성취업 내지 여성고용 불이익이 저출산현상의 하나의 원인임을 알 수 있다.

이외에도 임신하고 싶어도 할 수 없는 난임부부의 증가 및 인공임신중절의 지속적인 증가현상 또한 저출산 발생요인과 무관하지 않은 것으로 나타났다. 이처럼 저출산현상은 여러 가지 요인으로 나타나기 때문에 향후 저출산대응책을 마련할 때는 출산을 장려하거나 촉진하는 정책을 펴기보다는 먼저 출산을 저해하는 장애요소를 제거하는 정책을 세워야 할 필요가 있다.

4) 자녀양육 및 교육비에 대한 부담

오늘날 우리 사회에서 나타나고 있는 저출산현상의 가장 큰 원인은 자녀양육·교육비 부담인 것으로 나타났다. 보건복지부 등(2006)이 20~44세 연령층의 전국 기혼여성 3,802명과 미혼남녀 2,670명을 대상으로 벌인 '저출산 실태조사 및 종합대책 연구'에 따르면 자녀가 있는 가구의 51.7%가 생활비 중 자녀교육비에 가장 많이 지출한다고 응답하였으며, 자녀가 1명인 경우 교육비 비중이 23.8%였지만 2명인 경우 59.0%, 3명 이상인 경우 63.8%로 자녀 수가 많을수록 교육비가 증가하는 것으로 나타났다. 또 한국보건사회연구원(2009)에 따르면, 한 자녀 이하를 둔 취업여성(20~39세)의 출산 중단 이유로 자녀양육 및 교육비가 31.5%로 가장 높게 나타났고, 기혼여성 절반이 첫 아이 출산을 앞두고 직장을 그만둔 것으로 나타난 점을 고려할 때 자녀양육·교육과 같은 경제적 비용 부담이 출산 기피의 주된 요인이며, 여성취업불이익과 더불어 저출산의 최대요인으로 작용함을 알 수 있다.

2012년 통계청이 발표한 '한국의 사회지표'에 따르면, 자녀의 월평균 사교육비는 초등학생의 경우 21만 9,000원, 중학생의 경우 27만 6,000원, 고등학생의 경우 26만 5,000원, 전체적으로 23만 6,000원에 달한다. 여기에 기본 양육비와 자녀의 용돈 등을 포함하

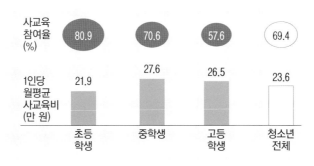

그림 8-2 청소년 사교육 참여율 및 사교육비
자료: 통계청(2012). 한국의 사회지표.

면 1명의 자녀를 기르는 데 드는 비용이 도시가구의 월평균 소득의 약 1/3가량을 차지한다는 2003년 한국보건사회연구원의 보고와 별로 달라진 바가 없다.

또한 2014년 통계청 보고에 따르면, 조사 시점으로부터 지난 23년 동안 교육비 지출은 5.9배 증가하고, 소득은 4.5배 증가에 그친 것으로 나타나 오히려 자녀양육 및 교육비에 대한 실질적인 부담은 더 커진 것으로 볼 수 있다. 이러한 상황에 이르다 보니 젊은 세대에게 자녀를 낳는 것은 더 이상 축복이 아닌 경제적 부담으로 인식되어 출산을 기피하게 되는 것이다.

5) 미혼 인구 증가 및 초혼 연령 상승

최근 여러 가지 이유로 혼인을 미루거나 아예 결혼하지 않으려는 젊은층이 늘고 있다. 주 혼인연령층인 20~30대가 예전보다 많이 줄었을 뿐만 아니라 학업연장이나 경제활동 참가 등으로 인하여 혼인 및 출산지연 내지 출산기피, 독신생활 선호현상 등으로 혼인건수가 지속적으로 감소하고 있다. 초혼연령 역시 남녀 모두 지속적으로 높아져서 향후 미혼자의 비율이 더 높아질 것으로 예상된다. 독신을 지향하는 인구 역시 해를 거듭할수록 늘어나 미혼인구가 지속적으로 증가할 것으로 보인다.

특히 출산주력층의 출산기피현상이 무엇보다 심각한 것으로 나타났다. 한국보건사회연구원(2012)은 15~44세 유배우 부인 가구의 자녀필요성을 조사한 결과 '반드시 가져야 한다.'는 의견이 46.3%, '반드시 가질 필요는 없다.'는 의견이 53.5%로 나타나 2003년의 조사 결과에서 '반드시 가져야 한다.'가 54.5%, '반드시 가져야 할 필요가 없다.'가 44.9%인 것과 대조를 보였다. 아울러 미혼남성의 40.4%, 미혼여성의 19.4%가 '경제적 이유'로 결혼을 하지 않는 것으로 나타났으며, 특히 미혼남성의 87.8%가 '고용불안정'을, 미혼여성의 86.3%가 '결혼비용 부족'을 이유로 결혼을 기피한다고 밝혀 출산주력층의 결혼기피, 출산기피의 현실을 보여준다.

또 통계청이 발표한 '2014년 출생·사망통계'에 따르면 인구 1,000명당 출생아 수를 의미하는 조(粗)출생률이 8.6명으로 통계 작성 이래 가장 낮은 상태를 나타냈다. 특히 첫째아는 22만 4,800명으로 전년 대비 0.1% 증가하였지만, 둘째아는 16만 5,700명으로 1981년 이후 가장 적었다. 이처럼 출생아가 감소하는 것은 결혼연령이 늦어지면서 첫째아를 낳는 산모의 연령이 높아진 데다 경제적 사정 등으로 둘째아를 낳지 않는 영향도 크다.

이처럼 젊은 세대들의 가치관 변화, 경기침체와 취업난 등은 결혼과 자녀에 대한 가치관을 변화시켰다. 이는 초혼연령의 상승, 가임여성 수의 감소 등으로 이어지면서 저출산의 원인이 되고 있다. 또 기혼부부들도 과중한 사교육비와 자녀양육에 대한 경제적·심리적 부담, 자아실현 욕구 증대 등으로 출산을 기피하고 있어 저출산의 원인이 되고 있다.

2 저출산시대의 자녀양육과 문제

도시화·산업화를 거쳐 고도로 분화된 정보화 시대에 접어들면서 오늘날 우리 가정이 많은 부분에서 변화를 거듭하고 있다. 전통적 가족의 형태는 점차 변화하여 핵가족화되고, 교육기회가 균등해짐에 따라 여성의 사회활동 참여율이 지속적으로 증가하고 있다. 이에 따라 전통적으로 여성의 역할 또는 일로 분류되었던 가사노동이나 자녀양육 등에서 문제가 발생하고, 여성들이 출산과 육아에 부담을 느껴 적은 수의 자녀를 갖거나 출산을 기피하는 현상이 나타나고 있다.

한국보건사회연구원(2009)에 따르면, 기혼여성의 절반이 첫 아이 출산을 앞두고 직장을 그만둔 것을 고려한 것으로 나타났다. 자녀양육 및 교육과 같은 경제적 비용부담이 출산기피의 주된 요인이며 여성의 취업불이익, 여성의 다중적 역할에 대한 심리적 부담이 저출산의 주요 요인으로 작용함을 의미한다.

부부가 모두 직업을 가진 경우, 물론 자아실현이나 여가활용 등의 목적으로 직업을 갖기도 하지만 가정의 경제적 여건 향상이나 생계유지, 자녀양육비나 교육비를 마련하기 위한 경우가 실제적으로 더 많다고 할 수 있다. 이러한 시대적 흐름에 맞추어 자녀양육의 기능을 보충하고 부모가 안심하고 생업에 종사할 수 있게 하는 양육지원서비스가 필요하며, 이는 여성의 능력을 사장시키지 않고 지속적으로 사회에 참여할 수 있는 환경을 만들어줌으로써 여성의 자아실현 및 경제활동을 통한 가정생활의 질을 향상시킬 수 있다.

우리나라의 경우 2005년 합계출산율이 1.08로 사상 최저를 기록하였고, 이후로도 합계출산율이 세계 최저수준을 보여 한 가정에 자녀가 하나 또는 둘인 경우가 많다. 또 이러한 가정은 앞으로 더욱 보편화될 것으로 보인다. 핵가족화와 자녀 수 감소로 손위 자녀를 길러본 경험이 없는 부모들은 양육에 대한 경험과 지식이 부족하고, 외둥이 자녀양육 시 더 많은 관심을 가짐과 더불어 긴장과 불안감 역시 높다. 따라서 부모의 자녀양육상 문제뿐만 아니라 이들 부모와 형제자매가 없는 아동의 사회 적응상의 문제를 비롯한 심도 깊은 논의가 필요하다.

핵가족화와 자녀 수의 감소로 겪을 수 있는 가장 큰 어려움 중 하나는 부모에게 갑작스럽게 일이 발생했을 때 부모를 대신하여 아이를 돌봐줄 수 있는 형제자매가 없고 조부모나 삼촌, 고모 등 친·인척이 가까이에 없을 수 있다는 점이다. 맞벌이가정 부모의 경우 자녀와 함께하지 못한 시간에 대한 죄책감으로 지나치게 자녀에게 허용적이거나 혹은 자녀를 방임하는 경향이 있을 수 있다. 모든 부모가 다 그렇다고는 할 수 없지만 부모의 지나친 기대감을 나누어 가질 형제자매가 없기 때문에 한 자녀에게 관심이 집중되고 부모가 아동의 행동을 엄격히 규제하거나 주위환경으로부터 지나치게 아동을 보호하려는 경향 또는 지나치게 허용적인 경우는 문제가 될 수 있다.

특히 부모 중에서는 어머니의 지배가 강한 편인데, 이러한 영향으로 인하여 아동은 의존적이고 책임감이 부족하며 자기중심적이고 사회성이 부족해질 수 있다. 외둥이가정은 가정 내 아동이 1명이기 때문에 더 높은 관심과 시간을 아동에게 제공하며, 보다 바람직한 방식으로 아동과 상호작용할 수 있으나 부모의 지나친 기대나 과다한 애정으로 오히려 아동이 이기적이거나 의존적인 행동 특성을 보일 수 있다(박인전, 1998b). 혹은 가정에서 부모가 자녀에게 지나치게 허용적이고 자식의 요구에 어떠한 제재도 없이 무조건 응하는 경우도 있는데, 이 같은 양육환경에서 성장한 아동은 최소한의 규제조차 받지 않고 자랐기 때문에 협동심이 부족하고 이기적이며 통제력이 부족한 아동으로 자라기 쉽고, 또래관계에 적응하기가 어려울 뿐만 아니라 성장 후 사회생활에 적응하기 어려울 수 있다. 반면 루이스와 크레이츠베르그(Lewis & Kreitzberg, 1979)에 의하면, 외둥이 부모는 외둥이에게 더 높은 수준의 관심을 기울임으로써 외둥이가 부모를 더 애정적으로 인식하고 높은 질의 부모-자녀 간의 상호작용을 경험하게 된다고 하면서 외둥이가 부모와 더욱 긍정적인 관계를 형성함으로써 보다 바람직한 결과를 기대할 수 있다고 하였다.

여하튼 자녀의 성격발달을 긍정적인 방향으로 이끌기 위해서는 부모가 과잉 익애적이거나 거부적인 양육태도를 갖기보다는 애정적·자율적인 양육태도를 갖는 것이 중요하며, 공부든 놀이든 아동이 스스로 할 수 있는 기회를 많이 부여할 필요가 있다. 자녀가 해도 되는 것과 하지 말아야 하는 것이 각각 무엇인지 그리고 어떻게 행동해야 하는지, 매사에 독립적으로 생각하고 자율적으로 행동할 수 있는지 가르쳐야 한다. 또 부모는 아이 혼자 힘으로 무엇인가를 할 수 있도록 기회를 주고, 아이가 스스로 할 때까지 인내심을 갖고 기다려야 한다. 이처럼 부모의 양육행동, 자녀관, 양육관은 아동의 건전한 성장·발달에 결정적인 요소이다. 중요한 것은 자녀 수가 하나인가, 여럿인가 하는 문제보다 어떠한 가정환경에서 자라고 부모의 양육행동이 어떠한지에 따라 발달의 양상이 달라진다는 것이다. 즉, 외동이냐 아니냐 하는 문제보다는 가정환경의 차이가 결과적으로 더 큰 영향을 미친다.

3 저출산시대의 복지 실천방안

저출산·고령화문제는 오늘날 우리 사회가 안고 있는 가장 중대한 사안이다. 2005년 9월에 발표된 경제협력개발기구인 OECD 보고서 〈출산율에 영향을 주는 요소: 정부정책의 역할〉에 따르면 우리나라의 출산·보육지원을 선진국 수준으로 끌어올릴 경우 출산율이 지금보다 크게 늘어난 2.5명까지 급증할 것으로 분석되었다. 우리나라는 정책을 개선할 경우 출산율이 가장 크게 늘어날 수 있는 나라로 나타났는데, 이는 출산율 저하의 결정적 책임이 정부의 미진한 대응에 있음을 시사한다.

우리나라는 제1~2차 저출산·고령사회 기본계획인 '새로마지 플랜 2010'과 '새로마지 플랜 2015'를 추진했음에도 불구하고 합계출산율이 여전히 OECD 평균에 미치지 못하고 있다. 이에 정부는 저출산·고령화사회에 대비한 방책으로 여러 가지 방안을 모색하고 있다. 하지만 오늘날 우리나라에서 시행하거나 추진하고 있는 여러 정책은 저출산에 대한 장기적 대책이라기보다는 단순한 출산장려정책의 성격이 강하고, 지방자치단체별로 실시되는 정책 역시 장기적 안목에서 실시된다기보다는 임기응변식의 정책입안 및 실행이라는 지적이 적지 않다. 이러한 점을 감안할 때, 정부는 정책을 세우고 단기간에 효과를 보려 하는 등의 성급함보다는 젊은 세대가 마음 놓고 아이를 낳아 건강하게 키울 수 있는 사회적 환경을 조성하기 위한 실효성 있는 방안을 모색해야 할 것이다.

저출산시대의 아동을 위한 복지를 실천함에 있어 지향해야 할 점은 우선 산전·산후 휴가와 육아휴직, 보육서비스 등과 같은 취학 전 아동의 권리를 위한 복지 실천부터 고려해야 한다는 것이다. 이는 여성의 복지, 가족의 복지라는 차원에서 여성의 고용기회 증대 및 유지 등과 같은 요소가 중요하지 않다는 것이 아니라, 그에 앞서 아동의 복지를 최우선으로 고려해야 한다는 의미이다. 예를 들면, 보육서비스의 경우 아동 스스로의 욕구나 요구에서 비롯되었다기보다는 하루 중 일정 시간 동안 발생하는 '부모에 의한 양육상의 부적절함'에 대한 사회적 차원에서의 보충적 지원체계라는 점에 주목해야 한다 (Kadushin, 1984; 이소희, 2003, 재인용). 아동복지는 최우선으로 고려되어야 할 사안이다. 그리고 복지의 중심이 아동이어야 한다는 사실과 더불어 아동이 아이답게, 적어도 어머니와 분리되지 않고 가정 안에서 아동기를 행복하고 편안하게 영위할 수 있는 권리, 인권 주체로서의 아동의 진정한 권리를 누리도록 해야 할 것이다. 여기서는 저출산문제 극복을 위한 방안 및 저출산시대의 아동을 위한 복지 실천방안을 살펴보기로 한다.

1) 출산장려정책 활성화

저출산이 가져올 사회적 위기가 더 이상 외면할 수 없는 상황에 이르렀다. 사회구조적 문제를 개선하지 않고서는 어떠한 대책도 실효를 거둘 수 없다는 점에서 여성이 아이를 낳고 퇴사를 강요당하거나 육아휴직을 제대로 활용할 수 없는 노동환경은 반드시 개선되어야 한다. 출산과 양육에 장애나 걸림돌 없는 사회를 실현하기 위해서는 단기적 성과에 급급하기보다는 중장기적인 대책, 특히 출산에 대한 사회문화적 인식 변화를 유도할 근본적인 대책이 필요하다. 젊은 세대가 아이를 낳지 않으려는 주된 이유 중 하나는 아이를 낳아 양육함으로써 수반되는 양육에 대한 심리적 부담 및 비용에 대한 부담 때문이다. 출산장려정책은 출산율 저하 혹은 저출산과 맞물려 있는 여러 가지 제도에 대한 개선과 함께 이루어져야 한다.

(1) 산전 · 후 휴가제도 내실화

산전·후 휴가제도는 여성근로자가 임신·출산으로 소모된 체력을 회복하기 위하여 산전·후 기간 동안 휴가를 내는 제도이다. 이 제도는 임신과 출산으로 인한 여성의 건강 회복 및 초기 부모–자녀관계 확립에 중요한 의의를 가진다.

우리나라는 1953년 근로기준법 제정 시 60일의 산전·후 휴가제도를 도입하였으나, 2006년 모성보호 관련 3법이 시행되면서 총 90일의 산전·후 휴가를 보장하고 있다. 휴가 기간 중 근로자의 소득 보전을 위한 급여는 산전·후 휴가 기간 90일 중 60일은 사업주 부담이고 나머지 30일은 고용보험이 부담하고 있다. 2006년 제1차 저출산 고령사회 기본계획안에서는 '배우자의 출산간호휴가제도'도 도입되었다. 이러한 수준은 과거에 비하면 상향 조정된 것이라 볼 수 있으나 산전·후 휴가급여 재원의 공공성이 낮고 국제노동기구(ILO)의 기준에 여전히 미치지 못하는 실정이다. 또 현실적으로 비정규직 여성과 영세 사업장 근로자는 산전·후 휴가와 휴가급여를 받지 못하는 비율이 높아 산전·후 휴가제도의 내실화가 필요하다.

우리나라도 자녀양육을 한 가정의 일 또는 개인적인 일로 간주할 것이 아니라 선진국처럼 사회와 부모 양자가 나누어야 할 책임으로 받아들이는 것이 필요하다. 일례로 스웨덴의 경우, 출산 관련 부모 휴가 중의 하나인 신생아 양호휴가(parental leave)를 통한 사회적 지원이 있는데, 이는 취업모가 겪는 어려움을 덜어주기 위해 부모에게 출산 후 유급 육아휴직 등의 제도를 도입하여 실시하는 것을 말한다. 특히 스웨덴은 양성평등에 초점을 맞추고 출산휴가 14주 중 2주는 남성이 '아버지휴가'로 사용하도록 의무화하고 있다(국정브리핑, 2006. 6. 16).

현재 우리나라가 실시하고 있는 출산장려정책은 지방자치단체마다 금액이나 수준이 다르며 여러 가지 형태로 시행되고 있다. 먼저, 임신에서 출산까지 발생하는 각종 의료비용에 대한 임산부의 부담으로 출산을 기피하는 일이 없도록 국민건강보험에서 분만비용을 지원하고 있다. 또 신생아의 출생을 사회적으로 환영하고 축하하기 위한 출산축하금 또는 육아용품 지급이 있다. 자녀양육에 따른 부담을 완화하여 일하는 여성의 가정과 직장 양립환경을 조성하고 출산을 장려하기 위한 정책으로 보육료를 지원하고 있다. 정부는 향후 이러한 출산장려정책의 수준을 더 높일 예정이며, 보다 다양한 정책 개발에 힘쓸 계획이다.

(2) 육아휴직제도 확대 실시 및 다양한 고용제도 도입

가정과 직장을 조화롭게 병행할 수 있게 하는 가장 대표적인 제도인 육아휴직제도는 만 8세 이하 또는 초등학교 2학년 이하의 자녀를 둔 부모가 희망하는 경우, 자신의 직업적 신분이나 지위를 상실하지 않고 일정 기간 무급 또는 유급의 형태로 자녀양육에 전념하게 하는 제도이다. 이 제도는 남녀근로자가 계속 피고용자의 신분을 유지하면서 출산휴가 직후 일정 기간 자녀의 양육을 위해 직무에 종사하지 않는 제도를 의미하는 것으로, 국제노동기구(ILO)의 정의에 따르면 각국의 육아휴직제도는 다음과 같은 3가지의 공통적인 특징을 가진다. 첫째, 남성 근로자와 여성근로자 모두가 사용이 가능하다. 둘째, 출산휴가와는 별개의 휴직제도이다. 셋째, 휴직기간 동안 고용-급여가 보장된다.

육아휴직제도는 각국마다 휴직의 급여수준, 휴직기간, 자격요건 등을 중심으로 다양한 형태를 보인다. 예를 들어 독일의 경우 연방 통계청에 따르면 아버지의 약 14%가 9개월까지 육아휴직을 사용하고, 보육수당을 수령하고 있는 거의 모든 어머니들은 10개월에서 12개월까지 육아휴직을 사용하고 있다. 2015년부터는 일명 '파트너 보너스'라고 불리는 보육수당 신설 덕분에 보육수당 및 육아휴직이 더 유연해졌다. 출산 후 시간제 일자리로 전환하는 부모들에게도 혜택이 돌아가게 되고 수령가능기간도 현재 14개월에서 최대 24개월로 연장되었다. 부모가 육아를 위해 동시에 시간제 작업으로 전환하는 경우 보육수당은 28개월까지 지급되는데, 이는 아버지가 근무시간을 줄이고 육아에 직접 참여하게 하여 어머니의 출산 후 경력단절기간을 줄이는 효과를 노린 것이다(디벨트, 2014. 11. 9).

우리나라의 육아휴직제도는 1987년 근로여성의 지위 향상과 복지 증진에 기여하는 것을 목적으로 하는 남녀고용평등법의 제정과 함께 도입되었다. 하지만 자녀양육이 여성의 책임과 의무라는 성역할 분담을 전제로 하여 여성근로자에 한해서만 육아휴직을 부여하여 모성보호의 차원에서만 설계되었기 때문에 남녀평등을 지향하는 데 근본적인 한계가 있는 것으로 평가되었다. 이후 1995년 고용보험제도가 도입되고 제도 내 고용안정사업을 통하여 육아휴직 장려금을 사업주에게 지원하기 시작함과 동시에 적용대상이 '근로여성 또는 그를 대신한 배우자인 근로자'로 확대됨으로써 육아에 대한 남녀공동의 참여와 책임을 지향하고자 하였다. 이어 2001년 모성보호 3법이 개정되면서 모성보호의 사회 분담화 기반 마련에 있어 질적인 변화를 도모하였는데, 이 중 가장 주의깊게 볼 만한 제도 개선은 적용대상 확대와 대상 근로자에게 보장된 휴직기간 중 소득보전에 대한 부분이라 할 수 있다. 즉, '생후 1년 미만의 영아를 가진 근로자'로 그 적용대상을 명시함으로써 비로소 육아가 남녀공동의 책임으로 자리매김하게 되었다. 그리고 고용보험제도 내 모성보호 급여사업을 신설, 사회적 분담체제에 기반하여 해당 근로자에게 휴직기간 중 매달 일정 금액의 육아휴직급여를 지급함으로써 소득보전을 통한 육아휴직제도의 실효성을 높이고자 노력하였다. 또 2007년 개정 남녀고용평등법과 일-가정 양립지원에 관한 법률로 전일제 육아휴직과 근로시간 단축 육아휴직도 가능해졌으며, 2014년 1월 개정된 법률에 따라 만 8세 이하의 자녀를 둔 부모는 누구나 육아휴직(부모 중 한 사람)을 신청할 수 있다.

우리나라의 육아휴직제도는 법제화되어 있지만 활용도가 매우 저조한 실정이다. 육아휴직제도의 정착을 위해서는 우선 이 제도의 실시율을 높이는 데 초점을 맞추어야 할 것이다. 과거에는 주로 어머니 위주로 육아휴직이 이루어졌고 육아의 몫이 어머니라는 인식이 팽배하였으나 최근에는 자녀양육에 대한 사회구성원의 인식 전환과 더불어 아버지의 육아휴직 청구가 가능해짐에 따라 향후 아버지 육아휴직 신청 건수가 더 늘어날 것으로 전망된다.

육아휴직 사용을 꺼리는 이유도 성에 따라 차이가 있었다. 먼저 여성들은 경제적 이유와 직장 복귀에 대한 막연한 불안감 때문에 육아휴직 사용을 꺼리는 경우가 많은 반면, 남성들은 인사나 승진에서 불이익을 받을 수 있다는 불안감 때문에 육아휴직을 꺼려하였다. 특히 여성들은 출산휴가 후 바로 직장에 복귀하는 경우가 많은데, 이는 결국 육아휴직에 따른 불이익이 따를 것을 우려했기 때문이다. 육아휴직에 대한 사업주의 낮은 인식 및 태도, 사회구성원의 복지 마인드, 육아휴직에 따른 불이익 등은 과감히 개선되어야 할 요소이며, 출산 후 여성이 원한다면 경제활동은 당연히 지속되어야 한다. 남성도 부모로서 육아에 동참할 수 있도록 육아와 관련한 사회구성원의 인식 변화와 가족친화적 기업문화 풍토가 정착되어야 할 것이다.

(3) 무자녀가정 난임부부를 위한 정책적 지원

임신이 어려운 우리나라의 난임부부는 약 140만 쌍으로 추정된다. 이들은 아이 갖기를 간절히 원하고 있지만, 임신 및 출산을 하기 어려운 입장에 처해 있다. 향후 우리 사회는 출산장려정책의 일환으로 이러한 비자발적 무자녀가정에 대한 지원을 아끼지 않아야 할 것이다. 비자발적 무자녀가정은 지금까지 살펴본 자발적 무자녀가정 유형과 달리 자녀

갖기를 매우 원하고는 있지만 생리적으로나 의학적인 결함으로 자녀를 가질 수 없는 경우이다. 부부 중 한쪽에 문제가 있어 인공임신을 위한 시술을 받아 아이를 출산하고 싶지만 시험관 아기 등 불임시술비가 너무 비싸고 여러 번 시술을 받아야 하는 등 이에 대한 경제적 부담으로 인해 출산을 망설이는 부부가 의외로 많다. 이러한 경우 자녀를 갖지 못한 주된 이유가 경제적 사정으로 인한 인공시술비 부족이므로 이를 해결하기 위한 정부의 적극적인 지원책 마련이 필요하다.

최근 우리 정부는 소득수준이 낮은 비자발적 무자녀가정의 자녀 출산을 유도하기 위해 소득이 일정 수준에 달하지 않는 가정에 인공시술비용을 지원하고 있다. 이처럼 비자발적 무자녀가정의 출산율을 높이기 위해서는 경제적 지원뿐만 아니라 정부의 보다 적극적인 개입과 지원이 이루어져야 할 것이다.

2) 자녀양육을 위한 사회적 지원

우리 사회에 회자되는 유행어 중 "대한민국에서 애 키우며 직장 다니는 여성이 가장 불쌍하다."라는 말이 있다. 이는 우리 사회에서 여성이 아이를 양육하면서 동시에 직업을 갖는 것이 얼마나 처절할 정도로 힘이 드는지를 여실히 보여주는 예이다. 자녀양육은 더 이상 개인적 차원에서 접근할 문제가 아니다. 외국 속담 중에는 "아이를 키우는 데 온 마을이 필요하다."라는 말도 있다. 자녀양육은 이제 개인 가정의 일로 간주되어서는 곤란하며 우리 사회구성원이 함께 고민해야 할 시급한 사안 중 하나이다. 따라서 육아문제를 하루빨리 공공의 책임으로 전환하여 여성이 마음 놓고 일할 수 있는 기반을 마련해야 할 것이다.

(1) 질 높은 보육서비스 확충

전통적으로 아동의 보호와 교육은 가족구성원의 책임이며, 수십 년 전만 하더라도 대부분의 아동은 자신의 가정에서 부모나 조부모에 의해 양육되었다. 하지만 산업화·도시화의 물결과 함께 사회가 고도로 분화되고 발전하면서 자녀양육 및 교육기능을 비롯하여 가정이 담당하던 기능 대부분이 사회로 이양되었다.

부모나 친인척의 도움을 기대할 수 없는 맞벌이가정이 당면하게 되는 자녀양육문제를 도와줄 수 있는 현실적 대안은 양질의 보육시설 설치이다. 0세부터 초등학생까지의 자녀를 둔 맞벌이가정의 전일제 근무 여성을 대상으로 조사한 한 연구에 따르면, 저출산 극복을 위한 가족친화정책 중 여성이 가장 긴급하게 요구하는 것이 보육서비스로 나타났다(윤소영·김하늬·고선강, 2009). 또 OECD 33개국의 양육지원정책과 출산율의 관계를 분석한 연구에서는 출산율에 가장 큰 영향을 미치는 정책이 보육시설서비스정책으로 나타났다(강경희·전홍주, 2013). 다시 말해, 보육정책의 확대 실시는 여성의 안정적 사회활동 참여와 저출산문제를 해결하는 가장 핵심적 요소라고 할 수 있다.

보육서비스는 영·유아보육법을 기반으로 하여 아동의 직접적인 양육에 결함이 발생한 어머니의 자녀를 보호하고 교육하기 위해 만들어졌다. 근래 들어 영·유아보육문제가 새로운 사회적 문제로 등장하면서 많은 수의 보육시설이 생겨나게 되었다. 하지만 아동의 바람직한 양육이라는 관점에서 볼 때, 질적인 측면이 간과된 보육시설의 양적 확충은 의미가 없다. 보육서비스의 가장 기본적이고 중요한 기능은 바로 일정 시간 아동을 잘 보호하고 양육하며 교육하는 기능이다. 신체적 보호도 중요하지만 아동의 심리적 배려 역시 매우 중요한 요소이다. 아동은 어린이집에 있는 동안 신체적·심리적으로 안정적이고 안전하게 보호받음과 동시에 필요한 기본적인 생리적 욕구(식사, 수면, 배설)를 충족시킬 수 있어야 하며, 이는 야간보육이나 24시간 보육인 경우에도 마찬가지이다. 어린이집이라고 해서 보호가 주가 되는 것이 아니라 보호와 교육이 함께 병행하는 보육(edu-care, education+care)이 이루어져야 한다.

특히 출산율 감소로 가정마다 자녀가 1명인 경우가 많은데, 이러한 경우 가능한 한 부모가 가정에서 혼자 데리고 있기보다는 유아교육기관이나 보육시설에 보내 또래 간 경험을 갖게 하고 가정에서 제공할 수 없는 폭넓은 사회생활의 기회를 갖게 하는 것이 좋다. 그리고 이들 기관에서는 사회성을 강화하는 놀이지도나 게임에 외둥이를 참여시킴으로써 또래와 협력하고 타인과 어울리는 기회를 갖도록 하여 타인을 배려하고 이해하는 등 감성능력과 공동체의식을 길러주는 노력을 해야 한다. 외둥이들은 인지적인 능력면에서 형제아에 비해 상대적으로 앞서는 경향을 보이는 편이나 사회적·정서적 능력이 뒤떨어지는 것으로 보고되고 있음을 감안할 때, 감성능력을 향상시킬 수 있는 노력이 필요할 것이다. 또 최근 들어 급속도로 증가하기 시작한 이혼가정의 경우, 자녀를 돌보고 있는 한쪽 부모가 경제활동을 해야 하는 경우가 많으므로 맞벌이가정 못지않게 보육시설이 꼭 필요하다.

유아기 아이들이 받는 심리적 상처는 뇌에 각인되어 있다가 성장 후 언제, 어떤 형태로 나타날지 알 수 없다. 뇌를 연구하는 의사들은 아이가 태어나는 순간부터 초등학교에 들어갈 때까지 사랑으로 돌보고 인정하며 격려해야 아이가 정상적으로 자랄 수 있다고 강조한다. 그러므로 유아를 대상으로 하는 정책은 아주 신중하게 고려되어야 하며, 아동 중심이 아닌 취업여성 중심의 복지에 초점을 맞추는 정책과 복지서비스는 지양해야 할 것이다. 따라서 가정이 제 기능을 다하고 부모가 유아기 자녀양육을 제대로 수행할 수 있도록 가정친화적 정책과 사회 분위기 조성이 무엇보다 중요하다.

한편, 우리나라는 취업여성의 일·가정 양립을 위하여 육아휴직제도와 더불어 직장보육시설의 설치를 기본으로 직장보육정책을 추진하였다. 직장보육설치 관련 법적 근거로는 '남녀고용평등법'과 '영·유아보육법'을 들 수 있다. '영·유아보육법' 시행령 제20조 제1항에 의하면 "상시 여성근로자 300인 이상 또는 근로자 500인 이상을 고용하고 있는 사업장의 사업주는 근로자의 취업을 지원하기 위하여 직장보육시설을 설치하여야 한다."라고 밝히고 있다. 직장보육시설을 설치할 수 없는 사업주는 보육시설을 이용하는 영·유아의 보호자인 근로자에게 보육수당을 지급하여야 하며, 이 경우 연령별 정부보육료 지원단가 100분의 50 이상을 지급하도록 규정하고 있다.

오늘날에는 사회계층이나 여성의 취업 여부에 관계없이 자녀를 보호할 수 있는 보육시설에 대한 요구가 점차 높아지고 있으며, 단순한 보호(care)를 넘어 높은 질의 교육을 요구하고 있다. 이러한 맥락에서 볼 때, 보육사업은 하루 중 일정 시간 부모로부터 적절한 보호를 받기 어려운 아동을 맡아 건강하게 성장할 수 있도록 도와줄 뿐만 아니라, 가정생활을 강화하며 여성의 인력을 활용함으로써 국가경제의 향상에 일익을 담당하게 하는 데도 의의가 있으므로 아동 개인의 입장은 물론 사회경제적인 입장에서도 반드시 필요한 사업이라고 할 수 있다(김광웅·박인전·방은령, 1997).

우리나라 영·유아 보육사업은 국·공립 보육시설 부족으로 상당 부분 민간시설에 의존하고 있으며, 정부의 재정적 지원이 부족하여 질 높은 보육서비스 제공에 한계가 있다. 이쯤에서 선진국의 사례를 살펴보자. 프랑스의 보육서비스 정책은 모든 계층의 부모와 아동을 위한다는 기본 방침 아래 국가가 그 주된 책임과 역할을 담당해야 한다는 입장이며, 기초 지방자치단체에서 공립 영·유아보육기관을 설치·운영하고 있다. 대부분의 보육시설이 공립보육시설이며 유치원 무상교육이 실시되어 거의 모든 3~5세 아동이 공보육 및 공교육의 체계 속에 있다. 또 프랑스와 벨기에의 경우, 3세에서 취학 전 유아의

95% 이상이 공적기금의 보육시설에 등록되어 있으며, 스웨덴·덴마크·독일 등에서는 그 비율이 80% 이상이다.

우리 사회 최대 현안 가운데 하나인 저출산문제와 관련하여 정부는 '제1차 새로마지 플랜'에 이어 '제2차 새로마지 플랜(2011~2015)'으로 무상보육·교육을 확대하고, 맞벌이 가구 보육비 지원을 대폭 확대, 양육수당 지급, 육아휴직 급여 인상, 일·가정 양립환경 조성을 위한 가족친화기업 인증제 실시, 방과 후 돌봄 서비스 확대 등 갖가지 정책을 내 놓고 있다. 하지만 이러한 활동이 출산율 상승 같은 실질적인 효과를 내지 못하고 있다 는 점에서 지속적으로 문제가 제기되고 있다. 정부는 향후 보육에 대한 재정지원을 강화 할 계획이며 직장보육시설을 활성화하고, 저소득층이나 중소기업 밀집지역 또는 농어촌 지역 등을 중심으로 국·공립보육시설을 확충하여 영아나 장애아동 등 취약보육을 활성 화할 것이다. 아울러 보육서비스의 질적 수준 제고를 위한 노력을 아끼지 않을 것이다. 예를 들면, 보육시설의 건강·안전·위생관리를 강화하고, 보육인력의 전문성을 높이고 처우를 개선하고자 노력하며 평가인증제 도입 등 보육서비스 질 관리를 위해 다각적으 로 노력하고 있다. 또 직장보육시설, 대체교사제 활성화, 야간휴일 보육 확대 등을 통해 여성의 취업 기회를 늘리고 보육시설 평가인증제, 보육교사 국가자격증제도 실시를 통해 여성이 자녀를 안심하고 믿고 맡길 수 있는 보육서비스를 확충하고 있다. 하지만 무엇보 다 질 높은 국·공립 보육시설 확충, 교사 대 아동의 적절한 비율 유지, 양질의 보육 프 로그램 구성, 안전하고 쾌적한 시설 및 설비, 잘 훈련받은 질 높은 종사자 배치 등 아동 의 보육환경에 영향을 줄 수 있는 요소들에 대한 세심한 배려와 지속적인 평가·관리가 병행되어야 할 것이다.

(2) 양질의 식사 제공 및 학교급식제도 확대 실시

맞벌이가정이 겪는 문제 중에서 식생활관리문제는 상당히 중요한 위치를 차지하고 있다. 맞벌이가정의 식생활문제가 특별히 중요한 이유는 성장기의 적절한 영양 섭취가 자녀의 신체적·정신적 발달뿐만 아니라 올바른 식습관 형성에도 큰 영향을 미치기 때문이다.

맞벌이가정은 부모가 모두 직장에 다니므로, 직접 조리하는 과정을 거쳐 식사를 준비 하기가 어렵다. 이들 가정은 매식(買食)을 하는 경우가 많으며 자연스럽게 인스턴트식품 이나 패스트푸드를 이용하는 경우가 많아진다. 매식문화는 비단 맞벌이가정만의 문제라 고는 보기 어려울 정도로 우리 사회에 보편화되어 있다. 이러한 매식문화에 포함되는 대상 역시 저령화현상을 보여 상당수의 아동 및 청소년이 가정 밖에서 식사를 해결하는 등 그 비율이 증가하고 있다. 이렇다 보니 자라나는 아동·청소년의 영양불균형현상이나 비만 등 식습관장애가 늘어나고 있다.

특히 4가지 발달기제인 기초성, 적기성, 불가역성, 누적성의 원칙이 적용되는 유아기 이전의 영양 결핍은 발달상 중요한 변수이다. 어릴 때 영양이 결핍되면 기초가 부실하여 발달이 제대로 이루어지지 않을 뿐만 아니라 적절한 시기에 발달이 이루어지는 데 문제가 생겨 결국 정상적인 발달선상으로 돌아갈 수 없고, 아동의 발달에 누적적인 영향을 미치게 된다.

최근 사회적으로 보편화된 단체급식은 아직 몇 가지 문제점이 있기는 하지만, 과거에 비해 나아지고 있다. 단체급식은 아동의 균형 있는 영양 섭취와 편식 방지를 위해서도 상당히 중요한 역할을 한다. 특히 빈곤가정아동에게 있어 학교에서의 단체급식은 성장에 도움을 줄 수 있다. 양질의 단체급식 확대 실시는 국민의 영양적 측면뿐만 아니라 맞벌이가정의 어려움과 문제를 해결하여 여성 노동력을 활용한다는 점에서도 정착되어야할 것이다.

3) 가족생활을 향상시키기 위한 상담 및 부모교육 활성화

결혼해서 아이를 낳아 기르기는 하지만 자신의 자녀양육방식이 옳은지, 문제가 발생했을 때 어떻게 해결해야 하는지에 관한 답을 찾기란 여간 어려운 일이 아니다. 아동의 발달과업에 대한 이해부터 자녀양육에서 나타나는 문제까지 육아 관련 제반문제를 부모교육과 상담을 통해 다루어야 한다. 그리고 이러한 부모교육과 상담은 체계적으로 실시·관리되어야 한다.

아이를 낳는 것도 중요하지만 건강하게 잘 키우는 것 역시 중요하다. 오늘날 신세대 부모들이 출산을 기피하는 것은 자녀양육에 대한 부담, 즉 자녀를 출산하여 어떻게 양육해야 할지를 모른다는 점이 기피의 큰 이유라고 생각된다. 맞벌이가정의 경우, 자녀양육 및 교육을 비롯하여 가사업무의 분담까지 부부간 협력이 절대적으로 필요하다. 최근 아빠가 육아에 적극적으로 참여하면 아이의 발달이 촉진된다는 연구 보고가 증가하면서 자녀양육에서 아버지의 적극적 참여가 늘 것으로 보인다. 따라서 이들 부모를 대상으로 교육·상담을 하는 기관 및 시설이 반드시 필요하며, 각종 민간단체의 가족상담 프로그램이나 기타 사회교육 관련 기관의 부모교육 및 상담 프로그램이 활성화되도록 해야 한다. 그리고 자녀양육과 관련된 문제뿐만 아니라 부부관계를 비롯한 인간관계 등 다양한 문제를 해결하고 도울 수 있는 상담 프로그램이 각종 아동 및 가정상담소와 종합복지관, 기타 사회교육기관 등을 중심으로 활발히 도입되어야 할 것이다.

합계출산율이 세계 최저수준인 우리나라의 경우, 한 가정에 자녀가 하나 또는 둘인 경우가 상대적으로 많다. 특히 부모가 맞벌이를 하거나 자녀가 하나뿐인 외둥이가정의 자녀에게는 부모-자녀관계, 형제자매관계 등 제반관계에서 배울 수 있는 인간관계, 사회성 등이 결여되기 쉽다. 따라서 외둥이를 둔 부모가 연계하여 서로의 부족한 점과 자녀양육에 대한 다양한 지혜를 얻도록 노력하는 자세가 중요하다. 또 외둥이 자녀의 올바른 성장·발달을 위해서는 무엇보다 그들의 특성을 알고 그에 맞는 교육 및 훈련 프로그램과 아동양육에 영향을 미치는 부모를 위한 교육 프로그램의 개발·실시가 필요할 것이다.

무자녀가정은 가족 내 자녀가 없기 때문에 부부간 관계가 더 긴밀해질 수 있는 반면, 자녀가 없음으로 인해 부부가 더 쉽게 와해되고 분리될 수 있다. 따라서 부부가 상호존중하고 상대방을 배려하는 자세를 기본으로 하여, 자유롭고 개방적인 의사소통체계를 구축하는 것이 무엇보다 중요하다. 무자녀가정이 원만한 부부관계를 유지하고 안정된 가족생활을 영위하기 위해서는 이들 부부를 대상으로 부부관계의 질적 향상을 위한 부부상담 프로그램을 실시할 필요가 있다. 결론적으로 지역사회 내 가족생활을 향상시키기 위해서는 다양한 지원 프로그램과 사회적 서비스가 필요하며, 상담과 교육을 수행할 수 있는 기관 및 시설이 확충되어야 한다.

4) 양성평등적 사고 정착 및 일·가정 양립환경 조성

우리 정부가 추진 중인 저출산 극복을 위한 정책방향은 3가지로 요약할 수 있다. 첫째, 가족친화·양성평등의 사회문화를 조성하며 일·가정의 양립을 제고하고, 둘째, 결혼·출산·양육에 대한 개인의 부담을 경감시키고 양육에 대한 사회적 책임을 한층 강화하며, 셋째, 아동·청소년의 건강한 성장환경을 조성하고 이에 따른 사회적 기반을 마련하겠다는 것이다. 그러나 우리나라는 선진국에 비해 풍족하진 않지만 출산장려정책 및 제도가 있음에도 불구하고 사회구성원의 복지마인드 부족으로 인해 그 제도가 빛을 발하지 못하고 있어 매우 안타깝다.

OECD 20개국에 대한 실증분석 결과 출산율 제고에 가장 큰 영향을 미치는 것은 양성평등환경 조성으로 나타났다. 즉, 남녀 간에 얼마나 일자리가 평등하게 주어지고 있으며, 육아나 가사부담을 가진 여성이 취업하기 쉬운 고용형태가 존재하는지가 출산율 제고에 큰 영향을 미친다는 것이다. 자녀양육비용 경감이나 보육환경 개선이 OECD 평균 수준으로 이루어지더라도 양성평등환경 조성이 동반되지 않는 경우, 출산율은 1.26명을 넘어서기 힘든 것으로 추정되었다. 따라서 출산율 제고를 위해서는 양성평등환경 개선을 중점과제로 하고 보완적으로 자녀양육비용 경감과 보육환경 개선 등의 정책을 병행하는 것이 필요하다. 육아휴직 같은 제도 역시 양성평등적 사고에서 출발하여야 한다. 최근 어머니 육아휴직뿐 아니라 아버지 육아휴직이 차츰 늘어나는 추세인데, 남성 역시 여성과 동등한 육아의 책임과 의무가 있음을 강조하는 것이 양성평등적 차원에서 매우 중요한 의미를 갖는다.

여성의 경제활동 참가율과 출산율의 관계가 일정한 결과를 나타내고 있지는 않지만 1990년 이후 선진국의 경우 대체로 양(+)의 관계로 전환되었다. 이는 일과 가정의 양립을 지원하는 제도와 양성평등의 고용문화가 발달된 국가에서 여성의 경제활동 참가율과 출산율이 동시에 높아졌음을 의미한다(김상신, 2013). 삼성경제연구소도 저출산대책의 핵심으로 남녀차별문화 개선을 꼽았다. 성평등환경이 조성되어야 합계출산율을 1.5명까지 끌어올릴 수 있다는 분석이다. 성평등환경은 남녀 모두에게 일자리가 평등하게 주어지는지, 육아와 가사에 대한 부담을 진 여성이 취업하기 쉬운 고용형태가 제공되는지 등의 여부를 통해 알 수 있다. 실제로 1970년대부터 저출산 대책을 세워온 선진국 가운데 스웨덴, 핀란드, 덴마크, 프랑스, 벨기에, 미국, 캐나다 등 성평등문화가 자리 잡은 나라는 출산율 회복에 성공한 반면 스페인, 이탈리아, 그리스, 일본 등 성차별이 있는 나라는 출산율의 지속적인 하락을 경험하고 있는 것으로 나타났다.

한편, 지난 50여 년간 출산율 감소를 경험하지 않은 극히 일부 국가 중의 하나인 노르웨이 정부는 출산장려정책으로 가족친화정책을 채택하여 실시하고 있는데, 모든 출생아에 대한 1년간 유급육아휴직제(적어도 1개월은 부성휴직), 부모의 근로시간 단축 또는 융통성 제고, 아동수당제도 등이 바로 그 예이다. 우리나라에서도 최근 기업에 일·가정 양립환경 조성을 위한 '가족친화경영' 바람이 불고 있다. 가족친화경영은 가정과 직장생활의 조화를 추구함으로써 남녀 근로자들의 경제활동과 출산을 촉진하고 기업과 사회의 지속적인 발전을 가능케 하는 경영원리이다. 가족친화적 기업문화는 여성이든 남성이든 근로자들이 직장에서의 일과 가정에서의 일을 조화롭게 병행할 수 있도록 지원하는 시스템을 말하는 것으로 시차출퇴근제, 탄력적 근무제, 부모휴가제, 육아재택근무제 등이 그 예이다. 최고경영자들의 인식도 '가정은 직원들의 개인사'라는 소극적인 인식에서 '생산성 극대화를 위해 회사가 직원들의 가정문제를 챙겨야 한다.'는 적극적인 인식으로 전환되는 추세이다. 이는 노동의 '양'에서 '질'로 경제의 무게 중심이 이동하면서 자연스럽게 나타나는 현상이기도 하다. 여성의 경제활동이 많아지는 것과 반비례하여 출산율 저하에 따른 미래의 노동력 확보문제가 기업과 사회의 현안으로 등장하면서 그 흐름은 더욱 빨라지고 있다.

저출산현상을 막기 위해서는 법적·제도적 장치 마련 및 재정적 지원도 중요하지만 양성평등적 사고의 확대와 더불어 출산과 육아가 여성만의 몫이 아닌 남녀 공동의 몫이라는 사회구성원의 인식이 중요하다. 자녀의 출산과 양육, 교육에 있어서 양성평등적 정책이 도입되어야 할 것이며, 이를 위해서 사회구성원의 인식 전환, 가정 내에서 부부 역할에 대한 인식 전환이 시급한 과제이다. 남성적 특성과 여성적 특성은 서로 독립적이고 상호배타적이지 않은 관계에 있으며, 각각의 상황적 여건에 따라 대치 전환될 수 있다는 사실을 수용해야만 한다(박인전, 1998b). 부부는 누구나 상황에 따라 서로의 역할을 수행할 수 있어야 하며 가정 내 역할의 융통적 수용이 무엇보다 필요하다. 또한 아버지가 자녀양육에 적극적으로 참여하였을 때 자녀가 더욱 바람직한 방향으로 성장할 수 있음을 보여주는 연구결과들을 도입하여 아버지의 자녀양육 참여율을 높이고, 비단 육아뿐만 아니라 가사노동 전반에서 부부가 함께 역할을 분담하는 등의 노력이 필요할 것이다.

5) 노후복지대책 수립

우리나라의 합계출산율은 2005년 출산율 1.08로 세계 최저 수준을 기록하였고 이후로도 OECD 국가의 평균 수치를 밑도는 상황으로 세계에서 가장 아이를 적게 낳는 나라로 손꼽히고 있다. 급격한 출산율 감소는 고령사회를 앞당기고 향후 사회적 부양부담문제와 경제 성장과 관련하여 심각한 사회적 문제를 야기할 것으로 예상된다. 현재의 고령화 추세가 지속될 경우 2018년에는 전 국민의 14%가 65세 이상이 되는 고령사회로 진입할 전망이며, 2026년에는 20%를 넘는 초고령사회, 2050년에는 노인인구비율이 세계 최고 수준에 다다를 전망이다. 우리나라는 고령화사회에서 초고령사회로 넘어가는 데 걸리는 시간도 세계에서 가장 빠를 것으로 예측된다.

유소년인구 100명당 고령인구를 의미하는 노령화지수가 있는데, 노령화지수는 2010년에 68.4명에서 2017년에는 104.1명으로 유소년과 고령인구가 유사해지며, 2030년에는 193명, 2060년에는 394명까지 급격히 증가할 것으로 예측된다(통계청, 2011). 저출산·고령화 추세에 따라 생산가능인구는 감소하고 피부양 노인인구가 급증하면서 생산가능인구의 노년부양비가 크게 증가할 것이다. 우리나라는 2060년경 세계에서 가장 부양비가 높은 나라가 될 것이란 전망이다. 통계청(2011)이 보고한 '장래인구특별추계(2010~2060)'에서 65세 이상 고령인구는 2010년 545만 명에서 2030년에는 이것의 2.3배, 2060년에는 3.3배로 증가하며, 2030년에 고령인구의 규모는 유소년인구의 2배, 2060년에 4배 수준으로 늘어날 전망이라고 하였다. 이에 비해 생산가능인구(15~64세)는 2016년 3,704만 명으로 전체 중 72.9%를 차지하며, 이를 정점으로 계속 감소하여 2060년에 2,187만 명이 된다고 하였다. 인구성장률은 2031년부터 마이너스로 돌아서 2060년에는 -1% 수준으로 예측되었다. 이처럼 빠른 고령화 속도와 감소하는 인구성장률은 사회적·경제적 발전에 장애요인으로 작용할 것이다. 우리나라는 초고령사회를 준비할 기간이 다른 나라보다 상대적으로 짧기 때문에 대응책을 서둘러 마련해야 한다.

아이의 탄생은 이제 마을잔치 수준을 넘어서 국가적 소망으로 부상하고 있다. 출산이 줄고 인구가 고령화되면 경제성장률이 5%대에서 1%대로 하락하고 노인부양에 관한 부담이 현재보다 약 6배가량 높아지게 된다. 경제를 지탱하는 성장동력이 급격히 약해지는 것이다. 저출산에 대한 사회적 관심은 대체로 저출산 문제가 가져올 부정적인 경제효과에 관한 내용이다. 지금 같은 출산율이 계속 유지될 때, 현재 출산되는 인구가 생산연령층에 진입할 경우 노동력 부족현상이 발생할 것이라는 점과 평균적인 노동연령이 상승함으로써 국가경쟁력이 저하된다는 점을 지적하지 않을 수 없다.

한편 저출산·고령화 사회로 접어들면서 국민연금 재정에 대한 문제가 대두되고 있다. 고령화로 인한 국민연금 수급률이 급증하고 저부담-고급여의 불균형구조로 인해 현 제도를 유지할 경우 2050년경 연금재정이 심각한 위기에 직면할 것이다. 저출산 등에 따른 노동인구 감소로 조세수입 및 사회보장기여금 등의 수입이 지속적으로 줄어들어 세입의 감소가 불가피해질 것이다. 따라서 노인인구의 증가는 연금수급자의 증가 및 노인의료·복지비용 등 재정지출의 급증요인으로 작용하여 재정수지는 장기적으로 악화될 전망이다. 더욱이 고령화가 진행됨에 따라 치매, 중풍 등 요양보호를 필요로 하는 노인이 급속히 증가할 것으로 예상되므로 이에 대한 대책 역시 마련되어야 한다.

과거 전통적인 부계 혈연가족 중심의 가치관이 약화되면서 노부모에 대한 태도에도 변화가 나타나기 시작했다. 가족생활에 있어서 개인보다 가족을 중요시하는 가족주의에서, 개인을 더 중시하는 개인주의적 경향으로 가치관이 변하고 있다. 핵가족에서 출생하고, 도시화·정보화 사회에서 성장한 오늘날 신세대는 경로효친의 전통적 가족관을 더 이상 그들의 가치관으로 받아들이지 않으려는 경향이 있으며, 자녀들의 이러한 경향은 노인들을 심리적·정서적으로 더욱 위축시킬 뿐만 아니라 불안과 외로움, 좌절감을 경험하게 하고 있다. 향후 평균수명 연장으로 인한 노인인구의 급속한 증가는 우리 사회 전체적인 맥락에서 해결해야 할 중대 사안이다.

우리나라의 경우 기존 노인복지정책의 기조가 가족에게 일차적인 책임을 두는 방식이었던 것이 사실이다. 따라서 지금이라도 외둥이자녀를 두었거나 자녀가 없는 노인가정을 위한 복지대책 마련 및 노인문제를 해결할 수 있는 다양한 방안을 모색해야 할 것이다. '새로마지 플랜 2015'의 고령화 대책은 소득, 건강, 사회참여, 주거교통, 노후설계 등 5대 분야의 과제를 담고 있으며, 안정적인 노후 소득보장과 건강하면서도 활기찬 노후생활 보장을 주 내용으로 하고 있다. 저출산대책이 직접지원 방식이라면 고령화대책은 사회적 인프라 구축에 집중되어 있다. 예를 들면, 노인의 사회참여 확대를 위한 '베이비붐 세대 드림봉사단' 등 다양한 공헌 프로그램을 마련하고, 퇴직전문가가 개도국에서의 재능나눔 실현기회를 갖도록 하는 방안 등을 계획·추진 중이며 사회적 합의를 거쳐 단계적으로 정년을 연장하기로 했다.

이외에도 노인을 위한 복지대책으로 노인일자리 창출을 통한 경제적 안정, 주택의 보장, 가족관계 안정, 노인에 대한 문화적 측면의 인식 변화와 교육 및 문화생활 기회 제공, 장기요양서비스 등 의료와 건강의 보장, 사회적 협동의 기회 등을 제안할 수 있다. 또 가족 내에서 보호받을 수 있는 노인에게 충분한 재가복지서비스를 제공하고, 심각한 질환을 가지고 있거나 난치성 질환을 가지고 있어 도저히 가족이 돌보기 어려운 상황이거나 혹은 돌볼 수 있는 가족구성원이 전혀 없는 노인에게는 시설보호를 받을 수 있도록 균형 잡힌 사회적 보호서비스가 제공되어야 할 것이다.

CHAPTER 9

따돌림아동을 위한
복지 실천

유머는 믿음의 서곡이고
웃음은 기도의 출발이다.

– 라인홀트 니부어(Reinhold Niebuhr)

1 집단따돌림의 개념과 현상

최근 성장기에 있는 아동이나 청소년 간에 자신보다 약한 사람을 괴롭히거나 특정 학생을 따돌리는 집단따돌림현상이 급증하고 있다. 정신적·심리적 폭력 또는 신체적 폭력과 결합된 형태인 집단따돌림은 괴롭힘, 또래폭력, 학교폭력 등의 용어와 밀접한 관련이 있다. 이러한 집단따돌림은 2명 이상의 구성원이 집단을 이루어 자신보다 약한 입장에 있는 특정 개인을 그가 속해 있는 집단 속에서 지속적으로 소외시킴으로써 구성원으로서의 역할 수행에 제약을 가하거나 인격적으로 무시 또는 음해하는 언어적·신체적·심리적인 일체의 행위이다. 정의에 내포되어 있듯 집단따돌림에는 다수의 가해자 동조집단 및 방관자 집단이 존재한다. 이들은 괴롭힘에 적극 동참하거나 묵인하는 형태로 집단따돌림현상에 지속적으로 기여하고 있다(O'conell, Peppler & Criag, 1999).

오늘날 단순한 청소년 간 갈등문제에서 벗어나 심각한 사회문제로 자리 잡은 '왕따'는 '왕따돌림'의 준말로 아동과 청소년 사이에서 은어로 사용된다. 왕따라는 용어 외에도 따돌림과 관련된 여러 용어가 통용된다. 예를 들면, 은근히 따돌림당하는 '은따', 전교생에게 따돌림당하는 '전따', 인터넷에서 따돌림당하는 '따티즌', 개인적으로 따돌림당하는 '개따', 집에서 따돌림당하는 '집따', 학급에서 힘 있는 아이의 간식거리를 사오는 등의 심부름을 하는 '빵셔틀', 숙제를 대신하는 '숙제셔틀' 등이 포함된다.

집단따돌림현상은 여러 가지 유형으로 나타난다. 예를 들면, 쉬는 시간이나 점심시간에 고립시키거나 놀이나 여가시간에 팀에 넣어주지 않거나, 교실에서 자리를 정할 때 짝이 되는 것을 피하는 등 각종 활동에 함께하지 않는 형태이다. 물어봐도 못 들은 척하며 대답하지 않기, 이유 없이 쳐다보고 비웃기 등을 포함한 무언의 침묵으로 따돌리기, 돌봐주는 척하면서 무능한 아이로 간주하거나 편드는 척하며 다른 친구들에게 비방하는 행동을 의미하는 과잉 친절로 무능한 사람 만들기, 신체적 특징을 놀리거나 별명 부르기, 신체적 위협을 가하는 등의 신체에 직접적인 폭력 가하기, 학용품 등을 감추거나 버리고 금전 및 물품을 갈취하는 등의 개인 물건에 피해 주기, 말로 협박하거나 겁을 주고 빈정거리는 것과 같은 언어폭력 등도 있다.

교육부의 학교폭력 통계자료(2014)에 따르면, 학교폭력은 전년보다 증가했으며 학생 1,000명당 학교폭력이 1.69건 정도를 차지하는 것으로 보고되었다. 학교급별로는 초등학교가 이전보다 증가하였고, 중학교는 초등학교나 고등학교에 비해 월등히 높았다(2014년 상반기 학생 1,000명당 3.56건). 가해유형으로는 약취, 유인, 공갈, 따돌림을 제외하고 사이버폭력이나 명예훼손, 모욕 등 정서적 폭력 증가세가 두드러졌다. 청소년폭력예방재단(2001)의 조사 결과에서는 응답자의 80% 이상이 또래괴롭힘에 나서지 않거나 모른척하는 것으로 조사되어 또래괴롭힘, 따돌림에 있어 동조나 방관의 문제도 심각했다.

왕따 혹은 집단따돌림과 관련하여 최근 수년에 걸쳐 보고된 기사를 분석해보면 집단따돌림이 발생하는 원인을 비롯하여 그 현상이 매우 다양함을 알 수 있다. 무료급식 대상임이 밝혀져 따돌림을 당하거나 평소 발음이 정확하지 않다고 왕따를 당하고, 과체중이거나 비만이라는 이유로 학교에서 집단따돌림을 당한다. 그 외에도 '눈치가 없어서', '그냥 잘난 체하는 것 같아서', '공부를 못해서', '공부에만 너무 매달리는 것 같아서' 등의 이유로 집단따돌림을 당하는 것으로 밝혀졌다. 피해학생이 가해학생에게 특별한 손해나 불편함을 끼치는 것이 아니라 그냥 기분이 나쁘고 재수 없다는 등 특정한 이유 없이 왕따로 만드는 것이다.

집단따돌림은 남녀 구분 없이 나타나지만 국무총리 청소년보호위원회가 보고한 바로는 이로 인한 피해학생의 성별 비교 결과, 남학생이 여학생보다 약 2배 정도 많은 것으로 나타났다. 또한 초등학생과 중학생 시기가 다른 연령에 비해 따돌림 발생률이 높은 것으로 나타났다. 연령과 학년이 올라갈수록 또래폭력 발생이 점차 감소했는데, 성장하면서 자신을 스스로 보호할 수 있는 능력이 증가하며, 도덕성 및 사회성발달로 공격 성향을 억제하기 때문인 것으로 보인다. 또 연령마다 따돌림현상이 다른데, 연령이 높을수록 정신적·언어적 따돌림을 많이 당하고, 연령이 낮을수록 육체적·물리적 따돌림을 많이 당하는 것으로 나타났다. 어릴수록 신체적·물리적 가해에 수치감을 느끼는 데 비해 연령이 높아지면 정신적·언어적 가해를 수치스럽게 여기는 경향이 더 커지기 때문이다.

이러한 따돌림현상은 따돌림에 대한 학교의 태도에 따라서도 차이가 났다. 따돌림을 묵인하거나 적절하게 대처하지 못한 학교일수록 따돌림을 당하거나 가하는 아동이 많았다. 폭력에 대한 사회의 인식 역시 관계가 있는 것으로 나타났는데, 폭력에 대한 수용도가 높을수록 따돌림을 당하거나 가하는 아동이 많은 경향을 보였다(교육부, 2014).

2 따돌림아동의 특성

따돌림아동이라 함은 따돌림을 당하는 아동과 따돌리는 아동 모두를 의미한다. 여기서는 따돌림을 당하는 아동과 따돌림을 하는 아동의 전반적인 행동 특성을 각각 살펴보기로 한다.

1) 따돌림당하는 아동의 특성

따돌림을 당하는 아동의 상당수는 학교환경에 능동적으로 대처하지 못하는 경향이 있으며, 공상이나 잡념 등 자신만의 세계에 몰입해 있고, 또래문화에 맞는 말이나 행동을 하기보다는 다소 엉뚱한 면을 보이거나 그들만의 또래문화를 회피하는 경향이 있다. 또 이들은 지극히 내성적인 성향으로 친구들이 괴롭힐 때도 자신의 주장을 제대로 펼치지 못하는 특성이 있다. 그리고 지나치게 개성이 강하거나 이기적이며 소위 척한다(잘난 척, 착한 척, 부자인 척, 공부를 잘하는 척, 예쁜 척 등)고 느껴질 경우나 공부를 잘 못하거나 청결하지 못하거나 신체적 결함이 있을 때도 집단따돌림의 대상이 된다.

다음 한국교원단체총연합회(1999)의 보고를 보면 따돌림당하는 아동의 전반적인 행동 특성을 파악할 수 있다.

- 내성적이며 자기주장을 잘 못하는 아동
- 친구들이 놀리거나 괴롭혀도 가만히 있는 아동
- 신체적 장애가 있거나 뚱뚱한 아동, 혹은 특이한 외모를 가진 아동
- 표정이 어두운 아동
- 용모가 단정하지 못하고 잘 씻지 않는 아동
- 말과 행동이 다른 아동
- 옷, 언어, 연예인, 화제 등 또래문화에 잘 어울리지 못하는 아동
- 잘난 척하는 아동
- 이기적이며 자기만 생각하고 남을 무시하는 아동

- 부끄러움을 잘 타거나 과민반응을 보이는 아동
- 남을 못살게 굴고 때리는 아동
- 농담과 진담을 구분하지 못하는 아동, 혹은 눈치가 없는 아동
- 교사에게 잘 보이기 위해 주변을 얼쩡거리면서 지나친 관심을 갖는 아동
- 몸이 뚱뚱하여 동작과 태도가 둔한 아동
- 개성이 지나치게 강한 아동
- 어벙하게 보이거나 내숭을 떠는 아동
- '아니오.'라고 하지 못하는 순종적인 아동
- 가난한 아동
- 공부만 잘하고 똑똑한 척하는 아동
- 착한 척하는 아동(고지식하거나 고자질하는 아동)
- 사회성이 부족한 아동
- 주의가 산만하거나 정서가 불안한 아동
- 도벽이 있거나 잘못된 행동습관을 가진 아동

2) 따돌리는 아동의 특성

다른 아동을 따돌리는 아동의 가장 큰 특성은 다른 사람의 입장을 이해하거나 공감하는 능력이 부족하며 타인의 결함이나 어려움, 고통 등에 무감각하다는 것이다. 이들은 자기 힘을 과시하려 하고 질투심이 많으며 싸움을 즐기고 실제로 힘도 세다. 킨거리 등 (Kingery, Biafora, Zimmerman, 1996)에 의하면, 이들은 성적이 높지 않은 편이며 낮은 성적이나 이로 인한 여러 가지 학교생활에 대한 불만이 결국 다른 돌파구를 찾게 하며 이것이 곧 따돌림으로 이어진다(이소희, 2003, 재인용). 집단따돌림에 동조하거나 방관하는 아동에 대한 한 연구에 따르면, 피해아동을 지지하는 아동보다 가해자를 지지하거나 방관하는 아동의 공감능력이 낮은 것으로 보고되었다(이상희·유형근·손현동, 2008).

일부 학자의 주장에 의하면 오늘날의 지나치게 경쟁적인 분위기로 인해 힘 있고 권력이 있으며 우월한 사람만이 인정받고 그에 반해 상대적으로 부족한 사람은 패배자로 낙인찍히게 된다고 한다. 이는 자신이 혹여 패배자의 대열에 속할지 모른다는 막연한 불

안감을 갖게 만든다는 것이다. 이처럼 자신이 패배자가 되는 것을 불안해하고 이를 두려워하는 사람은 본인이 타인으로부터 두렵고 무서운 존재로 비치면 더 이상 패배자 혹은 피해자가 되지 않아도 된다고 판단하여 다른 사람을 가해한다고 한다. 다시 말해 이러한 현상은 자신이 피해자가 될지도 모른다는 심리적 불안감을 극복하기 위해 다른 누군가를 피해자로 만드는 것인데, 이때 개인의 힘보다는 집단의 힘을 빌려 자신이 힘 있는 집단의 무리 속에 있다고 믿음으로써 불안을 해소하려는 심리적 기제가 작동하는 것이다.

다른 아동을 따돌리는 아동의 전반적인 행동 특성을 살펴보면 다음과 같다(한국교원단체총연합회, 1999).

- 교사와 눈을 자주 마주치며 수업 분위기를 독점하려 한다.
- 교사 앞에서는 고분고분하지만 교사가 없으면 거칠게 행동한다.
- 학생들에게 큰소리를 많이 치고 반 분위기를 주도한다.
- 학생들을 위협하여 학생들이 교사에게 말하지 못하게 한다.
- 교사가 질문할 때 다른 친구의 이름을 대어 그 친구가 대답하도록 유도한다.
- 교사가 편애하면 반발한다.
- 수업 중에 물건을 던진다.
- 분실물이 많고 매식을 잘한다.
- 화를 잘 내고 쉽게 흥분한다.
- 불평불만이 많다.
- 학습활동 참여에는 불성실하나 가까이하는 친구가 많다.
- 친구에게 물건이나 돈을 자주 빌린다.
- 부모에게 이유 없는 반항을 한다.
- 참을성이 없고 말투가 거칠다.
- 친구에게 받았다고 하면서 비싼 물건을 가지고 다닌다.
- 외출이 잦고 친구들의 전화에 신경을 쓴다.
- 비밀이 많고 부모와 대화하지 않는다.
- 돈 씀씀이가 커진다.

3 따돌림현상의 발생 원인

따돌림현상은 개인적인 요인 외에도 가정, 학교, 사회에서 비롯된 다양한 요인에 의해 발생할 수 있다.

1) 개인적 요인

집단따돌림은 개인적 심리요인에 의해서도 발생할 수 있다. 즉 자폐적 사고, 무력감, 분노, 외로움, 우울, 비현실적 사고, 피해망상적 사고 등의 부정적 사고양상을 보이거나 자기를 표현하려는 능력의 부족, 회피적이거나 엉뚱한 행동, 부적절한 공격적 행동, 상황에 맞지 않는 행동을 보일 경우 집단따돌림의 대상이 될 수 있다. 따돌림당하는 아이들은 다른 사람에게 경계심을 갖고 의심이 많으며 왜곡된 생각으로 인한 부적절한 행동을 할 때가 많고 원만한 대인관계를 이루는 기술이 부족하다. 또 지능이 낮거나 정신적·신체적 장애 등 개인적 결점을 가진 학생도 많다.

한편 따돌림당하는 아동의 신체적인 능력이나 외모에 두드러진 차이가 없다는 연구결과도 있다. 자신이 또래로부터 따돌림을 당했다고 지각한 아동은 스스로 덜 매력적이고 행동이 이상하며 신체적인 능력도 떨어진다고 응답하였지만, 실질적으로는 별 차이나 이상함을 발견할 수 없었다고 한다. 올베우스(Olweus, 1978)는 보고 듣고 말하는 신체적 능력 및 외모, 표정, 자세, 옷 입는 방식 등에서 또래 피해아동과 일반아동 사이에 차이를 발견할 수 없었으며, 다만 작고 약하다는 신체적 특성만이 있었을 뿐이라고 밝혔다. 그리고 따돌림을 가하는 가해아동은 전반적으로 또래와 공감을 형성하지 못하는 경향이 있었으며, 일반아동과 다른 정서적·행동적·인지적 특성을 가졌다고 한다. 가해아동은 또래뿐만 아니라 교사, 부모, 형제에게도 공격적인 성향을 보이고, 다른 사람을 지배하려는 성향이 매우 강했다(Olweus, 1978, 1993). 또 다른 연구에 따르면 가해자를 지지하는 집단의 아동은 공감능력이나 자기존중감이 낮은 것으로 나타났다(이상희·유형근·손현동, 2008).

2) 가정적 요인

따돌림현상의 원인은 오늘날 우리 가정에서도 찾을 수 있다. 가정불화, 가정해체로 인한 결손가정의 증가는 따돌림현상과 관계가 있다. 부모의 사랑과 관심으로 양육되어야할 성장기 아이가 부모의 관심과 사랑을 제대로 받지 못한 채 자라면 올바른 성격을 갖기 어렵고, 이는 결국 또래관계를 비롯한 대인관계 형성을 어렵게 만든다. 핵가족 및 맞벌이부부의 증가도 자녀와 대화할 시간을 감소시키며, 방과 후 자녀생활에 대한 지도 및통솔을 부족하게 만들어 문제가 되고 있다.

　지나치게 권위주의적이고 처벌적인 부모의 양육행동도 문제가 될 수 있다. 이러한 양육방식으로 길러진 아동은 결국 적대적이고 공격적인 성향을 지닌 사람으로 성장하게 된다. 부모의 강압적인 양육방식이나 권위주의적인 양육방식은 자녀를 불안하게 하고 두려움을갖게 하여 자신감을 부족하게 만든다. 이는 결과적으로 내성적이거나 신경질적인 성격 형성, 신체적인 기능의 약화, 낮은 자존감 등을 초래하여 다른 사람으로부터 호감을 느끼지못하게 한다. 체벌과 같은 부모의 강압적 양육방식에 노출되고, 이를 모방함으로써 잠재된 공격 성향이 나타나 집단따돌림의 가해자가 된다. 오늘날의 부모–자녀 간 대화 부족, 자녀에 대한 과잉보호, 집단따돌림에 대한 부모의 올바른 인식 부족과 체계적인 자식교육 부족 등은 우리 사회의 따돌림현상과 절대 무관하지 않다.

3) 학교 및 교육적 요인

오늘날 우리나라 교육이 가장 우선적으로 해결해야 할 문제가 바로 입시 위주의 교육이다. 대학 진학이라는 문제와 가능한 한 좋은 대학에 자녀를 입학시키고자 하는 부모의 열의 등이 학교교육에서 큰 문제가 되고 있다. 학교에 가는 목적이 오직 좋은 대학에들어가기 위한 것이라는 식의 인식이 개선되지 않는 한, 이 문제는 해결되기 어렵다. 학생의 모든 부분을 성적 혹은 공부와 연결시키고, 성적이 좋지 못하면 무가치한 사람으로 여기는 풍토는 심히 우려하지 않을 수 없다. 무엇보다 문제가 되는 것은 소수의 공부를 잘하는 학생 외에 상당수의 학생이 학업성적이 뒤처진다는 이유로 자신의 가치를 스스로 낮게 평가하는 경향이 있으며, 심지어 자신을 문제아 혹은 실패자로 여기게 된다는 것이다. 이때 느끼는 열등감과 좌절감은 결국 공격성으로 표출되고 별다른 이유 없이 다른 사람을 괴롭힘으로써 자신의 힘든 감정을 해소하려는 경향이 나타나게 된다.

학교교육은 다양성 추구보다는 획일화되는 경향이 있다. 획일화된 학교교육은 집단따돌림 유발과 관계가 적지 않다. 학생들은 정형화된 교육과정 및 틀에 짜인 시간표에 의해 운영되는 학교교육에서 자신의 잠재된 능력을 발굴해내기 어렵다. 가정, 학교, 사회, 모든 부문에서 성적을 지나치게 강조하고 공부를 위주로 한 경쟁이 심화되어 자신과 타인을 수용할 마음의 여유조차 갖지 못하는 것이다. 이러한 경쟁적인 분위기로 말미암아 또래 친구를 우호적인 진정한 친구로 생각하기보다는 경쟁자, 심지어 적으로 여기게 된다. 이는 곧 집단따돌림과 같은 비정상적이고 비인간적인 학교문화로 이어지게 된다.

학교는 학생에게 공부를 잘 가르쳐야 할 의무도 있지만, 인성교육을 할 의무 역시 있다. 하지만 우리 교육의 현실은 어떠한가? 현재의 학교는 학생 수 과다, 교사의 업무 과다 등으로 학생상담을 비롯한 심도 있는 학생지도가 이루어지기 어렵다. 급기야 최근에는 교사의 과잉 체벌이 사회적인 문제가 되고 있으며, 교사의 권위가 실추되고 교사와 학생 간 인격적인 교류가 거의 없어져 학생들의 왜곡된 집단의식이 자리 잡는 병폐마저 초래될 가능성이 높다. 결과적으로 성적을 중요시하는 교육 풍토와 입시 위주의 교육제도, 획일화된 교육과정, 과밀학급으로 인한 학생지도의 어려움, 교사-학생 간 인간적 교류 미흡, 청소년의 특성을 고려한 학교문화 창출 부족, 집단따돌림에 대한 학교 측의 소극적 대처 등은 집단따돌림현상과 밀접한 관계가 있다.

4) 사회적·문화적 요인

학교에서의 집단따돌림은 우리 사회 전반에 걸쳐 나타나는 왜곡된 집단주의, 가치관 혼란 등의 요소와 무관하지 않다. 즉 사회의 왜곡된 집단주의적 사회문화가 반영된 결과라고 할 수 있다. 우리 사회에 잔존하는 집단주의적인 문화가 학교에 그대로 분출된 것이다.

사회에 만연한 폭력적인 문화 역시 상당한 영향을 끼쳤다. 폭력적인 행동이나 언어 구사 등이 어느새 우리 일상생활 속에 깊숙이 자리했으며, 이러한 현상이 자연스럽게 폭력에 둔감하게 만들 뿐만 아니라 죄의식마저 들지 않게 하고 있다. 폭력이 정당화되고 폭력이 문제해결의 중요한 수단이 되는 사회적·문화적 분위기에 청소년이 그대로 노출됨으로써 폭력으로 상대방을 제압하려 하고 이러한 현상이 자연적으로 집단따돌림으로 연결된다. 집단따돌림현상이 빠르게 확산된 데는 인터넷, 텔레비전 등의 대중매체 역시 상당한 역할을 했다. 예를 들어 청소년을 대상으로 하는 텔레비전 프로그램을 보더라도 진지하고 진솔한 대화가 주가 되기보다는 흥미와 쾌락 위주의 극히 상업주의적인 내용이 주를 이루고 있다. 따라서 황금만능주의와 인명경시사상, 윤리의식 부재와 같은 우리 사회구성원의 가치관 혼란, 사회에 만연된 폭력적인 문화와 왜곡된 집단주의, 인권의식의 결여, 상업적이고 향락적인 대중문화, 책임성 결여 등은 집단따돌림과 밀접한 관계가 있다.

4 따돌림아동을 위한 복지 실천방안

따돌림문제는 여러 가지 요인이 복합적으로 작용하여 나타나는 만큼 한 측면에서만 노력한다고 해서 해결하기는 어렵다. 집단따돌림은 개인아동의 인권과 복지 차원에서도 시급히 해결해야 할 우리 사회의 중요과제이다. 개별적 차원에서의 지도가 강화되어야 하는 교육환경의 변화 속에서도 과밀학급과 거대학교는 여전히 존재하며, 이로 인해 '질 높은 교육'을 실현하는 데 무리가 따른다.

아동이 다른 또래로부터 따돌림을 당하거나 당한 경험이 있다는 사실은 또래문화가 중요한 역할을 하는 시기의 아동에게 상당한 부정적 영향을 끼칠 수 있다. 학교사회에서의 집단따돌림을 성인사회의 상황에 비유하면 이는 곧 사회적 매장을 의미한다. 아동은 성장과정 중에 있으며 감수성이 예민한 시기이므로 아동이 신체적·심리적 안녕을 찾고 자존감을 회복하여 향후의 발전적인 삶을 준비하도록 하기 위한 복지 실천은 매우 중요한 의미를 가진다. 또래로부터 집단따돌림을 경험한 아동을 위한 복지 실천 시 지향해야 할 중요사항은 타인에 대한 공감능력의 향상 내지 타인 이해에 대한 조망능력을 고양해야 한다는 것이다. 그러기 위해서는 우선 따돌림을 당하는 아이들이 지닐 수 있는 여러 가지 특성을 파악하고 그에 따른 대처방안을 세우되, 기본적으로 아동의 전반적 역량을 강화하고 자기보호능력을 키우는 것에 초점을 두어야 할 것이다. 아울러 다른 친구를 따돌리는 아동을 대상으로도 복지 실천이 이루어져야 할 것이다.

2012년 발표된 학교폭력근절 종합대책에서는 7대 실천정책을 통해 '행복한 학교 만들기'를 목표로 직접대책과 근본대책을 마련하였다. 먼저 직접대책으로 '사소한 괴롭힘'도 '범죄'라는 인식하에 피해자 보호를 최우선으로 하고, 학교폭력이 은폐되지 않도록 철저하게 대응하는 차원에서 학교장과 교사의 역할 및 책임을 강화하고 신고-조사체계 개선 및 가해학생과 피해학생에 대한 조치를 강화하였으며, 건전한 학교문화 형성을 위한 또래활동지원 등 예방교육과 사이버상담지원 대책을 마련하였다. 또 학부모교육을 확대, 학부모의 책무성을 강화하였다. 근본적인 대책으로 학생들이 함께 더불어 살아가는 능력을 갖출 수 있도록 교육 전반에 걸쳐 인성교육 실천을 강조하였으며, '밥상머리교육 범국민 캠페인'을 추진하여 가정과 사회의 역할을 강화하고 학교-가정-사회의 협력교육 실천을 강조하였다. 그리고 게임, 인터넷 중독 등 유해요인을 차단할 수 있는 대책과 예방교육 및 치유할 수 있는 교육용 콘텐츠를 개발·보급하였다.

집단따돌림의 해결방안으로는 여러 가지가 있을 수 있으며, 해결방안의 주축이 누구냐에 따라 방안이 달라질 것이다. 예를 들어 개인적 차원에서 노력해야 할 일이 있을 것이며 교사로서의 역할, 가정 및 학교에서의 역할, 사회적 차원에서의 해결방안이 있을 것이다. 여기서는 전체적 차원에서 그 해결방안을 설명하면서 주체별 역할을 함께 제시하고자 한다.

1) 다각적 차원에서의 따돌림 예방 및 방지교육

오늘날 따돌림현상은 학교뿐만 아니라 심지어 성인사회에서도 나타나고 있다. 이 문제가 더욱 심각한 이유는 어린 시기에 따돌림을 당하거나 다른 사람을 따돌리는 경우 모두 성인이 되어서까지 영향을 끼치기 때문이다. 따라서 가장 바람직한 방안은 문제가 발생한 후 해결을 위한 대책을 세우기보다는 사전 예방의 차원에서 방안을 세우는 것이다.

따돌림아동을 위한 전문기술적 실천이 결코 쉬운 일은 아닐 것이다. 하지만 다른 어떤 유형의 요보호아동보다 실천기술적 접근이 필요하며, 특히 따돌림을 당할 가능성이 있는 아동을 대상으로 자신의 역량을 강화할 수 있도록 힘을 길러주는 것이 무엇보다 중

요하다. 앞서 설명하였지만 따돌림현상 및 방지에 대한 교육은 해당 아동, 부모, 학교관
계자들을 대상으로 이루어져야 한다. 따돌림을 당하거나 당할 가능성이 있는 아동을 대
상으로 교육할 경우, 따돌림예방을 위한 자기보호교육을 하고 강한 의지, 자신감 및 주
체성, 열린 마음, 사회성, 주도성 강화를 위한 교육을 실시하여야 할 것이다. 다른 아동
에게 따돌림을 가하는 아동을 대상으로도 교육이 이루어져야 한다. 예를 들면, 상대방
의 입장이나 관점에서 생각해보기, 바람직한 우정 형성하기, 공격성 내지 분노 조절하기,
공감능력 키우기, 인권 존중하기 등의 내용을 포함한 교육을 실시할 수 있다.

나아가 따돌림을 당한 피해아동의 부모와 따돌림을 주도한 가해아동의 부모를 대상
으로 교육을 실시해야 한다. 부모는 아동의 바람직한 성장·발달에 결정적인 역할을 하
므로 이들 부모를 대상으로 한 교육은 중요한 의미를 가진다. 부모는 평소 가정에서 자
녀를 세심하게 관찰해야 하며, 자녀와 솔직하게 대화해야 한다. 또 교사를 대상으로 한
지도교육도 실시해야 한다. 교사에게는 따돌림 예방을 위한 지도와 더불어 따돌림이 발
생했을 때 구체적인 지도방안에 대해 교육해야 한다. 예를 들어 집단따돌림을 당하는
아동의 행동 특성을 인식하고, 그러한 아동이 학급에 있는지 찾아보고, 다른 아동이 눈
치채지 못하도록 은밀하게 상담하는 등 구체적 방안을 교사연수과정을 통해 상호의견
을 교환하며 모색하는 등의 노력을 기울여야 한다.

사소한 괴롭힘도 폭력이다. 집단따돌림은 인간의 존엄성을 해치는 중대한 인권 침해라
는 사실을 인식하고 학생들이 또래활동 등을 통해 건전한 학교문화를 형성할 수 있도록
지원해야 한다. 즉, 학생 상호 간 신뢰하고 의지할 수 있는 온정적이고 정의로운 학급공
동체를 만들기 위해 교사와 학생이 민주적으로 협력해야 한다. 아울러 봉사활동, 남을
배려하는 태도 등을 직접 체험하고 실천할 수 있는 다양한 학교 프로그램을 활성화해야
할 것이다. 특히 집단따돌림에서 교사의 역할은 매우 중요하기 때문에 주기적이고 지속
적인 면담 실시 및 생활지도 등으로 담임교사의 역할을 강화하고 전문상담교사를 확대
배치하며, 학교장의 역할과 책무성을 강화하는 활동을 하는 등 더 이상 학교가 방관적
인 입장을 취해서는 안 될 것이다.

학교장, 교사, 학부모 등을 대상으로 집단따돌림을 막기 위한 각종 예방책과 왕따 발
생 시 대처방안 등을 교육해야 하고, 교사-학부모 간 소통을 강화하며, 학부모 학교 참
여를 활성화하여 따돌림이나 학교 내 폭력을 예방해야 한다. 아울러 따돌림현상을 대수
롭지 않게 생각하는 사회구성원의 인식 전환을 위한 노력이 앞서 이루어져야 할 것이다.

2) 상담 및 치료시스템 도입

아동복지 분야뿐만 아니라 대부분의 복지사업은 문제 발생 후 사후치료적 차원의 접근 방법보다는 사전에 문제 발생을 차단하는 예방적 차원의 접근에 우선적 비중을 두는 것이 가장 이상적이다. 따돌림문제의 경우 가능한 한 따돌림을 당하는 아이도, 따돌림을 가하는 아이도 발생하지 않도록 하는 노력이 우선되어야 하겠지만, 어쩔 수 없이 따돌림 현상이 발생한 경우에는 교육 외에 보다 적극적인 방법인 상담 및 치료기법을 적용해야 할 것이다.

먼저 또래로부터 따돌림을 경험한 아동을 대상으로 해야 할 일은 아동이 자신을 전체적인 시각에서 조망하고 자신의 잠재능력을 발견, 수용할 수 있게 함으로써 자아가치감 내지 자아존중감을 갖도록 돕는 것이다. 아울러 따돌림현상과 관련하여 사회적 관계 속에서 자신이 어떻게 타인에게 반응하고 있는지를 알게 하여 자신을 보다 객관적으로 바라볼 수 있도록 도와야 한다. 나아가 또래관계 형성 및 유지에 필요한 사회적 기술을 습득하게 하여 아동이 효율적으로 대인관계를 형성하고 학교생활에 적응할 수 있도록 도와주어야 할 것이다.

따돌림을 당한 아동은 왜 자신이 또래로부터 따돌림을 당하게 되었는지 그 이유를 생각하고, 고쳐야 할 점이 있다면 단점을 수정하려고 노력해야 한다. 무조건 순응하는 태도를 보이거나 상황을 피하기보다는 자신감을 갖고 당당하게 대처하도록 노력하며, 노력해도 잘되지 않을 경우에는 부모님이나 선생님께 알려 상담을 통해 도움을 받을 수 있도록 한다.

다른 아동을 따돌린 아동에게는 상대방의 입장에서 생각하고 배려하는 기회를 갖게 하며, 따돌림을 당하는 내성적이고 소심한 아동의 다른 장점을 찾아보도록 노력하게 한다. 겉모습보다는 내면을 보게 하고 집단따돌림의 피해가 자신에게도 되돌아올 수 있음을 알게 한다. 이렇게 하기 위해서는 무엇보다 학교의 상담기능을 강화하고 교사의 상담능력을 제고해야 할 것이다.

따돌림아동을 대상으로 한 상담 및 치료의 구체적 방안의 예로는 개인 및 집단상담 실시, 또래상담 실시, 상담전담교사제도 실시 및 전 교사의 상담능력 제고, 전문상담기관 및 정신치료기관과의 연계, 폭력학생을 위한 특별 프로그램 운영, 가해학생의 사회봉사활동, 가해학생과 피해학생의 릴레이 일기 쓰기 등이 있다. 이러한 프로그램에서는 부족한 대인관계기술을 훈련하고 자신감 회복, 적절한 의사소통기술 등에 관한 도움을 받을 수 있다. 최근 들어 사이버상담도 호응을 얻고 있다. 심각한 수준에 다다른 따돌림아동을 위해서는 보다 구체적이고 전문적인 치료가 개입될 수 있으며 이러한 예로 '외톨이클리닉', '왕따클리닉' 등의 따돌림클리닉이 있다.

집단따돌림현상이 심각한 사회문제로 부각된 일본도 학교교육의 일환으로 '자연교실'이나 '적응지도교실' 같은 제도를 운영하고 있다. '자연교실'은 자연환경 속에서 일정 기간 집단합숙생활을 하며 다양한 경험을 하는 것이며, '적응지도교실'은 집단따돌림 등으로 인한 등교 거부아동을 대상으로 지도하기 위하여 교육위원회가 학교 이외의 별도 장소를 지정하여 프로그램을 실시하는 것이다(박영숙, 1997). 즉 '적응지도교실'은 학생의 소속 학교와 지속적인 연계를 통해 개별상담, 집단활동, 교과지도 등을 행하는 곳으로 단순히 상담만을 행하는 시설과 구별된다.

집단따돌림현상은 단순히 개인이 책임져야 할 문제가 아니며, 더 이상 미온적으로 대처할 사안이 아니다. 바람직하고 원만한 인간관계를 저해하는 집단따돌림은 피해아동이나 가해아동, 또래, 부모 모두에게 심각한 영향을 미치게 된다. 그러므로 아동 및 청소년이 원만한 인간관계를 유지하고 행복한 생활을 영위할 수 있도록 가정, 학교, 사회 모두가 지혜를 모아야 할 것이다.

3) 가해학생에 대한 제재 및 피해아동에 대한 보호기능 강화

집단따돌림의 발생 및 재발을 막기 위해서는 폭력행위에 대한 구체적인 처벌방안을 모색해야 한다. 가해학생을 격리조치한다거나 특권을 박탈하고, 폭력적인 행동을 절대 용인하지 않는 등의 제재를 가하는 학교분위기를 조성해야 하며 피해학생에 대해서는 보다 적극적인 보호조치를 취해야 할 것이다. 이렇게 하여 학생의 신분이라 할지라도 법과 질서를 수호하고 정의를 실현하는 것이 중요하다는 사실을 인식하게 해야 한다.

2012년 학교폭력 근절종합대책에서는 피해학생에 대한 우선적 보호와 치유 지원으로 피해학생 선치료-후처리시스템을 마련하였으며, 가해학생에 대한 엄격한 조치 및 재활 치료나 프로그램을 운영하도록 하고 있다.

제재 및 보호의 구체적 방안으로는 교칙에 집단따돌림행위 및 처벌조항 상세히 명시하기, 폭력행위에 대한 학급규칙을 제정하고 학급재판 운영하기, 가해학생의 부모를 대상으로 교육이수 의무화하기, 피해학생을 다른 학급으로 이동시키기, 피해학생을 위한 '보호자' 제도 실시, 교내 폭력 신고함 설치하기 등이 있다. 일본에서는 이지메나 학교폭력을 포함한 학생문제의 보다 적극적인 지도방안으로 문제행동을 유발한 학생의 출석을 정지시키는 출석정지제도를 실시하고 있다. 이 제도는 문제행동을 일으킨 학생으로 인해 다른 학생의 교육에 지장이 있다고 판단될 경우, 보호자에게 학생의 출석정지를 명하는 것이다(박영숙, 1997). 일본의 경우 공립초등학교와 중학교에서는 학생에 대한 징계로써 퇴학이나 정학 조치를 허용치 않고 있으므로 이 같은 제도가 의무교육제도권 내에서 의미 있게 적용되고 있다.

4) 인성교육 및 민주시민으로서 갖추어야 할 소양교육 실시

개인이 사회라고 하는 하나의 공동체 속에서 다른 사람과 더불어 살아가기 위해서는 기본적으로 지녀야 할 덕목이 있다. 민주시민으로서 그 역할을 다하기 위해서는 우선 자신의 권리만큼 다른 사람의 권리 역시 소중하다는 것을 알아야 하고, 타인에 대한 이해와 존중, 타인과 건강한 관계 맺기, 개방적인 의사소통체제 구축 등을 습득해야 한다.

우리는 더 이상 피상적인 교육과정 개발과 학교시설 확충 등 가시적인 면에 매달릴 때가 아니다. 집단따돌림 혹은 왕따문제를 해결하기 위해서는 보다 실제적이고 효율적인 인성교육을 실시해야 하며, 이를 위한 각종 제도 정비 등 근본적인 치유책을 도입해야 할 것이다. 말로만 인성교육을 외칠 것이 아니라 가정에서, 교육의 현장인 학교에서 실행할 수 있는 프로그램을 적극적으로 도입·실시해야 한다.

2012년 학교폭력 근절종합대책에서는 교육 전반에 걸친 인성교육 실천을 위해 3~5세 유아들의 누리과정부터 고등학교까지 생활교육-교과교육-체험활동 등 학교생활 전 영역에 걸쳐 인성교육을 강조·실시하도록 하여 학교폭력을 근원적으로 차단하도록 노력하고 있다. 또 인성 관련 사항에 대한 학생부 기재를 강화하고, 입학전형에서 이를 반영할 수 있도록 하며, 인성교육을 잘하는 교원과 학교를 우대하고 평가를 통해 책무성을 확보하도록 하고 있다. 민주시민으로서 갖추어야 할 소양 및 인성교육의 구체적 방안으로는 공감능력·소통능력·갈등해결 및 대인관계기술의 훈련, 관용과 정의의 실천 등을 강화하는 방안, 학생의 정서 안정, 자존감 향상, 사회성 함양을 위해 다양한 예술·체육교육의 기회를 확대하는 방안, 독서활동·봉사활동을 지원하는 등의 내용이 포함되어 있다.

이러한 민주시민 소양교육이나 인성교육은 가정, 학교, 사회가 함께 실시해야 한다. 가정에서는 부모가 자녀의 학업성적에만 관심을 갖지 말고 인성교육에 힘써야 할 것이며, 학교 역시 입시교육에만 초점을 두고 인지교육에 매진할 것이 아니라 지·덕·체를 고루 갖춘 전인적(全人的) 인재를 양성하고자 노력해야 한다.

5) 학교 분위기 및 환경 개선

학교는 집단따돌림이 발생하지 않도록 학교 분위기나 여건의 전반적인 개선에 앞장서야 할 것이다. 집단따돌림이 주로 발생하는 장소가 학교라는 점에서 학생의 생활지도를 담당하고 있는 교사의 역할은 매우 중요하다. 교사가 더욱 세밀한 관심을 갖고 적극적으로 지도한다면 집단따돌림문제를 예방하거나 해결하는 데 큰 도움이 될 것이다.

집단따돌림문제는 인간의 존엄을 위해하는 중대한 인권침해라는 사실을 인식하고, 학생들 상호 간에 신뢰하고 의지하며 밝고 온정적인 학급 분위기를 창출하기 위해 학생과 교사가 민주적으로 협력해야 할 것이다. 학교 풍토 및 환경 개선을 위한 구체적인 방안으로는 학급에서의 친교활동 실시, 자리 자주 바꾸기, 상급생과 하급생 자매결연 맺기, 마니또 실시, 노래방 및 휴식공간 설치하기, 동아리활동 적극 지원하기, 스포츠활동이나 축제 등을 활성화하기 등이 있다.

집단따돌림현상의 해결에는 부모의 노력 역시 매우 중요한 역할을 한다. 피해자 및 가해자 양쪽의 부모는 자녀의 고통과 상처를 헤아리고 서로 간 깊은 대화를 통해 자신의 자녀를 설득하여 올바른 방향으로 나아갈 수 있도록 지속적으로 지도해야 할 것이다. 자녀에 대한 따뜻한 관심과 이해, 그리고 지속적인 부모의 격려가 절실히 요구되는 것이다. 무엇보다 집단따돌림이 발생하지 않도록 하는 노력이 중요한데, 그러기 위해서는 부모가 자녀와 함께하는 시간을 많이 가져야 하며, 대화를 늘려 자녀에게 어떤 고민이 있고 무엇이 어려운지를 알고 이를 함께 해결할 수 있도록 노력해야 한다. 또 학교와 가정이 문제를 서로 소통·공유하고 협력할 수 있도록 학부모의 학교참여 및 학부모상담 등이 강화되어야 할 것이다.

6) 인권교육의 강화

우리나라는 유엔아동권리협약 이행당사국으로 수년 전 국가인권위원회를 발족하였다. 우리 사회의 인권수준은 과거보다 많이 나아졌다고 볼 수 있으나 인권문제가 여전히 우리 사회의 사각지대에 놓여 있음을 부정할 수 없다. 아동인권문제는 더욱 그러하다. 집단따돌림현상은 인권수준이 낮은 나라에서 많이 발생하는 사안으로 인권교육 부재의 결과로 간주된다. 아동은 보호대상이 아닌 권리의 주체로 보아야 한다. 유엔아동권리위원회는 2003년 1월에 우리나라의 과도한 조기교육과 입시 위주의 교육을 아동인권을 침해하는 대표적인 사회적 환경으로 규정하고 개선을 요구하였다. 아울러 학벌 중시 풍조, 체벌문제, 아동의 의사 표현 및 참여권 보장문제, 통계자료의 불완전성 등을 지적하였다.

인권에 지속적인 관심을 갖는 것은 따돌림문제를 해결하기 위한 근본적인 대책이다. 학교의 일부 교과목에서 제한적이고 소극적으로 다루는 추상적 인권교육이 아니라 일상생활 속에서 일어나거나 발생 가능한 문제를 중심으로 교육이 자연스럽게 이루어져야 할 것이며, 각 사안에 대한 구체적인 대응방안을 모색해야 한다.

7) 지역사회 차원에서의 적극적 대처

집단따돌림은 엄밀히 말해 폭력적 행위라 할 수 있다. 우리 사회의 폭력적 행위는 연령, 계층을 막론하고 만연해 있으며, 학교폭력이 성인폭력과 연계되어 있음이 보도되고 있다. 만약 집단따돌림이 학교 주변의 폭력배나 교내 폭력과 결탁하여 피해자에게 신체적·금전적 피해까지 주는 것이라면 형사처분까지 고려하는 강력한 조치를 취해야 한다.

이러한 따돌림현상이 발생하는 데는 흥미와 쾌락 위주의 상업적인 프로그램을 방영하는 언론의 책임도 적지 않다. 따라서 방송을 비롯한 대중매체는 따돌림문제해결에 앞장서야 할 것이다. "한 아이를 키우려면 온 마을이 필요하다."는 말처럼 가정과 학교, 사회가 하나 되어 교육적 기능을 해야 하며, 이를 위한 홍보 및 범국민 캠페인을 해야 한다.

우리 사회에서 근절해야 할 또 다른 문제로는 지역이기주의, 지역감정 등을 들 수 있다. 지역이기주의와 지역감정은 결국 집단주의적 성향을 낳게 되고 패거리문화를 조성하며 급기야 국민 전체를 분열시키는 결과를 초래하게 된다. 아이들은 어른을 보고 배우며 자란다. 어릴 때부터 부모에게서 보고 듣고 배우는 지역이기주의나 지역감정은 결국 아이들에게 근거 없는 편견을 갖게 할 뿐만 아니라, 한 집단이 다른 집단을 따돌리는 근거를 마련하게 된다. 따라서 국민이 하나로 통합하고 단결하며 협동하는 시민의식을 함양할 수 있도록 사회 차원의 노력을 아끼지 않아야 할 것이다.

CHAPTER 10

장애아동을 위한
복지 실천

이해하는 사람은 모든 것에서
웃음의 요소를 발견한다.

— 요한 볼프강 폰 괴테(Johann Wolfgang von Goethe)

1 장애아동을 위한 복지사업의 개념 및 목적

오늘날의 생활은 과거와 비교할 수 없을 만큼 물질적으로 윤택해졌다. 기술문명의 발달로 인간은 하루가 멀다 하고 새로운 환경을 접하게 되었다. 하지만 발달로 인한 부정적 영향 또한 긍정적 영향 못지않게 크다. 예를 들면, 산업화에 따른 화학물질과 핵물질 사용으로 인한 각종 문제 발생, 수질 및 공기오염, 각종 산업재해, 교통사고 등의 문제가 날로 심각해지고 있으며 이로 인한 장애아동 발생이 해를 거듭할수록 증가하고 있다.

1) 장애아동을 위한 복지사업의 개념

장애아동을 위한 복지사업의 개념을 살펴보기에 앞서 장애아동의 개념적 정의를 내리면 다음과 같다. 장애아동이란 신체·정서·인지·언어·학습능력 등의 장애로 인해 보호와 양육, 교육과 재활 및 사회 적응에 있어 특별한 보호를 필요로 하는 아동이다. 장애아동은 정상적인 아동과 달리 그들이 지닌 심신의 장애로 인하여 정상적인 사회 참여의 기회를 갖지 못하고 있다. 이들은 여러 가지 환경적 제약으로 인해 독립된 인격체로서의 존엄성을 침해당하는 경우가 있어 이에 대한 대책이 요구된다. 모든 아동은 건강하게 성장하고 행복한 생활을 영위할 권리가 있으며 장애아동 역시 예외일 수 없다.

장애아동을 위한 복지사업이란 장애의 발생을 가능한 한 예방하고 조기에 발견하며 진단하고, 특수교육 및 재활, 상담 및 치료 등의 조치를 하는 것을 의미한다. 또 장애아동이 지닌 잠재능력과 잔존능력을 최대한 발휘하여 발달의 신장과 함께 정상적인 생활이 이루어질 수 있게 지원하는 제반 활동이다. 이를 위해서는 다양한 사업을 펼칠 수 있다. 이 사업에는 장애아동을 둔 부모와 그 가족을 위한 교육 및 상담, 사회적 지원체계 연계 등의 서비스 제공도 포함된다. 아울러 장애아동과 그 가족을 지원하기 위한 각종 법적 조치와 제반시설 설치 및 전문 인력 양성 등도 장애아동을 위한 복지사업에 포함된다.

2) 장애아동을 위한 복지사업의 목적

장애아동 역시 일반아동과 마찬가지로 건강하게 성장하여 행복한 생활을 누리는 데 필요한 생리적·문화적 욕구를 충족시킬 권리가 있으며, 이들의 특수성에 적합한 서비스를 제공받을 권리를 가진다. 장애아동을 위한 복지사업은 아동에게 일어날 수 있는 장애를 사전에 예방하고 조기에 진단하여 장애 정도를 감소시키며, 비장애아동에게 부여된 것과 동등한 기회를 장애아동에게 부여하고 생활에 불편함이 없도록 여러 가지 제도를 개선함과 동시에 장애에 대한 사회구성원의 의식을 개선하는 데 그 목적이 있다.

장애아동을 위한 복지사업이 아동복지사업 중에서도 비중 있고 중요하게 다루어져야 이유는 대상이 아동이라는 사실과 보다 이른 조기 개입이 아동의 장애를 가능한 한 최소화하고 치료효과를 극대화할 수 있기 때문이다. 아동기는 인간발달과정에서 성장·발달이 매우 빠르게 이루어지는 시기일 뿐만 아니라 이후 발달에 영향을 미치는 결정적인 시기이기도 하다. 따라서 이 시기에 적절한 개입이 이루어지지 못하면 잔존능력을 비롯한 잠재능력을 최대한 계발하기 어려울 뿐만 아니라, 이로 인한 발달적 결손을 교정하기 어려울 수 있다. 그러므로 장애아동을 위한 복지사업은 아동 개개인이 지니고 있는 발달상의 개별성과 장애 정도 등의 요소를 고려하여 이루어져야 하며, 장애아동의 부모 및 형제자매를 포함한 가족을 대폭 지원함으로써 장애아를 둔 가정의 기능을 회복시킬 수 있는 방향으로 이루어져야 한다. 장애아의 개별적인 특수문제가 성장과정에서 해결되지 못할 경우, 개인은 물론 가정 및 지역사회에 좋지 않은 결과를 초래할 수 있으므로 장애아를 위한 복지대책은 개인적인 차원을 넘어 사회 전체의 안녕이라는 측면에서 고려되어야 한다. 이는 곧 사회 및 국가에 기여할 인적자원을 양성하는 토대가 될 것이다.

2 장애아동의 유형 및 특징

장애아동을 유형화하여 분류하고 유형별 발달적 특징을 살펴보기는 쉽지 않다. 장애의 유형을 학자마다 달리 규정하고 있을 뿐만 아니라, 원인조차 밝혀지지 않은 장애의 종류

④ 사회적 의사소통장애

사회적 의사소통장애(Social Communication Disorder)는 언어적·비언어적 의사소통기술의 사회적 사용에 지속적으로 어려움을 겪는 경우이다.

(3) 자폐스펙트럼장애

자폐스펙트럼장애(Autism Spectrum Disorder, ASD), 즉 자폐증은 광범위성 발달장애(Pervasive Development Disorders, PDD)의 하나로 아동의 발달수준에 비해 언어 및 비언어적 표현능력이 비정상적으로 발달하고 대인관계를 형성하는 사회적 상호작용이 현저하게 떨어지는 경우이다. 자폐증은 진단기준이 엄격해지고, 차원적 접근을 시도하는 등 진단준거의 변화로 그 명칭이 자폐스펙트럼장애로 통합되었다. 자폐의 발병기준은 대체로 만 3세 이전이었으나, 유아기로 기준이 완화되었다.

자폐장애는 특정한 부분에만 강박적으로 관심을 보이거나 집착하는 특이한 행동이 함께 나타나는 장애이다. 자폐장애는 대체로 3가지 특징으로 구분할 수 있으며, 대인관계에서의 장애, 언어장애, 제한적·반복적·상동적 행동의 출현 등의 특징이 나타난다. 대인관계에서의 장애란 부모와의 애착 형성이 나타나지 않고, 눈 맞춤을 피하며 신체적 접촉을 싫어하고 정상적인 또래관계의 형성이 어렵고, 사회적·감정적으로 상호반응을 주고받는 상호교류가 결여되어 있는 것을 말한다. 자폐장애아동은 의사소통에도 문제가 있다. 자폐아의 약 절반 정도가 말을 배우지 못하며 전반적으로 언어발달이 늦고 상동적이고 반복적이거나 특이한 언어를 사용한다. 이들은 틀에 박힌 일이나 의식에 고집스럽게 매달리며, 상동적이고 제한적인 관심에 집착한다. 행동 역시 상동적이고 반복적인 성향을 보인다.

자폐의 원인으로는 유전적 요인, 신경생리학적 요인, 생화학적 요인, 면역학적 요인, 신경해부학적·신경병리적 요인, 정신역동 또는 가족요인 등 다양한 원인이 추정되고 있으나 정확한 원인은 밝혀지지 않고 있다. 아직은 자폐아를 완전한 정상아로 만드는 방안이 없으나, 한 가지 분명한 사실은 조기진단에 의한 조기특수교육 프로그램이 얼마나 빨리 투입되고 얼마나 효과적인 치료를 받느냐에 따라 예후가 달라진다는 것이다. 이는 부모를 비롯한 주변 사람의 지속적인 사랑과 관심, 격려가 뒷받침되어야 가능한 일이다.

(4) 주의력결핍과잉행동장애

주의력결핍과잉행동장애(Attention-Deficit/Hyperactivity Disorder, ADHD)는 다른 아동에 비해 주의력 결핍과 과잉행동이 두드러지게 나타내는 상태를 의미한다. DSM 5에서는 주의력결핍과잉행동장애의 발병 연령을 만 7세에서 만 12세로 조정하였다. 산만, 부주의, 과잉행동, 충동성 등의 증상이 같은 연령대의 다른 아동보다 현저하게 많이 나타나며, 적어도 6개월간 증상이 지속되면 주의력결핍과잉행동장애로 진단한다. 이 장애는 남자아이에게 여자아이보다 약 3배 정도 더 많이 나타나는 것으로 알려졌다. 경우에 따라 유병률은 약간씩 다르게 보고되고 있으나 심각하지 않은 경우까지 포함하면 13%가 조금 넘게 보고되기도 하여 소아정신과 관련 질환 가운데 발병률이 높은 편에 속한다. 또한 상당수의 주의력결핍과잉행동장애아동이 반항성 장애나 품행장애 같은 파괴적인 행동문제를 동시에 보이기도 한다.

주의력결핍과잉행동장애아동은 일반적으로 심하게 움직이고 부산하게 돌아다니는 과잉활동, 짧은 집중력, 충동적 성향, 성급함, 주의산만, 부주의 등을 나타내고 쉽게 싫증을 내는 편이며 참을성이 부족하다. 이들은 대체로 조용하게 노는 것이 어렵고 다른 아동보다 말이 지나치게 많은 편이며 다른 사람의 놀이를 자주 방해하고, 결과를 고려하지 않고 신체적으로 위험한 행동을 자주 한다. 이러한 행동 특성은 또래나 교사에게 직접적으로 피해를 주고 문제를 일으키기도 한다. 결과적으로 주의력결핍과잉행동장애아동의 근본적인 문제는 행동의 조절 및 유지의 문제이다. 이러한 아동은 행동을 조절하는 데 문제가 있으므로 흔히 어떤 순간에 그들이 처해 있는 환경에 적합한 행동을 하지 못하고 성급하게 의사결정을 하며, 목적 있는 계획을 세우는 능력이 부족하다. 또 사회적 기능의 결함으로 사회적인 문제를 일으키고 공격성을 나타내며 규칙과 지시를 따르지 못해 다른 아동의 놀이를 방해하고 부정적인 또래관계를 가지게 되며 시험을 볼 때도 끝까지 읽지 않고 답을 하는 경향이 있다.

특히 이러한 아동의 주의집중문제는 다른 활동보다 학교학습에서 뚜렷하게 나타난다. 이들은 과제를 완성하거나 집중하기가 어렵다. 초등학교 시기에 이들은 가족 혹은 또래와 적절한 관계를 형성하는 데 문제가 있을 수 있고 낮은 자아존중감을 가질 수 있다. 청소년기에는 과잉행동이 흔히 쇠퇴하는 경향을 보이나, 다른 이차적인 문제를 보일 수 있다. 예를 들어 해당 청소년은 일반 청소년에 비해 정도가 심한 비행, 우울증, 또래관계 문제, 학업실패 등의 문제를 겪는다.

주의력결핍과잉행동장애의 원인으로는 유전적 요인을 비롯하여 뇌기능장애, 신경화학적 요인, 임신과 출산 시 문제, 환경적 요인 등이 영향을 미치는 것으로 알려지고 있다(권명옥, 2008). 하지만 수많은 잠재적 변인 때문에 어느 하나의 변인에 의해 발생한다고 보기는 어렵다. 주의력결핍과잉행동장애의 치료는 약물치료가 효과적인 것으로 알려졌으나 이것만으로 모든 것이 해결되지는 않는다. 충동성을 감소시키고 자기조절력을 키우는 인지행동치료, 학습치료, 정서조절 및 사회성 기술향상을 위한 놀이치료 등 아이의 필요에 맞는 치료가 병행되어야 한다. 그뿐만 아니라 병에 대한 정확한 정보를 얻고 아이를 도울 수 있게 하는 부모교육 및 가족상담이 필요하다. 이 장애를 가진 아동은 충동적이고 산만한 행동 때문에 꾸중을 자주 듣는 등 문제아로 평가되기 쉽다. 꾸중이 반복될수록 아이는 자신감과 자존감을 잃을 수 있으므로 부모를 포함한 가족, 학교 선생님이 치료적 환경을 조성하는 데 노력할 필요가 있다.

(5) 특정학습장애

특정학습장애(Specific Learning Disorder)란 지능은 전반적으로 정상의 범주에 속하지만 인지기능 중 일부가 손상받아 결과적으로 학습문제를 가져오는 경우로 학습장애의 명칭이 변경된 것이다. 특정학습장애는 대체로 좌뇌나 우뇌의 기능적인 이상으로 인하여 생긴다고 알려졌다. 또 여러 가지 학습기술, 특히 읽기나 쓰기, 산수능력의 습득과 수행에 결함을 나타내는 상태를 의미한다. 학습장애의 대표적인 유형에는 읽기장애, 쓰기표현장애, 수리(산술)장애가 있다.

① 읽기장애

읽기장애(Impairment in Reading)는 지능이 정상이며 지각장애가 없고 정상적인 수업을 받았음에도 글자를 인지하지 못하거나 느리게 읽거나 혹은 부정확하게 글을 읽고 글을 제대로 이해하지 못하는 경우를 말한다. 예를 들어 단어를 빼고 읽는다거나 없는 글자를 집어넣어 읽는다거나 문장을 중간부터 읽기도 하고 읽는 속도와 이해력이 떨어지기도 하는 특징이 나타난다. 흔히 철자를 쓰는 데 있어서의 장애와 언어장애가 동반된다.

② 쓰기표현장애

쓰기표현장애(Impairment in Written Expression)는 철자의 오류뿐만 아니라 문법 또는 구두점의 적절한 사용이 어려운 장애를 말한다. 즉 철자에 오류가 많거나 자신의 생각을 글로 표현할 때 문법적 오류가 빈번하거나 문장의 구성에 체계가 없는 경우이다. 이러한 이유로 아동은 학교에 가기를 꺼리게 되고 결국 이것이 학습능력 저하와 연결된다. 또한 주의력장애, 행동장애, 좌절, 만성적 우울을 경험하게 된다.

③ 수리(산술)장애

수리(산술)장애(Impairment in Mathematics)는 산수학습장애라고도 하며 개인의 학력, 지능지수를 통한 예상 범위 외로 산수와 관련된 언어기술의 장애, 수학적 상징에 대한 이해나 숫자 자체에 대한 이해 부족, 기본적인 산술능력 장애, 집중력장애가 나타나는 것이다. 수리(산술)장애의 구체적인 특징으로는 기수 또는 서수의 구별이 어렵거나 계산의 어려움, 의미 있는 셈하기의 어려움 등이 있다.

(6) 틱장애

틱이란 갑작스럽고 빠르면서 반복적인 리듬을 갖지 않는 상동적인 근육의 움직임 또는 소리를 내는 증상이다. 틱장애(Tic Disorders)는 불수적 운동이 자기의 의사와 상관없이 반복적으로 나타내는 상태로 음성틱 또는 운동틱과 뚜렛장애(Tourett's Disorder)로 구분된다.

① 음성틱, 운동틱

운동틱 또는 음성틱은 지속 기간에 따라 만성틱과 일시적인 틱장애로 나눌 수 있다. 운동틱 또는 음성틱 중 하나가 1년 이상 지속되는 경우는 만성틱에 해당하며, 1년 이하로 지속되는 경우는 일시적인 틱장애에 해당한다. 가벼운 틱증세는 무시, 지지적 심리치료로 나아질 수 있다.

② 뚜렛장애

뚜렛장애는 여러 가지 틱이 동시에 나타나는 상태로 타인의 동작을 따라하는 것, 자신의 말이나 단어를 반복하는 것, 욕설을 하는 것, 다른 사람의 물건을 건드리는 것 등 부수적인 증상이 1년 이상 지속되는 경우를 말한다. 발병 원인은 유전적 요인과 주의력결핍과잉행동장애 등으로 밝혀지고 있다.

2) 우울장애

우울장애(Depressive Disorders)는 우울하고 슬픈 기분을 주된 증상으로 하는 다양한 장애를 뜻한다. 우울증아동은 정상적인 다른 아동에 비해 슬퍼 보이고 잘 울며, 자극에 대한 반응이 느리고, 수면 및 식사장애를 수반하는 경향이 있다. 우울증에는 양극형과 단극형이 있는데, 양극형은 조울증과 우울증이 교대로 나타나고 단극형은 우울증만 나타나게 된다. 다른 장애에 비해 우울증은 예후가 좋지 않으므로 아동이 증상을 보일 경우 반드시 전문의와 상담해야 한다.

3) 불안장애

불안장애(Anxiety Disorders)는 불안과 공포를 주된 증상으로 하는 장애로, 불안이 가장 주된 증상으로 나타나면서 이 때문에 가정이나 학교에서 정상적인 생활을 하기 어려운 상태로 지나친 공포와 걱정, 공포성 회피, 전반적 각성과 기대불안, 공황발작을 보이는 상태이다. 불안장애의 범주에는 범불안장애, 특정공포증, 광장공포증, 사회불안장애, 공황장애, 분리불안장애, 선택적 함구증이 있다. 여기서는 아동기에 발병하는 주요 불안장애인 특정공포증, 공황장애, 분리불안장애, 선택적 함구증을 살펴본다.

(1) 특정공포증
특정공포증(Specific Phobia)은 특정 대상 및 상황에 현저한 불안함을 느끼는 것으로 노출 시 즉각적으로 공포감을 느끼며 상황을 회피하는 등 부적응행동이 6개월 이상 나타나는 경우이다. 특정 상황에 공포를 느끼거나 회피하는 상황형, 자연환경형, 혈액-주사-상처형, 동물형 등으로 구분된다.

(2) 공황장애
공황장애(Panic Disorder)는 특별한 이유 없이 갑작스럽게 치솟는 공포감과 더불어 심장박동 증가, 진땀, 떨림, 숨가쁨, 질식, 가슴 통증, 구토, 어지러움, 한기, 열감, 감각 이상, 자기통제력 상실, 극심한 두려움과 공포, 불안이 10~20분간 지속되는 경우이다. 공황발작(panic attack)이 주요한 특징이며, 광장공포증(agoraphobia)이 동반되기도 한다.

(3) 분리불안장애

분리불안은 아동이 주된 애착대상이었던 인물이나 가정, 기타 친숙한 사람이나 상황에서 이별 또는 분리될 때 나타나는 심한 불안상태로 부모와 분리되는 모든 행동을 하지 않으려는 경우를 말한다. 분리불안장애(Separation Anxiety Disorder)는 아동의 나이에 비해 불안이 심하고 지속적이며 여러 가지 신체적 증상(구토, 복통, 기절 등)이 나타나는 등 아이와 부모 모두의 생활을 힘들게 하고 방해하는 상황이 6개월 이상 지속되는 경우를 말한다.

(4) 선택적 함구증

선택적 함구증(Selective Mutism) 또는 선택적 함묵증은 어떤 상황에서는 말을 잘하면서 특정한 장소 또는 상황에서 말을 하지 못하는 경우를 의미한다. 부적응을 초래하는 함구증상이 1개월 이상 지속되는 경우에 선택적 함구증으로 진단한다. 불안에 민감하고 수줍음이 많은 아동에게 나타나는 경우가 많다.

4) 외상 및 스트레스 관련 장애

충격적인 외상사건이나 스트레스사건 경험 후 부적응증상을 나타내는 다양한 장애 유형을 DSM 5에서는 외상 및 스트레스 관련 장애(Trauma and Stressor Related Disorders)로 분류하고 있다. 여기에는 외상 후 스트레스장애, 급성스트레스장애, 반응성애착장애, 적응장애, 탈억제사회관여장애 등이 포함된다. 이 부분에서는 아동기에 주로 발병하는 외상 및 스트레스 관련 장애 중에서 외상 후 스트레스장애와 반응성애착장애에 관해 살펴보도록 한다.

(1) 외상 후 스트레스장애

외상 후 스트레스장애(Post-traumatic Stress Disorder)란 특정한 스트레스에 노출되었던 경험이 있는 아동이 그 후 스트레스 사건의 반복적인 회상 및 재경험을 하게 되는 상태를 말한다. 즉, 일상적인 스트레스보다 엄청나게 강한 스트레스를 경험할 때 나타나는 장애로 주요 증상은 위협적이었던 사고나 사건의 반복적 회상이다. 꿈에 사건이 재현되어 악몽에 시달리는 등 당시 사건을 재경험하고 외상을 상기시키는 환경을 지속적으로 회피하려 하는 등 감정이 둔화되거나 혹은 과민상태가 되는 것이다.

외상 후 스트레스장애는 불면증, 자율신경계 항진으로 인한 호흡 또는 맥박의 증가, 신체마비나 통증이 흔히 수반된다. 학내 폭력이나 성폭행, 뜻하지 않는 사고를 경험한 아동이나 청소년에게서 특징적으로 나타나는 증상이다. 청소년 자체의 취약성이나 주변의 지지 정도에 따라 개개인이 보이는 증세의 정도는 다양하다.

(2) 반응성애착장애

반응성애착장애(Reactive Attachment Disorder)는 애착관계의 상실이나 불안정으로 인하여 정서적·신체적 발달의 차질이 생긴 상태로, 생후 8개월 이전에도 발병하지만 대개 만 5세 이전에 나타난다. 신체적 결함, 정신지체, 유아자폐증으로 인한 것은 아니며 사회적 반응에 장애를 보이는 증상을 말한다. 반응성애착장애는 심리적·사회적으로 결핍된 환경에서 자란 경우나 부모 중 1명에 의해서만 양육되는 경우, 가족의 붕괴 또는 심각한 경제적 어려움 등의 상황에서 많이 발생한다.

반응성애착장애는 가족관계의 불안정에서 오는 경우가 많다. 예를 들어 부부간의 잦은 불화, 고부간 갈등, 터울이 적은 형제의 양육, 경제적 빈곤이나 맞벌이 등으로 인해 자녀를 돌볼 시간적·심리적 여유가 부족한 경우나 양육자의 잦은 교체 등이 주된 원인이다. 특히 초기 애착관계 형성에 장애가 되는 모든 요인이 원인으로 작용하는 것으로 알려져 있다. 반응성애착장애는 자폐증과 달리 대부분 환경이 개선되면 증상이 호전되는 편이므로 환경 개선이 치료의 핵심이 된다.

5) 급식 및 섭식장애

급식 및 섭식장애(Feeding and Eating Disorders)는 의학적으로 뚜렷한 이유 없이 적절하게 먹지 못하는 상태를 말한다. 종류로는 신경성식욕부진증, 신경성폭식증, 폭식장애, 이식증, 반추장애, 회피적·제한적 음식섭취장애가 있다.

(1) 신경성식욕부진증

신경성식욕부진증(Anorexia Norvosa)은 연령과 신장을 기준으로 볼 때 최소 체중 미달임에도 불구하고 살이 찌는 것에 지나친 두려움을 갖는 등 왜곡된 신체상을 가진 경우를 말한다.

(2) 신경성폭식증

신경성폭식증(Bulimia Norvosa) 또는 대식증은 적어도 3개월 동안 일주일에 1회 이상 반복적인 폭식을 하며 반복되는 보상행동이 있고, 지속적으로 신체모양, 즉 외모나 체중 증가를 걱정하는 경우를 말한다.

(3) 폭식장애

폭식장애(Binge Eating Disorder)는 배가 고프지 않아도 음식을 빨리 많이 먹고 나서 혐오감을 느끼는 행동이 일주일에 1회 이상, 3개월 동안 지속되는 것을 말한다. 반복되는 보상행동은 없다.

(4) 이식증

이식증(Pica)은 적어도 1개월 이상 영양분이 없는 물질이나 먹지 못하는 것을 적어도 1개월 이상 먹는 것을 말한다. 이들은 흙이나 생쌀, 종이, 천, 머리카락, 벌레 등을 먹는 증상을 보인다.

(5) 반추장애

반추장애(Rumination Disorder)는 음식물을 반복적으로 토하거나 되씹는 행동을 1개월 이상 보이는 경우에 해당한다.

(6) 회피적 · 제한적 음식섭취장애

회피적·제한적 음식섭취장애(Avoidant Restrictive Food Intake Disorder)는 6세 이하 아동이 지속적으로 먹지 않아 1개월 이상 심각한 체중감소가 나타나는 경우를 의미한다. 부모-아동의 상호작용문제가 유아의 음식 섭취문제를 발생시키거나 악화시킨다.

6) 배설장애

배설장애(Elimination Disorders)는 충분히 대소변을 가릴 나이가 되었음에도 이를 가리지 못하고 옷을 입은 채로 또는 적절치 못한 장소에서 배설하는 경우를 말한다. 배설기능의 정상적인 발달은 만 2세부터 만 4세까지 서서히 이루어지며, 대소변 가리기 훈련에 걸리는 시간은 약 3개월 정도이다. 대부분 소변보다 대변을 더 빨리 가린다. 이 장애는 아동의 지적능력, 사회성숙도, 문화적 요소 및 모자 사이의 심리적 상호교류 등의 요인에 의해 영향을 받는다.

(1) 유뇨증
유뇨증(Enuresis)은 배변훈련이 끝나는 5세 이상의 아동이 신체적 이상이 없음에도 불구하고 옷이나 침구에 반복적으로 소변을 보는 경우를 말한다. 흔히 밤에 자다가 실수를 하기 때문에 '야뇨증'이라고 부르기도 한다. 이러한 행동이 적어도 3개월 동안, 주 2회의 빈도로 일어나고 사회적·학업적 또는 다른 중요한 기능영역에서 임상적으로 심각한 고통이나 장해를 일으킨다는 점에서 임상적으로 중요한 의미를 가진다. 대부분의 유뇨증은 성숙과 더불어 별다른 후유증 없이 저절로 호전되는 경우가 많다.

(2) 유분증
유분증(Encopresis)은 만 4세에 도달한 아동이 특별한 기질적 병변 없이 적절하지 않은 곳, 예를 들어 옷을 입은 채나 화장실이 아닌 다른 장소에서 불수의적이든 의도적이든 반복적으로 대변을 보는 증상이 적어도 3개월 동안, 최소 매달 1회 발생하는 경우 진단한다. 유분증은 유뇨증과 달리 주로 낮 동안에 나타나기 때문에 문제가 심각하다. 25% 정도는 유뇨증이 동반되며 정서적 문제, 주의력 결핍, 과잉운동증상, 충동적 행동 등이 동반될 수 있다.

7) 수면-각성장애

수면-각성장애(Sleep-Wake Disorders)는 수면의 양이나 질의 문제로 인해 수면-각성에 대한 불만과 불평이 나타나는 다양한 장애를 의미한다. DSM 5의 수면-각성장애에는 불면장애, 과다수면장애, 수면발작증, 호흡 관련 수면장애, 수면이상증(비렘수면각성장애, 악몽장애, 렘수면행동장애) 등이 속한다.

(1) 불면장애

불면장애(Insomnia Disorder)는 수면장애가 매주 3일 이상, 밤에 3개월 이상 지속되는 경우를 말한다.

(2) 과다수면장애

과다수면장애(Hypersomnolence Disorder)는 9시간 이상 반복적으로 잠을 자고 깨어나도 조는 증상이 나타나며, 일주일에 3일 이상, 3개월 이상 지속적이고 과도한 졸음으로 인해 일상생활에 어려움을 겪는 경우를 말한다.

(3) 수면발작증

수면발작증(Narcholepsy)은 수면 중 발작, 입·출면 시 환각, 수면마비 등이 3개월 이상 지속적으로 발생하는 경우를 말한다.

(4) 호흡 관련 수면장애

호흡 관련 수면장애(Breathing-Related Sleep Disorder)는 수면 중 호흡장애로 인하여 과도한 졸음이나 불면증이 유발되는 경우를 말한다.

(5) 수면이상증

수면이상증(Parasomnias), 즉 비렘(Non-REM)수면각성장애는 주된 수면시간의 첫 1/3 기간에 수면에서 불완전하게 깨어나는 경험을 반복적으로 하는 경우를 말한다. 이 증상에는 수면 중 보행유형과 수면 중 경악유형이 있다. 악몽장애는 내성적 성격, 심리적·사회적 스트레스 노출 등의 원인으로 수면 중에 신체를 움직이거나 비명·소리를 지르는 등의 행동을 보인다. 렘수면행동장애는 수면 중 소리를 내거나 옆 사람을 다치게 하는 복잡한 동작을 반복적으로 하는 경우를 말한다.

8) 파괴적 충동통제 및 품행장애

파괴적 충동통제 및 품행장애(Disruptive, Impulse-control and Conduct Disorders)는 정서와 행동에 대한 자기통제의 문제가 나타나는 다양한 장애를 의미한다. DSM 4에서는 주의력결핍파괴적행동장애의 범주로 주의력결핍과잉행동장애, 품행장애, 적대적 반항장애를 포함하고 있었으나 DSM 5에서는 주의력결핍과잉행동장애를 신경발달장애로 분류하고, 품행장애와 적대적 반항장애는 파괴적 충동통제 및 품행장애(Disruptive, Impulse Control and Conduct Disorders)의 범주로 분류하였다.

(1) 적대적 반항장애

적대적 반항장애(Oppositional Defiant Disorder, ODD)는 반항성 도전장애라고도 불리며, 권위적인 인물에게 뚜렷하게 반항적이고 비협조적이며 불복종적이고 적대적인 태도 및 행동을 보이는 상태를 말한다. 일부 학자들은 품행장애와 질적으로 다른 질병이 아니라 품행장애의 가벼운 형태로 간주하기도 한다. 3세경부터 나타나기 시작하지만 대체로 소아기 후반이나 청소년기에 주로 나타난다.

주된 증상으로는 대개 떼쓰기 또는 심한 분노발작이 나타나며 어른의 요구나 규칙을 따르는 것에 적극적으로 저항하거나 거부하며 이들과 심한 말다툼을 하거나 자기주장만 늘어놓는다. 사소한 일에도 쉽게 짜증을 내고 자주 화를 내는 편이며 화가 나게 되면 버릇이 없어지고 상대방이 싫어하는 말을 하기도 한다. 가벼운 형태는 가정환경에만 국한되고 학교에서는 수동적으로 저항하거나 비협조적이지만, 더 심한 경우에는 교사와 같은 다른 권위자에게 반항하게 된다. 자신에게 문제가 있다는 것을 인정하지 않고 자기 문제를 다른 사람이나 외부환경의 탓으로 돌린다.

학령기 아동의 약 5~15%가 적대적 반항장애를 갖고 있다고 보고되며, 사춘기 이전에는 남자아이가 여자아이보다 발생비율이 높으나 청소년기에는 남녀 비율이 거의 같아진다. 정확한 원인은 아직 밝혀지지 않았으나 타고난 기질적·생물학적 특성과 부적절한 훈육, 부부간 불화 등과 같은 가정환경적 특성이 원인이 될 수 있다.

(2) 품행장애

품행장애(Conduct Disorder, CD)는 다른 사람의 기본적 권리를 침해하고, 나이에 맞는 사회적 규범이나 규칙을 위반하는 행동을 반복적·지속적으로 보이는 경우이다. 다른 사람이나 동물에게 신체적 상해를 가하거나 위협을 가하거나 협박하는 등의 공격적 행동, 다른 사람의 재산을 일부러 파괴하는 등 재산상 손실이나 손상을 가하는 재산파괴행동, 사기 또는 도둑질, 늦은 귀가, 가출, 무단결석 등과 같은 심각한 규칙위반행동 등이 포함된다. 품행장애아동은 타인의 권리와 사회적 규율을 지속적으로 위반하는 행동 형태를 나타낸다.

품행장애의 유형은 발병 연령에 따라 아동기 발병형과 사춘기, 즉 청소년기 발병형으로 나누어진다. 아동기 발병형의 품행장애아동은 대개 공격적이고 대결적인 반사회적 행동을 나타내는데, 많은 연구에 따르면 여자아이보다 남자아이에게서 많이 나타나고, 전형적으로 주의력결핍과잉행동장애나 적대적 반항장애의 초기 내력이 있으며, 청소년기와 성인기에 더욱 많은 적응문제를 나타낼 가능성이 있다. 이에 비해 사춘기, 즉 청소년기 발병형 품행장애아동은 남자아이보다 여자아이에게 보다 많이 나타나며 청소년기와 성인기에 보다 적은 적응문제가 나타나는 경향이 있다(강위영·권명옥, 2001).

앞서 설명한 바와 같이 품행장애아동은 적대적 반항장애와 주의력결핍과잉행동장애와 많은 관련이 있는 것으로 확인되고 있다. 아동기 발병형 품행장애아동의 82~95%가 적대적 반항장애를 나타냈고, 아동기 발병형 품행장애아동의 약 60%가 일찍이 주의력결핍과잉행동장애로 진단되었다. 품행장애의 원인으로는 아동의 생물학적인 요인과 환경적인 요인을 들 수 있는데, 가정불화의 영향이 중요한 원인이라고 할 수 있다. 품행장애는 부모의 정신병리 및 반사회적 인격장애, 부모의 약물남용, 잘못된 부모의 양육행동 등의 문제와 관련이 있고, 가족의 사회경제적 환경이 비교적 낮은 수준일 때 출현빈도가 더 높은 것으로 보고되고 있다. 일반적으로 품행장애가 일찍 발생할수록 문제가 오래 지속되는 경향이 있으며 예후 또한 나쁘다. 청소년기 발병 품행장애아동이 아동기 발병 품행장애아동보다 대개 예후가 더 좋은 것으로 보고되고 있다.

3 장애아동가족의 어려움

현대사회는 의학 발달과 신약 개발로 사망률이 감소하고, 평균수명이 연장되는 등 긍정적 결과가 도출되는 반면, 장애발생률이 과거에 비해 증가하는 현상을 보이고 있다. 여기에는 빠른 산업화와 도시화에 따른 교통사고 및 산업재해의 증가, 공기나 수질오염 같은 환경오염, 부적절한 양육환경의 증가 등이 주요 원인으로 작용하고 있다. 이처럼 장애아동의 발생이 늘어나고, 특히 후천적 장애의 발생률이 높아지는 점을 감안한다면, 장애는 더 이상 특정 개인이나 가정의 문제가 아니라 사회와 국가가 함께 해결해야 할 주요 과제라고 볼 수 있다.

장애아동을 둔 가족이 겪을 수 있는 어려움 내지 문제점으로는 여러 가지가 있다. 여기서는 교육상의 어려움, 경제적 어려움, 가족 내 장애아 형제자매, 가족의 심리적 부담감, 장애우에 대한 사회적 편견을 위주로 살펴본다.

1) 교육상의 어려움

'특수교육진흥법(제5조)'에 의하면, 우리나라 장애아동특수교육은 유치원부터 고등학교 과정까지 무상교육으로 규정되어 있다. 동법 제8조(조기특수교육 시책강구)에는 "국가 및 지방자치단체는 장애를 지닌 유아에 대한 유치원 과정의 교육을 촉진하기 위하여 장애의 조기 발견, 교원 양성, 교육시설·설비의 확충 등 조기특수교육에 필요한 시책을 강구하여야 한다."라고 되어 있다. 이처럼 법에서 장애아동이 적절한 교육적 조치를 받을 수 있어야 한다고 명시하고 있으나 실제로 장애아동 전원이 교육적 혜택을 받을 수 있는 것은 아니다.

2013년 교육부가 보고한 자료에 따르면, 특수교육 대상 장애학생은 8만 6,633명으로 이전 연도인 8만 5,012명보다 1,621명 증가하였다. 이 중 일반학교의 특수학급에서 통합교육을 받고 있는 장애학생은 4만 5,181명(52.1%), 일반학급(전일제 통합학급)에 배치되어 있는 장애학생은 1만 5,930명(18.4%)이었다. 즉, 특수교육 대상 장애학생의 70.5%에 해당하는 6만 1,111명이 일반학교에서 통합교육을 받고 있다.

우리나라는 장애아동에 대한 재활치료나 특수교육이 발전 중에 있기 때문에 재활치료기관이나 교육시설이 교육 수요 대상에 비해 양적으로 턱없이 부족할 뿐만 아니라, 설사 교육 및 시설이 있다고 하더라도 질적 측면에서 만족할 만한 수준에 이르지 못하고 있다.

장애아동이 국가나 사회에서 가장 필요로 하는 희망사항으로는 특수교육의 확대가 가장 높게(22.6%) 나타났으며, 의료혜택 확대가 16.4%, 생계보장 11.5%, 취업보장 9.0% 순으로 나타나 성인 장애우와 달리 교육과 치료에 대한 욕구가 크게 나타났다(한국보건사회연구원, 2004). 이러한 점을 감안할 때 교육적 배려와 치료적 조치를 대폭 확충할 필요성이 있다. 나아가 오늘날 문제가 되는 것은 현재 실시 중인 제도나 자원조차 그에 대한 정보 부족으로 인해 제대로 활용되지 못하고 있다는 점이다.

장애아의 교육은 누구나 평등하게 교육을 받을 권리에서 출발해야 하며, 그 권리를 법적으로 보장해야 한다. 따라서 장애아의 교육권을 보장하기 위해서는 법을 이행하는 것이 중요하다. 법은 제정으로 끝나는 것이 아니라 교육권을 보장하기 위한 시작으로 정부 또는 교육기관에서는 인적·물적·제도적 지원, 실제적 개별화 교육 운영, 제한적 환경의 최소화 등을 구체적으로 진행해야 한다. 장애아교육에 대해 국가 차원에서의 제도적 지원과 실질적인 재정 지원이 적극적으로 이루어져야 할 것이다. 사실상 지원체계 구축 수준이라 할 수 있는 교육기관이 자체적으로 수행할 수 있는 능력인 현 시점 지원체계의 한계를 인식하고, 국가 차원의 재정 확보와 지원으로 장애아 교육기회 확대를 위한 편의시설 확보와 교사, 학습지원시스템 활성화가 필요하다(이현수, 2010). 또 각종 제도적·실질적 지원 외에도 장애아를 대하는 사회구성원의 인식 전환이 무엇보다 중요할 것이다.

2) 경제적 어려움

장애아동가족이 직면하고 있는 어려움으로는 여러 가지가 있지만, 그중 가장 큰 비중을 차지하는 것이 바로 경제적 어려움이다. 장애아동을 둔 가정은 비장애아동을 둔 가정에 비해 경제적으로 더 많은 비용을 부담할 수밖에 없다. 장애아동을 양육하는 가정은 기본적인 양육비 외에도 의료비, 보육비, 교육비 등 추가 비용이 많이 들기 때문에 경제적 어려움이 가중된다. 이처럼 장애아동가족은 상당한 경제적 지출 부담이 있음에도 불구하고 거의 모든 부담이 전적으로 개별 가족에게 전가되는 실정이다. 특히 재정적 형편이 극히 어려운 빈곤장애아동가족의 상황은 더욱 심각하다. 빈곤장애아동은 적절한 시기에 치료와 교육을 받지 못하고 방치되어 있는 경우가 적지 않으며, 이는 이들의 장애 정도를 심화시킬 뿐만 아니라 재활의 가능성을 희박하게 만드는 것으로 파악되고 있다.

장애아동의 치료 및 교육에 드는 추가적인 지출은 가정의 소비지출구조를 변화시킬 뿐만 아니라, 결과적으로 가족구성원 간의 갈등을 유발하는 요인이 된다. 장애아동을 둔 부모는 장애아동보호 및 양육으로 인해 비장애아동가정의 부모에 비해 경제활동을 할 기회가 상대적으로 적을 수밖에 없으며, 장애아동양육에 전념하는 것에서 오는 경제적 어려움이 수반된다. 이 때문에 장애아동가족의 상당수가 처음에는 빈곤가정이 아니었으나 장애아동양육 및 치료에 따른 과다지출로 인해 빈곤계층으로 전락하기도 한다.

가족구성원 스스로 해결해야 하는 절대적 빈곤도 문제가 되지만, 사회구성원으로서 타인과 비교되는 상황에서 경험하는 상대적 빈곤감과 가족이 살아가는 데 필요한 최저생계비로 추정된 주관적 빈곤감은 이들 가족생활에 더 큰 영향을 미치기 때문에 이에 대한 정책적 배려가 요구된다. 다시 말해 가족 내 장애아동의 출현으로 인한 교육 및 양육 불안감과 소득의 파행지출 가능성에 따른 경제적 위기감 등이 가족구성원들에게 파급되면 장애자녀를 둔 가족 전체 구성원들의 복지를 저해한다. 결국 이들 빈곤장애아동가족의 경제적 문제는 단순한 물질적 요소의 결핍에서 그치는 것이 아니라 심리적·정서적 요인으로 인해 가족해체의 복합적 문제로 확대되어 나타날 수도 있다(정영숙, 2001). 이처럼 장애아동가족의 경제적 부담은 가족 전체의 심리적·정서적 부담으로 연결될 수 있으며 정신적 부담을 초래하게 된다.

3) 가족의 심리적 부담과 사회적 고립감

가정은 아동의 성장·발달을 촉진하기 위한 가장 효과적이고 효율적인 시스템을 갖추고 있다. 가정 내 가족구성원은 반복되는 일과 속에서 서로 간의 애정과 소속감을 느끼게 되며, 사회의 어느 집단보다 심리적·정서적으로 상호의존적이며 상호부조적이고 응집력이 매우 강한 특성을 지니고 있다. 이러한 독특한 특성으로 볼 때, 장애아동의 문제는 당사자인 아동에 국한되지 않고 가족 전체에 영향을 미치게 된다.

한 가정에 장애아동이 있으면, 그 아동으로 인해 부모나 다른 형제자매가 갖는 심리적 부담이 가족 전체의 큰 문제가 된다. 특히 가정 내 보호대상이 아동이나 노인과 같은 특별한 보호를 요하는 대상일 경우, 가족구성원 전체가 거의 무제한의 책임을 지게 된다. 장애아동 발생은 가족에게 현실적인 상황에 적응하는 도전과 책임감을 부여할 뿐만 아니라 경제적·정서적 부담감과 어려움을 주게 된다. 아직 우리나라는 장애우에 대한 사회적 인식이 제대로 되어 있지 않은 배타적인 상황이므로 장애아동가족이 경험하게 되는 심리·사회·경제적 측면에서의 양육 부담은 가중될 수밖에 없다.

장애아동문제는 아동 개인의 문제로 국한되는 것이 아니라 다양한 문제를 일으키면서 가족 전체의 심리적 안정과 결속의 위험요소로 작용할 수 있다(정영숙, 2003). 최근 장애가 개인에 국한된 문제가 아니라 가족기능의 여러 측면에 영향을 미친다는 사실이 강조되면서 장애아동을 둔 가족의 스트레스에 대한 연구가 증가하고 있다. 이러한 연구 결과 대부분은 장애아동의 가족이 일반가정의 가족에 비해 더 많은 스트레스를 경험하고 있다는 것을 보여준다.

장애아동을 둔 대부분의 부모는 장애아동양육으로 인한 심리적 부담이 클 뿐만 아니라 만성적 슬픔이나 신체적 피로감을 느끼며, 기타 경제적 부담과 장애에 대한 막연한 불안감을 경험하게 된다. 또 이들은 외부와의 관계를 단절하거나 접촉을 꺼리는 경향이 있으며 가족 단위의 외출에도 많은 제약을 받는다. 장애아동의 부모는 자연히 주위 사람을 의식하게 되고, 다른 가족구성원의 생활과 요구를 유보하면서까지 장애아동에게 애착을 가지면서 사회생활에 직접적으로 참여하는 것을 꺼리게 된다. 이러한 상황은 결과적으로 모든 사회생활에서 고립감을 강화하는 결과를 초래하게 된다. 또 가족은 장애아동을 둔 것에 대한 죄책감으로 가족관계나 가족역할 등에 변화를 겪게 되며, 장애아동양육 및 치료를 위한 경제적 부담이 가중되는데, 이와 같이 많은 변화에 적절하게 대응하지 못하면 가족구성원 모두가 상당한 스트레스와 갈등을 겪게 된다.

하지만 모든 장애아동가족이 자녀의 장애로 인해 부정적인 경험을 하는 것은 아니며, 실제로 많은 수의 가족이 자녀의 장애를 극복하고 성공적으로 적응하고 있으며 기능도 잘 수행하고 있는 것으로 보고되고 있다(Bristol, Gallagher, & Schopler, 1988).

이외에도 장애아동은 여러 가지 어려움을 겪게 되는데 부실한 소득보장정책 및 의료보장정책, 의료재활이나 직업재활을 비롯한 불충분한 재활정책, 가족 내 장애아동 형제자매가 경험하는 각종 어려움, 사회 전반에 퍼져 있는 장애우에 대한 사회적 편견 등이 바로 장애아동가족이 겪는 어려움에 속한다.

4 장애아동을 위한 복지 실천방안

과학이 발달하면서 삶의 질은 한층 높아졌으나 그만큼 복잡해졌다. 산업재해를 비롯한 여러 가지 재해와 재난 발생이 많이 일어나고 있으며 후천적으로 장애가 생긴 사람의 수도 증가하고 있는데, 아동 역시 예외가 아니어서 많은 수의 장애아동이 생겨나고 있다. 점차 증가하는 장애아동문제는 개인이나 가정만의 문제가 아니라 국가와 사회가 함께 나서서 해결해야 할 정책적 과제이다.

모든 아동은 살아가는 데 필요한 생리적·문화적 욕구 충족의 권리를 가진다. 장애아동 역시 예외일 수 없으며, 이들이 지니고 있는 특수성에 적합한 서비스를 부가하여 제공받을 권리가 있다. 특히 장애아동을 위한 복지 실천이 중요하고 의의가 있는 이유는 인간 발달과정에서 유아 및 아동기에 가장 빠른 성장이 이루어지기 때문에 아동의 잠재능력과 잔존능력을 최대한 개발하고 장애로 인한 심리·사회 및 발달적 손상을 최소화해야 하기 때문이다.

장애아동을 위한 복지사업을 실천할 때 지향해야 할 사항은 크게 2가지, 즉 보호 중심과 개발 중심으로 접근해야 한다는 것이다. 예를 들어 아동의 장애 정도가 심하다면 보호기능이 우선적으로 취해져야 할 것이며, 장애 정도가 비교적 경미하다면 교육을 포함한 재활기능이 강조되어야 할 것이다. 이는 다시 2가지로 구분할 수 있다. 예를 들어 각종 제도의 구축, 시설과 설비 등의 기반조성과 지원체제를 완비하는 일, 그리고 장애아동으로 하여금 장애를 극복할 수 있도록 심리적인 지지망을 조성하는 것이다(이소희, 2003). 장애아동을 위한 복지 실천은 이러한 요소가 충족될 때 그 효과를 발휘하며, 어느 한 요소라도 절대 소홀히 다루어질 수 없다.

향후 장애아동복지사업을 추진함에 있어 주안점을 두어야 할 사항은 다음과 같다. 첫째, 장애아동의 현황에 대한 정확한 실태조사가 이루어져야 할 것이다. 해당 사업의 수요 대상을 정확히 파악하는 일이야말로 그 분야의 아동복지사업 실천에서 가장 기본적이면서 중요한 일이라고 할 수 있다. 장애아동복지사업의 경우도 예외가 아니어서 장애아동에 관한 정부 차원의 전수조사라든가 대규모 표본조사 등 장애아동 현황에 대한 정확한 파악이 정기적으로 이루어져야 할 것이다. 현황에 대한 정확한 실태를 파악해야 효율적인 대책을 수립할 수 있기 때문이다.

둘째, 장애아동을 비장애아동과 함께 교육하는 조기통합교육시스템이 확대 실시되어야 할 것이다. 통합교육을 실시함으로써 장애아동의 지체된 발달기능을 촉진하고, 잠재능력을 최대한 개발할 수 있는 계기를 가질 수 있다. 이렇게 함으로써 장애아동이 비장애아동과 자연스럽게 상호작용하고 학습하며 생활할 수 있게 되고, 사회성발달을 비롯한 제반 발달을 도모할 수 있을 것이다. 그리고 통합교육을 실시함으로써 장애아동에 대한 일반인의 인식을 자연스럽게 개선할 수 있는 기회를 가질 수 있으며, 비장애아동을 위한 기존의 시설을 활용함으로써 부족한 시설도 보충할 수 있을 것이다.

셋째, 장애아동가족의 의료비 부담 감소, 의료재활기관 설치 확대 등을 비롯한 경제적 지원을 아끼지 말아야 할 것이다. 한 가정 내에 장애인이 있다는 것은 가족구성원의 심리적 혹은 정서적 부담감 외에도 경제적으로 많은 부담이 되는 것이 사실이다. 중증 장애인의 경우에는 더 심각한데, 특히 장애아동을 24시간 보호해야 하는 경우 경제적·심리적 부담이 막중하다. 장애인 가족의 상당수가 저소득으로 어려움을 겪고 있으며, 과중한 의료비 부담으로 치료를 조기에 중단하거나 포기하는 사례가 늘고 있다. 또 의료재활기관이 대체로 대도시에 편중되어 있기 때문에 거주지에 이용시설이 없어 타 지역으로 이동해야 하는 불편함이 따르고 있다. 그러므로 장애아동이 있는 가족이 치료를 적절히 받을 수 있는 시스템의 보완, 의료비 지원, 주간보호센터 활성화, 각종 세금혜택 등 직·간접적인 경제적 지원을 아끼지 않아야 할 것이다.

넷째, 장애아동에 대한 사회적 편견을 해소해야 할 것이다. 실제로 장애인을 대상으로 비장애인들이 장애인에 대해 갖는 인식을 조사한 보건복지부의 연구 결과(2001)를 보면 결혼, 취업, 직장생활, 학교생활 등 대부분의 영역에서 장애인은 사회적 차별이 '많거나 매우 많다'고 느꼈다. 정부가 아무리 좋은 취지로 막대한 예산을 들여 장애인 복지사업을 펼치더라도 장애우에 대한 사회구성원의 사회적 편견이 해소되지 않으면 효율적인 결과를 기대하기 어렵다.

다섯째, 특수교육을 필요로 하는 아동을 위하여 앞으로 더욱 다양한 교육방법이 실시되어야 할 것이다. 특수학교나 일반학교의 특수교실 외에도 유아교육기관, 복지관, 병원,

여타 사회교육기관 등에서도 장애아동을 위한 다양한 교육이 이루어져야 할 것이다.

마지막으로 장애아동을 위한 복지사업을 실천하기에 앞서 무엇보다 중요한 과제는 장애아동이 발생하지 않도록 미연에 방지하는 것이다. 따라서 임산부와 아기가 정기검진을 받도록 하는 등의 모자보건사업을 강화하고 각종 예방접종을 실시해야 한다. 선천성 장애 발생을 예방하기 위한 사업의 일환으로 우리 정부에서도 1991년부터 신생아 선천성 대사이상검사사업을 실시하고 있다. 이처럼 장애아동 출현을 방지하기 위한 교육과 홍보활동 등 예방서비스에 대한 정부의 역할을 대폭 강화해야 한다.

앞서 장애아동의 유형에서 살펴보았듯이 드물긴 해도 출생 후 부적절한 양육과 자극의 부족으로 인해 장애가 발생할 수도 있다. 이는 곧 예방이 중요함을 의미하며, 영양공급이나 정서적 안정 제공 등 생후 초기환경의 중요성을 역설한다. 예를 들면, 아동의 초기 영양실조가 신체장애의 원인이 되고 성장·발달을 저해할 수 있다. 그렇다면 영양실조의 결과가 실제 후년에까지 계속되는 것인가에 대한 궁금점이 남는다. 다시 말해 후일에 영양 공급상태가 개선된다면 영양실조의 결과가 소멸되어 정상적으로 성장·발달을 도모할 수 있는가 하는 문제이다. 이에 대한 답은 영양실조가 몇 살 때, 그리고 어느 정도로 오래 지속되었느냐에 따라 다르다. 예컨대 영아기 동안 극심한 단백질 결핍증을 앓는다면 두뇌발달이 저해되어 저능아가 될 가능성을 배제할 수 없다. 이 경우 이후에 아무리 영양상태를 개선한다 하더라도 지적으로 정상인이 되기는 어렵다. 그러나 영아기 이후인 2~3세 이후에는 같은 정도의 심각한 단백질 결핍이 생겼다고 하더라도 영양이 개선되면 적어도 평균적인 지능을 가진 성인이 될 수 있다. 이러한 사실은 생후 초기의 영양 관리가 매우 중요함을 강조한다.

생후 초기 영양 관리의 중요성 못지않게 정서적 경험 역시 중요한 변수로 작용하는데, 극심한 정서적 학대 및 방임 등은 후년에 영향을 미치는 것으로 나타났다. 일반적으로 볼 때 개인의 경험과 환경이 어떤 인간의 특성에 미치는 영향은 그 특성의 성장·발달률이 가장 빠른 때에 제일 심각하다. 이런 맥락에서 볼 때 성장·발달률이 가장 빠른 시기인 영아기가 제일 중요한 발달단계라고 볼 수 있다.

그동안 우리 정부는 특수교육의 강화, 장애인 고용 촉진 등 장애우의 복지를 확대하기 위한 정책적 노력을 아끼지 않았다. 그럼에도 우리나라의 장애우복지 상황은 그렇게 좋지 않다. 앞서 지적한 바와 같이 우선 장애우복지를 실천하려는 사회구성원의 태도나 의지가 부족하기 때문이다. 장애우에 대한 편견 역시 시급히 개선되어야 할 부분 중의 하나이다.

장애아동복지사업을 수행하기 위한 법적 지원은 장애인복지법, 아동복지법, 특수교육진흥법, 사회복지사업법, 교육법, 입양촉진 및 절차에 관한 특례법, 국민기초생활보장법 등에 의해 이루어진다. 장애아동을 위한 대표적인 정책적 실천은 공공부조와 사회보험을 통해 이루어지게 된다. 그리고 장애아동을 위한 복지 실천의 기본방향은 보호와 개발이며, 장애아동뿐만 아니라 해당 가족, 교사를 위해 교육하고 상담하며 치료하는 활동이 전개되어야 할 것이다.

1) 장애아동 및 그 관련자를 대상으로 한 교육 강화

부모 및 가족을 대상으로 하는 교육, 교사를 대상으로 하는 교육을 장애아동에 대한 교육과 병행할 때 그 효과는 더욱 높아질 수 있다.

(1) 장애아동교육

장애아동을 대상으로 복지사업을 수행할 때 취해야 할 가장 기본적이고 일차적인 조치가 바로 교육적인 조치이다. 2013년도 교육부 특수교육 통계자료에 따르면, 전체 특수교육 대상자가 꾸준히 증가 추세에 있으며, 유치원부터 고등학교까지 특수교육 대상자 8만 2,415명 중 2만 1,350명만이 특수학교에 다니며, 4만 5,135명이 특수학급, 나머지 1만 5,930명은 일반학급에 다니는 것으로 나타났다. 특히 장애를 가진 유아를 위한 교육시설이 부족한데, 전국에 유치원과정의 특수학교 119개, 특수학급은 346개, 일반(통합)학급이 1,377개로 나타났다. 장애아를 위한 교육요건을 갖춘 어린이집은 장애전담 171개, 장애통합 836개였으며, 장애아를 위한 요건을 갖춘 일반 어린이집 2,741개를 포함해 전체 3,748개로 나타났다(교육부, 2013).

특수학교 및 특수학급 수의 부족과 함께 일반 통합학급에 재학 중인 특수교육아동의 경우 특수교육의 지원이 제대로 이루어지지 못하는 경우가 많아 열악한 장애아 공교육 시스템이 장애아를 사교육시장으로 자연스럽게 끌고 가는 결과를 초래하기도 한다. 장애아동을 둔 학부모의 약 80%가 사교육을 시키는 이유로 "공교육기관이 부족해서"를 들고 있어 장애아동을 위한 특수교육기관이 얼마나 부족한지 알 수 있다. 장애우의 주요 특성 중 하나가 장애로 인해 향후 취업이 어렵다는 점이다. 취업이 어려울 수밖에 없는 이유 중 하나는 이들의 교육수준이 낮기 때문이다. 그러므로 장애가 있다고 해서 교육받을 수 있는 기회를 갖지 못하는 경우가 발생하지 않도록 각 장애의 유형 및 특성을 고려한 다양한 방식의 교육이 이루어져야 할 것이다.

장애아동을 위한 교육적 조치로는 특수교육의 효과를 높이기 위한 조기교육과 일반 정상아동과의 통합교육 및 보육이 적극 추진되어야 한다. 발달 기제의 4가지 원리인 기초성·적기성·누적성·불가역성의 원리는 장애아동이라고 해서 절대 예외일 수 없으며, 오히려 일반아동보다 더 중요하게 강조되어야 한다. 예를 들면 뇌성마비아동의 경우, 일찍 의료적 조치를 받게 되면 그렇지 않은 경우에 비해 정상적인 발달로 유도할 가능성이 훨씬 높다. 따라서 장애아동을 대상으로 일반아동과의 통합교육과 보육을 실시하여 장애아동의 지체된 기능의 발달을 촉진하고 잠재능력을 최대한 계발하여 비장애아동과 자연스럽게 상호작용하고 학습하며 생활하도록 유도할 수 있다.

이처럼 통합교육 및 보육은 장애아동에게만 도움이 되는 것이 아니라 일반아동에게도 긍정적인 효과를 가져올 수 있다. 예를 들면, 통합교육을 통해 장애를 지닌 친구를 자연스럽게 생각하게 되며 장애우에 대한 사회적 인식을 변화시킬 수 있는 중요한 계기가 될 것이다. 통합교육 및 보육은 장애아동에 대한 사회구성원의 태도를 긍정적으로 변화시키고, 많은 장애아동이 기존의 시설을 함께 사용함으로써 부족한 시설을 보충할 수 있으며, 양자 간 상호작용을 통해 상호이해의 폭을 넓힘으로써 사회성발달을 촉진시키는 등 여러 가지 장점이 있다. 특히 조기 통합교육 및 보육이 효과가 가장 큰 것으로 나타났다.

이처럼 장애아동의 통합교육 및 보육이 장애아동과 일반아동 모두에게 중요하고 의의가 있다는 점은 이해하지만 사실상 현장에서 잘 이루어지지 않고 있다. 그러므로 장애아동의 통합교육 및 보육이 이루어지기 위해서는 사전작업으로 합리적인 개선이 우선되어야 할 것이다. 예를 들어 일반교사와 특수교사 간 통합교육에 관한 합의점 도출, 이를 토대로 한 교육과정, 교재 및 교구 개발, 장애아동의 불편함을 최소화할 수 있는 시설 설치와 공간 배치 등을 고려해야 할 것이다.

장애아동을 둔 부모는 장애아동의 미래와 관련된 스트레스를 많이 받는다. 의학발달로 장애를 가진 사람의 평균수명 역시 과거보다 길어짐에 따라 부모나 형제가 사망한 후의 장애우 보호문제가 가족의 근심거리가 되는 것이다. 따라서 장애아동이 성장하여 자활할 수 있는 길을 열어준다는 점에서도 교육은 필수적인 요소이며, 장애아동을 위한 교육방법의 다양화와 개선을 통해 특수교육의 질을 제고하는 정책이 우선시되어야 할 것이다.

(2) 장애아동을 둔 부모교육

최근 장애아동 부모를 대상으로 하는 부모교육의 필요성이 증대되고 있다. "장애아동부모를 대상으로 하는 교육적 조치는 장애아동과 그 가족이 처한 사회적·심리적 스트레스 환경을 최소화할 수 있는 가장 현실적인 방안이라 볼 수 있다."는 그레이딘(Gradin, 1996)의 주장은 매우 설득력이 있다. 가족 내 장애아의 출현은 가족구성원 전체에게 심리적·경제적 불안을 야기한다. 또 장애아동을 둘러싼 가족 간의 사회적·심리적 문제는 급기야 장애아동을 둔 전 가족구성원의 복지를 위협하는 요인이 될 수 있다. 더욱이 장애아동 부모는 장애를 가진 자녀로 인하여, 그리고 장애아동을 양육하는 방법을 제대로 알지 못하는 것으로부터 일반아동의 부모보다 더 많은 양육 스트레스를 경험하게 된다. 이러한 부모의 스트레스는 결과적으로 장애아동의 성장·발달에 부정적 영향을 미치므로 장애아동을 대상으로 한 부모교육을 통해 부모의 일상생활 스트레스 해소 및 심리적 안정에 도움을 주어야 한다.

장애아동의 부모교육이 장애아동의 복지 증진에 중요한 역할을 한다는 점은 선진국의 장애관련 법 제정에서도 확인 가능하다. 미국의 장애 영·유아교육법에 따르면, 모든 특수교육 및 재활복지기관은 부모가 장애를 가진 자녀를 교육하고 양육함에 있어 필요한 내용을 전달하고 참여할 수 있는 부모교육을 담당하는 것을 의무조항으로 포함한다. 이 법은 특히 자녀가 영아일 경우, 반드시 가정에서 교육을 실시할 수 있도록 가족 단위의 개별교육계획을 수립해야 한다는 점을 강조하는데, 이는 장애아동의 사회적 복귀를 위한 교육재활을 수행함에 있어서 부모가 반드시 참여해야 한다는 것을 강조하는 것이다(이상복·이상훈, 1997).

마지막으로 정부가 정책을 입안하고 추진할 때, 장애인의 교육만큼은 경제적인 논리보다는 인간의 존엄성과 인권 차원에서 접근해야 한다. 아울러 장애아동의 부모 등 특수교육 대상자에게 이루어지고 있는 특수교육의 전반적 내실화를 도모해야 할 것이다.

2) 장애아동 및 그 가족을 대상으로 한 상담 및 치료

장애아동은 자신의 장애로 인해 비장애아동인 일반아동과 다른 심리적 특성을 가진다. 장애아동을 둔 부모나 가족 역시 장애아동과 유사한 심리적 문제와 어려움을 겪게 되는데, 일반적으로 이들이 가질 수 있는 심리적 특성으로는 열등감, 무력감, 고립감, 낮은 자존감 등이 있다. 따라서 이러한 문제를 해결할 수 있는 상담 프로그램이 필요하며 경우에 따라 보다 적극적이며 구체적인 형태의 치료를 요하기도 한다.

지금 우리나라 장애아동복지 관련 법에 나타난 복지조치의 내용은 주로 보호조치나 경제적 지원, 교육적 지원에 대한 내용이 주를 이루며 그 외 재활상담 및 입소조치나 장애아동 입양 등에 관한 내용이 포함되어 있다. 이들을 대상으로 상담이나 치료를 행하는 부분에 대한 조치는 상대적으로 부족하다고 볼 수 있다.

장애아동의 복지를 실현하기 위해서는 장애아동을 위한 치료 및 의료적 서비스, 재활에 중점적인 비중을 두어야 하지만 부차적으로 발생할 수 있는 치료 및 의료적 서비스 관련 상담, 교육상담 등의 지원이 함께 이루어져야 하며 장애아의 부모나 가족을 지원할 수 있는 프로그램이나 상담도 이루어져야 한다. 다시 말해 장애아동을 둔 가족 스스로 자신과 아이를 도울 수 있도록 가족의 능력을 고취시킬 수 있는 장애아동가족 중심의 지원 프로그램을 개발해야 한다. 이를 위해서는 지원 프로그램 운영에 있어 가족체계적 관점의 반영과 장애가족에 대한 종합적인 사례 관리를 할 수 있는 체제 구축, 사회통합적 관점에서의 장애아동과 가족에 대한 서비스 제공, 가족 중심의 지원 프로그램을 운영하기 위한 각종 기술과 기법 개발 등이 필요하다(공계순 외, 2003).

장애아동을 둔 가족구성원을 대상으로 실시하는 상담의 기본은 장애아동의 장애를 받아들임과 동시에 장애를 극복할 수 있도록 지지하는 것이다. 특히 장애아동의 부모를 대상으로 상담을 실시할 경우, 자녀에 대한 올바른 이해를 돕고, 아동의 발달상태에 맞는 교육적 정보를 부모에게 제공함으로써 장애아동교육에 대한 올바른 태도를 갖게 하여 바람직한 방향의 교육으로 나아가도록 도울 수 있다. 다시 말해 이렇게 하면 부모가 자녀의 장애상태를 객관적으로 인식하여 아동의 능력을 향상시키고 장애 정도를 줄일 수 있으며, 부모가 당면한 문제를 직시할 수 있어 대처능력을 키울 수 있다. 그리고 부모 상담을 통해 향후 교육계획을 바로 세울 수 있을 뿐만 아니라 자녀의 발달상태에 적합한 지도방법을 익힐 수 있을 것이다.

다행히도 최근 들어 장애아동을 둔 부모를 위한 심리적·정서적 지지와 자녀양육 및 교육, 치료·재활에 관한 정보 교환을 위한 집단 프로그램이 실시되고 있다. 장애아동의 교육·치료·재활·자활 등의 내용뿐만 아니라 장애아동부모 자신의 심리적·정서적 문제, 부부관계 혹은 다른 형제자매관계를 비롯한 가족 내 인간관계, 친인척 및 지역사회 이웃과의 관계, 지역사회자원 활용 및 정보 제공 등 다양한 각도에서 부모들을 지지할 수 있는 프로그램이 마련되어야 할 것이다.

한편, 장애아동가족에 있어서 부모 외에 중요하게 고려되어야 할 대상으로 장애아동의 형제아가 있다. 장애아를 둔 부모는 장애아동의 자녀양육뿐만 아니라 가정 내 비장애자녀의 양육문제에도 심리적 부담을 가진다. 장애아동 형제를 둔 비장애아동은 상대적으로 부족한 관심 속에서 양육될 수 있으며, 이들의 스트레스 및 심리적 부담감 또한 클 수 있다.

장애아동은 가족의 인적·물적자원을 독점할 수밖에 없기 때문에 이로 인한 장애아동 형제아의 불만 및 형제 간 갈등은 피할 수 없는 요인이다. 특히 장애아동의 여자 형제는 장애아동에게 거의 엄마에 준하는 역할을 하도록 압력을 받게 된다. 그리고 항상 장애아동을 우선시하는 가정의 양육적 환경 때문에 이들 비장애 형제자매들에게는 심리적 불만이 생길 수밖에 없다. 비장애 형제자매들은 장애아동에 대한 독점적 관심으로 인한 부모의 무관심, '너만이라도 잘되어야 한다.'는 심리적 부담감 등을 경험하게 되며, 때로는 장애를 가진 형제아를 잘 돌보지 못하고 있다는 죄책감 때문에 심리적 갈등을 겪는 경우가 많으므로 장애아동 못지않게 이들의 형제자매도 상당한 어려움을 겪고 있다고 할 수 있다. 따라서 이들에게 관심을 갖고 적극적인 도움을 줄 필요가 있다. 장애아를 형제자매로 두고 있는 비장애아동을 대상으로 상담하는 프로그램의 도입이 절실하다. 장애형제자매와 비장애형제자매 간 유대감 강화와 장애 및 비장애아동 간 상호이해를 증진하는 노력을 함으로써 가족 내 응집력을 강화할 필요가 있는 것이다.

한편 중증 장애아 형제를 대상으로 면담을 실시한 한 연구 결과(Wilson et al., 1989)에 따르면, 이들은 장애아 형제를 둔 어려움에도 불구하고 긍정적이고 적극적인 형제애로 장애아 형제의 성장·발달에 의미 있는 참여를 하는 것으로 밝혀져 장애아동이 가족에게 갈등만을 유발하는 원인 제공자가 아님을 시사하였다.

CHAPTER 11

이혼가정의 아동을
위한 복지 실천

유머감각이 없는 사람은
스프링이 없는 마차와 같다.
길 위의 모든 조약돌마다 삐걱거린다.

– 헨리 워드 비처(Henry Ward Beecher)

1 우리나라의 이혼 실태 및 이혼율 증가 원인

한국가정법률상담소 보고(2014)에 따르면 우리나라의 평균 조이혼율은 1950년대에 0.20 이었고, 2000~2010년에는 2.72로 무려 13.6배나 증가한 것으로 나타났다. 이는 아시아 각국과 비교해보아도 높은 수치로 우리나라의 이혼율은 최고치를 기록하고 있다. 이혼율이 이렇게 급증한 것은 이혼에 대한 사회구성원의 인식 변화에서 기인한 것이 틀림없으나, 가족중심적 가치관이 강한 우리나라의 경우 이혼에 대해 상대적으로 수용적 태도를 보이는 서구사회와 달리 이혼이 자녀뿐만 아니라 당사자 자신의 사회적 적응에도 적잖은 영향을 미치고 있음을 부인하기는 어렵다.

1) 이혼 실태

최근 우리나라의 이혼율은 세계적으로 주목받을 만큼 지속적인 급증 양상을 보이고 있다. 1995년 6만 8,000건이던 이혼 건수(쌍)가 1997년 경제 위기 여파로 인해 1998년에는 11만 7,000건으로 크게 증가하더니 2001년에는 13만 5,000건, 2003년에는 급기야 16만 7,000건에 달해 평균 조이혼율(전국 인구 1,000명당 이혼 건수)도 최고치인 3.4를 기록하였다.

다행히 2004년의 이혼 건수는 13만 9,000건으로 전년도인 2003년에 비해 감소 추세를 보이기 시작했으며, 조이혼율은 2.9로 나타나 2003년의 3.4에 비해 0.5 감소되었다. 이후

표 11-1 연도별 이혼 건수 및 조이혼율

구분		2004	2005	2006	2007	2008	2009	2010	2011	2012	2013	2014
총 이혼 건수(천 건)		138.9	128.0	124.5	124.1	116.5	124.0	116.9	114.3	114.3	115.3	115.5
	증감(천 건)	-27.7	-10.9	-3.5	-0.5	-7.5	7.5	-7.1	-2.6	0.0	1.0	0.2
	증감률(%)	-16.6	-7.8	-2.7	-0.4	-6.1	6.4	-5.8	-2.2	0.0	0.9	0.2
조이혼율		2.9	2.6	2.5	2.5	2.4	2.5	2.3	2.3	2.3	2.3	2.3

자료: 통계청(2015). 2014년 혼인·이혼 통계.

에도 2007년에는 12만 4,000건(조이혼율 2.5), 2010년에는 11만 7,000건(조이혼율 2.3), 2014년 11만 5,000건(조이혼율 2.3)을 기록하여 감소 추세에 있다(표 11–1 참조). 이처럼 2004년을 기점으로 이혼율이 감소 추세를 보이는 것은 혼인건수 자체가 감소한 것이 큰 원인으로, 이혼율이 지나치게 높다는 인식 확산, 협의이혼상담제의 정착, 이혼 전 숙려 기간제 시행(2008. 6. 22) 등으로 이혼을 가급적 줄이자는 사회적 분위기가 고조된 결과로 해석할 수 있다.

통계청에서는 보다 정밀한 통계를 산출·제시하기 위하여 2004년 처음으로 '유배우(有配偶) 이혼율 통계'를 개발하여 발표하였다. 여기서 유배우 이혼율(Divorce Rate of Married Couple, 유배우자 1,000명당 이혼 건수)이란 1년간 발생한 총 이혼 건수를 당해 연도의 유배우 인구로 나눈 수치를 1,000분비로 나타낸 것이다. 2014년 한해 동안 발생한 총 이혼 건수를 유배우 인구와 비교하여 계산한 유배우 이혼율은 4.7건(쌍)으로 전년도와 유사하였고, 2009년에는 5.2건에서 약간 감소하는 경향을 나타내었지만 세계적으로는 아직 높은 수준이라고 할 수 있다.

여하튼 2004년을 기점으로 이혼율이 다시 감소 추세를 보이고 있기는 하지만, 이혼가정의 수는 그간 크게 증가하여 중요한 사회적 문제로 대두되고 있다. 급격하게 변화하는 사회구조와 가치관은 가족구조의 변화와 가족 간 갈등에 많은 영향을 미쳤으며, 이에 따라 부모의 이혼 역시 증가하는 결과를 초래하게 된 것이다. 한편 평균 이혼연령은 남녀 모두 꾸준히 증가하고 있다. 2014년 평균 이혼연령은 남자의 경우 46.5세이고, 여자의 경우에는 42.8세로 10년 전인 2004년에 비해 남자가 4.9세, 여자가 4.7세 각각 높아졌다.

표 11-2 미성년 자녀 유무별 이혼 건수 및 구성비 (단위: 천 건, %)

구분			2004	2005	2006	2007	2008	2009	2010	2011	2012	2013	2014
계*			138.9(100.0)	128.0	124.5	124.1	116.5	124.0	116.9	114.3	114.3	115.3	115.5(100.0)
미성년 자녀 있음			91.1(65.6)	81.2	75.7	72.8	63.0	68.5	62.9	60.1	60.3	59.0	57.2(49.5)
	1명		39.1(28.1)	35.0	33.4	32.2	28.5	31.5	30.0	29.0	29.9	30.1	30.0(25.9)
	2명		45.5(32.8)	40.2	36.9	35.2	29.8	31.9	28.3	26.7	26.2	24.7	23.3(20.2)
	3명 이상		6.5(4.7)	6.0	5.5	5.4	4.7	5.1	4.6	4.4	4.1	4.2	3.9(3.3)
미성년 자녀 없음			46.4(33.4)	45.4	48.2	50.9	52.9	55.1	53.7	53.9	53.7	56.1	58.1(50.3)

자료: 통계청(2015). 2014년 혼인·이혼 통계.　　　　　　　　　　* 미상 포함, 괄호 안의 숫자는 구성비(%)를 나타냄.

이처럼 이혼연령의 상승은 20년 이상 함께 살던 부부의 이혼 증가와 혼인연령 상승 등에 기인하는 것으로 볼 수 있다.

혼인지속기간별 이혼 양상을 살펴보면, 2011년까지는 4년 이하 이혼이 가장 큰 비중을 차지하다가 2012년에 처음 20년 이상 이혼(26.4%)이 4년 이하 이혼(24.7%)에 비해 1.7% 많게 나타난 이후 20년 이상 이혼부부가 계속 증가하는 양상을 보이고 있다. 이혼 당시 미성년 자녀를 가진 부부의 이혼 비중을 살펴보면, 2014년 이혼한 부부의 49.5%가 미성년의 자녀를 두고 있으며, 이는 10년 전인 2004년에 비해 16.1% 감소한 수치이다. 미성년 자녀를 가진 부부의 이혼은 지속적인 감소세를 보이고 있다(표 11-2 참조).

통계청(2013)이 보고한 이혼의 주된 사유는 부부간 성격 차이가 46.6%로 가장 많았으며 경제적인 문제(12.7%), 배우자의 부정(7.5%), 가족 간 불화 문제(6.5%), 정신·육체적 학대(4.2%)의 순으로 나타났다. 이혼의 주된 사유 중 부부간 성격 차이는 시대적 흐름에 상관없이 다른 사유에 비해 가장 높은 비율을 차지하고 있다. 이혼의 종류별로 살펴보면, 2008년 이혼숙려제 도입 이후 협의이혼 건수가 크게 감소하다가 2012년부터 다시 증가하고 있다.

2) 이혼율의 증가 원인

앞서 이혼의 실태에서 살펴본 바와 같이 이혼율은 증가 추세를 유지하고 있다. 이혼율의 증가는 결국 이혼가정의 자녀 수 증가로 이어지게 된다. 이혼율의 주요 증가 원인을 살펴보면 다음과 같다.

(1) 사회구성원의 가치관 변화

먼저 이혼율이 높아지는 요인으로 사회구성원의 가치관 변화를 들 수 있다. 오늘날 우리 사회는 분명 과거와 달라졌다. 이혼에 대한 생각만 하더라도 상당히 변화된 양상을 나타내고 있다. 2010년 통계청 조사 결과에 따르면, 30대 여성의 50.4%, 남성은 35.5%가 "경우에 따라 이혼할 수도 있고 하지 않을 수도 있다."라고 응답하여 사회 전반적으로 이혼에 대한 부정적 시각이 예전에 비해 많이 줄었고, 이혼을 삶을 위한 또 다른 선택이자 새로운 삶의 출발로 생각하는 경향이 나타남을 알 수 있다. 이러한 현상은 전통적인 가족의 중요성에 대한 인식이 점차 감소되고 있음을 반영하며 가족해체현상을 야기하고 있다.

전통사회에서는 가족이 경제적 생산단위이자 소비단위로서 자급자족의 생산단위였다. 가족을 떠나서는 개인의 생존이 어려웠으므로 가족이 경제적으로 결합되어 있었다(한국 가족연구회, 1993). 하지만 산업화의 영향으로 여성의 사회 진출이 증가되고 여성의 교육 수준 및 경제적 지위가 향상되었으며, 여성 인권이 증대되면서 결혼이 하나의 선택이듯 이혼도 하나의 선택이라는 사고방식이 증가하였다.

(2) 부부간 경제적 의존도 약화와 남녀 성역할 변화

과거에 비해 여성의 교육기회가 확대되고 여성의 학력수준이 향상됨에 따라 여성의 경제 적 자립도 역시 증가했다. 이처럼 여성의 경제활동이 증가함으로써 배우자에 대한 경제 적 의존도가 약해진 면도 이혼율의 증가와 무관하지 않다. 취업으로 인한 여성의 경제력 향상이 원인이 될 수 있다는 것이다.

사회경제의 발달로 부부간 역할에 변화가 생기면서 여성의 사회적 지위와 경제적 능력 의 향상으로 부부간 갈등을 초래하는 경우가 발생하고 있다. 가정경제에서 여성의 지위 가 상대적으로 향상됨으로써 남성은 과거에 비해 더 위축되고 이러한 현상이 부부간 갈 등을 유발하게 된 것이다. 다시 말해, 경제적 측면에서 여성의 지위 향상이 상대적으로 남편의 경제권 약화를 초래하여 갈등의 소지를 갖게 되는 것이다. 또 급격한 산업화의 물결로 맞벌이가정이 증가하게 되고 그에 따라 여성의 사회 진출이 늘면서 남녀 역할의 명확한 구분이 점차 사라지기 시작하였다. 따라서 자녀양육이나 가사 등에서도 역할 혼 용이 나타나게 되었으며, 이러한 현상 역시 이혼율 증가와 관계가 적지 않다.

(3) 결혼에 대한 의미 변화

최근 들어 변화된 사고방식 중 하나가 있다면 자녀로 인해 자신을 희생하거나 자신의 삶 이 구속되는 것이 싫다는 생각이 바로 그것이다. 그리고 이혼은 결혼에 대한 포기가 아 니라는 생각과 불행한 결혼을 더 이상 참을 수 없으며 이를 만족스러운 결혼생활로 대 치하고자 하는 생각이로부터 결혼에 대한 의미 변화를 볼 수 있다. 예전에는 자식을 위 해 부모가 희생을 감수하면서 만족스럽지 않은 결혼생활도 유지하는 경우가 적지 않았 다. 하지만 근래에는 자식을 위해 참고 견디거나 희생을 감수하며 불안정한 결혼생활을 지속하기보다는 새롭고 안정된 생활을 찾고자 하는 경향이 점차 강해지고 있다.

이외에도 결혼에 대한 비현실적으로 높은 기대, 자기중심적 사고와 배금주의(拜金主義)적 혼인 관행, 자녀 수 감소 등도 이혼을 증가시키는 요인으로 작용한다. 매스컴의 영향도 빼놓을 수 없는 부분으로, 매스미디어를 통하여 이혼이 일반적인 사회현상으로 표현되고 있으며 이혼에 대한 표현 역시 긍정적으로 묘사되면서 이혼에 대한 사회의 허용적인 태도가 증가되었음을 볼 수 있다. 물론 이혼 건수가 증가하였기 때문에 매스컴이 이혼을 긍정적으로 묘사할 수밖에 없었을 수도 있겠지만, 이혼율 증가의 배경으로 매스컴의 영향을 배제할 수는 없을 것이다.

2 이혼가정이 당면한 어려움

이혼이나 재혼은 우리 사회에서 더는 새로운 사회현상이 아니다. 이혼은 삶의 과정에서 부딪칠 수 있는 스트레스원으로, 가족구성원이 이를 받아들이고 잘 적응하면 위기를 극복할 수 있지만, 제대로 적응하지 못하면 여러 가지 심리적 어려움을 겪을 뿐만 아니라 정신적·육체적 질병을 초래하는 위기를 맞이할 수도 있다.

보울비(Bowlby, 1980)가 개발한 스트레스 측정표에서 이혼은 인생에서 일어나는 사건 중에 2위나 4위로, 매우 강력한 스트레스 사건으로 측정되었다. 하지만 이혼을 경험한 모든 당사자가 이혼이라는 스트레스원에 동일한 영향을 받는 것은 아니다. 유사한 스트레스 상황이라 하더라도 개인에 따라 영향을 받는 정도가 다를 수 있으며(Sandler, Tein & West, 1994), 가족구성원의 내적 긴밀도에 따라서도 달리 영향을 받을 수 있다. 이혼 상황에 직면한 아동이나 부모가 스스로 자신이 처한 스트레스 상황에 얼마나 잘 적응하느냐가 중요한 변수인 것이다.

이혼가정이 당면한 가장 큰 어려움은 자녀양육을 둘러싼 문제라고 할 수 있다. 이혼가정은 재혼을 하지 않는 경우 부모의 구성이 한부모이기 때문에 어머니든 아버지든 한 사람이 부모의 역할을 모두 수행해야 한다. 그러므로 일반가정의 부모보다 자녀양육에 더 많은 어려움을 겪을 수밖에 없는 것이다. 이혼은 자녀에게 많은 영향을 미치며, 부모에게도 적지 않은 영향을 미치게 된다. 즉 부모의 이혼은 부모와 자녀 모두에게 스트레스를 유발시키는 하나의 큰 사건으로 이러한 스트레스는 이혼가정 자녀의 적응상 문제를 야기하거나 가능성을 증가시킨다(Hetherington & Stanley-hagan, 1999).

1) 이혼이 자녀에게 미치는 영향

이혼율의 급격한 증가는 부모의 이혼을 경험한 아동의 증가를 의미한다. 이혼은 이혼 당사자인 부모는 물론 자녀에게 직·간접적인 영향을 미친다. 물론 부모의 이혼이 반드시 자녀에게 부정적 영향을 미친다고는 할 수 없지만 부모의 이혼과정에 참여하지 못하고 자신의 의사와 관계없이 이혼이 결정되고 가족이 해체된 경우, 아동이 경험하는 부정적 영향은 매우 심각한 것으로 알려져 있다. 특히 이혼 전 부모의 부부관계가 서로에 대한 분노와 적개심으로 차 있고 부부간 갈등을 효과적으로 해결하지 못하는 등 지속적인 갈등과정에 노출된 아동일수록 부모의 이혼 후 심리적 불안감과 정서적 불안 및 문제행동으로 고통받을 확률이 이혼하지 않은 부모의 아동에 비해 훨씬 높다. 이혼 자체보다 이혼을 결정하는 과정에서 아동에게 노출된 건강하지 못한 가정환경이 아동에게 치명적인 영향을 미친다는 것이다(Walsh, 1993).

이혼이 아동의 연령에 따라 미칠 수 있는 영향들을 살펴보면, 유아기(3~5세)의 아동들은 부모의 이혼에 대한 분노나 슬픔을 느끼고 가끔 퇴행적인 행동을 보이며 유기불안이나 두려움을 경험한다고 한다. 이 시기의 아동들은 부모의 이혼을 자신의 탓으로 생각하여 과거의 자신의 잘못으로 인해 부모가 떠났다고 생각하거나 한 부모가 다른 부모를 내쫓는 것으로 생각하는 등 왜곡된 방식으로 지각하기도 한다. 학령 전기(6~8세) 아동은 그들의 감정을 표현하는 데 어려움이 있고 이혼의 의미를 충분히 알지 못하기 때문에 부모의 이혼 후에도 지속적으로 부모와 함께 살게 될 것이라는 재결합에 대한 환상을 가지게 되고 자신을 희생해서라도 가족이 함께 살게 되기를 바란다. 이러한 노력은 아동으로 하여금 성장에 필요한 새로운 발달 과제에 직면하는 대신 그 상태에 고착되게 하여 건강한 성장을 방해한다. 학령 후기(9~12세) 아동은 특히 충성 갈등에 민감한 시기로, 자녀 스스로가 부모의 이혼을 중재하고 조정해야 한다고 느낀다. 이들은 부모로 인한 분노와 슬픔의 감정을 숨기고 그들의 사랑스럽고 긍정적인 면을 보이려고 애쓰는 경향이 있다. 청소년기(13~18세)는 안전한 가족 기지를 바탕으로 독립성을 키워나가는 시기이므로 가족구조의 결함이 매우 민감하게 작용한다. 이 시기 청소년은 종종 화가 나 있고 가족으로부터 개입당하지 않으려 하며 불복종하거나 공격적인 행동을 보이므로 적응문제가 증가한다(Hetherington, 1993). 또 이혼가정 청소년의 경우 신체적 변화, 독립성 획득, 학교생활 적응 등의 새로운 개인 발달과업을 완수해야 함과 동시에 이혼으로 인해 변화된 개인·가족·사회적 환경에 적응해야 하므로 보다 가중된 스트레스를 겪을 수 있다. 이는 결국 결혼의 부정적 영향에 노출될 가능성이 좀 더 많음을 의미한다. 이혼으로 가중된 다양한 스트레스는 결국 이혼가정 청소년의 내면적 증세와 같은 정서적 문제를 야기하여 문제행동이나 부적응행동까지 연결될 수 있다(김정민·유안진, 2005).

성인에게 이혼은 '또 다른 선택' 혹은 '삶의 새로운 출발'로 받아들여질 수 있으나 아동의 입장에서는 다르다. 아동은 부모가 이혼에 이르기 훨씬 전부터 부모의 갈등에 노출되고, 이혼 이후에도 상당한 어려움을 겪게 된다. 특히 부모가 이혼하게 될 경우, 자녀가 그들의 입장에서 이혼을 이해하고 이를 받아들일 수 있게끔 최대한의 노력을 기울이거나 자녀의 동의를 구하는 등의 노력이 부족하다.

한편, 한쪽 부모로부터 지속적인 폭력과 구타에 시달려 온 가정의 자녀는 부모의 이혼이 오히려 다행스러웠다는 대답을 하면서 실제로 가장 견디기 힘든 것은 '사회구성원의 편견'이라고 대답하였다. 더구나 이혼가정의 상당수가 미성년의 자녀를 두고 있는 것으로 나타났는데, 이들은 부모에게 버림받았다는 느낌과 더불어 사회의 곱지 않은 시선과 편견에 시달리는 이중, 삼중의 고통을 겪고 있다.

한편 이혼은 다양한 측면에서 아동에게 영향을 미치는 것으로 나타났으나 일부 다른 연구 결과를 보면 이혼이 자녀에게 반드시 부정적인 영향을 미친다고 단언할 수는 없다. 예를 들어 부모의 이혼을 경험한 대부분의 아이들은 별다른 지속적인 부정적 영향 없이 부모의 이혼을 잘 극복하는 편이며(Edwards, 1987), 많은 이혼가정의 아이들이 유연하게 적응하는 편이어서(Emery & Forehand, 1994), 이혼 후 곧 균형을 찾고 제 기능을 시작하는 모습을 보였다.

이혼한 가정의 자녀가 보이는 문제를 3가지 정도로 유형화하여 설명하면 다음과 같다.

(1) 심리적 · 정서적 문제

부모라는 존재는 자녀에게 없어서는 안 될 매우 중요한 자원이다. 자녀의 성장·발달에서 이렇게 중요한 역할을 하는 부모가 어느 한쪽이라도 자녀와 함께할 수 없다는 것은 아동의 정서 및 사회성발달을 비롯한 전반적 발달에 부정적인 영향을 미칠 수 있다. 즉 이는 낮은 학업 수행, 낮은 자아존중감, 비행 등의 문제와 관련이 있다. 그리고 부모의 이혼은 대개 자녀로 하여금 공포, 슬픔, 분노, 공격성, 무력감, 외로움, 억압, 죄의식과 같은 감정을 유발할 뿐만 아니라 여러 가지 대인관계상 문제를 일으키는 것으로 보고되어 있다(Amato & Booth, 1997; Wallersten & Kelly, 1980; Zill, 1988). 특히 크란츠(Krantz, 1988)는 이혼가정의 자녀들이 부모의 이혼 후 심각한 심리적·사회적 적응문제에 봉착함을 경고하였다.

이혼한 가정의 자녀가 흔히 보이는 초기반응으로는 공포, 생명의 위협, 슬픔, 상실감, 이혼에 대한 거부감, 부모에 대한 분노, 무력감, 강한 외로움, 죄책감 등이 있는데 그중에서도 부모에게 버림받았다고 하는 거절감과 상실감, 그리고 사람에 대한 불신감 및 불안감이 가장 크다. 이들은 자녀로서 좀 더 잘했더라면 부모가 이혼하지 않았을 것이라는 생각으로 자신이 부모의 이혼을 막지 못했다는 잘못된 책임의식을 갖게 되고, 부모의 말을 잘 듣고 좀 더 착하게 생활했더라면 그들이 떠나지 않았을 것이라는 죄책감에 휩싸이게 된다.

한편, 자녀가 이혼 전에 부모들로부터 어떠한 양육경험에 노출되었느냐에 따라 이혼 직후의 적응에 다르게 영향을 미치는 것을 알 수 있다. 예를 들어 이혼 전 부모의 상호 간 갈등이 심하거나 폭력적인 사건에 노출되었던 경험이 많은 자녀일수록 부모의 이혼으로 인하여 오히려 이전보다 생활환경이 더 나아졌다고 느끼기도 한다(Amato et al., 1995).

이혼가정의 아동이 보이는 심리적·정서적 문제는 아동의 발달수준이나 자아존중감 등의 요소에 따라 다른 양상을 보이기도 한다. 아동의 나이가 어릴수록 이혼 후 더 많은 파괴행동을 보이는 반면, 나이가 든 아동은 우울증상을 더 많이 보이는 것으로 나타났다. 또 이혼가정 자녀를 대상으로 25년 이상의 종단 연구를 수행한 연구(Wallerstein et al., 2000)에 의하면, 이혼 초기에 잘 적응하는 것처럼 보였던 아동이 10년이나 20년 이후에 여전히 이혼의 상처로 힘들어하는 모습을 보이는가 하면, 반대로 부모의 이혼 후 문제아로 취급되었던 아동이 20대 후반부터 모범적인 성인의 모습으로 살아가는 사례를 볼 수 있다. 이는 이혼에 대한 단기적 반응으로는 장기적 적응 양상을 일정하게 예측할 수 없음을 시사한다.

특히 월러스틴(Wallerstein et al., 2000)의 연구를 보면 이혼 당시에는 큰 문제가 없었던 아동이 시간이 많이 경과한 후에도 이혼의 영향에서 벗어나지 못하는 경우가 있었다. 이혼으로 인한 장기적인 영향에서 두드러지는 것은 거절에 대한 두려움, 배우자의 배신과 상실에 대한 두려움이다. 그들은 성인이 되고도 다른 사람에 비해 보호받지 못하고 위로받지 못한다는 느낌, 그리고 배려받지 못한다는 느낌을 호소한다. 아울러 이혼한 부모에 대한 깊은 분노와 상처를 지니고 있다. 이혼한 가정의 자녀는 부모가 이루지 못한 좋은 이성관계나 이상적인 결혼생활을 갈구하지만, 동시에 배우자에 대한 신뢰나 신의를 의심하는 부분이 있어 갈구하는 행복한 결혼생활을 이룰 수 있을지에 대한 회의가 많다. 또 불안과 분노, 수치심, 마음을 주고 언약을 하는 것, 신뢰 등의 부분에서 어려움을 겪는다(안명희, 2006).

(2) 행동적·사회적 문제

부모의 이혼이 아동에게 미치는 영향 중 가장 심각한 요소는 반사회적·공격적·반항적 행동, 자기통제 결여 등과 같이 외적으로 나타나는 행동상 장애와 책임감의 결핍, 이해능력 결함 등과 같은 사회적 문제이다. 아동은 한쪽 부모의 상실로 역할모델과 상호협력의 부족, 부모-자녀관계에서 오는 거리감으로 인하여 사회적 재능과 사회성에 직접적이고 부정적인 영향을 받는다.

한 상담기관 보고에 의하면, 부모 부재의 유형에 따라 자녀가 경험하게 되는 심리적·사회적 영향력이 달라진다. 예를 들어 부모가 질병이나 사고로 인하여 사망한 경우는 자녀가 어쩔 수 없이 홀로 남겨졌다는 생각을 하고 스스로 책임지려는 자세를 보이는 반면, 부모의 이혼으로 홀로 남겨진 자녀의 경우는 자포자기의 상태를 보이거나 매사 부정적이고 비관적인 성향을 보이며, 폭력이나 비행 같은 반사회적 행동을 하는 경우가 있었다. 수년 전 부모의 이혼으로 보육원에서 생활하게 된 자녀가 아버지를 살해하는 등 이혼으로 인해 벌어지는 자녀의 패륜행위가 사회적 문제가 되었던 것을 우리는 기억하고 있다. 특히 부모가 이혼을 결정하기까지 어떤 과정을 거쳐 이혼에 이르게 되었는지에 따라 자녀가 보이는 문제의 양상과 정도가 다를 수 있다.

우리나라에 비해 이혼이 비교적 보편화되어 있는 미국에서조차 이혼가정을 비도덕적으로 바라보는 시각은 여전히 존재한다. 이혼가정이 부적응적 자녀를 양산한다는 비판의 목소리도 작지 않다. 보수주의적 성향의 사람들은 초혼의 양친부모로 구성된 전통적인 가족형태를 가장 바람직한 것으로 보며 대체로 그 외의 가족형태를 인정하지 않으려는 경향을 보이는 것이 사실이다. 이러한 주장이 힘을 얻는 데는 이혼가정 청소년이 양부모가정 청소년에 비해 학교 중퇴, 비행 가담, 우울증, 행동문제로 인해 치료기관에 맡겨지는 비율이 높으며 부정적인 행동을 할 확률이 2~3배 더 높은 것으로 보고되어 있기 때문이다(Amato, 1993; Amato & Keith, 1991; Zill et al., 1993).

이렇다 보니 자연스럽게 이혼에 대한 사회구성원의 사회적 편견이나 차별이 존재하게 된다. 더욱이 우리나라와 같이 전통적인 가족주의적 성향이 강한 경우, 이혼가정에 대한 곱지 않은 시선이 존재하고 있는 것이 사실이다. 이처럼 이혼에 대한 사회적 편견 속에서 이혼가정의 자녀는 여러 가지 불편함을 감수하고 성장해야 하며, 한부모 밑에서 자라더라도 양부모 아래 자라는 것 못지않게 잘 성장했다는 말을 들어야 한다는 심리적 부담을 갖게 되는 것이다.

(3) 경제적 문제

일반적으로 가정의 경제적 궁핍은 아동의 영양이나 건강에 상당히 부정적일 뿐만 아니라 교육적인 측면에도 영향을 미치는 것으로 나타났다. 이혼가정이 당면하는 가장 심각한 문제 중 하나는 이혼으로 인해 가족의 소득이 감소되거나 상실되는 것이다. 다시 말해 이혼은 가정의 전반적 수입 감소를 가져오는 경우가 많으며 때에 따라서는 가족을 저소득 빈곤계층으로 몰아넣기도 한다(Duncan & Hoffman, 1985).

한부모가정의 수입 감소는 결과적으로 생계유지를 위해 더 많은 시간을 일터에 할애하도록 만들며, 이는 결국 자녀와 함께할 수 있는 시간의 감소를 유발함과 동시에 자녀의 지도감독을 어렵게 만든다. 경제적 궁핍은 자녀에게 교육적 지원을 하기 어렵게 만들며, 이는 곧 자녀의 교육적 성취를 떨어뜨리는 결과로 이어지고 자아존중감을 저해하는 요인이 되기도 한다(Amato & Keith, 1991). 특히 이혼의 사유가 경제적 문제에 있는 가정인 경우, 이혼 후에도 생활고에서 벗어나지 못하는 것으로 나타났다.

2) 이혼이 부모 자신에게 미치는 영향

이혼에 대한 사회구성원의 인식은 예전과 다르다. 하지만 이혼가정의 부모 역시 이혼으로 인한 여러 가지 심리적·사회적 변화를 경험하게 된다. 다시 말해 이혼가정의 부부는 이혼으로 인한 다양한 변화를 경험하며, 결과적으로 자녀를 포함한 가족의 역동에 또 다른 영향을 미치게 된다. 킷슨과 모르간(Kitson & Morgan, 1990)에 의하면 이혼은 개인에게 매우 큰 스트레스를 일으키는 요소일 뿐만 아니라, 이혼을 경험함으로써 부모는 대개 여러 가지 적응상의 어려움을 경험하게 된다.

(1) 경제적 문제

앞에서 설명한 바와 같이 이혼은 가정의 경제적 궁핍과 관련이 있다. 대체로 여성의 경제적 어려움이 더 큰 것으로 보고되는데, 이는 자신뿐만 아니라 자녀의 건강과 영양, 교육적 측면에도 상당히 부정적인 영향을 미친다. 다행히도 1991년에 '가족법'이 개정됨으로써 이혼 시 배우자의 재산분할청구권이 인정되었다. 이는 여성 가사노동의 대가를 정식으로 인정한다는 의미이다.

이혼 후 자녀의 양육을 맡은 부모는 비양육부모로부터 자녀양육비를 받지 못하거나, 설사 받는다 하더라도 액수가 적은 경우가 많으므로 이혼 후에도 자녀양육을 떠맡은 여성 한부모가정의 경제적 어려움은 크다. 이처럼 여성 한부모가정이 남성 한부모가정에 비해 경제적 어려움을 더 많이 겪는 이유로는 먼저, 여성이 남성에 비해 취업 기회가 상대적으로 제한되어 있을 뿐만 아니라 임금의 차별도 경험하기 때문이다. 미취학 자녀가 있는 경우에는 보육비를 포함한 자녀양육비를 혼자서 감당해야 한다. 아울러 돌봄의 손길을 필요로 하는 어린 자녀가 있는 경우, 자녀로 인해 취업이 제한되는 경우가 많으므로 경제적 어려움이 커진다. 특히 모자세대인 여성 한부모가정이 부자세대인 남성 한부모가정보다 빈곤율이 높다.

(2) 정서적 문제

이혼은 우선 이혼한 당사자인 부모로 하여금 인생의 실패자라는 느낌을 줄 수 있다. 이혼한 부부는 이혼 직후 분노, 우울, 상실감, 자존감 저하, 불안감 등을 경험하게 된다. 이는 이혼하기까지의 과정이 어떠했느냐에 따라 차이가 날 수 있는데, 예를 들어 부부간 갈등이 매우 극심했거나 가정폭력이 존재했던 경우, 부부는 다소의 해방감이나 안도감을 우선적으로 경험할 수 있다. 특히 가정폭력 피해자의 입장에서는 더욱 그러하다.

하지만 배우자 없이 혼자 몸으로 자녀를 양육해야 하고 가정을 꾸려야 하는 새로운 상황에 직면한 경우, 적응과정에서 상당한 심리적 부담감을 가질 뿐만 아니라 외로움, 좌절감, 사회적 편견 등이 이혼한 부모를 더욱 힘들게 만든다. 아울러 자녀와 함께 살지 못하는 이혼부모 역시 이혼으로 인한 심리적·정서적 문제를 경험하는데, 자녀에 대한 죄책감이나 그리움 때문에 더욱 힘들어한다고 한다. 이혼자의 자살률은 결혼자에 비해 3~4배 정도 높은 것으로 나타났으며, 사회의 부정적인 관념의 작용으로 사회생활에도 영향을 미치게 된다.

(3) 친척 및 사회관계문제

이혼한 부부는 대인관계에서도 여러 가지 변화를 경험하게 된다. 이혼의 결과는 당사자 뿐만 아니라 결혼으로 지금까지 맺어온 친지와의 관계를 끊게 만든다. 부부의 원가족과 함께 얽혀 있던 관계에서 가족 한쪽이 분리됨에 따라 가족관계가 이전에 비해 축소되고 자연적으로 자녀와의 관계에 집중하게 된다. 이혼한 남성 한부모는 가사를 떠맡고 자녀를 양육하는 데 많은 어려움을 겪을 뿐만 아니라, 가사와 자녀양육상의 일이 많아짐에 따라 가족 외적인 사회관계에 제약을 받게 되는 경향이 있다. 한부모들은 여러 가지 역할을 수행함에 있어 수반되는 어려움을 해소하기 위해 때로는 자신의 부모나 친척과 동거하며 여러 가지 방식으로 사회적 지지를 구하기도 한다.

부모의 이혼이 아동에게 미치는 영향이나 문제를 살펴보는 것도 중요하지만, 부모의 이혼이 자녀에게 미치는 영향의 원인이나 영향을 미치는 과정에 대해서도 심도 있는 연구가 수행되어야 한다. 연구 수가 그리 많은 것은 아니지만 지금까지 이혼가정의 자녀들이 나타내는 부적응의 원인에 대한 선행연구 결과에 의하면, 여러 가지 요인이 작용하고 있음을 알 수 있다. 즉, 이혼가정의 자녀는 가정의 경제적 스트레스나 양육부모의 부적응, 부적절한 양육행동, 그리고 이혼으로 인한 가족구조의 변화, 부모-자녀 갈등 또는 관계 악화 등의 요인으로 인해 부적응현상을 보이는 것으로 나타났다.

최근의 연구(Amato, 1993; Roders & Rose, 2002; Voydanoff & Donnelly, 1998)는 아버지나 어머니의 부재와 같은 가족구조의 변화, 경제적인 어려움으로 인한 스트레스 등의 변수보다는 양육모와 비양육부의 관계, 양육부와 비양육모의 관계, 부모-자녀 간 갈등, 부모의 실제적인 자녀양육행동 같은 변수가 이혼가정자녀의 부적응을 더 잘 설명하고 있음을 시사하고 있다.

3 이혼가정아동을 위한 복지 실천방안

이혼율이 급속도로 증가하고 이혼을 바라보는 사회구성원의 태도 역시 과거에 비해 자연스러워져 이혼을 '특별한 사람의 특별한 경험'으로 인식하는 경우가 드물어졌다. 하지만 이러한 인식 변화와 달리 이혼가정의 아동과 부모가 경험하는 심리적·정서적 어려움이나 경제적 어려움을 해결하려는 우리 사회의 노력은 매우 미흡한 수준이다. 특히 이혼 후 자녀의 양육을 책임지는 양육부모는 이혼과정뿐만 아니라 이혼 후에도 여러 가지 어려움을 경험하게 된다. 앞서 살펴본 바와 같이 이들 이혼가정의 부모가 경험하게 되는 심리적·정서적, 사회적·경제적 어려움은 곧 자녀양육에 직접적인 영향을 미치게 된다.

이제 우리는 이혼을 하나의 사회적 현상으로 보아야 한다. 이혼을 바라보는 사회구성원의 시각이 어떠하든 간에 이혼을 한 부부와 그 자녀는 상당한 심리적 부담과 현실적 어려움을 겪게 되므로, 이들의 고충을 해결하기 위한 여러 가지 해결방안을 모색해야 할 것이다. 사회는 이혼가정의 가족구성원을 위하여 법적 지원, 심리적 지원, 경제적 지원 등 여러 측면에서 지원책을 펼칠 수 있다. 그리고 이혼한 당사자인 부부를 위해, 또 그들의 자녀를 위해서 각각 다양한 개입방안을 생각해볼 수 있다. 나아가 이혼을 예방하기 위한 방안에 대해서도 살펴볼 필요가 있다.

1) 이혼가정을 위한 대책방안

앞서 살펴본 바와 같이 이혼은 어떠한 형태로든 부모 자신, 그리고 자녀에게 영향을 미치게 된다. 따라서 이혼가정을 위해 여러 가지 대책을 세울 수 있는데 먼저 이혼한 당사자인 이혼부부가 지녀야 할 태도 및 자세가 있을 것이다. 자녀가 잘 적응할 수 있도록 하기 위한 방안, 사회구성원의 인식 변화와 사회 및 국가적 차원에서의 노력도 있을 것이다.

(1) 이혼부부를 위한 태도 및 적응방안
이혼부부는 이혼을 인생의 끝이 아닌 새로운 시작으로 받아들여야 한다. 이혼을 삶의 새로운 기회로 받아들이고, 이전 배우자와의 감정을 되도록 빠른 시일 내에 정리하도록 노력해야 한다. 정상적이고 폭넓은 인간관계 확립에 힘써야 하며, 역할을 재정립하고 경제적 자립능력을 갖기 위해 노력해야 한다. 아울러 자녀양육문제, 위자료, 재산 분배 등과 같은 법적인 제반 문제의 해결에도 힘을 기울여야 한다.

이혼한 부모는 예전과 달라진 상황에 대처하는 자세를 지녀야 한다. 예를 들면, 아동과 의사소통을 하는 방법, 부모 자신의 좌절된 감정을 해결하는 방법 등을 배워야 하며 필요하다면 전문가의 도움을 구할 수도 있다.

(2) 이혼가정의 자녀를 위한 대책방안

부모의 이혼이 자녀의 성장·발달에 항상 부정적인 영향을 미친다고는 할 수 없다. 이혼을 하기 전 부부간 불화가 매우 심했다거나 그러한 불협화음이 장기적으로 지속되었을 때, 그리고 자녀 폭행이나 배우자 폭행이 자주 발생하는 등의 특수한 상황을 제외하고 대체로 자녀는 양쪽 부모와 함께 살기를 희망하는 것으로 나타났다. 하지만 대체로 부부의 이혼은 자녀에게 불안, 두려움, 외로움, 상실감, 죄책감, 낮은 자존감 등 부정적 영향을 수반한다. 그러므로 이혼가정의 자녀를 위한 여러 가지 측면의 대책이 마련되어야 할 것이다.

① 이혼가정의 자녀 적응을 돕기 위한 노력

아동에게 있어 이혼이 가져오는 심리적·정서적 영향은 부모를 여의는 것만큼이나 심적 타격이 크다. 부부가 어쩔 수 없이 이혼하기로 결정했다면 우선 자녀의 심리적 안정에 대해 세심한 신경과 관심을 기울여야 한다. 앞서 살펴본 바와 같이 이혼가정의 자녀는 두려움, 슬픔, 불안, 부모에 대한 분노, 상실감, 무력감, 외로움, 죄책감 등의 감정을 느끼는 경향이 있으며, 이는 자아존중감의 저하, 학업 부진, 비행 및 탈선 등의 문제를 초래하는 등(Smilansky, 1992) 부모의 이혼은 자녀에게 힘든 과정이 될 수밖에 없다. 이혼가정의 아동은 아버지 혹은 어머니와 함께 살지 않음으로 인한 역할모델의 부재로 인하여 가족 내 사회화를 제대로 경험하지 못하며, 결과적으로 가정 밖 대인관계를 어렵게 만드는 요인이 되기도 한다.

자녀의 행복은 자녀의 신체적·물질적 복리뿐만 아니라 심리적·정신적 복리도 포함한다. 이혼 후의 양육자를 결정하는 기준은 자녀의 심리적 욕구를 충족시켜줄 수 있는 부모, 즉 자녀와 심리적 친자관계를 갖는 부모를 실제 양육자로 정하는 것이 자녀의 행복에 필수불가결한 요소임에는 틀림이 없다. 이혼 후 자녀의 양육을 담당한 한부모가 헤어져 있는 다른 한부모와 자녀양육문제에 대해 협의하고 상호 협력한다면 일반가정과 다를 바 없이 자녀를 건강하게 키울 수 있을 것이다.

이혼가정자녀의 심리적 적응을 돕기 위한 부모의 역할로는 다음과 같은 것이 있다.

- 첫째, 부모는 이혼을 전후하여 자녀와 인격적이고 심도 깊은 대화를 나눈다. 이때 부모는 아동의 수준에 맞추어 이혼에 관해 이야기하고, 현재 어떤 일이 일어나고 있으며, 앞으로 어떤 변화가 생길 수 있는지 예측할 수 있게 도와야 한다.
- 둘째, 부모는 이혼 후 자녀가 맞게 될 환경적 변화를 가급적 최소화할 수 있도록 노력해야 한다. 이혼에 따른 변화가 불가피하더라도 가능하면 아동이 안정되고 일관된 생활을 할 수 있도록 도와야 한다. 다시 말해 가정 안에서의 역할을 그대로 유지하며 가정 밖에서의 참여활동을 지속하고, 이사나 전학 등을 가능한 자제하는 등 이혼 전의 생활과 크게 달라지지 않도록 최대한 노력해야 한다.
- 셋째, 부모는 아동에게 심리적 · 정서적 지원을 아끼지 말고 자녀와 함께 즐거운 시간을 보내는 등 자녀와 함께할 수 있는 기회를 자주 가지려고 해야 한다.

부모가 이혼과정이나 이혼 후 자녀와의 신뢰감을 돈독하게 하기 위해서는 부모나 아동 모두에게 재미있는 일을 함께하는 것이 좋다. 이처럼 부모는 자녀와 재미있는 일을 하면서 자녀의 성격 내지 심리적 특성을 보다 잘 이해할 수 있으며, 서로를 깊게 들여다볼 기회를 가진다. 아울러 부모는 자녀로 하여금 이전 배우자와의 중간자적 역할을 하지 않도록 배려하고, 자녀가 부모 모두에게 사랑받고 있다는 확신을 가질 수 있도록 같이 동거하지 않는 부모를 정기적으로 만날 수 있게 해야 한다.

이혼가정의 자녀 역시 이후 적응상의 여러 가지 문제를 해결하기 위해 다음과 같이 스스로 노력해야 한다.

- 첫째, 아동은 결혼이 해체되었다는 현실을 인식하고 이혼이 확정되었음을 수용해야 한다.
- 둘째, 아동은 부모의 갈등이나 걱정에서 벗어나 평상시와 다름없이 일상생활을 할 수 있도록 노력해야 한다.
- 셋째, 아동은 상실감과 분노, 자기 비난 등의 문제를 해결하도록 노력해야 한다. 그리고 이혼 후 심리적 · 정서적 어려움을 해결하기 위한 프로그램에 적극 참여할 필요가 있다.

② 이혼가정을 돕기 위한 노력

이혼은 부부 둘만의 문제에 그치는 것이 아니라 자녀, 두 사람의 원가족에 이르기까지 모든 가족을 포함한 가족 전체의 문제이다. 이혼은 결혼의 해체일 뿐, 가정 혹은 가족의 해체로 이어져서는 곤란하다. 이혼은 인생의 끝이 아니다. 그렇기에 이혼가정을 대상으로 여러 가지 상담 프로그램을 실시하여 이들이 현실적인 어려움에서 벗어날 수 있도록 심리적인 힘을 실어주고, 다시 시작할 수 있도록 다음과 같은 내용을 중심으로 도와주어야 한다.

■ 법률적 문제와 부부간의 이혼 위기 극복을 위한 전문상담기관의 확장, 개인문제나 가정문제를 의논할 수 있는 가정상담소, 사회서비스기관의 개설이 현실화되어야 한다. 이혼가정 복지를 위한 사회복지전문요원의 확충도 시급하다.

■ 이혼으로 인해 경제적 어려움에 처한 한부모를 위한 경제적 지원을 비롯하여 여러 가지 사회보장제도의 확대 실시가 필요하다. 예로는 이혼가정을 위한 자녀양육비 및 교육비 보조, 의료비 보조, 한부모수당 지급, 직업훈련 기회 제공 및 취업 알선, 임대주택 입주 우선 배정 등이 있을 것이다. 자녀를 양육하고 있는 부모에게 비양육 부모가 아동양육비를 지급하는 문제에 관해서는 독일의 경우, 월급에서 양육비를 원천징수하거나, 자영업의 경우에는 세금 환급 시 연체된 양육비를 제하고 있다. 만약 양육비를 연체할 시에는 운전면허를 취소한다. 사회 전반에 양육비 지급을 하지 않으면 파렴치한 범죄행위라는 인식이 있다. 따라서 무엇보다 양육비는 아동의 권리이자 부모의 책임이라는 인식이 중요하다.

■ 이혼한 가정의 가족구성원이 자신감을 잃지 않고 살 수 있도록 용기를 북돋고 정신적 지원을 제공하는 심리적 지지체계를 마련해야 하며, 복지적 측면에서 이들을 위한 심리상담 프로그램을 도입해야 한다. 최근 '한부모가정 위기극복 프로그램', '한부모가정캠프' 등이 지자체별로 개설되어 참가자들의 좋은 반응을 얻고 있다.

■ 그 외 다양한 사회복지서비스가 확대 실시되어야 한다. 다양한 형태의 보육시설 운영, 한부모가정의 자녀양육 및 가사 협조를 위한 가정봉사원제도 도입, 재혼을 주선하는 등의 노력이 필요할 것이다.

(3) 사회적 차원에서의 노력

부모의 이혼은 부부가 갈등을 노출하기 시작한 시점부터 이혼이라는 생활 변화에 적응할 때까지 자녀의 성장·발달에 지속적으로 영향을 미친다. 이제 이혼이나 재혼은 더 이상 새로운 사회현상이 아니다. 여기서는 사회구성원이 이혼가정을 위해 구체적으로 어떠한 노력을 할 수 있는지 살펴보도록 한다.

① 사회구성원의 이혼에 대한 인식 변화

우리 사회구성원은 이혼가정을 비정상적으로 보는 사회적 인식부터 바꿔야 할 것이다. 이혼가정의 아동을 바라볼 때 '불쌍하다.' 혹은 '측은하다.'라든가 '행동이 거칠거나 난폭하다.' 등과 같은 부정적 인식 내지 사회적 편견을 갖지 않아야 한다. 이 문제에 대한 이혼자의 심리적 고충은 매우 큰데, 이혼한 사실을 밝히면 마음은 편하겠지만 사회적 편견이 싫다는 것이 대부분의 생각이다. 특히 이혼자들은 '자녀를 배려하지 않는다.'거나 '아이에게 애정이 없어 이혼한다.'는 등의 사회적 편견을 접할 때마다 상당한 괴로움을 느낀다.

이혼가정의 부모는 이혼으로 인한 생활고에 절망하고 이혼가정에 대한 사회적 편견에 분노한다. 여성민우회에서는 부정적인 의미가 강한 결손가정이나 편모·편부가정이라는 용어 대신 한부모가정, 여성 한부모가정, 남성 한부모가정이라는 용어를 사용하였는데, 이 역시 이혼가정에 대한 우리 사회구성원의 인식 변화에 도움을 줄 수 있다. 따라서 이러한 용어 수정과 더불어 이들에 대한 사회적 편견을 불식시키려는 노력이 뒤따라야 할 것이다.

② 학교를 비롯한 교육적 차원에서의 노력

최근 모든 연령대에서 이혼율이 증가하고 있으며 특히 30~40대의 이혼율이 절대적 우위를 차지하고 있다. 이 연령대의 이혼부부는 대개 미성년 자녀를 두고 있어, 이혼이 어린아이에게 더 큰 어려움을 줄 수 있다.

우리 사회에서 한부모가정이 증가하고 있음에도 불구하고 여전히 학교행사나 교과서의 내용, 숙제 등의 내용이 양부모가정에 치우쳐 있어 교육현장에서의 편견이 매우 심함을 알 수 있다. 즉 '아빠의 날' 행사, '아빠와 함께하는 체험 프로그램', '아빠 발 그려오기', '가족신문에 반드시 엄마나 아빠의 사진 붙이기', '엄마, 아빠와 함께 찍은 사진 가져오기', '엄마 혹은 아빠에게 편지 쓰기' 등의 행사 및 과제는 이혼가정의 아동에게 또 다른 상처의 계기가 된다. 어느 이혼자는 "가정의 달, 5월은 이혼한 가정의 부모나 자녀에게 너무 잔인한 달이다."라는 표현을 하기도 했다. 대부분 부모가 모두 존재하는 것을 정상으로 보고 그에 맞추어 모든 프로그램을 구성하고 행사를 진행하는 경향이 있기 때문이다. 이러한 행사에 대해서 일반가정의 부모는 별다른 생각을 하지 못할 수 있지만, 한부모가정의 경우에는 다르다. 교사가 무심코 던진 말이나 행동이 한부모가정의 아이들에게 돌이킬 수 없는 심리적 상처로 남을 수 있기 때문에 세심한 주의가 요망된다.

한부모가정의 아동을 '요주의 인물'로 보거나 지나치게 동정적인 시각으로 바라보며 과잉행동, 주의력 결핍, 정서불안 등의 심리적·정서적 장애가 있는 것으로 보는 인식도 여전히 남아 있다. 한부모가정은 자녀교육과 관련하여 "교사가 아이에게 드러내는 편견이 가장 견디기 힘들다."라고 답했다. 이혼율 증가와 맞물려 한부모가정 수 역시 늘어나면서 한부모가정이 하나의 새로운 가족의 형태로 자리 잡았음에도 불구하고 학교의 교과내용이나 교사를 비롯한 우리 사회구성원의 인식이 여전히 바뀌지 않고 있다.

이혼가정의 자녀를 위해 가정 및 부모는 각기 나름의 노력을 다하겠지만 무엇보다 학교 차원의 세심한 배려가 시급하다. 우리나라는 급증하는 이혼율에도 불구하고 이혼가정 아동을 위한 체계적이고 구체화된 프로그램 개발 및 실시가 미흡한 수준이다. 학교는 성장기 아동들이 가장 많은 시간을 보내는 장소로, 이혼가정의 아동을 돕는 가장 효율적이고 강력한 자원이 될 수 있다. 예를 들어 학교에서는 일반가정 혹은 양부모가정의 아이에게 한부모가정에 대한 반편견교육을 실시하여 한부모가정의 아동이 한부모자녀라는 이유로 어린 시기부터 불평등한 대우를 받는 일이 발생하지 않도록 할 수 있다.

한편, 이혼가정 자녀에 대한 연구가 활발히 이루어지고 있는 선진국에서는 그 결과를 바탕으로 학교 중심, 지역사회 중심, 기관을 중심으로 다양하고 체계적인 프로그램을 개발하고 있다. 특히 미국은 학교를 중심으로 한 프로그램이 활성화되어 있는데, 이러한 프로그램의 내용으로는 부모의 이혼에 대한 감정 명료화, 효율적 혹은 새로운 의사소통 방법 익히기, 문제해결 및 대처능력의 습득 등이 있다.

2) 이혼을 예방하기 위한 방안

앞서 이혼가정을 위한 대책방안에 대해 살펴보았다. 어떤 분야의 복지사업이든 모든 복지정책은 예방이 치료에 우선한다는 평범한 진리가 적용될 수 있으므로 가능한 한 이혼을 예방할 수 있게끔 최대한 노력해야 할 것이다. 한 조사에 의하면, 우리나라 청소년의 절반 정도가 이혼에 대해 관대하게 생각하고 있음을 알 수 있다. 즉, 이혼으로 인한 편부·편모가정이 늘어나는 가운데 청소년들이 장래 본인의 이혼 역시 큰 문제가 되지 않는다고 생각하는 것이다.

부모가 이혼하면 자녀도 이혼할 가능성이 높아져 이혼이 대대로 악순환된다는 주장도 나와 눈길을 끌고 있다. 미국의 한 연구에 의하면, 부부 중 한 사람이 이혼한 부모를 두었을 때 그렇지 않은 부부에 비해 이혼할 가능성이 2배, 부부가 모두 이혼한 부모를 두었을 때는 이혼할 가능성이 3배나 높아진다고 한다. 특히 이들이 20세 이후에 결혼할 가능성은 정상부모를 둔 사람들에 비해 30% 이상 낮은 것으로 나타났으며, 이들이 이혼 가능성이 높은 가장 큰 이유가 바로 10대에 결혼하기 때문이라는 것이다. 이 연구에 의하면 부모가 대수롭지 않은 불화로 이혼하는 것은 심각한 불화 속에서 결혼관계를 유지하는 것 못지않게 자녀에게 타격을 주며, 실제로 의견 대립이 거의 없거나 전혀 없는 데도 이혼한 부모의 자녀가 이혼할 가능성이 가장 높게 나타나고 있었다. 하지만 부모 중 한 사람이 사망한 경우는 자녀에게 이러한 부정적인 결과가 나타나지 않았다(연합뉴스, 2005. 6. 29). 이처럼 부모의 이혼은 자녀의 향후 삶에 장기적으로 영향을 미칠 수 있음을 부정하기 어렵다.

이혼을 예방하기 위해서는 다양한 측면의 노력이 필요하다. 예를 들어 결혼을 앞둔 예비부모를 대상으로 결혼준비교육을 실시하거나, 결혼 후 부부간 대화나 상호이해의 중요성을 위한 교육, 부부간 갈등을 해결하기 위한 실제적 노력, 이혼 직전의 부부를 대상으로 한 상담 프로그램 실시 등을 할 수 있다.

(1) 결혼을 앞둔 예비 부모를 위한 결혼 준비 교육 실시

가정은 우리 사회의 기본단위이자 가장 중요한 사회의 지지망이다. 가정이 무너지면 사회의 미래도 불투명해진다. 점진적으로 상승하는 이혼율을 낮추기 위해서는 결혼준비교육, 자녀의 성장에 걸맞는 부모 됨에 대한 교육 등을 포함한 이혼예방 생애교육이 필요하다. 즉, 이혼을 예방하는 측면에서 다양한 교육을 실시해야 한다는 것이다. 교육의 구체적인 내용으로는 성역할, 이성교제, 배우자 선택 및 결혼, 가족관계, 부부의 역할과 윤리관 등을 비롯하여 부모가 되었을 때 자녀를 지혜롭게 양육하고 원만한 부부관계를 유지할 수 있는 토대를 마련하는 데 필요한 소양교육이 있다.

(2) 부부대화교육 및 부부상담 프로그램 실시

통계청(2013)이 발표한 '2012년 혼인·이혼통계'에 따르면 최근 우리나라 이혼자들이 내세우는 이혼의 가장 주된 이유가 '성격 차이'로 나타났다. 실제 이혼을 생각하고 있는 부부는 이혼 사유로 배우자의 성격문제 외에도 배우자의 폭력적 성향, 재정적 문제, 성 문제 등 생활전반에 걸친 다양한 이유를 들고 있지만, 보다 근본적으로는 '우리'보다 '나'를 먼저 생각하는 개인주의적 성향이 팽배해 있고 사전에 준비하지 않은 결혼, 부부간 효율적 의사소통의 부재, 부부간 갈등을 해결하기 위한 상호 노력의 부족 등을 들 수 있다. 실제로 상호간 갈등을 일으키는 부부를 대상으로 상담한 경우를 살펴보면, 갈등하던 부부들이 수용과 이해의 태도를 가질 때 이혼 갈등의 심리적 문제가 대부분 해소되는 경우가 많았다. 무엇보다 위기가 발생하기 전에 상담을 통한 중재 및 교육이 필요하다.

가정상담소와 같은 기관의 부부간 대화 중심의 교육 프로그램은 실시와 더불어 상당한 효과를 거두고 있는 것으로 나타났으나, 일반인에게 보급하기에는 아직도 부족하다. 따라서 지역마다 설치되어 있는 종합사회복지관이나 여타 상담기관에서 부부를 대상으로 대화 및 의사소통을 교육하는 프로그램을 확대, 실시할 필요성이 있다. 또 다른 방안으로는 각 대학에서 학생을 대상으로 이와 관련한 교과목을 이수하게 하는 방법이 있을 것이다.

(3) 위기의 가정을 지키기 위한 사회·정부 차원의 노력

"가정은 인간이 발명한 가장 멋진 창조물"이라는 어느 아동복지학자의 주장처럼 가정이야말로 이 사회를 건강하게 존속시키는 기본단위이다. 여러 가지 사정으로 위기를 맞은 이 시대의 가정을 지키기 위해서는 개인의 노력도 물론 중요하지만 사회적·국가적 차원의 아낌없는 지원이 뒷받침되어야 할 것이다. 가정이 건강하게 유지되도록 다양한 정책적인 배려를 해야 한다는 것이다.

최근 정부와 법조계, 그리고 많은 지방자치단체에서는 위기의 가정을 지키기 위한 각종 정책을 잇달아 내놓고 있다. 정부는 지역아동센터의 확충 등 위기가정의 구호체계를 강화하는 한편, 상담센터와 상담전문인력의 양성, 다양한 프로그램 개발 등 인프라 구축에 힘쓰고 있다. 이혼숙려제는 부부가 가정법원에 이혼을 신청하고 나서 양육할 미성년 자녀가 있으면 3개월, 없으면 1개월간 이혼에 대해 생각할 시간을 주는 제도로 성급한 결정을 뒤돌아보고 '홧김이혼'을 줄여 이혼율을 감소시키고자 한 노력이다. 이는 2008년 도입 이후 협의이혼이 전년 대비 5.7%까지 감소하여 효과를 발휘한 것으로 보고되었다. 그 외 지자체에서도 가족의 중요성을 체험하는 이벤트를 실시하거나, 아파트 단지 내 가족공간의 확보를 의무화하고 건강가족지원센터를 설립하는 등 가정의 중요성을 부각시키기 위한 인프라 구축에 적극적으로 나서고 있다.

이혼문제를 전적으로 개인의 선택에 맡기는 것은 더는 곤란하다. 정부는 지금까지의 소극적인 자세에서 벗어나 적극적으로 이혼을 예방하기 위한 대책을 마련해야 할 것이다. 부모의 이혼 여부와 관계없이 아이들은 행복할 권리가 있다. 따라서 이혼한 가정을 '결손가정'이라 부르는 편견 어린 시선부터 바꿔야 하며, 우리 사회의 이러한 편견이 아이들을 멍들게 함을 인식해야 한다. 이혼가정에 대한 사회구성원의 인식 변화가 무엇보다 시급한 때이다.

CHAPTER 12

빈곤가정의 아동을
위한 복지 실천

인간은 울고 웃을 수 있는
유일한 동물이다.

— 윌리엄 해즐릿(William Hazlitt)

1 빈곤 및 빈곤아동의 정의

일반적으로 빈곤가정은 저임금, 안정적이지 못한 고용형태, 높은 실업률, 주거불안정 등 생활상의 어려움을 겪는다. 빈곤은 다른 가족구성원보다 특히 아동에게 영향을 많이 미치는 편이다. 빈곤가정은 물질적 자원의 부족과 부모의 부재, 혹은 관리와 감독의 부족으로 인해 자녀를 방임하기 쉽다. 또 빈곤가정의 자녀는 부모로부터 신체적·정서적 학대에 노출되는 경우가 많으며, 이로 인해 발달적 결함과 적응상의 어려움을 겪게 된다. 여기서는 우선 빈곤과 빈곤아동의 개념적 정의를 살펴보도록 한다.

1) 빈곤의 개념적 정의

일반적으로 빈곤은 기본적 욕구 충족을 위해 재화와 서비스를 사용할 수 있는 능력이 부족하거나 결핍된 상태를 말한다. 통상적으로 이 단어는 경제적 관점에서 정의를 내리는 경향이 있다. 빈곤은 경제적 빈곤을 의미하는데, 경제적 빈곤은 물질적 필요에 대하여 부족함을 느끼는 것으로 절대적 빈곤과 상대적 빈곤을 포함한다.

(1) 절대적 빈곤

절대적 빈곤(absolute poverty)에서 빈곤이란 '한 가구의 소득 또는 지출이 최저생활을 유지하는 데 필요한 생계비를 미달하였을 경우'를 의미한다. 다시 말해 절대적 빈곤은 개인 및 가족이 생존을 유지함에 있어서 필요한 의식주를 해결하지 못하는 상태로, 이 기준에서 보면 빈곤은 불평등의 정도가 아닌 그야말로 생존을 위협하는 수준의 것이다. 절대적 빈곤수준을 평가할 수 있는 객관적 기준이 바로 빈곤선(poverty line)인데, 빈곤선은 개인이나 가구의 소득 또는 지출이 최저생활을 하는 데 필요한 생계비에 미달하는 정도를 나타낸다. 소득이 빈곤선 이하일 때 절대적 빈곤상태라 간주하며 절대적 빈곤은 주로 기본적 욕구방법과 음식비 비율방법으로 계측된다(김태성·손병돈, 2002).

우리나라에서 절대적 빈곤의 범주에 들어가는 아동으로는 국민기초생활보장법에 의한 수급가정의 아동 같은 극빈가정의 아동, 소년소녀가정의 아동, 빈곤한 한부모가정의 아동 대부분이 이에 포함된다.

(2) 상대적 빈곤

상대적 빈곤(relative poverty)이란 사회의 평균 또는 일정 생활수준과 비교할 때 상대적으로 적게 가지고 있는 상태를 말한다. 이 빈곤의 유형은 한 사회의 기존 생활수준과 직접 비교하여 정의하는 빈곤으로, 이는 다시 순수상대빈곤과 유사상대빈곤으로 나눌 수 있다. 순수상대빈곤은 전체 사회의 계층별 소득 순서에서 하위층에 해당하는 일정한 비율을 빈곤층으로 정의한 것이고, 유사상대빈곤은 전체 사회에서 평균소득에 해당하는 일정한 비율을 빈곤층으로 정의한 것이다.

대개 빈곤의 개념을 언급할 때 절대적 빈곤보다는 상대적 빈곤의 개념을 사용하는 경향이 있으며, 기본적인 욕구가 충족되더라도 어느 집단이 다른 집단에 비해 자원이나 기회, 현금이나 물품을 더 적게 소유한 경우를 말한다. 이러한 상대적 빈곤 개념의 기준은 나라별, 국제기구별로 다르게 측정된다. 우리나라의 경우, 평균가구소득의 하위 20% 이하에 포함되는 경우 또는 차상위계층을 포함할 때는 평균가구소득의 50% 이하에 포함되는 경우를 말한다.

하지만 경제적 특성만으로 빈곤을 정의하기에는 한계가 있다. 이는 빈곤이 물질적 자원뿐만 아니라 그 외 요소인 가정환경이나 교육 및 직업과 관련된 여러 영역의 조건 차이와 관련이 있기 때문이다. 다시 말해 빈곤을 정의할 때는 경제적 특성인 소득의 차이뿐만 아니라 주거조건이나 직업의 안정성, 교육기회 등을 포함한 사회적 불평등이나 문화적 개념의 도입이 필요하다. 빈곤은 경제적 특성뿐만 아니라 사회적 또는 심리적으로 여러 가지 특성을 가지므로 이를 정의할 때 경제적 빈곤과 더불어 사회적·문화적 특성을 반영한 빈곤의 개념적 정의가 필요하기 때문이다.

2) 빈곤아동의 정의

빈곤아동이란 빈곤가정에서 생활하는 만 18세 미만의 아동으로, 우리나라의 경우 국민기초생활보장법에 의해 국가로부터 보호를 받는 가정에서 생활하는 아동을 말한다. 하지만 이러한 기준에 부합하는 아동에 대한 정확한 통계조사 및 분석이 제대로 이루어지지 않고 있다. 빈곤가정아동의 대표적인 유형으로는 한부모가정의 아동과 소년소녀가정의 아동이 있다.

(1) 한부모가정 아동

한부모가정은 이혼, 별거, 사망, 유기 등 여러 가지 사유로 양친 중 한쪽과 그 자녀로 이루어진 가족을 말하며, 여성 한부모가정과 남성 한부모가정으로 나누어진다.

① 여성 한부모가정

여성 한부모가정에 해당되는 가정은 다음 각 항에 해당되는 모와 모에 의하여 양육되는 만 18세 미만의 자녀로 이루어진 가정이다.

- 배우자와 사별 또는 이혼하거나 배우자로부터 유기된 여성
- 정신 또는 신체장애로 인하여 장기간 노동능력을 상실한 배우자를 가진 여성
- 미혼여성(사실혼 관계에 있는 자를 제외)
- 배우자의 생사가 분명하지 아니한 여성
- 배우자 또는 배우자 가족과의 불화 등으로 인하여 가출한 여성
- 배우자의 해외 거주, 장기복역 등으로 인하여 부양을 받을 수 없는 여성

② 남성 한부모가정

남성 한부모가정에 해당되는 가정은 다음 각 항에 해당하는 부와 부에 의하여 양육되는 만 18세 미만의 자녀로 이루어진 가정이다.

- 배우자와 사별 또는 이혼한 남성
- 정신 또는 신체장애로 인하여 장기간 가사노동능력을 상실한 배우자를 가진 남성
- 미혼남성(사실혼 관계에 있는 자를 제외)
- 배우자의 생사가 분명하지 아니한 남성
- 배우자의 가출, 해외 거주, 장기 복역 등으로 인하여 사실상 가계 운영을 혼자 담당하는 남성

(2) 소년소녀가정의 아동

소년소녀가정은 부모의 사망, 질병, 심신장애, 가출, 이혼, 복역 등으로 만 18세 미만의

소년소녀가 실질적인 가장으로서 가계를 책임지는 세대를 말한다. 이들은 국가의 보호 및 지원을 필요로 하는 세대이다.

- 부모가 사망하여 형제끼리 또는 혼자 사는 경우
- 부모가 있더라도 재소 중이거나 가출, 이혼, 재혼 등의 이유로 보호받지 못하는 경우
- 조부모나 일가친척 또는 부모 중 1명과 함께 생계를 같이하나 노령 및 병환 등으로 아동이 실질적인 가장 역할을 해야 하는 경우
- 이웃과 같은 비혈연자와 함께 사는 경우

　아동과 청소년이 안정된 가정생활과 건전한 사회생활이 가능하도록 보호하고 육성하는 일은 전 세계적으로 매우 중요시된다. 따라서 소년소녀가정아동의 생활을 보호함으로써 자립능력을 배양하고 건전한 사회인으로 육성하는 일은 매우 중요한 문제라고 할 수 있다. 정부는 그간 소년소녀가정의 아동을 위한 여러 사업을 실시했다. 예를 들어 1985년에는 이들을 생활보호대상자로 선정하여 여러 가지 보호를 제공하고 민간독지가 및 각종 단체와의 결연사업을 실시하는 등 각종 지원사업을 활발히 전개했다. 그리고 소년소녀가정의 보호 및 후원단체의 지원을 보다 체계적으로 추진하기 위하여 결연 및 후원업무를 한국복지재단(구 한국어린이재단)에 위탁하여 실시하였다. 2000년대에 들어서는 소년소녀가정지원제도보다는 가정위탁제도를 통해 소년소녀가정을 보호하는 정책을 추진하고 있으며, 소년소녀가정에 대한 명칭을 공모하여 '새싹가정' 또는 '소년소녀가정(youth family)'이라는 명칭을 사용하고 있다.

2 빈곤아동의 발생 원인

1950년대나 1960년대를 지나온 기성세대라면 누구나 '배고픈 설움'에 대한 정서적 공감이 가능할 것이다. 그 시대는 일부 상위계층을 제외하고는 대부분의 국민이 곤궁한 삶을 영위했기 때문에 가난하고 배고프다는 것이 수치가 될 수 없는 시절이었다. 그러나,

빠른 경제 성장 이후 불평등한 분배구조와 사회구조의 악순환으로 '부익부 빈익빈' 현상이 심화되었다.

우리나라는 특히 1997년 외환위기를 기점으로 많은 가족이 경제적 어려움에 처하게 되었다. 그 결과 가족해체가 유발되었으며 앞으로는 이러한 가족해체현상이 더욱 빠르게 진행되지 않을까 하는 우려의 목소리가 높다.

사회가 보다 분화되고 발전을 거듭할수록 빈부 격차가 더욱 심화되고 있으며, 이는 다시 사회 전반에 여러 가지 문제를 야기하고 있다. 외환위기 이후 최저 생계비수준에도 미치지 못하는 소득수준의 가정이 이전보다 크게 증가 추세를 보이고 있다. 우리나라 아동빈곤율은 2003년 5.6%에서 2005년 5.7%, 2011년 4.4%의 분포로 점차 감소하는 추세에 있으나, 중위소득 50% 미만의 상대 아동빈곤율은 2003년 10.3%에서 2005년에는 11.8%, 2011년에는 10.3%의 분포로 약간 상승하는 추이를 보이고 있다(김미숙, 2013, 재인용). 국민기초생활보장수급권자와 차상위계층의 대상에는 포함되지 않지만 최저생계비수준의 소득으로 생활하는 가정까지 합하면 우리 사회의 저소득가정 비율은 훨씬 늘어날 것이다.

그렇다면 이러한 빈곤아동은 어떻게 해서 발생하는 것일까? 빈곤아동은 빈곤가정과 결손가정에서 비롯되며, 이러한 빈곤가정과 결손가정은 상호밀접하게 연결되어 있다. 아울러 결손가정은 빈곤가정으로 진행될 가능성이 매우 높다. 결손가정은 부모의 이혼, 부 또는 모의 사망이나 가출 등으로 인하여 남성 한부모가정, 여성 한부모가정, 소년소녀가정이 된 경우를 말한다.

최근에는 부모가 아닌 조부모나 친척 등과 사는 아동의 수가 증가하고 있다. 보건복지부 아동정책과에 따르면, 부모의 별거나 경제적 사정 등으로 조부모가 대신 아이를 돌보는 가정(아동복지법상 가정위탁사업에 따라 정부로부터 양육비를 지원받는 가정)은 2001년에는 810가구(1,170명)였고, 2012년에는 7,361가구(9,784명), 2013년에는 7,352가구(9,829명), 2014년에는 7,217가구(9,582명) 등으로 크게 증가하였다. 조부모가 아닌 친척 또는 일반가정에서 지내는 아이의 수 또한 2011년의 3,255명에 비하여 2012년에는 4,770명, 2013년에는 4,755명, 2014년에는 4,748명으로 크게 증가했음을 알 수 있다. 이처럼 아동이 조부모나 친척 등에 의해 양육되는 가정의 상당수는 부모가 가출했거나 이혼하는 등의 경우이지만 최근에는 경제적인 어려움으로 아이를 맡기는 경우도 늘고 있다.

한편, 한부모가정의 증가가 아동·청소년의 빈곤 위험을 가속화하는 요인이 되고 있다.

통계청의 자료에 따르면 한부모가정의 빈곤율은 양부모가정의 3배에 육박한다. 특히 부모의 이혼율 증가는 가정해체를 심화시키고 있는데, 보건사회연구원은 부모의 이혼과 별거가 가정해체 원인의 40%를 차지한다고 밝혔다(김승권, 2002).

빈곤가정의 가족구성원은 어떤 다른 유형의 가족보다 경제 위기로 인한 생활의 어려움과 충격을 가장 먼저 받게 되고, 그로 인한 영향도 가장 많이 받는다. 빈곤가정은 대개 노동시장에서 저임금을 받고 생활하는 사람들로 경제 위기로 인한 실업에 취약하고, 가족해체의 가능성은 한층 높다. 가족해체의 일반적 지표는 부모의 이혼과 별거, 가출, 자녀의 양육 포기, 가족원 자살, 가족불화, 가정폭력, 신체적 건강의 악화 등 구조적·기능적 측면을 포함한다.

외환경제 위기 이후 빈곤가족의 구조적 해체는 물론 기능적 측면의 해체가 진행 중에 있으며, 만약 향후 정부 차원의 적극적인 해결방안이 모색되지 않는다면 이러한 현상이 한층 가속화될 것이다. 미혼모의 증가 역시 빈곤아동의 증가를 부채질하는 요인으로 작용하고 있다. 이러한 현상은 성개방화의 물결과 함께 보다 증대될 것이다.

3 빈곤이 아동발달에 미치는 영향

한 가족의 빈곤문제는 자녀의 비정상적인 발달을 불러오고, 가출이나 폭력 같은 아동비행문제나 학업문제 등 다양한 결과를 초래하며 부모의 별거나 이혼 등을 유발하기도 한다. 빈곤은 아동이 정상적 발달과업을 성취하는 데 여러 가지 지장을 가져올 뿐만 아니라, 청년기를 거쳐 훗날 성인이 되어서까지 부정적 영향을 미치게 된다. 지속적인 학업수행이 어려워지고, 실업의 가능성이 높아지며, 무기력과 절망감 같은 심리적 부적응이 생기거나 범죄 가담 확률이 높아지는 등의 현상은 빈곤과 관련이 적지 않다.

빈곤가정아동은 안정된 주거공간을 확보하기 어렵고 적절한 교육환경을 제공받기 어려우며, 여러 가지 문화생활의 기회가 상대적으로 부족하다. 빈곤가정의 부모는 대부분 생계를 위해 장시간 노동해야 하는 처지에 놓여 있으며, 이는 결과적으로 자녀와 상호작용할 수 있는 기회 부족으로 이어지게 된다. 아동의 행동, 친구관계 등에 있어서도 지도

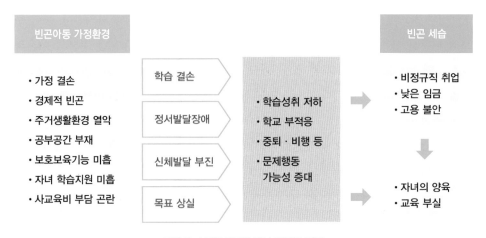

그림 12-1 빈곤아동의 가난 대물림 경로

자료: 보건복지부 빈부격차 차별시정위원회(2004). 빈곤 대물림 차단을 위한 희망투자전략. p.13.

감독이 소홀해지게 되는 것이다. 또 이들 부모는 아동에 대한 정서적 지지수준도 낮다. 이처럼 빈곤가정의 아동이 경험하게 될 사회적·경제적 결과는 다음과 같다(정부 관계부처합동 빈부격차 차별시정위원회, 2004).

- 첫째, 아동빈곤은 생존 · 발달 · 보호 등 아동의 기본적 권리를 위협한다.
- 둘째, 미래의 성장잠재력을 훼손한다. 빈곤아동의 방치는 향후 실업, 범죄, 복지 수요 등 지속적인 사회비용을 초래할 가능성이 높다. 3~4세 유아에 대한 투자는 사후 대책적 투자에 비해 7.16배의 효과를 가져온다는 연구 결과를 보더라도 이는 중요한 문제가 아닐 수 없다. 급속한 출산율의 하락 속에 미래의 성장동력을 키우기 위해서는 아동에 대한 보다 적극적인 사회투자가 필요하다.
- 셋째, 가난은 대물림된다. 빈곤아동의 신체발육부진 · 질병 · 장애는 평생 학습 및 경제활동에 지장을 초래할 수 있으며, 부모의 보살핌 부족은 자신감 부족이나 정서발달 부진 및 학교부적응으로 인한 낮은 학업성취도를 초래할 수 있다. 취학 전 학습 준비가 부족하거나 교육자원에 대한 접근 제약은 학년이 올라갈수록 학업성취 격차를 확대시키고, 지식사회에서 필수적인 고등교육 기회를 제약하거나 목표를 상실하게 만든다.

1) 신체건강적 측면

빈곤가정의 아동은 비빈곤가정의 아동보다 신체건강적 측면에서 바람직한 양상을 보이지 않는다. 이들은 비빈곤가정의 아동보다 건강과 영양상태가 뒤떨어지는 것으로 나타났다. 정부의 빈부격차 차별시정위원회의 국정과제회의 자료(2004)에 의하면, 하루에 2끼 이하의 식사를 하는 빈곤아동은 35%로 비빈곤아동의 2배에 달했다. 이들은 비빈곤아동보다 키가 1㎝ 정도 작았고 체중은 1㎏ 더 적게 나가는 것으로 밝혀졌으며, 6개월간 심한 질병 발생률이 39%로 비빈곤아동의 28%보다 10% 이상 높은 것으로 나타났다.

빈곤아동과 비빈곤아동의 가장 큰 차이가 바로 신체적 건강이다. 빈곤아동은 출생 당시부터 신체적 건강에서 부정적인 결과를 나타내며, 발달과정에서도 낮은 성취를 나타내는 것으로 밝혀졌다(김성경 외, 2005). 국외 연구에 의하면 빈곤아동은 비빈곤아동에 비해 유아사망률과 미숙아출생률이 각각 1.7배 높았으며 병원 입원율도 2배가량 높은 것으로 나타났다(Brooks-Gunn & Duncan, 1977).

아동의 성장기 건강은 이후 건강에 영향을 미치는 만큼 매우 중요한 데도 불구하고, 부모의 방임과 무관심 등으로 빈곤가정아동의 건강상태가 비빈곤가정아동에 비해 좋지 않은 것으로 밝혀졌다.

2) 언어 및 인지능력·학업성취상 문제

빈곤가정의 아동은 비빈곤가정의 아동에 비해 언어 및 인지능력·학업성취 면에서 전반적으로 그 결과가 낮았다. 미국의 국민보건조사(1988)에 의하면, 빈곤가정의 아동은 아동기 인지발달 지체비율이나 학습장애 출현율이 비빈곤가정아동에 비해 더 높은 반면, 학업성취는 더 낮은 것으로 나타났다. 다른 연구에서도 학년 유급률이나 학교 중퇴율이 빈곤아동이 비빈곤아동에 비해 2배가량 높은 것으로 나타났으며, 학습장애가 나타날 비율도 1.4배 높은 것으로 보고되었다(Duncan & Brooks-Gunn, 2000). 우리나라의 연구 결과를 보아도 빈곤이 아동의 학업성취에 부정적 영향을 미친다는 것을 알 수 있다(강유진, 2010; 곽수란, 2004; 구인회, 2003; 오승환, 2000; 최선희, 2003).

빈곤아동이 비빈곤아동에 비해 학습부진과 학교부적응 등 문제발생률이 높은 것은 가정 내에 이들을 위한 공부방과 같은 학습공간이 부족하고 학업에 필요한 교육자료 등의 결핍으로 인한 결과일 것이다. 빈곤아동은 그들의 부모 역시 교육수준이 낮은 편이고, 자녀의 학습을 돕거나 관심 있게 볼 수 있는 상황이나 여건이 여의치 않다. 빈곤가정의 부모 중 상당수가 늦게 귀가함으로써 자녀와 함께할 시간이 절대적으로 부족하여 자녀교육지도나 관리감독, 자녀와의 대화 부족이 뒤따를 수밖에 없는 실정이다.

3) 심리적 · 사회적 문제

빈곤가정의 아동은 신체건강, 언어 및 인지능력·학업성취적 측면 외에도 또 다른 심리적·사회적 문제를 일으킬 소지가 많다. 덩컨과 브룩스-건(Duncan & Brooks-Gunn, 2000)은 빈곤아동의 정서 및 행동상 문제발생률이 비빈곤아동보다 1.3배나 높은 것으로 보고했다. 또 다른 연구(Brooks-Gunn & Duncun, 1997)에 따르면, 빈곤가정아동이 일반가정 아동보다 비행이나 공격성 등 심리적·사회적 문제를 많이 경험하며 우울이나 불안이 더 높은 경향이 있다고 밝혔다.

국내 연구에서도 빈곤아동이 비빈곤아동에 비해 그 비행의 정도가 크고(김광혁, 최성만, 2013), 술, 담배, 음란물을 탐닉할 확률이 2배가량 높으며 가출 발생률이 3배, 절도 발생률이 1.5배인 것으로 나타났다. 중산층에서 하루아침에 빈곤가족으로 전락한 아동은 공격성과 비행 등과 같은 외현화된 문제가 발견되기도 하는데 저소득가정의 아동은 자살 충동, 사람이나 물건에 대한 폭력 사용, 돈이나 물건 절도, 가출, 약물 복용, 부탄가스 흡입 등의 문제행동을 경험하였다(최선희, 2004).

4 저소득 빈곤가정아동을 위한 복지서비스의 현황

정부는 최근 다음과 같은 지역사회 빈곤아동 네트워크를 구축·운영하고 있다. 시·도(시·군·구), 지역아동센터(구 공부방)는 지역사회 참여 활성화를 통해 지역사회 빈곤·결손아동 등을 보호·교육하고, 급식·문화·상담서비스를 제공하여 가난의 대물림을 차단하고 사회안전망을 확충하는 시스템을 구축하여 운영하고 있다.

지역사회 빈곤·결손아동지원 관련 기관 협력체계 구축을 도식화한 것을 살펴보면 그림 12-2와 같다.

- 지역사회 인적자원지원시스템 구축으로 보호서비스, 학습지도, 상담서비스, 정서적지원서비스, 가사
  지원서비스, 생활지도서비스 등을 연계한다.
- 지역사회 물적자원지원시스템 구축으로 결연, 후원, 급식지원, 교구·교재지원, 시설기능 보강지원,
  문화서비스 등을 실시한다.

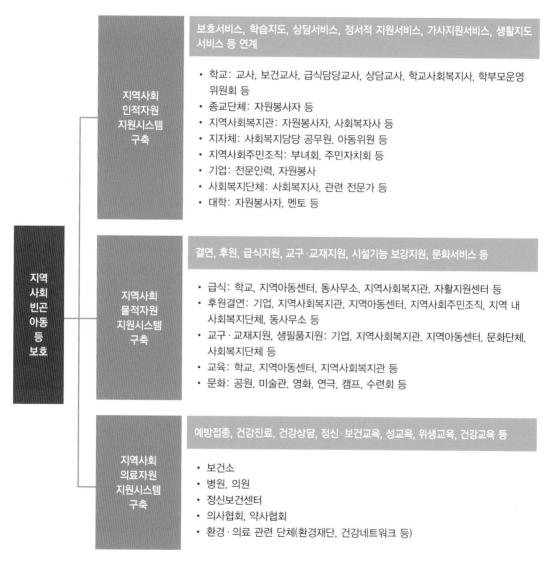

그림 12-2 지역사회 빈곤·결손아동지원 관련 기관 협력체계 구축

자료: 보건복지부(2006). 2006 아동복지 사업안내. p.206.

- 지역사회 의료자원지원시스템 구축으로 예방접종, 건강진료, 건강상담, 정신·보건교육, 성교육, 위생교육, 건강교육 등을 실시한다.
- 지역사회 빈곤·결손 등 어려운 여건의 아동에 대한 결연·후원 등을 통해 연계 협력체계를 구축하는 것으로 고충, 애로사항, 상담 및 자립지원방안 등 의논을 통해 해결방안을 지원하는 후원체계 구축을 추진한다.

1) 정부 차원에서의 지원

(1) 저소득 한부모가정 지원사업

저소득 혹은 빈곤층 한부모가정(조손가족 포함)에 대한 지원사업은 다음과 같다.

- 첫째, 국민기초생활보장법에 의한 생계급여 및 교육급여 제공이 있다. 생계급여로는 주·부식비, 연료비, 피복비, 장제비가 지급되고, 중·고교생의 교통비, 교복비, 영양급식비, 부교재비 및 교양도서비 등이 지급된다. 교육급여로는 중·고교생의 학비가 지원된다.
- 둘째, 자녀 학비 및 양육비를 지원한다. 국민기초생활보장법에 의한 수급자가 아닌 경우, 한부모가정 자녀의 중·고교생의 입학금, 수업료 및 학용품비가 지원되고 만 12세 미만 아동을 대상으로 아동양육비가 지원된다.
- 셋째, 복지자금융자가 가능하다. 즉 저소득 한부모가정에 장기 저리의 복지자금을 대여함으로써 생업기반을 조성하여 조기자립 및 생활안정을 도모한다.
- 넷째, 영구임대주택 입주를 지원한다. 무주택 저소득 한부모가정을 대상으로 지방자치단체가 관리하는 영구임대주택 중 지역실정을 감안하여 일정량을 이들 가정에 우선 공급하도록 되어 있다.
- 다섯째, 제반 복지상담서비스를 제공한다.
- 여섯째, 모자보호·자립시설 및 모자일시보호시설을 운영한다. 즉 무주택 저소득 모자가정을 대상으로 모자보호·자립시설을 운영하고, 학대받는 모자를 위해 모자일시보호시설을 운영한다.

이 밖에도 미혼의 임산부 및 출산 후 6개월 미만의 임산부가 이용 가능한 '미혼모시설' 및 2세 미만의 영·유아를 양육하는 미혼모로서 숙식보호를 필요로 하는 사람을 대상으로 하는 '미혼모를 위한 중간의 집'을 운영한다. 한부모가족복지시설에 입소한 저소득 한부모가구에 생활보조금을 지원하고, 조손가족 및 만 25세 이상 미혼모부자가구의 만 5세 이하 아동에게 추가 양육비를 지원한다.

(2) 소년소녀가정지원사업

소년소녀가정지원사업의 주 대상은 국민기초생활보장법에 의한 수급자(가구) 중 만 18세 미만의 아동으로서 실질적으로 가정을 이끌어가는 세대가 정부로부터 소년소녀가정으로 지정받아 보호의 대상이 된다. 즉 만 18세 미만의 아동으로만 구성된 세대, 그리고 만 18세 미만의 아동이 부양능력이 없는 부모와 동거하는 세대가 이에 해당된다. 특히 만 15세 미만의 아동으로만 세대를 구성할 경우 소년소녀가정 지정을 제한하고 가정위탁이나 시설 입소를 강구한다. 다만, 형제나 자매 등 2인 이상으로 당해 아동이 지역사회에서 독립적으로 생활해왔고, 동거하지는 않으나 주변에 친·인척 등이 거주하여 수시로 보호를 받고 있어 가정위탁이나 시설(그룹홈) 입소가 적절하지 않다고 판단되는 때는 예외적으로 지정하고 있다.

소년소녀가정은 시설보호나 가정위탁에 비해 외부의 위험에 노출되어 있는 보호 형태이므로 가능한 지정을 제한하고 있다. 지정된 세대에 대해서는 반드시 후견인, 결연기관의 담당자, 담당 공무원 등이 수시로 방문·면담하여 각별한 관심과 주의를 기울여야 한다. 소년소녀가정의 아동에 대한 정부 차원의 지원사업을 살펴보면 다음과 같다.

- 첫째, 국민기초생활보장법에 의한 생계 및 교육급여 제공이 있다. 생계급여로는 주·부식비, 연료비, 피복비, 장제비가 지급되고 중고생 교통비·교복비·영양급식비 및 부교재비 및 교양도서비 등이 지급된다. 교육급여로는 초·중·고교생의 학비, 대학생의 입학금이 지원된다.
- 둘째, '의료급여법'에 의한 의료급여가 있는데, 이 법에 의해 1종 보호대상자로 선정되면 외래 및 입원 진료비 전액을 국가가 부담한다.
- 셋째, 부가급여가 지급된다. 예를 들면, 보조비(2014년 기준 아동 1인당 월 12만 원)가 지급되며, 그 외 명절인 설과 추석에 지급되는 효정신함양비, 자립정착금, 대학입학금, 직업훈련비, 미진학생학원수강료 등이 지급된다.
- 넷째, 정서적 후원이 실시된다. 아동만으로 구성된 세대에 대해서는 이웃에 거주하는 아동위원, 종교인, 지역여성지도자, 공무원 등을 후견인으로 지정하여 생활에 어려움이 생길 때 상시 의논하고 해결하게 하고 있다. 후견인은 결연기관의 직원과 협조체계를 구축하여 소년소녀가정에 지급되는 후원금을 제대로 사용할 수 있도록 지도하여 후원금 사용에 따른 문제를 최소화하고 있다.
- 다섯째, 정부는 한국복지재단을 통해 결연사업을 실시한다. 정부는 한국복지재단의 운영 및 결연사업을 활성화하기 위한 각종 경비를 지원한다.

(3) 아동급식지원사업

아동급식지원사업은 아동이 빈곤, 가정해체, 부모 혹은 보호자의 실직이나 질병, 아동학대, 방임, 유기, 소년소녀가정 등으로 인해 제대로 보살핌을 받을 수 없는 상황에 처해 있을 경우, 아동의 성장과 발달에 가장 기본적인 요소를 안정적으로 제공하기 위한 기본생활보장서비스에 속한다.

이처럼 대부분의 급식지원아동은 가정빈곤, 가족해체, 가정위탁아동, 소년소녀가정, 부모(보호자)의 실직·질병·가출 및 직업적 특성, 아동학대·방임·유기·부양기피 및 거부, 그 밖의 여러 가지 사유로 인해 제대로 보살핌을 받지 못해 끼니를 거르거나 먹는다고 해도 필요한 영양소를 충분히 공급받지 못하는 경우가 많다. 이들 아동을 위한 복지서비스 급식지원과 더불어 교육과 정서적 안정, 가족기능의 회복 등 다양한 복지 프로그램을 제공하는 등 통합적인 접근방법을 취할 필요가 있다.

아동급식지원사업의 구체적 지원대상은 소년소녀가정 아동, 한부모지원법의 대상이 되는 아동, 부모가 장애인으로서 국민기초생활보장수급 대상이 되는 아동, 차상위 저소득계층 중 가정 사정 등으로 급식지원이 필요한 아동, 지역아동센터·사회복지관 등 아동복지 프로그램을 이용하는 아동, 학기 중에 학교급식비 지원대상자 중 가정 사정 등으로 급식지원이 필요한 아동, 아동과 관계가 있는 민간관계자(교사, 사회복지사, 통장, 반장 등)가 추천하는 자 중 가정 사정 등으로 급식지원이 필요한 아동 등이 있다. 급식지원연령은 만 18세 미만의 취학 및 미취학 아동이다(만 18세 이상인 경우에도 고등학교 재학 중인 아동은 포함).

이들에게 제공되는 급식지원 내용을 보면, 먼저 미취학 아동의 경우 1일 3식을 지원하며, 취학아동의 경우에는 학기 중 조식과 석식, 학교에서의 중식을 지원하며, 학기 중 토·공휴일 중식, 방학 중 중식을 지원한다. 급식의 기간은 365일이며, 지급 방법은 다양한 방식을 취하되 현금으로 지급하지는 않는다. 또 지역별 '아동급식위원회' 등을 설치·운영하는 등 아동급식지원전달체계도 개선하고자 노력하였는데, 일례로 '아동급식위원회' 산하 '아동급식지킴이', '급식아동후원회'를 자율적으로 운영할 수 있게 하였다. '아동급식위원회'는 아동급식사업 전반을 심의·결정하여 추진한다. 또 정부는 아동급식을 위한 자원봉사의 활성화나 아동급식 모니터링 실시, 지역 아동급식 실태 점검 및 평가, 급식업무보조인력 지원, 재원확보 방안 모색 등 아동급식전달체계의 내실화에 적극적으로 노력하고 있다. 아동급식의 지원체계를 그림으로 제시하면 그림 12-3과 같다.

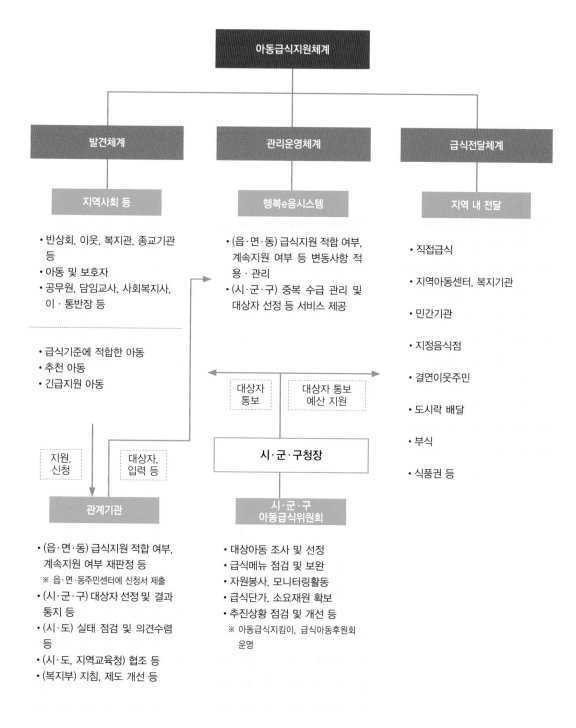

그림 12-3 아동급식지원체계
자료: 보건복지부(2014). 2014 아동분야 사업안내. p.159.

(4) 드림스타트사업

드림스타트사업은 우리 사회에서 가족해체, 사회양극화 등에 따라 아동빈곤문제의 심각성이 대두되고, 빈곤아동에 대한 사회투자가치의 중요성이 강조됨에 따라 취약계층아동에게 맞춤형 통합서비스를 제공하여 아동의 건강한 성장과 발달을 도모하고 공평한 출발기회를 보장하여 건강하고 행복한 사회구성원으로 성장하도록 지원하는 사업이다. 사업 대상은 0세(임산부)부터 만 12세(초등학생) 이하의 아동 및 가족이며 시·군·구에서 지원하여 사업을 추진한다.

2006년 아동보호보건복지통합서비스로 20개 보건소에서 시범사업을 실시하여 2013년 211개 시·군·구에서 드림스타트사업을 실시하고 있다. 지원인력은 전담공무원 및 아동통합서비스전문요원으로 구성되어 있고, 신체·건강, 인지·언어, 정서·행동의 아동발달 영역별 서비스 및 양육에 필요한 서비스를 제공하고 있다.

(5) 디딤씨앗통장

2007년부터 아동발달지원계좌(Child Development Account, CDA) 사업으로 시작된 디딤씨앗통장은 저소득층 아동(보호자, 후원자)이 매월 일정 금액을 저축하면 국가(지자체)에서 1 : 1 정부매칭지원금으로 월 3만 원까지 같은 금액을 적립하여 아동이 준비된 사회인으로 성장할 수 있도록 돕는 자산형성지원사업이다. 아동의 건전한 육성과 더 나은 사회 출발 여건을 제공하기 위한 자산 형성을 지원하여 경제적 자립 및 빈곤의 대물림을 예방하고자 하는 복지서비스이다. 서비스의 대상은 시설보호아동, 가정위탁보호아동, 소년소녀가정아동, 공동생활가정(그룹홈)아동, 장애인시설보호아동, 가정복귀아동, 국민기초생활수급자가정아동이다. 자산의 용도는 대학(대학원)학자금, 기술자격 및 취업훈련비, 창업지원금, 주거비, 의료비, 결혼자금 등 오직 아동의 자립을 위해 사용된다.

2) 민간 차원에서의 지원

빈곤가정의 아동을 대상으로 하는 민간 차원에서의 지원사업은 한국복지재단에서 위탁실시하는 결연사업, 지역사회 종합사회복지관에서 실시하는 각종 서비스, 예전에 공부방으로 지칭되던 지역아동센터사업, 빈곤아동을 위한 시민운동의 일환인 'We Start' 운동을 들 수 있다.

첫째, 한국복지재단 결연사업은 1986년부터 보건복지부로부터 소년소녀가정 결연사업, 저소득 모·부자 가정 결연사업을 위탁받아 실시되고 있으며 전국 시·도지부를 통해 전국 빈곤아동들에게 결연서비스를 실시하고 있다.

둘째, 지역사회종합복지관 서비스는 대부분 빈곤가정의 아동을 대상으로 복지서비스를 실시하고 있다. 예를 들면 상담서비스, 정서적 지원서비스, 가사지원서비스, 의료서비스, 학습지도, 자립지원서비스, 결연서비스 등을 제공한다.

셋째, 지역아동센터서비스는 빈곤아동을 대상으로 주로 방과 후 학습지원 및 정서지원서비스를 제공한다. 1980년대 자생적으로 시작한 공부방이 2004년 법제화를 거쳐 지역아동센터로 명칭을 변경한 것으로, 2004년에는 895개 소에 불과하였으나 2013년 기준으로 4,036개 소에 이르고 있다. 이 사업은 방과 후 돌봄이 필요한 지역사회 아동의 건전한 육성을 위하여 보호·교육, 건전한 놀이와 오락 제공, 보호자와 지역사회의 연계 등 아동의 건전육성을 위하여 종합적인 아동복지서비스를 제공하는 데 목적이 있다.

넷째, 'We Start' 운동은 미국의 'Head Start', 캐나다의 'Fair Start', 영국의 'Sure Start' 등 선진국이 실시하고 있는 것과 같은 빈곤층 지원 프로그램이다. 'We Start' 운동은 빈곤아동을 위한 시민운동으로, 2004년 5월 모두가 나서서 빈곤층 아동의 삶의 출발을 도움으로써 가난의 대물림을 끊자는 취지에서 시작되었다. 이 운동은 부모의 가난이 자녀에게 대물림되는 가장 큰 이유가 복지와 교육의 부실에 있다고 보고, 교육과 복지 부분을 지원하는 사업을 펼치고 있다. 'We Start' 운동 본부가 역점을 두고 실시하는 구체적인 사업 프로그램으로는 'We Start' 마을 만들기, 건강지킴이 만들기, 희망의 집 꾸미기, 교육출발선 만들기, 후견인 맺어주기, 사랑의 책 나누어주기, 빈곤아동 무료과외 등이 있다.

5 빈곤가정아동을 위한 복지 실천방안

국가적 차원에서 특단의 조치가 없는 한 빈곤은 대물림될 수밖에 없다. 빈곤계층에 처한 아동의 환경은 열악한 주거환경을 비롯하여 모든 면에서 상황이 좋지 않으므로, 이들은 학습장애, 정서장애 등 여러 측면에서 부정적인 결과를 초래하게 되고 학교부적응과 일탈, 비행현상과도 관련을 갖게 된다. 빈곤가정의 아동은 그렇지 않은 아동에 비해 결식빈도, 학업능력, 신체질환, 비행 정도, 부모와의 관계 등에서 상당히 나쁜 결과를 보였다. 앞서 언급한 바와 같이 빈곤가정의 아동은 동일 연령의 일반아동보다 키가 작을 뿐만 아니라 체중도 더 적게 나갔다. 또 충동성, 우울성향 모두 일반아동보다 높았다. 이처럼 빈곤아동은 성격 및 대인관계 등에서 어려움을 겪을 뿐만 아니라 학업이나 실력 면에 있어서도 비빈곤가정의 아동에 비해 경쟁력을 제대로 갖추고 있지 못하였다. 이렇다 보니 향후 성장하여 정규직으로 일할 기회를 잡기보다는 비정규직이나 낮은 임금의 직종을 선택하며, 이는 다시 빈곤으로 이어지게 되는 결과를 초래하게 된다.

빈곤문제를 해결하지 않고 그대로 방치할 경우 향후 미치게 될 사회적 파장은 크고 심각해진다. 가정문제전문가들은 빈곤아동의 방치가 실업, 복지정책, 범죄 등 추가적인 사회정책의 대상이 될 경우, 매우 비효율적이라고 지적하고 있다. 우리나라의 아동 1인당 복지비 지출은 선진국에 비해 적게는 7분의 1, 많게는 100분의 1의 차이가 날 정도로 매우 열악하다. 따라서 빈곤아동을 구제하기 위한 기본생활보장체계 확립이 무엇보다 절실하다고 할 수 있다. 선진국의 경우, 무엇보다 아동정책에 우선순위를 두고 국가자원의 상당량을 투입하고 있으나 우리나라의 대처는 상대적으로 미흡하다. "복지사업은 치료보다 예방이 우선이다."라는 평범한 진리는 아동복지에서도 예외가 될 수 없으며, 특히 교육 분야나 아동복지 분야에서 더 이상 '소 잃고 외양간 고치는' 식으로 접근해서는 안될 것이다.

빈곤층 아이들을 위한 복지 실천방안으로는 여러 가지가 있다. 정부 차원의 대책을 세울 수도 있지만, 민간기관에서의 지원 노력도 있다. 각 지역사회의 복지단체와 교육청 등에서는 결식아동이나 저소득층 아동을 위해 '우리이웃학교', '여름방학교실', '학습지원단', '여름방학 캠프' 등 프로그램을 가동함으로써 방학 동안 지역의 결식아동을 대상으로 다양한 자원봉사활동을 하고 있다. 예를 들어 '여름방학교실' 프로그램에서는 빈곤층 아동에게 방학 동안 균형 잡힌 식사를 제공하는 것 외에도, 개별 또는 집단상담을 실시하고, 지역 변호사나 예체능 전공교사, 경찰관, 소방관, 마술사와 같은 각계각층의 전문가를 초빙하여 마술교실, 그림교실, 소방훈련, 체육대회, 전문가 꿈꾸기 등의 특별한 시간을 보내고 있다.

옛 속담에 "호미로 막을 것을 가래로 막는다."는 말이 있다. 우리는 이 말을 깊이 새겨야 할 것이다. 무엇보다 가정생활을 강화하여 건강한 가정이 유지될 수 있도록 정책적 지원을 아끼지 않아야 할 것이다. 경제적인 문제를 비롯하여 부득이한 사정으로 인해 자녀를 돌보지 못하는 부모를 무조건 몰아붙이고 비난하기보다는 이들이 조속히 정상적인 가정을 회복할 수 있도록, 아이들이 가능한 한 그들의 부모에게서 양육될 수 있도록 격려하고 지원하는 대책이 필요하다.

다행히도 정부는 관계부처 합동으로 2004년 7월에 빈곤 대물림 차단을 위한 희망투자 전략(빈곤아동·청소년 종합대책)을 발표하였다. 이 종합대책은 공정한 출발의 보장을 위한 6대 희망사회투자전략을 제시하고 있는데, 주요 골자를 살펴보면 다음과 같다.

- 빈곤아동 · 청소년의 기본생활 보장
- 빈곤아동 · 청소년의 건강한 성장 보장
- 균등한 교육 · 보육기회 보장과 학교적응 지원 강화
- 빈곤 탈출을 위한 희망경로 제시
- 위험에 노출된 아동 · 청소년의 보호 내실화
- 효과적인 전달체계 구축

이 종합대책은 아동·청소년이면 누구나 꿈꿀 수 있고 그 꿈을 실현할 수 있는 사회가 희망이 살아 있는 사회이며 통합된 사회라고 강조하고 있다. 그리고 아동의 건실한 성장은 본인의 희망이기도 하지만 부모 및 사회의 희망이므로 이를 위하여 빈곤아동에 대한 정책 패러다임을 전환해야 한다고 제안하고 있다. 즉, 소극적인 기본생활을 보장하는 차원을 넘어 적극적으로 공평한 출발을 보장하는 사회투자를 단행함으로써 아동의 기본권 보장은 물론 가난의 대물림을 차단하고 미래사회의 성장동력을 육성한다는 것이다(그림 12-4, 12-5 참조).

1) 저소득 한부모가정의 아동을 위한 복지정책방안

저소득 한부모가정의 아동을 위한 향후 복지정책방안으로는 여러 가지가 있다.

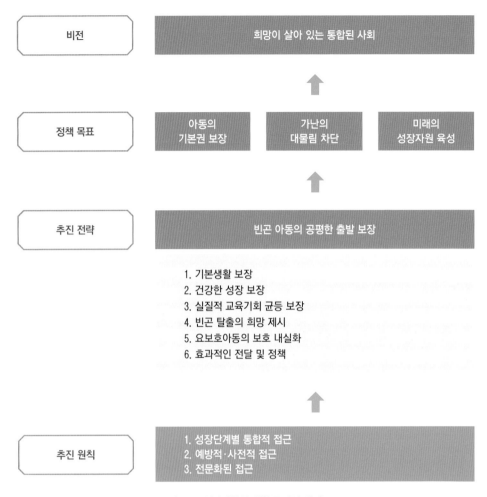

그림 12-4 희망사회를 위한 투자의 체계도
자료: 정부 관계부처합동 빈부격차 차별시정위원회(2004). 빈곤 대물림 차단을 위한 희망투자전략. p.22.

첫째, 한부모가정에 대한 사회적 인식이 개선되어야 한다. 사회가 급속히 변화함에 따라 우리가 살고 있는 사회의 모습이 점차 다양화되고 있다. 이러한 사회적 분위기 속에서 사회구성원이 다양성을 인정하고 수용할 수 있는 자세가 필요한데, 가족의 형태 또한 예외가 아니다. 아직도 우리 사회에서는 한부모가정을 결함이 있는 가정으로 인식하는 경향이 적지 않다. 한부모가정의 부모 및 아동에 대한 사회적 인식이 개선되지 않는 한, 한부모가정의 아동이 제대로 적응하기 어려울 것이다. 한부모가정의 아동을 위해 제일 먼저 해야 할 일은 이들에 대한 사회구성원의 편견 해소 내지 인식 전환이다.

둘째, 저소득 한부모가정의 아동에 대한 복지수준을 제고해야 한다. 저소득 한부모가정의 아동양육비로 책정된 액수를 상향 조정하여 아동을 보다 건강하게 양육할 수 있도록 지원할 필요가 있으며, 교육비 지원도 현실화해야 한다. 무엇보다도 한부모가정의 아동이 잘 적응할 수 있도록 다양한 복지 프로그램을 도입해야 한다. 예를 들면, 저소득층 한부모가정의 아동을 위한 방과 후 시설 및 프로그램, 바람직한 부모–자녀관계 형성을 위한 프로그램, 숙제 및 학업지도, 취미교실 프로그램 등이 있을 수 있으며, 그 외 아동의 심리적·정서적 안정을 도모하기 위한 다양한 상담 및 치료 프로그램을 마련해야 한다.

셋째, 한부모가정의 부모 역시 심리적·사회적으로 적응할 수 있도록 다양한 프로그램을 개발 및 보급해야 한다. 한부모가정은 가족구조와 역할 등의 변화로 인해 여러 가지 어려움을 경험할 수 있으므로 부모 자신의 적응과 더불어 자녀의 적응에 도움을 줄 수 있는 부모지원을 아끼지 않아야 한다. 예를 들어 부모의 스트레스 관리, 바람직한 부모–자녀관계의 형성, 부모역할의 재조정, 지역사회구성원과의 긍정적 관계 형성 등을 포함한 효과적인 부모역할 및 자녀양육·교육 프로그램을 실시해야 할 것이다.

넷째, 저소득 한부모가정의 부모를 위한 취업 기회 확대도 빼놓을 수 없다. 빈곤가정은 다른 어떤 가족 유형보다 경제적 위기로 인한 생활의 어려움과 충격을 가장 크게 경험한다. 이들 대부분은 노동시장에서 저임금으로 겨우 생계를 꾸려나가며, 경제 위기로 인한 실업에 취약하고, 그 결과 가족이 위기에 처할 가능성이 높아질 뿐만 아니라 경우에 따라 가정이 해체될 가능성도 있다. 또 드림스타트사업과 같은 통합서비스를 확대하여 이들 가정의 조속한 경제적 자립을 돕기 위한 프로그램을 도입해야 한다. 마지막으로 한부모가정의 문제를 해결하기 위한 관련 법이나 제도를 정비·보완해야 할 것이다.

2) 소년소녀가정의 아동을 위한 복지정책방안

만 18세 미만의 아동으로 하여금 성인이 수행하는 가장의 역할을 수행하게 하는 것은 그 자체로 아동복지원칙에 위배된다. 이 연령대의 아동은 부모 및 성인으로부터 보호받아야 할 대상이다. 이러한 맥락에서 근래 정부의 정책적 취지는 소년소녀가정보호제도를 가능한 한 친·인척 보호 중심의 가정위탁제도로 전환하고, 가급적이면 소년소녀가정이 발생하지 않도록 예방하자는 것이다. 소년소녀가정보호제도는 아동에게 위험을 초래

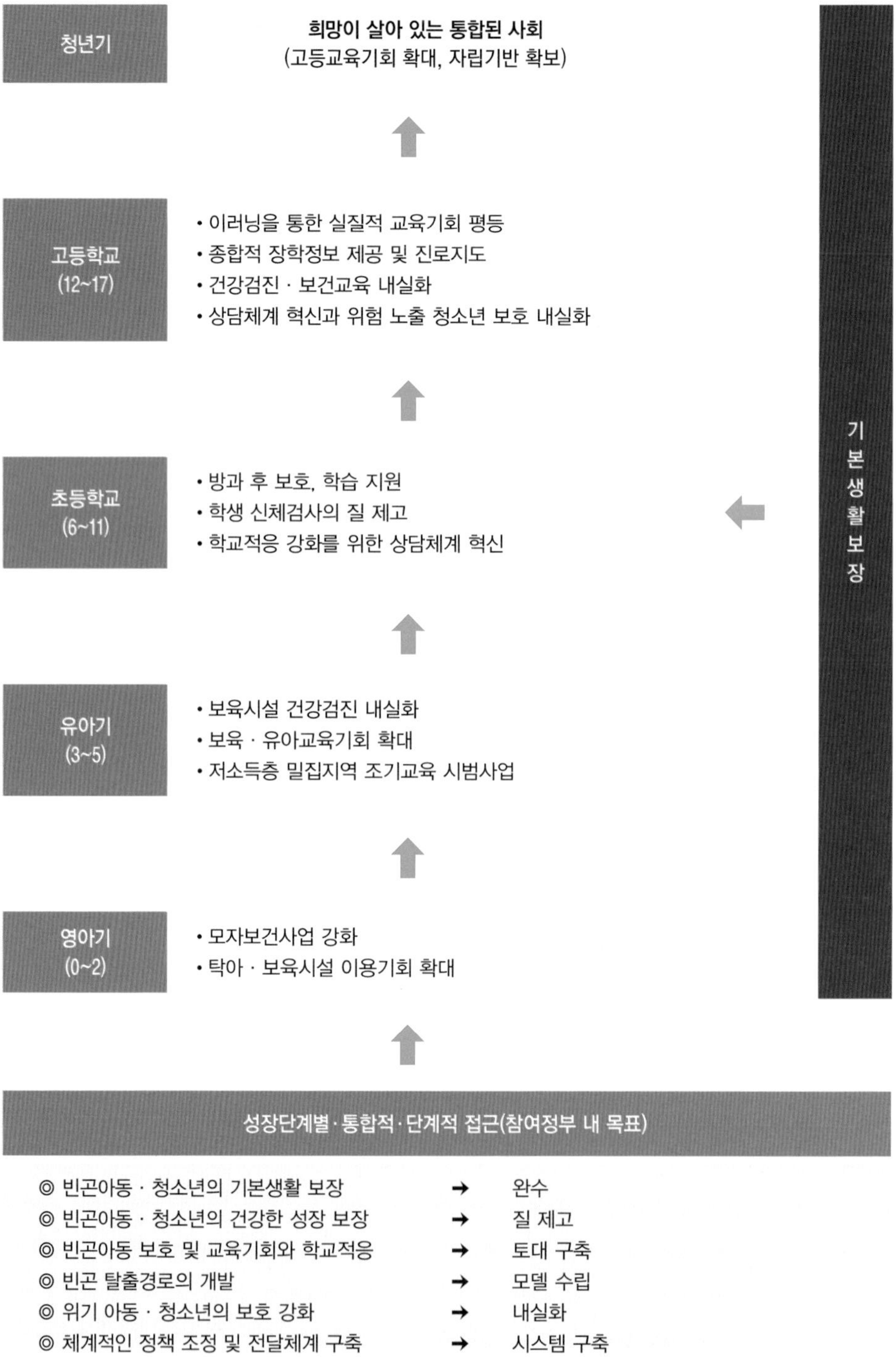

청년기	희망이 살아 있는 통합된 사회	기
	(고등교육기회 확대, 자립기반 확보)	본

| 고등학교
(12~17) | • 이러닝을 통한 실질적 교육기회 평등
• 종합적 장학정보 제공 및 진로지도
• 건강검진 · 보건교육 내실화
• 상담체계 혁신과 위험 노출 청소년 보호 내실화 | 생
활
보 |

| 초등학교
(6~11) | • 방과 후 보호, 학습 지원
• 학생 신체검사의 질 제고
• 학교적응 강화를 위한 상담체계 혁신 | 장 |

| 유아기
(3~5) | • 보육시설 건강검진 내실화
• 보육 · 유아교육기회 확대
• 저소득층 밀집지역 조기교육 시범사업 | |

| 영아기
(0~2) | • 모자보건사업 강화
• 탁아 · 보육시설 이용기회 확대 | |

성장단계별·통합적·단계적 접근(참여정부 내 목표)

◎ 빈곤아동 · 청소년의 기본생활 보장	→	완수
◎ 빈곤아동 · 청소년의 건강한 성장 보장	→	질 제고
◎ 빈곤아동 보호 및 교육기회와 학교적응	→	토대 구축
◎ 빈곤 탈출경로의 개발	→	모델 수립
◎ 위기 아동 · 청소년의 보호 강화	→	내실화
◎ 체계적인 정책 조정 및 전달체계 구축	→	시스템 구축

그림 12-5 성장단계별 투자모형 및 전략

자료: 정부 관계부처합동 빈부격차 차별시정위원회(2004). 빈곤 대물림 차단을 위한 희망투자전략. p.23.

할 수 있고 유엔 등에서도 폐지를 권고하는 제도이다. 하지만 부득이하게 소년소녀가정 보호제도를 도입할 수밖에 없는 경우라면 다음과 같은 노력을 기울여야 한다.

첫째, 가족기능을 강화하기 위한 방안을 모색해야 한다. 소년소녀가정의 아동은 평소 생활 속에서 부모의 역할을 학습할 수 있는 기회가 없어 본인이 성장 후 가정을 어떻게 꾸려야 할지, 역할 수행에 있어 어려움을 겪을 가능성이 있다. 그러므로 이들을 대상으로 한 바람직한 부모-자녀관계 형성, 올바른 부모역할 및 양육행동 습득하기, 건전한 소비문화 형성 및 가정경제 꾸리기 등 가족의 기능을 강화할 수 있는 프로그램을 가동해야 한다.

둘째, 이들을 위한 경제적 지원을 아끼지 않아야 한다. 아동이 정상적으로 양부모가 모두 있어도 오늘날 사회에 적응하기란 쉽지 않다. 대부분의 소년소녀가정은 낮은 소득으로 생계를 이어갈 수밖에 없는 처지에 있다고 해도 과언이 아니다. 따라서 이들이 생계를 유지함과 동시에 최소한의 안정된 생활을 할 수 있을 정도의 물질적 지원이 있어야 한다.

셋째, 지속적인 학업수행과 향후 직업을 얻기 위한 제반 프로그램을 실시하고 이를 위한 제도적 장치를 마련해야 할 것이다. 소년소녀가정 아동의 상당수가 경제적 어려움으로 인하여 학교에 다니고 싶어도 다니지 못하는 처지에 있으므로 이들을 위해 장학금을 지급한다거나 학자금을 저리(低利)로 융자해주는 제도를 도입하여 배움의 욕구를 충족시킬 필요가 있다. 또 향후 직업을 선택하기 위한 여러 가지 정보를 주거나 실제로 직업훈련을 받을 수 있도록 배려하고, 훈련을 마친 후 직장을 알선해주고 사후 얼마간 지도를 해주는 등 실질적 도움을 제공할 필요가 있다.

CHAPTER 13

비행아동을 위한
복지 실천

나는 웃음의 능력을 보아왔다.
웃음은 거의 참을 수 없는 슬픔을
참을 수 있는 어떤 것으로,
더 나아가 희망적인 것으로 바꿀 수 있다.

- 윌리엄 제임스(William James)

1 비행아동복지사업의 개념

최근 아동·청소년비행이 위험수준에 이르렀다는 주장이 나오고 있다. 일단 비행발생률이 양적으로 증가하고 있을 뿐만 아니라 비행의 내용이 더욱 대담하며 거칠어지고 있다. 비행 연령은 점차 낮아지고 있으며 여학생의 비행이 상대적으로 증가 추세를 보이면서 성범죄 역시 증가 추세이다. 아동·청소년의 비행이 이처럼 증가 추세인 것은 세계적으로 공통된 현상이며, 이는 급격한 사회 변화에 따른 결과로 보인다.

1) 비행아동의 정의

비행아동이라는 용어는 20세기에 접어들면서 소년법원이 독립적으로 만들어지면서 비로소 등장하게 되었다. 이는 아동 및 청소년을 성인과 동일하게 다루는 것이 인도주의 정신에 위배된다고 간주했기 때문이다. 비행은 아동에게만 해당되는 행동적 개념으로 볼 수 없으나, 아동비행은 아동기가 지니는 특성 때문에 성인비행과 구분된다. 우리나라의 비행아동 관련 법으로는 소년법을 들 수 있는데, 이 법은 반사회성이 있는 소년의 환경조정과 품행교정을 위한 보호처분 등의 필요한 조치를 하고, 형사처분에 관한 특별조치를 함으로써 소년이 건전하게 성장하도록 돕는 것을 목적으로 한다. 소년법에 의하

표 13-1 아동 및 청소년의 비행 구분

구분	내용
범죄소년	14세 이상 19세 미만의 소년이 형벌 법령에 저촉되는 행위를 한 경우를 말하는 것으로, 형사상 책임을 진다.
촉법소년	10세 이상 14세 미만의 소년이 형벌 법령에 저촉되는 행위를 한 경우를 말하며 형사상 책임을 묻지 않는다.
우범소년	10세 이상 19세 미만의 소년으로서 보호자의 정당한 감독에 복종하지 않는 성벽이 있거나(무단결석, 유흥 장소에의 상습적 출입 등), 정당한 이유 없이 가정을 이탈하거나(가출), 범죄성이 있는 자 또는 부도덕한 자와 교제하거나 자기 또는 타인의 덕성을 해롭게 하는 성벽이 있는 자를 말한다. 아울러 아동의 성격이나 환경에 비추어 볼 때, 장래 형벌 법령을 범할 우려가 있는 자를 포괄적으로 지칭한다.

면 아동 및 청소년의 비행은 범죄행위, 촉법행위, 우범행위로 구분할 수 있다(표 13-1 참조).

비행의 개념이 학자나 법 규정 그리고 사회·문화적인 배경에 따라 다양하므로 아동 및 청소년의 비행을 어떻게 정의하고, 이를 어떻게 다룰 것인지에 대해서도 국가마다 차이가 있다. 하지만 의견의 일치를 보이는 점은 비행아동은 아직 인격 형성 중이므로 정신적으로나 정서적으로 미성숙할 뿐만 아니라 순화 가능성이 있다는 점을 감안하여 형벌보다는 주로 교육에 중점을 둔다는 사실이다.

2) 비행아동복지사업의 개념 및 의의

비행아동을 위한 복지사업은 현재 사회적으로 용납하기 어려운 행위를 한 아동뿐만 아니라 앞으로 비행을 저지를 가능성이 있는 아동을 선도하고 보호하는 제 활동을 말한다(김오남, 2000). 또 가정이나 학교, 사회에서 일탈한 아동 및 청소년을 위해 펼치는 다양한 노력을 의미한다. 현재 우리나라에서 비행아동 및 청소년을 위해 실시하고 있는 대표적인 서비스는 교정복지사업이다.

비행아동복지사업은 비행아동 및 청소년을 대상으로 단순히 법적으로 제재를 가하는 차원을 넘어 이들이 비행을 저지르기까지의 전 과정을 살펴보고, 이를 바로잡아 재범의 소지를 사전에 막고, 아울러 자신의 행동을 통제할 수 있는 올바른 사람으로 성장할 수 있도록 돕는 데 궁극적 의의가 있다.

아동은 아직 성장기이므로 사회적 판단력이 미숙하다는 점을 고려하며 어느 사회에서든 아동이 저지른 비행이나 범죄는 성인의 범죄와 달리 취급하고 있다. "아동의 범죄는 그 지역사회의 소산이며 책임이다(Hover, 1932)."라는 말은 이들에 대한 사회적 책임을 나타낸 것이다(이소희, 2003, 재인용).

2 비행의 발생 원인

아동·청소년비행은 하나의 원인이나 요인에 의해 발생한다기보다는 여러 요인의 상호 복합적 작용에 의해 일어난다. 아동·청소년비행의 원인으로는 부모 및 가정환경요인 이외에도 개인요인, 학교환경요인, 사회환경적 요인 등을 들 수 있다.

1) 부모 및 가정환경요인

부모가 자녀양육에 일차적 책임을 가진다는 사실에는 누구도 이견을 제시하지 않을 것이다. 비행아동은 상기한 바와 같이 여러 요인에 의해 발생하지만 지금까지의 연구 결과에 의하면 부모 및 가정환경에 의한 영향이 가장 큰 것으로 보고되어 있다. 특히 가족구조의 결손과 관련하여 부모의 부재, 편부모, 이혼 및 별거 등 전형적인 가족구조로부터 이탈된 가족에서 성장한 아동이 비행을 경험할 가능성이 높다. 그 이유로는 가족구조의 결손이 경제적 궁핍, 심리적 지지의 부족 등과 맞물려 부모-자녀 간의 긍정적인 정서적 접촉이 부족하고, 적절한 감독과 훈육이 어려워 비행행동을 촉발시킬 수 있기 때문이다(공계순 외, 2003).

하지만 가족구조의 결손이 반드시 비행에 직접적인 영향을 주기보다는 간접적인 영향을 미친다고 역설한 주장(Rankin & Wells, 1995)도 있다. 그 이유로는 부족한 경제적·사회적 지지의 보충을 위해 다양한 가족 외부체계로부터 지원을 받을 수 있고, 친척이나 이웃으로부터 긍정적인 사회화 역할모델을 제공받을 수 있기 때문이다.

자녀의 비행은 오히려 부모의 양육태도나 가족 간의 갈등과 더 밀접한 관련이 있다. 부모가 자녀에게 강압적인 양육행동이나 태도를 보이거나 거부적이고 일관성 없는 양육패턴을 보이며 아동을 올바르게 지도·감독하지 않을 때, 구성원 간에 갈등적인 관계를 경험한 아동일수록 비행행동을 할 확률이 높다.

과거에는 결손가정에서 비행아동이 발생하는 비율이 많았으나 최근에 들어서는 반드시 그렇다고는 할 수 없다. 외형적으로 가족구조적 측면이나 기능적 측면에서 별다른 문제가 없는 것으로 보이는 가정에서도 비행아동이 발생하고 있으며, 사회·경제적 계층의 높고 낮음을 막론하고 발생이 증가하는 추세이다.

특히 요즘 우리나라 부모들은 아이들을 '기죽지 않게' 기른다는 특유의 양육철학으로 공부나 성적 향상에 대한 성화 외에는 어떤 어려움이나 좌절, 스트레스를 겪지 않게 자녀를 과잉보호하는 경향이 있다. 이러한 과잉보호적 양육은 아동을 배려 없고 이기적인 아이, 인내심이 부족하고 감정조절이 되지 않는 충동적이고 폭발적인 아이로 자라게 하여 비행아동을 만들어내기도 한다.

2) 개인요인

비행은 개인의 여러 가지 성격 내지 특성으로 인해서도 발생할 수 있다. 이러한 개인적인 요인 역시 부모 및 가정환경 요인을 비롯한 다른 요인과 불가분의 관계에 있다. 비행을 유발하는 개인적 요인은 다시 개인의 성격발달상 문제, 심리적 불만과 갈등문제, 기타 요인으로 구분할 수 있다. 성격발달상의 문제로는 침울함, 불안정한 정서상태, 시기심, 질투심, 공격성, 충동성, 지나친 열등감, 낮은 자아존중감 등의 요인으로 비행이나 범죄를 저지르는 경우이다. 그리고 심리적 불만과 갈등문제로는 애정 결핍, 욕구저지상태, 가정 및 부모에 대한 불만 등의 요소가 포함된다. 기타 요인으로는 지능이 낮거나 정신박약 등으로 인한 적응능력 부족으로 현실적 판단이나 사리분별력이 없어 비행을 일으키는 경우도 있다.

3) 학교환경요인

부모 및 가정환경요인이나 개인요인 외에 학교환경도 아동 및 청소년의 비행에 결정적인 영향을 미친다. 청소년의 경우, 일과 중 대부분의 시간을 학교 및 학원에서 보내므로 학교환경이 이들에게 미치는 영향은 실로 크다. 특히 과대학교 및 과밀학급, 입시 위주의 시험체제, 교과서 중심의 교육, 인성교육의 부실, 정의교육의 소홀 등은 우리 교육에서 문제점으로 지적되고 있다. 즉 학교생활에의 부적응, 입시 위주의 교육제도로 인한 학생들의 잠재능력 개발의 한계와 방치, 낮은 학업성적으로 인한 성취동기 저하, 학교부적응 학생에 대한 학교의 적절한 대응 미흡 등과 같은 요소가 비행과 관련이 있음을 알 수 있다.

4) 사회환경요인

지나친 도시화와 급속한 정보화를 비롯한 우리 사회의 급격한 변화 양상은 최근의 청소년비행 및 폭력의 양적 증가는 물론 질적인 변화를 초래하였다. 이로 인해 우리 사회는 여러 가지 문제를 맞이하였는데, 예를 들면 빈부 차이로 인한 사회구성원의 상대적 박탈감의 심화현상과 계층 간 갈등에서 오는 문제가 있다. 그에 따른 현상으로 교사나 부모의 권위가 떨어지고 교육적인 측면에서도 차이가 나게 되며, 의료적 혜택 및 문화여가생활에서의 차이를 비롯하여 전반적인 생활수준의 극심한 격차에서 오는 심리적 열등감, 상위계층으로 전환하려는 시도가 실패했을 때 오는 좌절감 등이 있을 수 있다. 그 외 청소년을 둘러싼 사회 곳곳의 유해환경, 대규모적 인구집단으로 인한 연대의식 결여 등도 청소년비행 및 폭력과 무관하지 않다.

5) 문화환경적 요인

폭력을 미화하는 우리 사회의 문화적 환경도 청소년비행에 한몫하고 있다. 폭력은 후천적으로 영향을 받는 경향이 많다는 점을 여러 연구에서 확인할 수 있는데, 특히 모방심리가 강한 청소년에게 영화, 텔레비전, 컴퓨터, 비디오, 잡지 등의 매체에서 지나치게 상업적이고 선정적이며 폭력적이고 향락적인 내용을 무차별적으로 내보내고, 청소년이 이를 무비판적으로 받아들임으로써 많은 문제가 발생하고 있다.

특히 영화, 텔레비전, 인터넷 등을 통해 폭력을 미화하는 것과 같은 문화조성이 사회 전반에 광범위하게 확산되면서 아동 및 청소년의 폭력에 대한 의식이 마비되는 듯한 현상이 나타나고 있다. 끔찍한 가해행위를 '엽기적'이라는 용어로 포장하면서 폭력에 대한 별다른 죄의식이나 거부감 없이 폭력적 환경에 서서히 빠져드는 것이다.

3 비행아동을 위한 복지 실천방안

불과 얼마 전까지만 해도 우리나라 교정사업의 전형적인 방법은 범법자를 교도소와 같은 수감시설에 수용·보호하는 형태였다. 우리나라는 이와 같은 교정방법이 선도와 재범 방지, 사회적 재활에 크게 도움이 되지 않는다는 판단 아래, 이러한 방법을 시설 외 교정사업인 사회 내 교정사업으로 점차 전환하고 있다. 이러한 교정사업의 정책적 변화는 아동 및 청소년의 경우도 예외가 아니다. 우리나라에서 비행아동이나 청소년을 대상으로 한 교정사업의 주무 행정부서는 법무부이며, 그 외 행정자치부와 교육부와의 유기적인 관련 아래 업무가 이루어지고 있다.

우리 정부는 소년범죄에 대해서 일반형사소추절차에 의한 형사처분 이외에 비행청소년의 교육과 선도를 목적으로 한 보호처분을 규정하고 있다. 죄질이 극히 나빠 선도 및 교육만으로는 바로 잡기 역부족이라고 판단되는 경우, 범법소년에게 형사처분을 하며 개선 가능성이 있다고 판단되는 범법소년의 경우에는 선도 및 보호의 측면에서 교육적 처우를 하고 있다.

비행아동을 위한 교정복지사업은 크게 시설 내 교정(사회 외 교정)사업과 시설 외 교정(사회 내 교정)사업으로 나누어진다. 이 두 사업 모두 정부의 경제적 지원 아래 전문가에 의해 수행되고 있다.

1) 비행아동을 위한 복지 실천의 의의

어떤 국가든 아동범죄는 성인범죄와 달리 다루어지고 있다. 아동이 아직 성장과정 중에 있으므로 사회적 상황을 판단하는 능력이 미숙하다고 보기 때문인데, 특히 호버(Hover, 1932)는 아동의 범죄야 말로 지역사회의 소산이자 책임이라고 주장한 바 있어 아동행동의 결과에 대한 사회구성원의 책임의식을 강조하고 있다(이소희, 2003, 재인용).

비행아동을 위한 복지사업을 실시할 경우, 이들 아동의 발달적·상황적 특성을 고려한 복지 실천이 이루어져야 할 것이다. 왜냐하면 이렇게 되지 않을 경우 발달의 기제인 누적성과 불가역성 등의 특성에 따라 그 이후의 시기까지도 지속적으로 영향을 미치게 될 뿐만 아니라 돌이킬 수 없는 결과를 초래하게 되어 결국 성인범죄자를 만들 가능성이 크기 때문이다. 아동의 비행행동은 바람직하지 못하며 사회적으로도 수용할 수 없는 행위이므로 수정되어야 하며, 수정을 위한 조치 및 개입시기가 빠를수록 부정적 영향을 최대한 줄이고, 보다 바람직한 방향으로 선도할 수 있을 것이다.

2) 비행아동을 위한 교정사업의 유형

비행아동을 위한 교정사업은 크게 2가지 유형, 즉 시설 외 교정사업인 사회 내 교정사업과 시설 내 교정사업인 사회 외 교정사업으로 나눌 수 있다. 사회 내 교정사업은 보호관찰제도 등을 통해 범죄인을 처음부터 시설에 수용하지 않는 경우나, 일단 수용했던 범죄인을 가석방 등의 제도를 통해 만기 전에 석방시켜 사회에서 지도·감독함으로써 교정하는 사업이다. 유예제도, 보호관찰제도, 가석방제도, 사회봉사명령 등이 모두 사회 내 교정사업에 포함된다.

시설 내 교정사업, 즉 사회 외 교정사업은 범죄인을 소년원이나 교도소 같은 교정시설에 격리·보호하면서 다양한 서비스를 통해 범죄행동의 교정을 도모하고 사회에 잘 적응할 수 있도록 돕는 사업이다. 시설 내 교정사업의 종류에는 소년분류심사원, 소년원, 소년교도소 등이 있다. 여기에서 비행아동을 교정하기 위해 실시되고 있는 여러 가지 제도나 기관 및 시설을 소개하면 다음과 같다.

(1) 유예제도

유예제도는 말 그대로 미룬다는 의미가 있는 것으로, 선고유예와 집행유예 등이 이에 해당한다. 선고유예는 선고를 유예하는 것으로 정상을 참작할 여지가 있는 경우 일정 기간의 형을 유예하여 그 기간을 무사히 넘기면 면소(免訴)된 것과 같은 효과가 생긴다. 이때 범죄아동의 연령, 성향, 지능, 범행동기 및 수단, 범행 후 태도, 피해자와의 관계 및 제반 환경 등을 고려하게 된다. 집행유예는 집행을 유예하는 것으로 형의 선고에 있어 그 정상이 경미하고 형의 현실적 집행이 필요 없다고 인정되는 경우, 일정 기간 집행을 유예하고 유예기간을 무사히 경과하면 형벌의 소멸을 인정하는 것이다.

(2) 보호관찰

보호관찰(protective supervision)은 법원이 형의 집행유예나 선고유예의 판결을 할 때 유예기간 중 보호관찰관의 보호관찰을 받도록 명하여 범죄인을 교도소나 구치소와 같은 교정시설에 수용하지 않고 사회 내에서 준수사항을 지키며 교정받도록 하는 것이다. 보호관찰제도는 범죄인을 교정시설에 구금하여 자유를 제한하는 대신, 정상적인 사회생활을 영위하도록 하면서 보호관찰관의 지도·감독 및 원호를 통하여 범죄성이나 비행성향을 교정하고 재범을 방지하는 형사정책적 제도이다. 보호관찰을 받게 되는 경우는 대체로 다음과 같다.

- 보호관찰(사회봉사, 수강명령)을 받을 것을 조건으로 형의 집행유예를 받은 경우
- 교도소에서 가석방되는 경우
- 범죄를 저지른 소년으로 법원 소년부에서 보호관찰(사회봉사, 수강명령)을 받도록 결정되는 경우
- 소년원에서 가퇴원되는 경우
- 사회보호법에 의한 감호처분을 받다가 가출소되는 경우
- 가정폭력으로 입건되어 법원에서 보호관찰(사회봉사, 수강명령)을 받도록 결정되는 경우

보호관찰은 선고유예나 집행유예를 받은 사람 등이 다시 범죄를 저지르는 것을 막고 그의 사회 적응을 돕는 것을 목적으로 그 사람의 일상생활을 살피는 것이다. 범죄자가 보호관찰기간 동안 별다른 일 없이 기간을 잘 보내면 형의 집행을 종료한 것으로 간주하지만, 보호기간에 재범을 저지르거나 준수사항을 현저히 위반한 사실이 발견될 경우에는 유예처분을 취소하고 교정시설에 수용한다.

보호관찰소에서 실시하고 있는 보호관찰 프로그램으로는 개별적·집단적 지도상담과 보호자 및 가족상담, 선도교육, 대상자의 자립갱생을 위한 지원 및 실질적인 사회 복귀 도모, 취업 알선 및 직업훈련 등이 있다. 보호관찰에는 일정 시간 무보수 봉사활동을 하게 하는 '사회봉사명령'이나 '수강명령' 등이 포함되기도 한다.

(3) 사회봉사명령

사회봉사명령은 종래 범죄소년의 구금형 형벌수단을 개선하기 위한 하나의 방안으로, 유죄가 인정된 범죄자에 대하여 교도소 등에 구금하는 대신 자유로운 생활을 허용하면서

일정 시간 무보수로 유익한 근로를 하도록 명하는 제도이다. 다시 말해 소년법원의 범죄 또는 비행을 저지른 16세 이상의 선도 가능한 소년에게 처벌을 하는 대신 일정 기간 무보수로 사회봉사활동을 함으로써 근로정신을 함양하고 스스로 자기의 가치를 깨닫게 하여 올바른 시민으로 육성시키고자 정신교육 또는 준법교육을 수강하도록 하는 처분이다.

사회봉사명령제도는 범죄자로 하여금 사회에 대한 범죄피해의 배상 및 속죄의 기회를 줄 뿐만 아니라, 근로정신을 함양시키고 자긍심을 회복시켜 건전한 사회 복귀를 도모하는 것을 주목적으로 하고 있다. 이 제도는 영국에서 최초로 시행되어 오늘날에는 여러 국가에서 실시하고 있으며 우리나라에서는 보호관찰제도와 함께 도입하여 시행하고 있다. 사회봉사명령은 당사자의 동의 없이 200시간 이내에 이루어진다. 참고로 형법을 위반한 성인범의 경우, 약 500여 시간 이내의 사회봉사명령을 받게 된다. 사회봉사집행 분야로는 자연보호활동, 복지시설에서의 봉사활동, 행정기관 지원, 공공시설에서의 봉사, 공익사업 보조, 농촌봉사, 문화재 보호활동 등이 있다.

(4) 수강명령

수강명령은 유죄가 인정된 의존성·중독성 범죄자를 교도소 등의 시설에 구금하는 대신 자유로운 생활을 허용하면서 일정 시간 보호관찰소 또는 보호관찰소 지정 전문기관에서 교육을 받도록 명하는 제도이다. 참고로 형법을 위반한 성인범의 경우 수강명령시간은 200시간 이내이다. 교육내용으로는 약물오·남용방지교육, 준법운전, 알코올남용방지교육, 정신·심리치료교육, 성폭력방지교육 등이 있다. 그 외 인간관계훈련, 심성계발훈련 등 인성교육을 위한 집단지도, 극기훈련, 체육활동 등의 심신단련활동, 예절 및 준법교육, 명사나 출소자 등의 경험담 또는 자유토론, 직업교육, 일반교양 함양을 위한 교육 등도 실시된다.

(5) 가석방

가석방은 교정시설에 수용중인 자를 만기 전에 가석방 또는 가퇴원의 형식으로 석방하여 남은 기간 동안 보호관찰관의 보호관찰을 받게 하되, 역시 그 기간을 무사히 통과하면 남은 기간을 마친 것으로 처리하는 것이다. 하지만 도중에 재범이나 준수사항의 현저한 위반사실이 있을 때는 가석방의 허가를 취소하고 다시 교정시설에 수용한다.

가석방대상자는 교도소 내 규칙을 잘 따르고 죄를 뉘우치는 등 모범적인 수형생활을 한 죄수들 중에서 선발하는데, 소년법 65조에 의하면 소년의 경우 무기형에는 5년, 15년의 유기형에는 3년, 부정기형(不定期刑)에는 단기의 3분의 1을 적용하도록 되어 있다.

(6) 소년분류심사원

소년분류심사원은 이전의 소년감별소를 의미하는 것으로, 법원 소년부(가정법원 소년부 또는 지방법원 소년부)에서 위탁한 소년을 수용·보호하면서 그 자질을 분류심사하는 역할을 한다. 분류심사는 의학, 심리학, 교육학, 사회학, 사회사업학, 기타 전문지식과 기술에 근거하여 위탁 소년의 신체적·심리적·환경적 측면을 조사하고 판정한다. 이때 소년비행의 개인적 요인, 소년비행의 조기발견 및 치료, 비행소년의 재범의 위험성 및 요보호성 여부를 판별하여 법원 소년부에 소년보호사건심사자료를 제공하고, 이들에 대한 교정처우지침을 제시하게 된다.

소년분류심사원은 가정이나 학교, 기타 사회단체 등에서 의뢰하는 문제소년에 대해서도 비행 성향을 규명하여 구체적인 개선지침을 제시하는 기능을 수행하며, 최근 청소년 적성검사실을 부설 운영하여 청소년을 대상으로 적성·지능·성격 등 종합검사를 실시하고 소질과 특성에 맞는 진로지도지침을 제공하는 역할을 담당하고 있다.

(7) 소년원

소년원은 '소년법' 및 '소년원법'에 따라 가정법원 및 지방법원 소년부의 보호처분에 의해 송치된 소년을 수용하여 교정교육을 행할 목적으로 설립된 법무부 소속의 특수교육기관이다. 소년원은 사법적 기능과 교육적 기능을 동시에 갖는 기관으로서, 비행소년을 수용 보호하는 징계의 의미가 있는 단순한 형벌이 아니고 교정과 감화를 위한 교육과 훈련의 성질을 가진다. 특히 비행청소년에 대한 사회적 낙인을 방지하기 위하여 전국의 소년원을 교과과정 중심의 직업훈련 중심 소년원으로 대체하고, 그 명칭도 학교로 전환하였다. 예를 들면 대구 OO정보통신학교, 서울 △△중·고등학교 등이 있다.

'소년원법'은 소년원과 소년분류심사원의 기능, 보호소년과 위탁소년의 교정교육에 관한 규정을 담고 있다. '소년원법' 규정에는 보호소년 등에 대한 처우는 심신발달에 알맞은 환경을 조성하고 안정과 규율 있는 생활 속에서 성장 가능성을 최대한으로 신장시킴으로써 사회 적응력을 길러 건전한 청소년으로서 사회에 복귀할 수 있도록 해야 한다고 되어 있다.

(8) 소년교도소

'소년법'은 반사회성이 있는 소년에 대해 그 환경의 조정과 성행(性行)의 교정에 관한 보호처분을 하고 형사처분에 관한 특별조치를 함으로써 소년의 건전한 육성을 기하기 위하여 제정된 법률을 말한다. 소년법에 의하면 소년은 19세 미만인 자를 말하며, 10세 이상 19세 미만의 소년을 소년보호사건의 대상으로 삼는다. 소년범은 정신발육이 아직 미숙하므로 통상적으로 성인범과는 다른 양상의 취급을 받게 된다. 소년범은 성인범에 비해 교화 등이 용이할 뿐만 아니라 범죄의 습성도 깊지 않으므로, 소년사건을 소년보호사건과 소년형사사건으로 나누어 특별한 취급을 하고 있다.

소년교도소는 형사처분을 받은 소년범죄자를 성인범죄자와 분리 수용하고 소년에 맞는 교정 처우를 실시하기 위한 시설이다. 소년수형자를 성인수형자와 분리 수용하여 소년의 특질에 알맞은 처우를 하며, 수용자의 과학적 분류와 합리적인 교정교육을 도모하고 성인수형자와의 접촉으로 인한 악감화 방지를 목적으로 한다. '소년법' 63조에 의하면 소년교도소에서 형을 집행하는 중 만 23세에 달한 경우에는 일반 교도소에서 집행할 수 있게 되어 있다.

3) 비행아동복지사업의 향후 방향

비행아동 및 청소년의 수는 해마다 증가하고 있으며, 연령 역시 낮아지고 있다. 어느 복지사업이든 마찬가지겠지만, 비행아동복지사업 역시 치료보다는 예방이 우선되어야 할 것이다. 비행아동복지사업의 현재 문제점을 토대로 향후 대책 내지 방향을 몇 가지 제시하면 다음과 같다.

첫째, 청소년에 대한 사회구성원의 인식부터 바꾸어야 할 것이다. 사람들은 '청소년' 하면 긍정적인 단어보다는 부정적인 의미의 단어, 예를 들면 비행, 흡연, 음주, 탈선, 방황, 일탈 등의 단어를 연상하는 경향이 있다. 청소년을 문제를 지닌 주체로 생각하여 선도해야 할 대상으로 여기는 것이다. 아동을 포함한 청소년은 우리의 미래이자 향후 우리 사회의 주역이다. 이 아이들을 미래의 희망이자 주역으로 키우기 위해서는 우선 이들에 대한 우리 성인의 인식 틀부터 전환하지 않으면 안 될 것이다. 먼저 그들에게서 미래의 희망을 열 무한한 가능성과 열정을 발견하는 혜안을 갖도록 노력해야 한다. 청소년을 기존의 질서에 잘 순응하도록 길러야 할 '보호 및 육성'의 대상으로 보기보다는 스스로 창의력을 기르고 자신의 잠재력을 최대한 개발하며 주변의 사람과 조화를 이룰 수 있도록 그들을 '지원하고 후원'하는 쪽으로 방향을 틀어야 한다.

둘째, 비행아동 및 청소년을 위한 예방 프로그램의 개발 및 실시가 강화되어야 한다. 즉 사후대책보다는 사전예방을 위한 가정, 학교, 사회 전체의 적극적인 노력이 필요하다. 청소년비행의 발생 원인에서도 살펴보았듯이 비행은 가정적 요인으로 인해 발생하는 비율이 높으므로 가정 및 부모를 통한 예방을 우선 고려해야 할 것이다. 부모교육과 부모상담을 통해 부모를 적극적으로 지원하고, 문제가 발생했을 때 이를 해결하기 위한 전문상담기관을 통한 심리적·사회적 서비스를 보다 폭넓게 실시해야 할 것이다.

셋째, 역시 예방적인 차원에서 비행아동 및 청소년을 위한 학교사회사업을 활성화해야 한다. 대부분의 청소년은 학생의 신분으로 하루 중 많은 시간을 학교를 비롯한 교육기관에서 보내게 된다. 따라서 청소년비행은 학교부적응과 밀접한 관련이 있으며, 학교로부터 중도 탈락한 학생 중 비행청소년이 되는 비율 역시 높았다. 학교는 학생을 단순히 교육하는 기능을 넘어, 이들을 대상으로 종합적인 복지서비스를 제공할 수 있어야 한다. 현재 일부 학교에서 실시하고 있기는 하지만 학교사회복지 프로그램을 대폭 강화하고 학교사회사업의 기능을 확대 실시할 필요성이 있다. 학교사회복지사업은 학생의 복지를 위해 가정–학교–지역사회 간 긴밀한 연계가 중요한 만큼 학교 외 가정과 지역사회와의 협력관계 조성을 위한 다양한 시도가 이루어져야 한다.

마지막으로, 유죄가 인정되는 소년범죄자에 대해 검찰에서는 가능한 한 사건을 형사사건화하는 형태보다 보호조치하는 형태의 비율을 높여 아동 및 청소년비행을 선도와 교정 차원에서 처우가 이루어지도록 하여 청소년의 건전한 사회 복귀를 돕고 재범을 방지하는데 심혈을 기울여야 한다. 소년원과 소년교도소 같은 시설 내 교정 복지사업은 그 서비스가 강화되어야 할 것이다. 예를 들면, 소년원의 경우 사법적 기능과 교육적 기능을 동시에 갖는 법무부 소속의 특수교육기관으로 비행소년의 수용 보호는 징계의 의미가 있는 단순한 형벌이 아니고 교정과 감화를 위한 교육과 훈련의 성질을 가진다. 그러므로 교과교육이나 직업훈련이외에 보다 전문적인 상담서비스를 강화하고 다양한 재활교육을 실시함으로써 향후 사회 복귀를 용이하게 할 수 있도록 도와야 할 것이다.

CHAPTER 14

방임 및 학대받는
아동을 위한 복지 실천

우리는 행복하기 때문에 웃는 것이 아니고
웃기 때문에 행복하다.

- 윌리엄 제임스(William James)

1 아동학대의 유형 및 특징

아동에 대한 각종 학대는 역사적으로 볼 때 오랫동안 자행되었던 것이 사실이나, 아동학대(child maltreatment)의 예방 및 근절을 위한 대책은 비교적 최근에 이루어졌다. 특히 우리나라의 경우, 아동학대문제는 선진국에 비해 그 대처가 늦게 이루어졌다고 볼 수 있다. 이는 아동학대나 가정 내 폭력을 개인 가정의 일로 간주하거나 체벌이 통용되는 사회적 분위기 때문일 것이다.

늦었지만 다행히도 '아동복지법' 전면 개정과 추후 부분 개정, 그리고 시행령 및 시행규칙의 지속적 개정, '아동학대범죄의 처벌 등에 관한 특례법' 제정 등을 통하여 학대받는 아동을 보호하기 위한 법적, 제도적 토대가 마련되었다. 아동학대는 크게 2가지 범주즉, 아동학대(child abuse)와 아동방임(child neglect)으로 구분하여 살펴볼 수 있다.

1) 아동학대

아동학대는 부모나 그 외 다른 성인이 아동에게 가하는 의도적 행위로서 학대행위로 인한 신체적·정신적·정서적 위해(危害)가 명백하게 나타나는 것이다. 아동학대에는 신체적 학대, 정서적 학대, 성적 학대 등이 있다.

(1) 신체적 학대

신체적 학대(physical abuse)는 아동의 부모나 주 양육자, 혹은 주변 사람이 우연적인 사고에 의한 것이 아닌 고의적 의도성을 갖고 아동에게 신체적 상해를 입히는 경우이다. 신체적 학대는 성인이 손이나 도구를 사용하여 아동의 신체에 직접적인 손상을 가하거나 고립과 감금 등의 행위로 아동의 신체적 자유를 박탈하거나, 또는 아동의 신체를 노동력화하여 착취함으로써 성인의 이익을 취하는 상태를 포함한다. 예를 들어 아동에게 책이나 물건을 던지는 행위, 얼굴이나 뺨을 때리는 등 신체에 상해를 가하는 행위, 몽둥이나 빗자루 등 도구를 이용하여 폭력을 행사하는 행위, 화상을 입히는 행위 등이 바로 신체적 학대 행위의 예이다.

(2) 정서적 학대

정서적 학대(aemotional abuse)는 아동의 보호자나 양육자가 아동을 대할 때 부정적인 태도를 취하며, 아동의 정서·사회성발달에 치명적인 상처를 심을 수 있을 정도의 언어적·정서적 공격을 가하는 것이다. 아동에게 직·간접적으로 욕설을 퍼붓거나 위협을 가하며, 무시하거나 거부하고, 공포심을 조장하거나 증오하며, 차별하고 배척하는 등의 행동을 하는 것이 이에 포함된다. 예를 들면, "너 같은 건 괜히 낳아가지고.", "엄마, 아빠 말을 잘 듣지 않으면 내쫓아 버릴 거야.", "저런 행동을 하다니, 멍청한(바보 같은) 놈 같으니." 등 경멸적·적대적·거부적 언어를 구사하는 것이 바로 언어를 통한 정서적 학대이다.

가르바리노 등(Garbarino, Guttman, Seeley, 1986)은 정서적 학대란 하나로 구분되는 상황이라기보다는 심리적으로 해가 되는 행동패턴인 거부, 고립화, 공포, 무시, 타락화가 포함된다고 주장함으로써 정서적 학대행위가 아동의 정서발달을 비롯한 제반 발달에 장기적으로 심각한 상해를 미칠 수 있음을 시사했다. 이처럼 정서적 학대는 신체적 학대처럼 명확한 준거가 없다는 점에서 파악이 어렵고, 학대의 징후가 눈에 두드러지게 보이지 않을 뿐만 아니라 후유증 역시 당장 나타나지 않을 수 있기 때문에 더욱 세심한 주의가 필요하다.

(3) 성적 학대

성적 학대(sexual abuse)는 부모나 주 양육자, 혹은 주변 사람이 자신의 성적 충족을 위해 미성숙한 아동과 함께하는 모든 성적 행위를 말한다. 즉 성인이 신체나 도구, 물질 등을 사용하여 아동의 성기 부분을 손상시키거나 아동으로 하여금 성인의 성기를 애무하도록 강요함으로써 아동이 신체적·정신적 고통을 느끼게 하는 것이다.

2) 아동방임

아동방임(child neglect)은 부모나 주 양육자, 혹은 보호자가 고의적이고 반복적으로 아동양육 및 보호 및 교육을 소홀히 함으로써 아동의 건강과 복지를 해치거나 정상적 발달을 저해할 수 있는 행위를 하는 것이다. 2012년도 전국 아동학대 현황보고서에서 아동방임의 사례 유형을 보면 중복학대(47.1%)를 제외하고 방임이 26.8%로 가장 높다. 이처럼 일반가정에서 부모에게 방임되는 아동의 비율이 높아짐에도 불구하고, 방임아동에 대한 대책은 미흡한 상태이다. 이는 신체적 학대나 성적 학대, 유기는 학대로 인식하면서 방임은 학대가 아니라고 인식하는 데서 비롯된 결과라고 볼 수 있다. 방임은 신체적 학대나 성적 학대, 혹은 유기처럼 그 결과가 확연히 드러나지 않거나 위급을 다투는 상황이 아닌 경우가 많지 않기 때문이다.

하지만 아동이 양육자로부터 방임될 경우 신체적 학대 못지않게 그 위해성이 크다는 연구 결과가 보고되고 있다. 예를 들면, 아동의 사망률은 학대보다 방임일 경우 그 비율이 더 높으며(이규숙, 1998), 학대 유형 중 방임이 자아존중감에 가장 큰 영향을 미치고(박철민, 2002), 보호자로부터 방임된 아동은 일반아동이나 신체적으로 학대받은 아동에 비해 또래와의 사회적 상호작용이 더 적게 나타난다는 것이다(Hoffman-Plotkin & Twentyman, 1984). 외환위기 이후 경제적 형편이 어려워지면서 아동을 방임하는 가정이 늘고 있어 이에 대한 제도적 뒷받침이 필요함을 알 수 있다.

또 아동방임의 경우, 아동이 위험한 환경에 처하거나 충분한 영양을 공급받지 못해 발육이 제대로 이루어지지 않는 경우가 많아 나이가 어린 아동에게 치명적인 결과(장애)를 가져오거나 사망에 이르게 한다. 또 발달 중인 아동에게 다양한 측면에서 잠재된 파생적인 문제가 발견될 수 있다. 예를 들면, 청결하지 않은 외모에서 오는 집단따돌림, 사회문제행동의 피해자 혹은 가해자가 되기도 한다. 이러한 방임의 유형에는 다음과 같은 여러 가지 형태가 있다.

(1) 신체적 방임

신체적 방임은 보호자가 아동을 잘 씻기지 않고 보살피지 않아 몸이 더러운 상태로 방치하는 것이다.

(2) 식생활 방임

식생활 방임은 아동의 성장과 발달에 필요한 균형 잡힌 식사를 상당 기간, 필요한 시기에 적절한 양을 제공하지 않는 것으로 아동의 건강을 위협할 가능성이 매우 높은 상태이다.

(3) 의생활 방임

의생활 방임은 부모나 주 양육자가 계절과 장소, 신체적 성장 등을 고려한 적절한 의복과 신발 등을 상당 기간 동안 제공하지 않음으로써 아동으로 하여금 불편함과 생리적 고통, 심리적·정서적 어려움을 겪게 하는 것이다.

(4) 주생활 방임

주생활 방임은 부모나 주 양육자가 아동에게 기본적 생활 유지에 필요한 적정하고 안전한 공간을 상당 기간 동안 제공하지 않아 아동이 신체적으로나 정신적으로 고통을 느끼도록 만드는 상태를 말한다.

(5) 의료적 방임

의료적 방임은 부모나 주 양육자 및 그에 준하는 성인 등이 아동의 정기적인 신체검사와 검진을 소홀히 하여 질병에 노출될 가능성을 높이거나 아동이 고통을 호소해도 적절한 조치를 취하지 않아 건강상의 고통을 경험하게 만드는 것이다. 최근 한 조사에 의하면 아동의 충치 발생률이 아동방임 및 학대 가능성과 무관하지 않음이 보고되어, 의료적 방임의 단적인 예를 보여주고 있다.

(6) 정서적 방임

정서적 방임은 부모나 주 양육자 및 그에 준하는 성인 등이 아동에 대한 관심을 거의 기울이지 않아 평소 아동의 발달적 욕구에 민감하게 대응하지 못하거나 발달에 필요한 적절한 피부 접촉, 대화 등의 정서적 교류를 하지 않아 아동의 심리·정서적 발달에 위협을 초래하는 상태를 말한다.

(7) 교육적 방임

교육적 방임은 부모나 주 양육자 및 그에 준하는 성인 등이 아동의 바람직한 성장·발달을 도모함에 있어 필요한 교육적 조치를 적절한 시기에 취하지 않음으로써 현재 혹은 향후의 교육적 성취를 위협하는 상태를 말한다.

(8) 성적 방임

성적 방임은 부모나 주 양육자 및 그에 준하는 성인 등이 아동이 보다 안전한 상황에서 성적인 발달을 유지할 수 있는 환경을 상당기간 제공하지 않아 바람직한 성적 발달을 도모하지 못할 뿐만 아니라 심지어 성적 학대의 위기에 노출시키는 상태를 유발하는 것을 말한다.

2 아동학대 발생 현황

최근 경기불황 등 사회적·환경적 변화로 인해 아동학대현상이 급격히 늘어나는 추세이다. C군과 U시의 '의붓딸 학대 살인사건', G시의 '28개월 아들 살인사건' 등 아동학대 관련 최근 보도를 보면 아동학대 빛 방임 수준이 심각함을 알 수 있다.

보건복지부와 중앙아동보호전문기관(2014)은 전화번호 1577−1391, 129, 112, 119와 인터넷 홈페이지를 통해 전국 아동보호전문기관으로 접수된 아동학대 사례를 집계하여 분석한 결과를 토대로 전국 아동학대 현황을 보고하였다. 이 보고서에 의하면 2013년 전국 아동보호전문기관에 접수된 건수는 총 1만 3,076건으로 2012년(1만 943건) 대비 19.5% 정도 증가하였으며, 이 중 아동학대 의심 건수가 1만 857건(83.0%), 일반상담이 2,176건(16.6%)이었다(그림 14−1 참조).

아동학대 의심사례 중 아동학대로 판정되어 보호조치된 사례는 6,796건으로 62.6%에 달했고, 재학대 신고 사례는 980건으로 489명의 아동이 재학대에 노출된 것으로 집계되었다. 2013년에 발생한 아동학대사례 중 36.7%가 한부모가정인 경우로 나타나 해체가정에 대한 관심과 대책이 필요한 것으로 나타났다.

아동학대 발생빈도를 집계한 결과 2,629건(38.7%)이 거의 매일 발생했으며, 2~3일마다 발생한 사례는 1,049건(15.4%), 일주일마다 발생한 경우는 747건(11.0%)이었다. 이는 아동학대가 우발적 실수가 아니라 지속적·반복적으로 발생하고 있다는 것을 시사한다. 6,796건의 아동학대 중 학대행위자와 피해아동이 함께 동거하는 경우는 5,375건(79.1%)이었으며, 학대행위자 중 80.3%가 부모인 것으로 나타났다. 아동이 가장 안전하게 보호

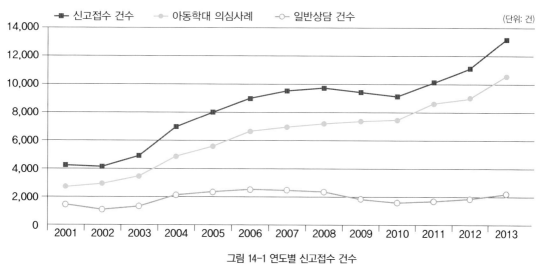

그림 14-1 연도별 신고접수 건수

자료: 보건복지부·중앙아동보호전문기관(2014). 전국아동학대현황보고서.

받아야 할 울타리 안에서 각종 폭력에 노출되어 아동발달에 심각한 영향을 받고 있다는 것이다.

피해아동의 연령별 분포를 살펴보면, 만 7~12세 사이의 아동이 39.0%를 차지하여 초등학교 아동이 아동학대에 가장 많이 노출되어 있음을 알 수 있다. 사례 유형별로는 하나의 아동학대사례에서 2가지 이상의 학대 유형이 함께 발생하는 중복학대가 43.0%로 가장 많았으며, 방임 26.2%, 정서학대 16.2%, 신체학대 11.1%, 성학대 3.6%의 순으로 나타났다. 특히 중복학대를 받은 아동이 전체의 절반을 차지하여 학대 유형에 따른 다각적 개입이 필요할 것으로 보인다.

아동학대의 발생장소로는 가정이 5,564건(81.9%)으로 가장 높게 나타났고, 아동학대 행위자는 아동의 부모가 전체 학대 사례의 80.3%를 차지하였으며, 친부에 의한 학대가 41.1%인 것으로 나타났다. 특히 아동학대가해자 중 만 30~40대의 남성이 전체의 71.8%를 차지하였으며, 초등학교 자녀를 둔 남성 한부모에 의한 아동학대가 가장 많이 발생하였다는 점을 주의 깊게 살펴봐야 할 것이다. 이는 곧 아동학대를 예방하고 학대가 재발하는 것을 방지하기 위한 방안을 세우는 과정에서 부자가정 지원을 위한 제반서비스 확충과 한부모가정 아버지를 대상으로 실시할 수 있는 프로그램을 개발·적용해야 한다는 것을 시사한다.

또한, 2014년 10월 인천의 보육교사가 4세 남자아이의 손을 묶고 학대한 사건을 비롯하여 2013년에는 울산, 부산, 세종 등에서 보육교사의 아동학대가 발생하였다. 이는 교육기관의 아동학대가 심각하다는 것을 보여준다. 따라서 학대예방교육을 비롯한 교사의 인성교육이 중요하며, 교육기관의 아동학대에 대한 인식 제고와 각성이 필요할 것이다.

3 아동학대 발생 원인

아동학대를 유발하는 요인에는 학대를 가하는 가해자의 성격적 특성뿐만 아니라, 학대를 유발하는 아동의 특성, 학대부모와 피학대아동의 상호작용, 가족의 역기능적 특성, 여러 가지 환경적 스트레스 등이 있을 수 있다. 여기에서는 아동학대와 관련 있는 특수한 문제를 크게 3가지, 즉 개인 관련 요인, 가족 관련 요인, 사회적·문화적 요인으로 구분하여 살펴보도록 한다.

1) 개인 관련 요인

아동학대를 유발하는 개인 관련 요인으로는 부모와 관련된 요인과 함께 아동과 관련된 요인이 있다. 부모 관련 요인에는 부모의 인성 혹은 성격 특성을 비롯하여 부모의 아동기 피학대 경험, 스트레스, 아동에 대한 공감능력 부족 등이 있다. 반면 아동 관련 요인으로는 원하지 않는 출생과 성, 기질, 장애요소 등이 있다.

(1) 부모 관련 요인
아동학대 유발요인 중 부모 관련 요인으로는 부모의 인성 혹은 성격 특성, 정신병리, 알코올 및 약물남용, 부모 자신의 아동기 피학대 경험, 아동발달에 대한 지식 및 이해 부족과 부적절한 양육기술 등의 요소가 있다.

① 부모의 인성 혹은 성격 특성

아동을 학대하는 부모는 무책임하거나 어린아이 같은 유치함을 드러내기도 한다. 방임이 주로 이루어지는 가정의 어머니들은 대체로 어린아이같이 유치하거나 의존적인 경향이 있으며, 충동적이고 책임감이 없으며 부적절한 판단을 하고 낮은 자아존중감을 갖고 있다(Nurse, 1964; Young, 1964). 빌러와 솔로몬(Biller & Solomon, 1986)에 의하면 자녀를 신체적으로 학대하는 어머니들은 충동통제장애, 부정적 자아개념, 정체성형성장애 등의 성격 특성이 두드러진다. 아동을 학대하는 부모에게서는 다음과 같은 인성 혹은 성격적 특성을 발견할 수 있다.

- 첫째, 일반 정상적인 부모에 비해 낮은 자아존중감을 보여 스스로를 쓸모없거나 가치 없는 존재로 여기며 스스로 좋지 않은 사람이라고 느낀다.
- 둘째, 지나치게 의존적인 경향을 보인다. 의존적인 부모는 자신의 욕구 충족을 위해 자녀를 양육하며 자녀에 대한 보호를 부차적인 것으로 생각하는 경향이 있어 자녀를 방임하게 되고, 자녀가 부모에게 의존적인 것을 요구할 때 적절하게 대처할 수 없다(전영실, 2000).
- 셋째, 충동적인 성향이 있다. 충동적 성향이 있는 부모는 자신의 감정을 바로 행동으로 옮기는 경향이 있으며, 순간적인 충동을 억제하는 힘이 부족하다(Faller & Ziefert, 1981). 결과적으로 부모의 낮은 자기통제력은 아동학대를 유발할 수 있다.

② 정신병리

아동을 학대하는 가해자의 대부분은 특별한 정신질환을 앓고 있지는 않지만, 대체로 미숙하거나 편집성, 혹은 반사회적 성격경향이 높거나 혹은 병적인 인격장애를 보인다. 그리고 일부 제한적이기는 하지만 우울증, 정신병 등을 앓는 경우가 있다(안동현, 2003). 폴러 등(Faller et al, 1981)은 아동을 방임하는 부모가 가장 빈번하게 보이는 특징이 바로 우울증상이라고 하였다. 우울증이 있는 부모는 대개 슬픈 기색을 보이며, 밝은 표정을 짓기 어렵고 에너지나 대처능력이 없어 보이는 특징을 가진다.

이디어 등(Ethier, Lacharite & Couture, 1995)도 자녀를 방임하는 어머니는 방임적이지 않은 어머니와 비교할 때 더 높은 비율의 우울증을 나타내는 경향이 있다고 했다. 아동을 학대하는 부모 역시 자신을 지나치게 비하하거나 절망하는 경우가 많고 우울증, 정신분열증과 같은 정신질환을 보이거나 분노 충동을 억제할 수 없는 행동장애인 간헐적 폭발적 장애 등의 증상을 보이기도 한다(박현선, 2002).

③ 알코올 및 약물남용

술이나 약물은 의식·기억력·감정조절·충동조절 등을 변하게 하여 자녀와의 지속적이고 일관된 상호작용을 방해하게 만든다(안동현, 2002). 특히 술과 아동학대와의 연관성을 살펴본 벨링(Behling, 1979)의 연구 결과를 살펴보면, 학대받은 아동의 84%는 적어도 1명의 알코올중독 부모를 가졌다는 사실을 발견하였다. 알코올이나 약물을 포함한 물질의 남용이 아동학대, 특히 신체적 학대와 의미 있는 관계가 있음을 보여주는 연구 결과는 비교적 많다(Famularo et al., 1986; Famularo et al., 1992; Murphy et al., 1991).

최근 여성 음주를 비롯한 물질의 남용이 늘어나고 있는 현 시점에서 임신 동안 약물을 복용한 어머니에게서 태어난 아동에 관해 살펴본 연구(Jaudes, Ekwo, & Voorhis, 1995)에 의하면 이들은 일반아동보다 남용을 계속할 확률이 높다.

④ 부모 자신의 아동기 피학대 경험

학대부모의 상당수는 아동기에 부적절하게 양육된 경험을 가지고 있다. 예를 들어 신체적 학대의 희생자였던 아동은 성장 후 자기 자신이 부모가 되었을 때 자신의 자녀를 학대하는 경우가 많았다(Baldwin & Oliver, 1975; Conger et al., 1979).

아동기에 부모로부터 신체적으로 학대받은 경험이 자녀를 비슷한 방식으로 다룰 수도 있는 위험에 처하게도 하지만(Bagley et al., 1994), 이후의 환경 변화가 이러한 현상을 완화시키기도 한다. 학대받은 경험이 없는 배우자의 영향, 자신이 다루어졌던 방식대로 자녀를 다루지 않겠다는 부모의 다짐 및 실행, 부모가 신체적 학대의 사용을 지지하지 않는 새로운 양육지식과 기술을 획득하게 되는 것 등이 바로 그런 경우이다(Kaufman & Zigler, 1987; Wiehe, 1992).

⑤ 아동발달에 대한 지식 및 이해 부족과 부적절한 양육기술

학대부모는 교육수준이 비교적 낮은 편이며, 아동발달에 대한 이해가 전반적으로 낮다. 이들은 양육상 기술이 부족하여 섭식, 수면, 배설과 같은 영아의 기본적 욕구에 대처하는 능력이 떨어진다. 부적절한 양육지식과 기술은 특히 아동의 신체적 학대와 관련이 있는데, 자녀를 학대하는 어머니와 그렇지 않은 어머니는 문제해결능력에 큰 차이가 있다(Azar et al., 1984). 자녀를 학대하는 부모는 훈육과 같은 자녀양육상의 경험에서 흔히 부딪치는 문제에 대한 반응의 범위가 협소하거나 극히 제한되어 있는 것으로 나타났다.

부모가 자녀양육문제에 효과적으로 대처하지 못하거나 좌절감을 경험함에 따라 자녀를 지속적으로 통제하는 하나의 방법으로 신체적 체벌과 같은 극한 형태를 사용하게 될 수 있다(Reid et al., 1981).

⑥ 스트레스

경제적인 지원이 적절하지 않거나, 부부간 갈등 혹은 부정적인 삶의 경험은 부모의 자녀 양육능력에 영향을 미치는 스트레스를 일으키며, 이는 자녀를 학대할 수 있는 위험에 놓이게 한다(Burrell et al., 1994; Chan, 1994). 아비딘(Abidin, 1992)은 부모의 양육스트레스가 높을수록 아동의 문제행동을 보다 높게 지각하는 경향이 있으며, 아동의 행동을 자주 통제하고 강압적이며 처벌적인 양육행동을 보인다고 하였다(박현선, 2002, 재인용).

⑦ 아동에 대한 공감능력 부족

아동을 학대하는 사람은 아동의 욕구나 상태에 대해 공감하는 능력이 매우 부족하다. 부모는 자녀양육 시 감정이입능력을 가져야 하는데 학대적인 부모는 그렇지 않는 부모보다 자녀에 대한 감정이입이 적었다(Wiehe, 1987). 감정이입적인 부모는 만일 자신이 아동이라면 어떻게 느낄 것인지를 예견하기 때문에, 신체적 학대행동을 하지 않는다. 마찬가지로 공감적인 어머니는 아기의 울음소리에 화를 내지 않으나, 공감능력이 부족한 어머니는 울음소리에 대한 반응으로 아기를 심하게 흔들어 학대하기도 한다(Frodi, 1981; Frodi & Lamb, 1980).

⑧ 부모의 연령

학대부모는 비학대부모보다 연령이 낮으며 점점 더 낮아지는 경향을 보이고 있다(이소희, 2003). 어머니의 연령은 아동에 대한 신체적 학대와 연관된 하나의 중요한 요인으로, 자녀 출산 시 어머니의 어린 연령과 자녀에 대한 학대 간에 깊은 관련이 있는 것으로 밝혀졌다. 학대부모는 자신의 미성숙, 교육 부족 그리고 낮은 수입으로 인해 부모기의 스트레스를 조절할 수 없는 위험에 처하게 된다(Connelly & Straus, 1992).

⑨ 10대 부모

10대에 아기를 출산하는 비율은 국내뿐만 아니라 세계적으로 그 비율이 높아지고 있다.

윤미현(2000)에 의하면 미혼모가 처한 현실적 어려움과 아동방임의 위험을 예견할 수 있다. 10대에 부모가 됨으로써 자신이 아이를 양육하겠다는 동기가 충분하지 못하고, 자녀를 양육한다 하더라도 경제적 여건이나 상황이 어려우며, 주위로부터 지지를 받기도 어려워 자녀를 학대할 가능성이 높아지는 것이다.

⑩ 자녀에 대한 부적절한 기대

부모가 자신이나 자녀에 관해 비현실적인 기대를 하는 경우, 이러한 기대가 실현되지 못하면 자녀를 학대할 가능성이 생긴다. 아동에 대한 비현실적인 기대는 주로 조기 배변훈련, 울음 그치기, 학교 및 과외활동에서의 성취와 같은 문제에 초점이 맞추어진다(Bavolek, 1989; Kravitz & Driscoll, 1983).

아동의 능력에 비해 비합리적으로 높거나 혹은 부적절한 부모의 기대를 아동이 충족시키지 못하는 것은 아동의 자아개념, 자아존중감 그리고 자기확신감에 좋지 않은 영향을 미친다(Bavolek, 1984; Garbarino & Vondra, 1987). 부적절한 기대는 흔히 부모가 자녀를 능력과 재능이 다른 형제자매를 비교할 때 일어나는데, 이러한 비현실적이고 부적절한 기대는 부모가 자녀의 발달단계와 이에 수반하는 인지적·사회적 기술에 대한 지식이 부족한 것에 대한 결과일 수도 있다.

(2) 아동 관련 요인

아동학대를 유발하는 요인 중에서 아동과 관련된 요인으로는 부모가 원하지 않았던 출생 또는 성, 신체적·정신적 결함, 기질 등의 요소가 있다.

① 부모가 원하지 않았던 출생과 성

부모가 원하지 않은 상태에서 출생했거나, 부모가 원하던 성이 아닌 경우 아동은 부모의 사랑으로 양육되기가 어려워지기도 한다. 이는 곧 아동방임 및 학대로 연결될 소지가 있다.

② 신체적, 정신적 결함을 지닌 아동

장애아동, 미숙아, 허약아는 일반아동보다 더 많은 신체적·경제적 양육 부담이 있기 때문에 부모가 몇 배의 고통을 받아 학대를 유발할 가능성이 높아진다. 특히 어린 시기 부모-자녀 간 애착 형성에 문제가 발생하는 경우에는 이러한 문제가 더욱 심각하다. 애착 혹은 유대(bonding)는 자녀양육에서 중요한 요소인데, 적절한 애착은 부모로 하여금 아무리 어려운 상황에서도 자녀를 양육하고자 하는 동기를 갖게 한다. 즉 자녀와 불완전한 애착을 형성한 부모일수록 자녀를 학대할 가능성이 그만큼 높아진다(Faller et al., 1981).

③ 기질

기질적으로 순한 아동보다 까다로운 아기가 부모에 의한 학대에 노출될 가능성이 높다. 스틸(Steele, 1987)에 의하면 쉽게 잠들기 어려워 하거나, 매사에 신경질적이고 부모를 성가시게 하며, 지나치게 울어서 달래기가 어렵고, 과잉행동으로 인해 매우 번잡스러운 아동은 부모의 인내심을 한계에 달하게 하여 학대를 유발할 가능성이 높다.

2) 가족 관련 요인

아동학대 및 방임을 유발하는 요인으로는 가족과 관련된 것이 있다. 여기에는 아버지가 없거나 가족구성원이 이탈한 경우, 혹은 가족구성원 간의 상호작용이 정상적이지 못할 경우, 즉 가족구성이나 가족형태의 이상 또는 부부불화 등이 포함된다.

(1) 아버지 부재 혹은 가족구성원의 이탈

가족 내에 아버지가 존재하지 않는다는 것은 일반적으로 아버지가 있을 때보다 확실히 수입이 낮음을 의미한다. 아버지 부재 시 어머니는 배우자로부터의 정서적 지원이 부족해지는데 이는 아동방임의 중요한 요인이 된다(Polansky et al., 1981). 아동의 신체적·정서적 욕구에 관심을 기울이고 보살피지 못하는 양육실패는 비선천적 발육부진으로 확인된 아동방임의 한 형태와 관련이 있다. 부모의 이탈로 개념화된 부모의 관심 부족은 일반적으로 가족에게서 일어나는 스트레스나 위기와 연관되어 있다(Alderette & deGraffenried, 1986). 스트레스나 위기에는 실업, 신체적 질병, 재정적 어려움 그리고 비슷한 사회적 또는 환경적 문제가 포함될 수 있다.

(2) 가족구성원 간의 역기능적 상호작용

아동방임이 일어나는 가족의 경우, 가족구성원 간의 상호작용에서 긍정적인 접촉보다
부정적인 접촉이 더 많은 것으로 밝혀졌다(Burgess & Conger, 1977; Reid, 1978). 아동
학대와 관련된 가정 분위기로는 폐쇄적·갈등적·전제적 분위기를 들 수 있으며(이소희,
1989), 대체로 가정이 화목하지 못하고 불화와 갈등이 심할수록 자녀를 학대하는 경향
이 있다. 부모는 부모–자녀관계에서 자녀를 통제하거나 혹은 자녀를 다스리는 마지막 수
단으로 자녀를 학대하게 된다(Patterson, 1982).

(3) 부모–자녀 간 부적절한 의사소통 유형

정서적 학대는 주로 아동이 잘못하고 있는 것을 강조하는 등 혐오적인 언쟁과 좋은 행
동에 대해 아동에게 언어적으로 보상하는 것과 같은 친사회적인 대화의 부재로 일관된
부모의 의사소통에서 살펴볼 수 있다. 혐오스러운 언쟁으로 일관된 부모의 의사소통은
아동이 관심을 얻기 위해 행하는 방법인 울기, 괴롭히기, 나쁜 행동하기 등과 같은 부정
적 행동을 강화할 수 있다. 패터슨(Patterson, 1982)에 의하면 자녀와 부모 간 의사소통
에서 혐오적 특성은 아동의 자아존중감과 자기가치감에 부정적인 영향을 미친다.

(4) 가족구성

아동의 성, 연령, 가족 크기 등의 요소도 아동의 신체적 학대와 관련이 있다. 특히 미국
의 '전국사건발생연구(The National Incidence Studies)'에서는 나이가 든 아동은 보통
정도의 상처나 손상에 그치는 반면, 가장 어린 연령의 집단(2세 이하)에서는 사망할 가
능성이 높다는 사실을 보고하였다. 4명 이상의 자녀가 있는 가족의 아동은 보다 적은
수의 가족구성원이 있는 가족의 아동과 비교할 때 더욱 위험하며 신체적 학대를 더 많
이 경험하는 것으로 나타났다(National Center on Child Abuse and Neglect, 1988b).

(5) 가족형태

한부모가족, 계부모나 재혼과 같은 가족의 형태도 아동학대와 관련이 있는 것으로 나
타났다. 한부모는 부모 모두 있는 경우와 비교할 때 자녀를 훈육함에 있어 어려움을 겪
을 수 있는데, 부부 간 협력에 의한 자녀 통제가 어렵기 때문에 자녀의 행동에 더 과도
하게 반응하여 처벌할 가능성을 배제할 수 없다. 계부모나 재혼가족의 경우에도 자녀를

학대할 가능성이 더 높다는 사실이 경험적 연구에서 밝혀졌는데, 이러한 사실은 계부모나 친부모에 비해 자녀에 대한 애착이 약할 것이라는 추측과 맥락을 같이한다(Faller et al., 1981).

(6) 부부불화

아동을 방임하거나 학대하는 가족의 경우, 부부는 전반적으로 서로에 대한 만족도가 낮으며 공격적이고 폭력적인 경향을 보인다(National Research Council, 1993). 부부가 서로에게 갖는 만족도가 낮거나 가족 상호 간 갈등의 소지가 있을 때에는 자녀가 분노와 공격의 대상이 될 수 있는데, 이는 곧 부부 사이의 적대감이 자녀에 대한 학대로 옮겨갈 수 있음을 의미한다. 결국 부부간 불화는 아동학대와 밀접한 관련이 있다.

3) 사회 및 문화적 요인

아동학대를 유발하는 요인으로는 앞서 살펴본 개인 관련 요인이나 가족 관련 요인 외에도 사회적·환경적, 문화적 요인을 들 수 있다. 핵가족이 보편화됨에 따라 젊은 부모들이 조부모의 도움을 받기 어려워졌을 뿐만 아니라 적절한 부모역할을 학습하거나 훈련받을 수 있는 기회가 상대적으로 줄었으며, 이혼 증가에 따른 한부모가정과 재혼가정의 출현, 실업률의 증가에 따른 고용의 불안정성, 장시간 근로로 인한 스트레스 가중, 그로 인한 알코올 및 약물에의 노출 가능성, 대중매체의 폭력 성향 증가 등의 요소로 인하여 과거에 비해 아동을 학대하는 상황이 더 많아지고 있음을 부정하기는 어렵다. 아동학대를 유발하는 사회 및 문화적 요인으로는 빈곤, 사회적 지지망 부족, 아동을 존중하지 않는 사회적 분위기, 체벌에 대한 허용적 문화 및 종교적 가치관 등이 있다.

(1) 빈곤

빈곤은 아동방임을 일으키는 중요한 요인이며(Kotch et al., 1995) 아동학대에 있어서도 매우 중요한 위험 요소이다. 호킨스와 던컨(Hawkins & Duncan, 1985)에 의하면 아동을 방임한 남자 성인의 85%가 실업자였으며 가족에게 심각한 재정적 어려움을 주는 사람임을 발견하였다. 빈곤한 부모는 자녀를 위한 교육시설이나 여가시설, 그리고 아이를 맡길 수 있는 시설 및 자원을 이용하기가 더욱 어렵다. 이러한 자원의 이용은 부모의 신체적 학대와 관련된 스트레스를 감소시킬 것이다.

(2) 사회적 지지망 부족

사회적 고립과 소외, 다시 말해 사회적 지지망 부족 역시 아동방임 및 학대와 관련이 높은 요소로서(Hawkins & Duncan, 1985; Polansky et al., 1981), 방임이 빈번하게 발생하는 가정의 어머니들은 이웃과의 접촉이 거의 없고 자신들이 생활하는 지역사회를 비판적으로 보는 시각을 지니고 있다. 아동의 신체적 학대 역시 부모가 지지서비스와 사회적 관계망을 갖지 못하는 것과도 관련이 있는데, 어린이집이나 가족구성원과 같은 자원은 부모에게 양육상의 스트레스와 생활 속의 다른 스트레스를 억제할 만한 휴식을 제공할 수 있다(Hawkins & Duncan, 1985).

(3) 아동을 존중하지 않는 사회적 분위기

아동학대를 유발하는 사회적·문화적 요소로는 아동을 존중하지 않는 사회구성원의 태도 역시 포함된다. 아동은 성인과 마찬가지로 인권의 주체이자 당연히 존중받을 만한 가치가 있다는 사실을 인정하고 수용하는 사회 분위기일수록 아동학대 발생률이 낮다.

(4) 성역할 정형화

아동을 남자아이냐, 여자아이냐에 따라 다르게 다루는 것은 심리적 학대를 유발할 수 있다. 텔즈로(Telzrow, 1987)는 성에 어울리는 적절한 행동에 대한 부모의 신념과 기대는 아동이 자신의 잠재력을 충분히 개발하는 것을 어렵게 만들 뿐만 아니라, 부모가 아동을 다루는 방법에도 영향을 미칠 수 있다고 했다. 공공매체에서 묘사되는 성의 차별적인 방식에 의해서만이 아니라 종교 및 문화적 가치관에 의해서도 실제로 이러한 신념이 강화될 수 있다는 것이다(Downs & Gowan, 1980; Mamay & Simpson, 1981).

(5) 체벌에 대한 허용적 문화 및 종교적 가치관

문화 및 종교적 가치관에 따라 아동에게 채찍질을 하거나 회초리로 때리는 등 극심한 형태의 체벌이 이루어지는 경우를 볼 수 있는데, 이는 엄연히 신체적 학대로 간주된다.

4 아동학대로 인한 결과 및 후유증

아동학대로 인한 결과 및 후유증은 우리의 생각보다 훨씬 심각하다. 일반적으로 아동기에 받은 학대의 경험은 성장기를 지나 성인이 되면 자연스럽게 잊혀지기 때문에 대수롭지 않다고 여기는 경우가 많다. 하지만 아동학대의 후유증을 다룬 지금까지의 연구를 보면, 아동기에 학대를 경험한 아동은 상당히 심각한 수준의 후유증과 어려움을 겪으며 이러한 어려움이 오랜 기간에 걸쳐 그들을 힘들게 하는 요인으로 작용하였다.

아동기의 피학대 경험은 아동기는 물론 성인이 되었을 때에도 영향을 미치는데, 예를 들면, 낮은 자아존중감 유발, 감정이입능력의 손상, 공격적 성향 증대, 강박, 우울, 불안과 같은 심리적·정서적 장애 유발, 대인공포 유발 등과 같은 사회성발달에도 막대한 지장을 주는 장애를 초래한다. 심지어 신체발달적 측면에서도 영구적인 영향을 미친다. 아동학대는 피해아동에게만 영향을 미치는 것이 아니라 부모를 비롯한 가족 전체에 영향을 미치게 된다.

1) 피학대아동이 보일 수 있는 문제

여러 선행연구에 의하면 아동학대가 희생자에게 미치는 영향은 학대 직후뿐만 아니라 아동이 성인이 된 후에도 나타날 수 있다. 여기에서는 방임 및 신체적·정서적 학대와 성학대를 살펴보도록 한다.

(1) 방임 및 신체적·정서적 학대의 영향

부모로부터 신체적·정서적 학대를 받은 아동의 심리적 기능을 동일한 연령의 일반아동과 비교한 결과, 학대받은 아동은 일반아동보다 자아존중감과 자아가치감이 낮을 뿐만 아니라 극심한 슬픔을 나타냈다. 학대받은 아동은 자신의 삶에서 일어난 일을 스스로 조절하는 능력이 부족했다는 느낌이 일반적으로 삶에 대한 전반적인 무력함을 일으키고 자기 자신이나 다른 사람, 심지어 세상에 대한 무기력감을 가지게 된다(Cerezo & Frias, 1994).

신체적으로 학대받거나 방임되었던 경험이 있는 학령기 및 청소년기 아동은 학대받지 않은 집단에 비해 학교생활에 대한 적응이 전반적으로 떨어졌으며, 학교생활에서의 중도 탈락 위험도 높은 것으로 나타났다. 이들은 교실에서 더 많은 문제행동을 보였다. 학대받은 아동은 분노, 산만함, 불안 그리고 자기-통제력 부족으로 인해 우수한 교육 프로그램을 제공받더라도 학교에서의 원만한 학업수행이 실제적으로 불가능했다(Kurtz et al., 1993). 또 아동학대가 장기간에 걸쳐 지적 성취도나 학업성취도를 저해하는 위험요소를 보인다는 연구 결과(Perez & Widom, 1994; Wodarski et al., 1990)도 보고되었으며, 아동기에 경험한 학대 및 방임이 그들의 지적·학업적 기능에 미치는 영향이 성인기까지 확장되었다는 사실이 입증되었다.

정서적 학대 역시 아동의 심리적·사회적 기능에 영향을 미칠 수 있음이 밝혀졌다. 부모로부터 언어적 공격을 자주 당한 아동은 다른 아동에 비해 더 높은 비율의 신체적 공격과 비행을 나타냈으며, 대인 간 문제를 일으킬 확률 또한 더욱 높은 것으로 나타났다(Vissing et al., 1991).

(2) 성학대의 영향

아동이 성적 학대를 경험하는 경우 심각한 후유증을 일으키는 것으로 나타났다. 예를 들면, 거부반응과 불안증, 공포, 혼란과 죄책감, 부정적 사고, 성인이나 낯선 사람에 대한 불신감, 그 외 여러 가지 행동상의 장애를 나타낼 수 있다.

① 거부

학대당한 사실을 폭로하는 것은 희생자의 삶에 의미 있는 사람들로 하여금 적대적이고 거부적인 반응을 보이도록 만들 수 있다. 성적으로 학대받은 경우에는 더욱 그러하다. 폭로하는 과정은 희생자가 그들(의미 있는 타자)과 가졌을 지지적 관계를 손상시킬 수 있고, 결과적으로 노출된 희생자를 사회적으로 고립된 상황에 처하게 할 수도 있다. 심지어 향후 정신이상증세를 유발시킬 가능성도 있다(McNulty & Wardle, 1995).

② 우울과 자살

성학대를 경험한 아동은 많은 경우 우울을 나타내거나 자살을 기도하기도 한다(Peters & Range, 1995; Smucker et al., 1986). 성적으로 학대받은 아동은 자신이 받은 상처를 흔히 우울이라는 반응으로 나타내는데, 이들이 경험하는 우울은 성인기에 일어날 수 있는, 말하자면 정신건강상 문제의 시작에 불과하다(Koverola et al., 1993). 오젠크라프 등(Wozencraf et al., 1991)에 의하면 성적으로 학대받은 아동의 37%가 실제로 자살을 시도하지는 않았지만 자살을 생각했다는 사실과, 피험자의 5%가 스스로 목숨을 끊고 싶어 했다는 사실을 밝혀냈다.

③ 제반 심리적 문제

성적으로 학대받은 아동은 그렇지 않은 아동에 비해 우울, 공격성, 수면 및 신체적 불평, 과잉행동, 성적 문제를 포함한 여러 가지 문제를 더 많이 나타냈다(Dubowitz, et al., 1993). 아동기의 성적 학대로 흔히 일어나는 또 다른 문제는 피해자의 의식분열이다(Herman et al., 1986; Young, 1992). 성적 학대로 인한 정신적 충격 때문에 자신을 분열시키고, 정신적 충격 자체뿐만 아니라 그것이 수반하는 감정까지도 부정하려고 하는 것이다. 분열적 장애인 다중인격장애는 성적 학대를 받은 사람에게서 흔히 볼 수 있는 징후이다.

④ 약물남용

아동기에 성적으로 학대받은 여성은 성인기에 약물 및 알코올 남용자가 될 가능성이 높은 것으로 나타났다(Boyd et al., 1993; Boyd et al., 1994). 뷔헤(Wiehe, 1990)는 형제자매에게 학대받은 경험이 있는 성인의 25%가 아동기 때 형제자매에게 성적으로 추행당했음을 보고하였다. 화학약물에 의존하여 장기간 치료시설에서 지내면서 회복 중에 있는 여성을 대상으로 한 연구에서도 응답자 중 68%가 삼촌, 남자형제, 아버지, 가족의 친구, 이웃의 소년, 낯선 사람과 같은 가해자로부터 원하지 않은 성적 접촉을 경험한 것으로 나타났다(Teets, 1995).

⑤ 섭식장애

성적으로 학대받는 경험은 자기모욕감을 불러올 뿐만 아니라, 결과적으로 정서적 불안정을 유발한다. 성적 학대를 받은 경험이 있는 사람은 흔히 이러한 감정을 줄이기 위해 식욕부진이나 거식증과 같은 섭식장애를 보이기도 하며 폭음현상을 나타내기도 한다(Miller et al., 1993; Waller, 1994).

⑥ 건강상의 문제

아동기에 학대를 받은 경험이 있는 여성은 후에 질병으로 인해 입원이 잦고 신체적·심리적 문제도 더 많으며, 전반적으로 건강상태가 좋지 않은 것으로 나타났다(Moeller et al., 1993). 성적 학대뿐만 아니라 아동기에 경험한 학대 횟수가 많을수록, 여성의 건강은 더욱 나빠지게 되고 성인이 되었을 때도 학대를 더 많이 경험하게 된다는 사실 또한 언급되었다.

⑦ 양육상의 문제

아버지와 딸 사이의 근친상간으로 인한 성적 학대의 희생자가 된 경우, 향후 희생자가 성인이 되었을 때 양육능력에 영향을 미칠 수 있다. 헤르만(Herman, 1981)은 아동기에 아버지와 근친상간의 개인력을 가진 여성은 자신의 자녀를 양육할 때 어려움을 나타내며, 자신감이 부족하고 감정을 통제하지 못했다고 밝혔다.

2) 가정파탄 혹은 가족해체

가정 내에서 아동학대 및 방임이 발생하는 경우, 기본적으로 그 가족의 역기능적 특성이나 부모의 부적절한 양육행동, 가해자의 성격 특성 등 많은 요소가 영향을 미치게 된다. 하지만 때에 따라서는 학대가 발생하기도 전에 이미 가족이 위기에 처하기도 한다. 최근 부모 중 어느 한쪽이 없거나, 혹은 양부모가 다 있더라도 부모의 기능을 다하지 못하는 기능적 결손가정이 늘고 있으며, 이들 결함이 있는 가정에서 학대가 유발되는 경우도 증가하고 있다.

예를 들어 아버지가 가해자인 성적 학대가 발생한 경우, 그 가정은 더 존속되기가 어려운 상황에 처하기 쉽다. 특히 아버지가 법적 처벌을 받게 되면 그것으로 인해 가족이 해체되는, 즉 더는 가족존속이 어려운 상황이 발생하기도 한다. 신체적 학대 역시 부모가 가해자인 경우, 위에서 제시한 성학대와 다를 바 없이 가해자가 법적 처벌을 받게 됨과 동시에 가족이 건전하게 유지되기 어려운 상황에 처하게 된다. 그러므로 아동학대 및 방임의 결과는 희생자인 아동의 인생을 망치는 일 외에도 가정 자체의 존속에 영향을 주어 나머지 가족구성원의 안정과 행복에 영향을 미치며, 결과적으로 가정파탄과 가족해체를 유발하기도 한다(박인전 외, 2002).

5 방임 및 학대아동을 위한 복지서비스

아동학대 및 방임은 앞서 살펴본 바와 같이 그 후유증이 매우 심각하다. 학대받은 아동은 우울 및 불안증세를 보이거나 충동적이며 공격적인 성향을 보이고, 학습장애나 품행장애를 일으키며 향후 비행청소년으로 발전할 가능성이 있다. 특히 정서적 학대나 방임역시 신체적 학대 못지않게 후유증이 매우 심각한 것으로 밝혀져 이에 대한 사회적 관심이 요구된다. 학대아동을 위한 복지사업 역시 아동학대 발생을 방지하기 위한 노력과더불어 피학대아동을 위한 치료적 서비스, 가해자를 치료하기 위한 교육 및 상담, 치료서비스가 함께 이루어져야 한다.

최근 들어 경찰이 병원과 함께 성폭력·가정폭력 피해여성의 치료와 상담·법률지원을전담하기 위해 설치한 '원-스톱(one-stop)' 센터가 성학대 소녀들을 구하는 등의 효력을발휘하고 있다. '원-스톱' 센터는 '상담-의료-수사-법률 지원'의 24시간 운영체계를 구축하고, 전문교육을 받은 여경을 배치하여 심리적 충격이 큰 성폭력·가정폭력·학교폭력및 성매매 등 폭력 피해자에 대하여 365일 여성을 보호하고 치료할 뿐만 아니라 범인을검거할 수 있는 기초수사까지 한 장소에서 진행하는 시설이다.

1) 아동학대 예방을 위한 관련 기관

정부는 최근 급증하는 아동학대문제를 해결하기 위해 '아동복지법'을 개정함과 동시에아동보호전문기관 및 아동학대신고전화를 운영하고 있다. 아동학대 예방을 위해 협력체제를 유지하고 있는 기관은 보건복지부, 시·도, 시·군·구와 같은 행정기관, 사법경찰, 의료기관, 교육기관, 법률기관 등이다(보건복지부, 2006).

(1) 행정기관

아동학대 예방을 위한 관련 기관 중 주요 행정기관으로는 보건복지부, 시·도, 시·군·구 등이 있다.

① 보건복지부

보건복지부는 아동보호업무와 관련한 법·제도적 정책을 수립하고, 아동보호전문기관의 인력 및 자격을 관리하며, 아동복지사업 보조금 집행(중앙아동보호전문기관)과 관계 중앙행정기관과의 협력체계 구축을 지원하는 등의 업무를 관장한다.

② 시·도

각 시·도는 아동보호전문기관 설치 신청에 대한 검토 및 지정 업무를 하며, 시·도가 설치·운영하는 아동보호전문기관의 업무지도와 감독을 하고, 관할구역에서 보호대상아동을 발견하거나 보호지의 의뢰를 받았을 때 '아동복지법' 제15조 제1항 제2호 내지 제5호의 보호조치를 의뢰 받은 피학대아동에 대한 행정적인 조치 등의 업무를 실시한다.

③ 시·군·구

각 시·군·구는 아동보호전문기관의 지정신청 접수를 받고 시·군·구가 설치·운영하는 아동보호전문기관에 대한 업무지도와 감독을 하며, 아동보호전문기관의 피학대아동 및 보호자 또는 학대행위자의 신분조회 요청에 대한 협조를 한다. 관할구역에서 보호대상아동을 발견하거나 보호자의 의뢰를 받을 때는 아동복지법 제15조의 보호조치를 의뢰받은 피학대아동에 대한 행정적인 조치, 그리고 빈곤으로 인한 아동학대 발생가정 및 부모로부터 격리·보호가 필요한 피학대아동의 국민기초생활수급권자 선정 등의 업무를 하며, 학대아동의 기초생활보장급여 또는 의료급여 등 필요한 보호 및 양육 조치를 시행한다.

(2) 사법경찰

사법경찰은 아동보호전문기관과 아동학대 사례 개입을 위한 협력체계를 구축하는 업무를 관장한다. 112에 신고된 아동학대사례를 아동보호전문기관에 의뢰하고, 아동보호전문기관에 접수된 신고사례에 대해 현장조사 시 동행 협조를 하며, 아동학대행위자의 형사재판을 요하는 사례에 대한 수사를 전담한다. 또 응급조치를 요하는 아동학대 사례를 일시보호시설 또는 의료기관에 조치 의뢰하고, 아동보호전문기관으로부터 의뢰받은 사례에 대한 현장조사 및 조사 이후 현장조사서 사본을 송부(관할 아동보호전문기관)하는 등의 업무를 담당한다.

(3) 의료기관

의료기관은 의료행위 시 학대가 의심되는 아동에 대해 아동보호전문기관에 신고하고 의료체계 내에 소아과, 소아정신과, 외과, 내과, 산부인과, 의료사회사업가 등으로 구성된 학대아동보호팀을 구성·운영하며, 아동학대로 의심되는 아동에게 종합적인 의료서비스를 제공한다. 또 아동학대 판정을 위한 의학적 진단, 소견 및 증언을 진술한다.

(4) 교육기관

교육기관은 아동학대사례의 조기 발견, 아동보호전문기관 또는 경찰에 신고하며, 피해아동과 부모에 대한 치료적 개입 및 협조를 한다. 피해아동의 학교생활, 가족력 등 관련 자료를 제공하고 피해아동에 대한 학교사회사업 서비스를 제공한다. 또 학대행위자의 예방, 치료계획을 위한 지원을 하고 아동학대 예방을 위한 교과과정의 포함 등 교육적 지원을 아끼지 않는다. 예를 들면, 초·중·고 교과과정 포함 및 교육을 통한 예방 및 홍보, 부모교육 프로그램의 실시 등을 하는 것이다. 또한 부모로부터 분리된 피해아동의 보호가 있는데, 피학대아동의 입학, 전학 등의 신속한 조치와 편의도모, 학대행위자로부터 아동보호를 위한 아동 관련 정보 비밀유지 등의 일을 한다.

(5) 법률기관

법률기관은 '아동의 최선의 이익 우선 원칙'에 따른 사법적 소송을 진행한다. 피학대아동의 법률적 보호 및 학대행위자에 대한 보호처분 등에 대해 아동보호전문기관과의 긴밀한 협조를 유지하고 학대행위자의 처벌 및 보호처분을 포함한 판정, 친권의 상실 또는 친권의 일시정지를 선고, 후견인의 지정, 부모로부터 아동을 격리, 학대행위자에 대한 구상권 청구 등이 있다.

'아동의 최선의 이익'은 공공 또는 민간기관, 법원, 행정당국 또는 입법기관 등 어느 기관이 수행하든 간에 아동에 관한 모든 조치에서 최우선으로 고려되어야 한다. 특히 아동과 밀접하게 일하는 집단(교사, 경찰, 사회사업가, 법률가, 보건의료의원, 기타 관련 공무원)의 양성과 훈련과정에 아동의 인권에 관한 교육을 반드시 포함해야 한다.

2) 학대아동을 위한 복지서비스

일단 아동학대가 발생하면 신고를 거쳐 다음과 같은 일련의 과정을 통해 아동학대 사례를 처리·관리하게 된다(그림 14-2 참조). 피해아동은 그들대로 여러 가지 정밀진단과 각종 검사를 받게 되며, 손상 정도에 따라 치료를 위한 의료적 서비스를 제공받고, 심리적 손상 회복을 위한 각종 심리치료를 받는다. 가해자를 위한 복지서비스 역시 실시된다. 현재 우리나라에서는 재정적인 문제와 전문가 부족, 전문 프로그램 미흡 등의 이유로 아동학대 가해자를 위한 서비스가 그렇게 활성화되어 있지는 않다.

(1) 아동학대 신고

학대아동을 위한 복지서비스의 첫 단계는 바로 학대사건의 신고이다. 우리나라의 경우 아동학대 신고율이 선진국에 비해 매우 낮은 것으로 보고되고 있어 아동학대가 근절되지 않는 또 다른 원인으로 작용하고 있다. 이에 정부는 '아동학대범죄의 처벌 등에 관한 특례법(약칭 아동학대처벌법)' 제10조에 아동학대 신고의무자를 규정하고 있어 신고를 독려하고 있다. 아동학대범죄의 처벌 등에 관한 특례법에서 규정하는 아동학대 신고의무자는 다음과 같다.

- 가정위탁지원센터의 장과 그 종사자
- 아동복지시설의 장과 그 종사자
- 아동복지법 제13조에 따른 아동복지전담공무원
- 가정폭력방지 및 피해자보호 등에 관한 법률 제5조에 따른 가정폭력 관련 상담소 및 같은 법 제7조의2에 따른 가정폭력피해자 보호시설의 장과 그 종사자
- 건강가정기본법 제35조에 따른 건강가정지원센터의 장과 그 종사자
- 다문화가족지원법 제12조에 따른 다문화가족지원센터의 장과 그 종사자
- 사회복지사업법 제14조에 따른 사회복지 전담공무원 및 같은 법 제34조에 따른 사회복지시설의 장과

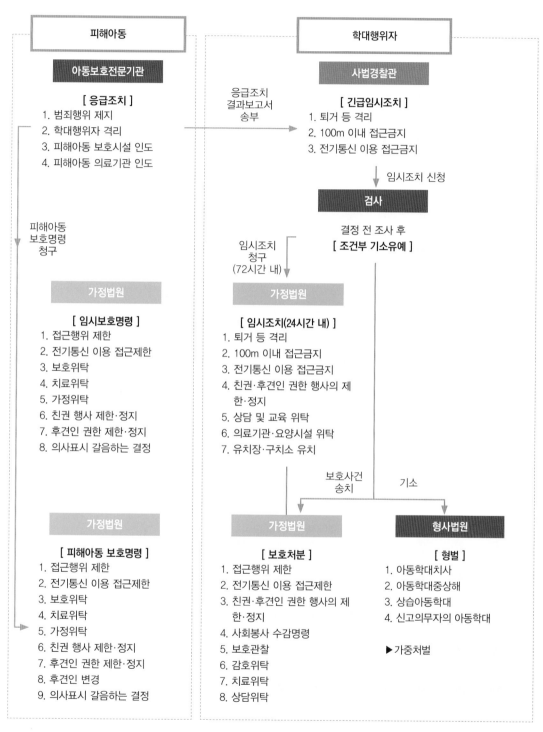

그림 14-2 아동학대 사례 업무 진행도

자료: 보건복지부(2014). 2014 아동분야 사업안내. p.438.

그 종사자

- 성매매방지 및 피해자보호 등에 관한 법률 제5조에 따른 지원시설 및 같은 법 제10조에 따른 성매매피해상담소의 장과 그 종사자
- 성폭력방지 및 피해자보호 등에 관한 법률 제10조에 따른 성폭력피해상담소 및 같은 법 제12조에 따른 성폭력피해자보호시설의 장과 그 종사자
- 소방기본법 제34조에 따른 구급대의 대원
- 응급의료에 관한 법률 제36조에 따른 응급구조사
- 영·유아보육법 제10조에 따른 어린이집의 원장 등 보육교직원
- 유아교육법 제20조에 따른 교직원 및 같은 법 제23조에 따른 강사 등
- 의료기사 등에 관한 법률 제1조에 따른 의료기사
- 의료법에 따른 의료인과 의료기관의 장
- 장애인복지법 제58조에 따른 장애인복지시설의 장과 그 종사자로서 시설에서 장애아동에 대한 상담·치료·훈련 또는 요양 업무를 수행하는 사람
- 정신보건법 제13조의2에 따른 정신보건센터의 장과 그 종사자
- 청소년기본법 제3조제6호에 따른 청소년시설 및 같은 조 제8호에 따른 청소년단체의 장과 그 종사자
- 청소년보호법 제33조의2에 따른 청소년보호센터 및 청소년재활센터의 장과 그 종사자
- 초·중등교육법 제19조에 따른 교직원, 같은 법 제19조의2에 따른 전문상담교사 및 같은 법 제22조에 따른 산학겸임교사 등
- 한부모가족지원법 제19조에 따른 한부모가족복지시설의 장과 그 종사자
- 학원의 설립·운영 및 과외교습에 관한 법률 제6조에 따른 학원의 운영자·강사·직원 및 같은 법 제14조에 따른 교습소의 교습자·직원
- 아이돌봄 지원법 제2조 제4호에 따른 아이돌보미
- 아동복지법 제37조에 따른 취약계층 아동에 대한 통합서비스 지원 수행인력

이외에도 아동학대를 알게 된 때는 누구든지 신고할 수 있으므로 신고의무자는 아니지만 아동학대예방사업과 밀접한 관련이 있는 사람들의 신고 독려 및 교육을 실시할 필요가 있다. 이때 신고자의 신분은 보호되어야 하며 그 의사에 반하여 신분이 노출되어서는 안 된다고 규정되어 있다(아동학대범죄의 처벌 등에 관한 특례법 제10조 3항).

(2) 아동보호전문기관의 유형별 주요 업무

종전까지 아동보호전문기관의 명칭이었던 '아동학대예방센터'는 행정상 혼란을 초래할 수 있다는 판단 아래 법률적인 공식 명칭을 '아동보호전문기관'으로 변경하여 사용되고 있다. 이러한 아동보호전문기관에는 중앙아동보호전문기관, 지역아동보호전문기관이 있다. 각 기관의 주요 업무를 소개하면 다음과 같다(보건복지부, 2014).

① 중앙아동보호전문기관

중앙아동보호전문기관의 주요 업무는 다음과 같다.

- 지역아동보호전문기관 업무 지원
- 아동학대예방 관련 연구 및 프로그램 개발
- 아동학대예방사업 관련 매뉴얼 및 보고서 발간
- 아동학대예방사업 정책 건의
- 아동학대 예방 관련 홍보 및 교육
- 아동보호전문기관 상담원 직무교육 프로그램 개발 및 교육
- 아동보호전문기관 상담원의 신변안전 보호를 위한 교육
- 아동보호전문기관 전산시스템 구축·운영
- 아동학대 관련 통계 관리 및 분석
- 관련 기관 협력체계 구축 및 관리
- 아동학대 해외사례 개입 및 관련 기관과의 국제협력
- 친권행사 제한 또는 친권행사 상실 청구 요청(아동복지법 제18조)
- 후견인이 아동학대 등 현저한 비행을 저지른 경우 법원에 후견인 변경 신청(아동복지법 제19조)

② 지역아동보호전문기관

지역아동보호전문기관의 주요 업무는 다음과 같다.

- 아동학대 신고접수 및 현장조사 수행
- 아동보호전문기관 업무처리 현황을 학대피해아동의 주소지 또는 시설 소재지를 관할하는 시·군·구로 매월 10일까지 전월 실적을 공문으로 통보(감사원, 국민권익위원회 권고사항)

표 14-1 아동보호전문기관 설치현황(51개소)

지역	기관명	운영기관	홈페이지
	중앙아동보호전문기관	굿네이버스	korea1391.org
서울(8)	서울특별시아동보호전문기관	서울시아동복지센터	child.seoul.go.kr
	서울특별시동부아동보호전문기관	서울특별시립아동상담치료센터	www.donawoori.seoul.kr
	서울강서아동보호전문기관	굿네이버스	www.goodneighbors.kr/gangseo
	서울은평아동보호전문기관	굿네이버스	www.goodneighbors.kr/eunpyeong
	서울영등포아동보호전문기관	굿네이버스	www.goodneighbors.kr/youngdungpo
	서울성북아동보호전문기관	굿네이버스	www.goodneighbors.kr/seongbuk
	서울마포아동보호전문기관	세이브더칠드런	mapo.sc.or.kr
	서울동남권아동보호전문기관	굿네이버스	www.goodneighbors.kr/gangdong
부산(2)	부산광역시아동보호전문기관	부산광역시아동보호증할센터	adong.busan.go.kr
	부산동부아동보호전문기관	어린이재단	www.bd1391.or.kr
대구(2)	대구광역시아동보호전문기관	어린이재단	www.dg1391.or.kr
	대구광역시남부아동보호전문기관	굿네이버스	www.goodneighbors.kr/ndaegu
인천(3)	인천광역시아동보호전문기관	세이브더칠드런	www.icchild.sc.or.kr
	인천북부아동보호전문기관	굿네이버스	www.goodneighbors.kr/local/inchon
	인천광역시미추홀아동보호전문기관	인천광역시아동복지관	icchild.sc.or.kr
광주(1)	광주광역시아동보호전문기관	어린이재단	www.cyber1391.or.kr
대전(1)	대전광역시아동보호전문기관	굿네이버스	daejon.gni.kr
울산(1)	울산광역시아동보호전문기관	세이브더칠드런	www.ulsan.sc.or.kr
경기(10)	경기도아동보호전문기관	굿네이버스	www.goodneighbors.kr/suwon
	경기북부아동보호전문기관	굿네이버스	www.goodneighbors.kr/uijeongbu
	경기성남아동보호전문기관	굿네이버스	www.goodneighbors.kr/sungnam
	경기고양아동보호전문기관	굿네이버스	www.goodneighbors.kr/goyang
	경기부천아동보호전문기관	세이브더칠드런	bucheon.sc.or.kr
	경기화성아동보호전문기관	굿네이버스	www.goodneighbors.kr/hwaseong

(계속)

지역	기관명	운영기관	홈페이지
경기(10)	경기남양주아동보호전문기관	대한불교조계종사회복지재단	www.nyj1391.or.kr
	경기안산시아동보호전문기관*	세이브더칠드런	ansan.sc.or.kr
	경기용인아동보호전문기관*	굿네이버스	www.goodneighbors.kr/yongin
	경기시흥아동보호전문기관*	굿네이버스	www.goodneighbors.kr/siheung
강원(3)	강원도아동보호전문기관	어린이재단	www.1391.org
	강원동부아동보호전문기관	어린이재단	www.kd1391.or.kr
	원주시아동보호전문기관*	굿네이버스	www.goodneighbors.kr/wonju
충북(3)	충청북도아동보호전문기관	굿네이버스	www.goodneighbors.kr/cheongju
	충북북부아동보호전문기관	원주카톨릭사회복지회	www.cchkorea.org/ccpa
	충북남부아동보호전문기관	사회복지법인명지원	www.cbnb1391.org
충남(2)	충청남도아동보호전문기관	굿네이버스	www.goodneighbors.kr/chonan
	충청남도남부아동보호전문기관	굿네이버스	www.goodneighbors.kr/boryeong
전북(3)	전라북도아동보호전문기관	굿네이버스	www.goodneighbors.kr/jeonju
	전라북도서부아동보호전문기관	굿네이버스	www.goodneighbors.kr/iksan
	전라북도동부아동보호전문기관	굿네이버스	www.goodneighbors.kr/namwon
전남(3)	전라남도아동보호전문기관	어린이재단	www.e1391.or.kr
	전남서부권아동보호전문기관	굿네이버스	www.goodneighbors.kr/mokpo
	전남중부권아동보호전문기관	굿네이버스	www.goodneighbors.kr/jnjb
경북(4)	경상북도아동보호전문기관	우봉복지재단	i1391.or.kr
	경북안동아동보호전문기관	그리스도의교육수녀회	www.ad1391.org
	경북포항아동보호전문기관	굿네이버스	www.goodneighbors.kr/pohang
	경북구미아동보호전문기관	대한불교조계종사회복지재단	gumi1391.or.kr
경남(2)	경상남도아동보호전문기관	인애복지재단	www.kn1391.or.kr
	경남서부아동보호전문기관	인애복지재단	www.gnw1391.or.kr
제주(2)	제주특별자치도아동보호전문기관	어린이재단	www.jj1391.or.kr
	서귀포시아동보호전문기관	사회복지법인제남	www.sgp1391.org

자료: 보건복지부(2014). 2014 아동분야 사업안내. pp.454-456.

* 시·군·구에서 설치(안산, 용인, 시흥, 원주 등 4개소)

- 시설 내 학대의 경우 반드시 지자체에 현장조사 동행을 요청
- 피해아동의 응급보호 및 상담·치료 등의 서비스 제공
- 학대행위자·가족에 대한 상담·교육 등의 서비스 제공
- 피해아동 가정의 사후관리(아동복지법 제28조)
- 아동학대사례판정위원회 설치·운영 및 자체사례회의 운영
- 아동학대사례의 전산시스템 입력 및 보존
- 아동학대예방 교육 및 홍보
- 지역사회자원 개발 및 관련 기관 협력체계 구축
- 시장·군수·구청장에게 피해아동의 기초생활보장급여 또는 의료급여 등 필요한 보호 및 양육조치 의뢰
- 피해아동보호를 위한 전담 치료보호시설(공동생활가정, 일시보호시설) 운영
- 친권행사 제한 또는 친권행사 상실 청구 요청(아동복지법 제18조)
- 후견인이 아동학대 등 현저한 비행을 저지른 경우 법원에 후견인 변경 신청(아동복지법 제19조)

6 아동학대 관련자를 위한 복지 실천방안

아동학대현상이 해를 거듭할수록 정도가 심각해지면서 이에 따른 후유증문제가 사회적 관심이 되고 있다. 무엇보다 아동학대를 예방하고 치료하기 위해서는 아동학대 관련 법적·제도적 실천방안 모색과 더불어 아동학대 피해자와 가해자를 위한 구체적 개입방법을 도입해야 한다.

1) 아동학대와 관련한 법적·제도적 실천방안

아동학대 관련 법적·제도적 실천방안을 강구할 때는 우선 아동학대에 대한 국민의 인식 변화가 필요하다는 것을 기억해야 한다. 아울러 아동학대 신고율을 제고하기 위해 노력해야 할 것이다. 또 아동학대예방사업을 활성화하고 아동학대 재발 방지를 위한 가해

자상담 및 치료서비스를 활성화해야 한다.

(1) 아동학대에 대한 국민인식 및 신고율 제고

아동학대에 대한 국민의 인식은 예전에 비해 많이 개선되었지만, 선진국에 비하면 여전히 미흡한 수준이다. 예를 들어 의무적 신고자의 아동학대 신고 사례가 전체에서 차지하는 비율은 호주가 78%, 캐나다가 68%, 미국이 58%에 이르지만 우리나라는 33%에 불과하다(조선닷컴, 2012. 12. 3). 미국은 신고의무를 불이행할 경우 강력하게 처벌한다. 알면서 또는 의도적으로 아동학대 및 유기가 의심되는 경우에 신고하지 않으면 38개 주에서 대개 1년 이하의 징역형이 가능한 경죄로 처벌한다. 우리나라도 2014년 제정된 '아동학대범죄의 처벌 등에 관한 특례법' 시행에 따라 아동학대 의무신고자가 확대되었고, 의무불이행 시 500만 원 이하의 과태료를 부과하도록 제63조에 명시하여 신고의무자의 신고율이 증가하였지만 여전히 40%에 미치지 못하고 있다.

심지어 얼마 전까지만 해도 일반인은 물론 교사 및 의료인 등 전문직 종사자조차도 아동학대에 대한 인식 부족과 이웃 가정의 자녀양육문제 개입에 대한 심리적 부담, 신고자의 비밀보장문제에 대한 불확실성, 신고 후 본인이 경험할지도 모르는 여러 가지 번거로움에 대한 걱정 등 막연한 심리적 부담감으로 인해 아동학대현장을 목격하고도 신고를 주저하는 경우가 허다하였다. 그러므로 아동학대 예방교육과 함께 아동학대에 대한 지속적인 홍보활동을 벌여 국민의 인식을 전환시키는 것이 무엇보다 시급하다. 보건복지부 (2014) 자료에 의하면, 응급아동학대의심 사례와 아동학대의심 사례로 신고 접수된 1만 857건을 바탕으로 신고자 유형을 살펴본 결과 신고의무자에 의한 신고가 3,706건(34.1%)이었으며, 비신고의무자의 경우 7,151건(65.9%)을 차지하였다. 따라서 아동학대 현장이나 학대 흔적을 발견하기에 용이한 신고의무자를 대상으로 아동학대에 대한 전반적인 교육을 강화할 필요가 있다.

2014년 개정된 아동복지법에 의하면, 아동학대를 근절하기 위하여 아동학대범죄의 처벌 등에 관한 특례법에 아동학대 신고의무자로 되어 있는 교원, 의료인, 아동복지시설 종사자 등의 자격 취득을 위한 교육과정이나 보수교육에 관계 중앙행정기관의 장으로 하여금 아동학대 예방 및 신고의무와 관련된 교육내용을 포함시키도록 명시하고 있다. 또 아동학대 금지행위를 위반할 경우 벌칙규정을 강화하고 있다.

(2) 아동학대예방사업의 활성화

아동학대와 관련하여 무엇보다 중요한 점은 학대가 발생하지 않도록 미연에 예방하는 일이다. 다른 복지사업 역시 사후 대책적 방안에 비해 사전예방이 중요하지만, 특히 아동학대의 경우에는 그 중요성이 더욱 크다. 다시 말해 아동학대가 발생한 이후 적절한 개입방안을 찾는 것도 중요하지만, 아동의 발달에 지속적으로 치명적 손상을 입히는 학대가 발생하지 않도록 아동학대 예방사업을 활성화하는 작업이 절실하다. 오늘날 우리나라에서 제공하는 아동학대예방 프로그램으로는 굿네이버스에서 실시하고 있는 '아동 힘 키우기 서비스(Child Empowering Service, CES)' 등이 있으며 아동학대 근절을 위한 거리캠페인 등도 있다.

통계로 볼 때 학대를 가하는 사람의 83.9%가 아동의 부모이고, 그중 친부모가 약 80%에 달함을 감안할 때 무엇보다 가정에서 자녀를 학대하는 일이 발생하지 않도록 예방하는 노력이 중요하다. 따라서 가정에서 부모로부터 발생하는 아동학대 원인을 분석하여 부모가 자녀를 올바르게 양육할 수 있도록 가정의 기능을 강화하고 가족을 지원하는 프로그램을 도입하는 것이 시급하다. 학대 발생의 상당 부분이 자녀양육에 대한 정보 부족에 따른 부적절한 양육행동에 기인하며, 부모 자신의 부적절한 감정조절, 의사소통능력 및 대인관계능력 부족 등이 아동학대 발생과 무관하지 않으므로 부모 및 가족구성원을 대상으로 아동학대 예방을 위한 부모교육 및 아동인권에 관한 교육 등을 조속히 실시해야 할 것이다.

정부는 최근 급증하고 있는 아동학대문제를 보다 적극적으로 해결하고 이에 대처하기 위해 아동학대에 대한 국민인식 제고와 더불어 아동의 건전 육성 및 권리 증진 도모를 위하여 아동건전육성사업의 일환으로 아동학대예방사업에 역점을 두고 있다. 아동복지법의 개정으로 아동학대의 개념을 보다 명확히 하고 긴급전화 및 아동보호전문기관(구 아동학대예방센터)의 역할을 강화하는 등의 노력을 하고 있다.

아동학대를 예방하기 위해서는 무엇보다 관련 부처 간의 유기적 공조체제를 유지하는 것이 필요하다. 예를 들면 보건복지부, 시·도, 시·군·구와 같은 행정기관, 사법경찰, 의료기관, 교육기관, 법률기관 등이 상호 협조체제를 유지해야 할 것이다.

(3) 가해자에 대한 상담 및 치료서비스 강화

아동학대가 발생하지 않도록 미연에 방지하고, 학대의 재발을 막기 위해서는 학대행위를 한 가해자에 대한 적극적 개입이 필요하다. 머지않아 부모가 될 예비부모나 어린 자녀를 둔 부모를 대상으로 예방적 차원에서의 교육 또는 치료활동이 이루어져야 한다는 지적이 일고 있다. 가해부모가 줄면 결과적으로 아동학대 건수가 자연스럽게 감소하기 때문이다. 대체로 아동을 학대하는 가해부모는 정신적 장애가 있거나 본인의 감정을 조절하기가 어렵고 폭력적인 스트레스를 지녔다. 예를 들면, 부모로서의 역할을 제대로 수행할 수 없는 미성숙한 성품이나 성격의 결함 등으로 인한 애정결핍이나 무관심한 성격 등도 가해부모가 될 확률을 높인다.

하지만 아동학대와 관련하여 이루어진 지금까지의 개입방안을 살펴보면, 가해자를 구속하는 것과 같이 법적으로 제재를 가하는 형태가 주로 사용되었다. 물론 가해자를 대상으로 이러한 법적 제재를 강화하는 것도 중요하지만, 이들을 대상으로 상담을 하거나 치료적인 서비스를 병행하지 않고 구금과 같은 제재만 가한다면 효율성이 떨어질 수밖에 없다. 특히 아동이 가정에서 부모로부터 극심한 학대를 받은 경우를 가정해보자. 이경우 아동은 정해진 기간 동안 부모와 격리되어 양육될 수밖에 없는 상황에 처하게 된다. 아동을 무조건 학대부모로부터 분리조치하여 보호하는 것이 반드시 바람직하다고는 할 수 없다. 부모가 있는 아동은 부모의 품에서 안전한 방법으로 양육되는 것이 가장 바람직하다. 이처럼 아동은 자신의 가정에서 친부모로부터 양육되는 것이 이상적이지만 사정이 여의치 않을 경우, 친가정과 유사한 환경에서 아동이 양육되도록 배려하는 것 역시 아동의 바람직한 성장·발달에 가정적 양육환경이 중요하다고 판단하기 때문일 것이다.

그러므로 부모가 자신의 자녀를 잘 양육할 수 있는 환경을 갖출 수 있도록 도와주는 것이 필요하다. 예를 들어 부모가 자녀를 어떻게 양육해야 하는지에 대한 구체적 지식이 없거나 부족하다면 이를 중심으로 하여 양육행동을 개선할 수 있도록 도움을 주어야 한다. 만약 부모가 직업이 없고 자녀를 양육할 수 있는 재정적 기반이 없다면 직업 알선 등의 도움을 주어 가정이 건강하게 유지될 수 있도록 실제적이고 구체적인 도움을 주어야 한다.

아동학대를 예방하고 재발을 방지하기 위해서는 무엇보다 학대행위자로 하여금 바람직한 부모-자녀관계, 올바른 자녀양육행동, 효율적인 의사소통방법, 원활한 부부관계 등의 내용을 담은 부모교육 및 치료 프로그램에 반드시 참여하여 개선할 수 있도록 하는 구체적이고 강력하며 실효성이 있는 법적 근거를 마련해야 할 것이다. 이외에도 아동학대 관련 법규를 제정비하고 보다 강화할 필요가 있으며, 아동학대를 예방하기 위한 상담기관의 증설과 상담전문인력을 대폭 확충하고, 상담원의 신변 보장 및 처우 개선, 복리후생제도를 강화함으로써 아동학대예방사업을 보다 활성화하는 정책을 펼쳐야 할 것이다.

2) 아동학대 피해자와 가해자를 위한 구체적 개입방법

아동학대로 인한 피해자는 아동학대를 당한 희생자와 그 가족이다. 따라서 우선 이들 아동과 가족을 위한 치료적 개입이 이루어져야 하며, 아동학대를 유발한 가해자 혹은 범죄자를 위해서도 구체적 치료 개입이 이루어져야 한다.

(1) 아동학대 희생자와 그 가족을 위한 치료

아동학대 희생자인 피해아동이 맞게 되는 신체적·정신적 충격은 실로 크다. 아동학대 희생자와 가족을 위한 구체적 치료기법을 소개하기에 앞서 이들 피해아동의 심리적 상처를 회복하기 위한 단계를 살펴보기로 한다.

- 첫 번째 단계는 치료적 친밀감의 형성으로 치료자는 아동과 긍정적인 치료관계를 유지해야 한다. 이 단계에서는 아동에게 덜 위협적이면서도 심리적 상처에 특별히 초점을 두지 않고 아동이 치료적인 친밀감을 형성하며 감정을 확인하고 경계를 탐색하기 시작하도록 도와야 한다.
- 두 번째 단계는 심리적 상처를 다양한 측면에서 탐색하는 단계로 심리적 상처의 경험과 관련 있는 비밀이나 기억, 악몽, 생각만으로도 끔찍한 사람뿐만 아니라 특별히 아동을 불안하게 만드는 사람을 확인하는 작업을 포함한다. 이는 아동치료에서 매우 어렵고도 많은 시간을 요하는 과정이다.
- 세 번째 단계는 자아감을 회복시키는 단계이다. 이 단계는 심리적 상처로 인해 생긴 다양한 측면의 죄책감과 수치심이 나타나는 과정, 상처받은 감정 다루기, 계속되는 감정을 극복하기 위한 적절한 기술의 발달 등을 포함한다. 죄책감과 수치심은 흔히 아동의 자아감 속에 깊이 자리 잡고 있기 때문에 이러한 건강하지 못한 믿음에서 완전히 벗어나는 것은 쉽지 않다. 이 단계에서는 이처럼 어려운 회복단계에 들어서기 시작하는 아동을 도와 숙달감과 통제능력이 증가하고 신뢰감을 키우는 데 초점을 맞추어야 한다.
- 마지막 단계는 아동이 보다 미래지향적이 되도록 돕는다. 이 단계는 아동이 지금까지 성취한 것을 돌

아볼 뿐만 아니라 아동이 미래의 목표를 설정하도록 돕는 데 초점을 맞추어야 한다. 아동이 지금 그리고 여기뿐만 아니라 미래를 위한 목표 설정을 다루는 데 필요한 학습기술을 배울 수 있도록 지원하는 것은 매우 중요하다. 아동이 자신의 과거에서 희생자로 남는 것이 아니라 보다 건강한 생존자로 거듭 태어날 수 있도록 도와야 하는 것이다(박인전 외, 2002).

① 개인치료

아동을 문제가정에서 분리하여 일시적으로 보호하거나, 부모를 대상으로 상담하고 치료하는 등의 조처도 중요하지만 이러한 대응방법이 당사자인 아동의 학대 후유증을 비롯한 제반 문제를 해결하는 데는 결코 충분하지 않다. 그리고 아동의 신체적 손상 못지않게 심리적 혹은 정서적 상처 또한 깊을 수 있으므로 이에 대한 치료가 우선시되어야 할 것이다.

이를 위해 실시할 수 있는 개인심리치료는 놀이치료, 미술치료 등 여러 가지가 있다. 특히 놀이치료는 성학대 피해자인 아동을 개별적으로 치료할 때 매우 유용하다. 인형, 장난감, 이야기 꾸미기, 그림 그리기, 그리고 놀이의 여러 가지 다른 수단은 아동이 성적 희생과 자신의 삶에 성적 학대가 미치는 영향을 쉽게 드러내도록 돕는 데 쓰인다. 이들 아동을 위해서는 성적 특징을 나타내는 인형, 인형집, 트럭이나 승용차, 가게나 학교세트, 적어도 8개의 인형(남자 성인 2개, 여자 성인 2개, 남자아이 인형 2개, 여자아이 인형 2개)이 필요하다. 인체해부학적 인형은 성적 학대를 받은 아동 치료에 유용하다. 이러한 인형이 치료자가 말하고 있는 성적인 주제를 구체적으로 보여주고, 아동이 성행위에 대한 자신의 느낌을 비교적 정확히 이야기하게 만드는 데 좋은 수단이 되기 때문이다.

아동이 개별적으로 치료받을 때, 학대에 대한 감정과 학대가 아동의 생활에 미친 영향을 투사하는 하나의 수단으로 놀이치료인 그림 그리기를 사용할 수 있다. 미술치료 역시 성적 학대를 받은 아동을 대상으로 사용할 수 있는 효과적인 기법이다. 미술은 아동의 과거 충격적인 경험을 시각화하여 보여주는 데 도움을 준다.

책 속 주인공이 어떤 형태의 학대를 경험한 내용의 아동용 서적을 이용하거나, 독서치료를 하는 것은 아동의 성적 학대를 위한 개인치료와 집단치료에 사용될 수 있다. 아동은 직접 책을 읽거나, 치료자가 읽는 것을 듣거나, 테이프에 녹음된 것을 들을 수도 있다. 아동은 다른 아동도 성적 학대를 경험한 적이 있고 충격과 마음의 상처를 다양한 방식으로 극복한 사실을 책을 통해 자연스럽게 경험한다. 아동에게 그림 그리기나 좋아하는 사람에게 편지 쓰기, 또는 인형극으로 이야기하기 같은 활동을 하도록 하면, 성적 학대로 인한 희생과 그것이 미친 영향에 대해 탐색할 수 있는 기회를 더 많이 얻을 수 있다(Pardeck, 1990).

② 집단치료

학대를 경험한 아동을 대상으로 집단치료를 실시할 경우에는 우선 학대받은 아동의 개인치료가 어느 정도 실시된 후, 아동이 집단에 소속되어 또래와 함께 활동할 수 있을 정도가 되었는지를 살펴보아야 한다. 특히 초등학교 아동이거나 그보다 어린 아동을 대상으로 할 경우에는 대상이 아동이라는 점을 감안하여 상호작용놀이를 통한 집단상담을 실시하는 것이 도움이 된다. 상호작용놀이는 놀이의 특성과 상호작용이라는 2가지의 실제적인 특성을 강조하기 위해 만들어진 개념이다. 이는 집단행동을 촉진시키는 촉매제, 집단을 유지시키는 도구, 집단상담의 문제를 해결하는 중요한 조력수단의 기능을 한다. 또 상호작용놀이는 집단과제를 해결하기 위한 요구와 각 개인이 지니고 있는 개인적 욕구를 연결해주는 역할을 한다. 상호작용놀이의 장점은 무엇보다 다양한 집단상황과 많은 주제와 문제영역에 실제적으로 적용할 수 있다는 데 있다(김춘경·정여주, 2001).

또 집단치료는 잠복기 아동과 청소년의 성적 학대 희생자, 때로는 보다 어린 아동을 위해 선택할 수 있는 치료기법이다. 집단치료는 개인치료보다 덜 집중적이며, 집단이라는 환경이 개인치료보다 덜 위협적일 수 있다. 참여자들은 집단치료를 통해 성적 희생의 결과로 나타나는 사회적 고립감과 소외감을 줄일 수 있으며 지지적인 감정을 얻게 된다. 집단에서 신뢰감이 발달함에 따라 희생자들은 다른 집단구성원의 경험에 관해 이야기할 수 있게 되며, 때때로 자신의 경험을 인식할 수 없거나 자신이 경험한 것을 말할 수 없게 되기도 한다. 그러나 결국 그들은 자신의 희생과 학대가 자신의 심리적·사회적 기능에 미친 영향에 대해 이야기하는 데 편안함을 느끼게 된다(Lanktree & Briene, 1995; McGain & Mckinzey, 1995).

③ 가족치료

가족치료는 개인치료, 집단치료와 구분되는 개념으로 가족 전체를 하나의 단위로 보고 접근하는 심리정신치료의 하나이다. 가족치료의 기본적인 접근은 한 가족원에게 나타나는 문제의 원인이 개인에게 있다기보다는 개인을 포함한 가족 전체의 상호작용 결과가 개인의 문제로 표출된다고 보는 것이다. 그러므로 가족치료의 입장은 개인의 증상을 치료하기 위해서는 그 개인만을 대상으로 할 것이 아니라, 개인을 포함한 가족 전체의 구조 혹은 상호작용 유형을 변화시킨다는 것이다. 그러나 역기능적이고 병리적인 가족의 기능을 변화시키거나 개선하는 것은 결코 쉬운 일이 아니다.

가족치료 시 염두에 두어야 할 것은 대부분의 가족문제를 현재의 가족에서만 발생했다고 간주할 것이 아니라, 부부의 결혼 전 원가족으로부터 유래될 수 있다고 가정해야 한다는 것이다. 예를 들어 원가족 속에서 원만히 양육되지 못한 상태에서 성인이 되어 결혼하게 되었을 때, 또 미성숙한 배우자끼리 결합하게 되었다고 가정할 때, 현 가족에서 제대로 충족되지 않고 예전부터 잠재되어 있던 욕구가 새로운 가족 앞에 등장한 스트레스 상황 속에서 다양한 형태의 문제로 표출되게 된다. 그러므로 가족치료에서는 원가족에 대한 작업을 중요하게 다루는 경향이 있다.

성적 학대인 경우, 치료자의 입장에서 봤을 때 가족을 하나의 단위로 치료하는 것은 종종 문제를 유발할 수 있다. 가족의 모든 구성원이 치료자의 중재를 좋게 받아들이지 않는 경우가 흔히 생기므로 가족치료는 가족구성원과 끊임없이 재결합하는 과정이 필요하다. 가족을 초기에 하나의 집단으로 묶어 함께 면담해서는 곤란하다. 예를 들어 아버지가 가해자인 경우, 가족구성원은 초기에 개별적으로 치료를 받고 다음 순서로 엄마와 딸이 함께, 마지막으로 다른 형제자매들이 함께 치료를 받게 된다. 가족 내부의 성학대인 경우, 가해자인 아버지는 치료의 끝 부분까지 가족치료에 포함시켜서는 안 된다. 특히 가해자가 자신의 행동에 책임감을 느낄 때까지는 가족치료에 포함시키지 않는다.

가족 내부의 학대인 경우, 가족치료에 있어 중요한 문제는 가족 내에서 어머니의 역할을 효과적으로 할 수 있도록 어머니 유능감을 향상시키는 것이다. 특히 범죄자인 아버지가 가정을 떠나게 된 경우, 아버지가 가정을 떠났다 하더라도 자녀들을 만날 권리를 계속 가진다면 더욱 그러하다. 아동 희생자의 안전을 보장하는 것은 어머니의 중요한 임무 중 하나이다.

④ 가족놀이치료

놀이치료와 가족치료의 원리를 통합한 가족놀이치료는 아동을 포함한 가족을 치료할 때 도입할 수 있는 새로운 접근법으로, 부모와 자녀의 건강한 상호작용모델을 만드는 치료기법이다. 에이커(Eaker, 1986)는 가족놀이치료를 통해 부모는 자녀가 상징적인 놀이 속에서 가족과 부모에 대해 어떻게 느끼는가를 알 수 있는 계기가 된다고 지적하였다. 가족관계가 지속되기 위해서는 치료에 어린 자녀를 포함시켜야 하며, 만약 어린 자녀를 치료에서 제외시킨다면 가족치료에서 이루어지는 변화는 더 적게, 천천히 이루어질 수밖에 없다. 가족놀이치료에서는 가족을 놀이에 참여시킴으로써 아동의 행동에 대한 가족 구성원의 반응을 알려주는 한편, 아동으로 하여금 놀이를 통해 자신의 공포와 염려를 표현하게 함으로써 얻게 되는 개별치료의 효과가 있다.

(2) 가해자를 위한 치료

아동학대를 유발한 가해자 혹은 범죄자에게도 구체적인 치료개입이 필요하다. 아동방임을 한 가해자, 아동을 신체 및 심리적으로 학대한 가해자, 그리고 아동을 성학대한 범죄자를 대상으로 각각 치료가 이루어져야 할 것이다.

① 아동방임 가해자치료

아동을 방임하는 가족을 위한 서비스에는 여러 가지 형태가 있을 것이다. 예를 들면 부모−자녀훈련, 스트레스 줄이기, 자기주장훈련, 자기통제훈련, 기본기술 익히기, 부부상담, 약물남용치료, 일자리 찾아주기, 사회적 지지, 가정안전훈련, 다양한 환경과의 공조체제 유지 등이 있을 수 있다. 이 중 자기통제훈련은 분노를 통제하고 체중이나 흡연, 그외 역기능적 행동을 통제하도록 가르치기 위한 특별 프로그램이다. 기본기술이란 기본적인 생활기술을 훈련하는 것으로 배변훈련, 자전거 타기, 신발끈 매기, 대화, 가족 쇼핑 등이 포함된다. 사회적 지지서비스는 아동방임이 흔히 부모의 사회적 고립과 관련이 있기 때문에 다른 성인과의 긍정적인 상호작용을 격려하도록 하는 부모지지집단이 결성되는 것이다. 일자리 찾아주기는 실직한 가족구성원이 일자리를 찾을 수 있도록 지원하는 것인데, 고용은 방임과 연관이 큰 가족의 빈곤을 경감시키는 데 도움을 주기 때문이다. 가정안전훈련에서는 화재나 전기의 위험을 사전에 막고 자녀가 독극물이나 무기, 위험한 물건과 접촉하지 않도록 하는 것 등 가정에서의 안전과 관련된 여러 가지 절차를 배우게 된다.

　다각적이고 생태행동학적인 접근방식은 학대 및 방임가족을 다루는 데 아주 효과적인 것으로 밝혀졌다. 이러한 서비스는 결국 가족 세대 간에 이루어지는 방임의 순환고리를 끊고, 아동학대가 지속적으로 일어날 수 있는 양상을 예방하게 된다.

② 신체 및 심리적 학대 가해자치료

아동을 신체적으로나 심리적으로 학대한 가해자를 치료하기 위한 서비스에도 여러 가지가 있다.

- 첫째, 익명의 부모모임(Parents Anonymous, PA)이 있다. 이 모임은 주로 부모가 운영하는 프로그램으로 비교적 자유로운 장소에서 한 주에 한 번, 2시간씩 모임을 갖는 것이다. 리더는 부모 중 한 사람으로 대개 과거 양육상 문제를 경험했거나 혹은 익명의 부모모임이나 그와 유사한 기관으로부터 도움을 받은 경험이 있는 사람이다. 각 PA 집단은 후원자나 자원봉사 전문가를 두는데, 이들은 하나의 중요한 자원으로 활동하고 집단의 고민을 상담하거나 돕는 역할을 한다. 부모모임에 참석하는 사람들은 그들과 가족에 대한 사회인구학적 정보를 나누지만, 성을 제외한 이름만을 사용하여 익명성을 유지한다.

- 둘째, 부모교육과정(Parent Education Courses)이 있다. 부모교육과정의 3가지 예로는 효과적인 양육을 위한 체계적 훈련(Systematic Training for Effective Parenting, STEP), 부모효율성훈련(Parent Effectiveness Training, PET), 그리고 양육 프로그램(Nurturing Program, NP) 등이 있다.

- 셋째, 가족-기초서비스(Family-Based Service)는 신체적 학대가 이루어지는 가족에게 주로 적용되는 서비스이다. 이 서비스 전달방식의 목표는 집중적인 서비스를 제공함으로써 가족 단위를 유지하기 위한 것으로 하나의 단위로서의 가족에게 제공되며, 흔히 가족의 집에서 치료가 이루어지게 된다. 홈빌더(Homebuilders) 프로그램은 집중적인 가족보존 프로그램의 한 예이다. 이 프로그램의 목표는 가정 바깥으로 자녀를 배치하는 것을 방지하기 위해 4~6주 동안 가족을 대상으로 집중적으로 활동하는 것이다(Bath & Haapala, 1993).

- 넷째, 가정방문 프로그램(Home Visiting Program)은 부모의 요구에 따라 대개 일주일에 한 번 정도 이루어진다. 부모역할에 대한 양육지식이 있는 사람은 가정방문을 통해, 가정이 처해 있는 상황에 대해 관찰할 기회를 가진다. 가정방문은 또 일어날지 모르는 부모역할 및 자녀양육에 관한 문제에 대해 부모와 구체적인 방법으로 활동할 기회를 부여한다. 방문은 또 그 가족의 욕구를 토대로 하여 필요하다면 다른 사회 및 의료서비스 등을 소개해준다(Wasik & Roberts, 1994).

- 다섯째, 스트레스 관리(stress management)이다. 가족 내에서 일어나는 학대는 대개 과다한 스트레스 때문에 발생하므로, 스트레스를 효과적으로 관리하는 법을 배우는 것은 학대를 한 적이 있거나 또다시 학대를 가할 위험이 큰 부모에게 도움이 된다. 오랜 기간 유아의 울음소리를 실험한 연구에 의하면 어머니의 불안이 스트레스 관리훈련 이후 감소되었다고 한다. 바이오 피드백의 사용은 특히 어머니의 스트레스 통제에 유용하다고 밝혀졌다(Tyson & Sobschak, 1994).

③ 성학대 범죄자치료

성학대 범죄자를 치료하기 위한 접근법으로는 약물치료, 행동수정, 심리치료가 있다

(Groth & Oliveri, 1989; Sgroi, 1989). 이러한 치료기법은 개별적으로 사용할 수 있지만 함께 사용할 수도 있다. 약물치료는 성적 학대행동을 하고 싶지 않으나 자신의 행동을 통제할 수 없는 사실을 알고 있는 범죄자에게 주로 사용한다(Groth & Oliveri, 1989). 행동수정을 사용하는 치료는 범죄자의 성적 각성의 양상에 초점을 두는데, 다양한 성적 자극에 대한 범죄자의 반응은 성기에 부착하는 장치인 음경혈량계로 측정한다. 치료에서는 범죄자가 성적 자극에 대한 반응에서 역기능적 행동을 보다 잘 통제할 수 있도록 돕는 데 강조점을 둔다(Sgroi, 1989).

심리치료는 범죄자치료의 3차 접근법에 해당되는데, 개인 또는 집단심리치료가 사용될 수 있지만 일반적으로 후자가 더욱 효과적이다. 심리치료의 목표는 범죄자들로 하여금 과거의 삶의 경험이 그들의 성적 학대행위에 어떠한 영향을 미치게 되었는지를 이해하도록 돕는 것이다. 이러한 목표를 달성하기 위해, 가해자는 먼저 성적 학대에 대한 책임을 인식하고 인정하며 받아들여야 한다. 또 이전의 학대 행위를 인식하고, 행동을 조절하기 위한 하나의 방법으로 이러한 인식을 사용해야 한다(Knopp, 1984).

CHAPTER 15

가정위탁아동을 위한
복지 실천

울지 않는 지혜, 웃지 않는 철학,
아이들 앞에 머리를 숙이지 않는 위대함은 피하라.

– 칼릴 지브란(Kahlil Gibran)

1 가정위탁보호사업의 개념 및 의의

부득이한 사정을 제외하고 아동은 근본적으로 자신이 태어난 가정에서 부모 및 가족구성원과 함께 성장·발달하는 것이 기본원칙이다. 하지만 가정이 아동을 양육하기에 적절하지 못하다거나 부모가 아동을 돌보고 보살필 능력이 없다거나 부모의 이혼, 사망 등으로 가정이 제 기능을 상실한 경우처럼, 아동이 제 가정에서 정상적으로 양육되기 어렵다고 판단되는 경우에는 부득이하게 대리가정을 제공할 수밖에 없다.

원취지의 가정위탁보호(family foster care)는 부모의 학대, 가출, 실직 등 여러 가지 이유로 아동이 친가정에서 건강하게 자랄 수 없을 때, 위탁가정에서 보호·양육한 후 건강하고 안전하게 친가정으로 돌아갈 수 있도록 하는 가정지원서비스를 말한다. 즉 가정위탁보호사업은 부모가 없거나 부득이한 사정으로 자녀를 제대로 돌볼 수 없는 경우, 법적인 부모-자녀관계에서 아동을 양육하고 책임지는 입양과 달리 위탁가정에서 일시적 혹은 장기적으로 아동을 보호하고 양육하는 대리적 보호사업을 의미한다.

이러한 가정위탁보호사업은 유럽이나 미국에서 대두되고 있는 탈시설운동의 일환으로, 시설수용보호로 인한 아동문제를 해결하고 입양할 수 없는 경우에 대한 대안으로 제시되었던 대리보호사업의 하나이다(한성심·송주미, 2013). 가정위탁보호서비스는 요보호아동을 보호·양육하기를 희망하는 가정에 위탁 양육함으로써 가정적인 분위기에서 건전한 사회인으로 자랄 수 있게 한다. 요보호아동에게 시설보호보다는 가정환경이 더욱 유리하다는 점에서 이 서비스는 아동복지 분야에서 상당히 중요하게 부각되는 프로그램이다.

가정위탁보호사업의 대상인 위탁아동은 위탁된 가정에서 가족의 한 구성원으로 적응하여 자신의 역할과 책임을 배우고 가족의 사랑을 느끼며 성장한다. 동시에 친부모는 자녀가 위탁되어 있는 동안 앞으로의 생활에 대한 제반 준비를 함으로써 이후 부모와 자녀가 함께 생활할 수 있는 기회를 제공한다는 데 의의가 있다.

사회구성원은 아동양육의 공동책임자로서 아동이 최대한 정상적으로 생활할 수 있도록 도와야 하며, 이러한 사회적 책임의 차원에서 실시되는 가정위탁양육은 부모가 자녀를 유기하거나 살해하는 등의 극단적인 학대를 감소시킬 수 있다. 위기에 처한 아동과 가족의 복지를 지역사회 내 다른 가정이 개입함으로써 지역사회를 안정시킨다는 점에서도 의의가 크다(이소희, 2003).

2 가정위탁보호사업의 대상아동

얼마 전까지만 해도 우리나라의 가정위탁보호사업은 입양 전 단계에서 아동양육을 일시적으로 맡기는 입양 보조적 사업으로서의 성격이 강했다. 하지만 최근 정부뿐만 아니라 한국수양부모협회 등과 같은 민간기관의 노력으로 입양 전의 어린 아동을 위탁하는 경우 외에도 앞서 서술한 바와 같이 절박한 상황에 처한 아동을 위탁보호하는 경우가 점차 늘고 있다.

가정위탁보호제도가 도입되어 서비스를 시작한 이후 가정위탁아동 수는 2010년에 1만 6,414명, 2011년에 1만 5,138명, 2012년에 1만 5,463명으로 감소하는 추세이나 2005년의 1만 3,315명에 비해서는 증가한 편이다(통계청, 2013).

이러한 현실은 아이를 양육할 수 있는 건강하고 온전한 상태의 가정이 파괴되고 있다는 것을 의미한다. 이혼율이 OECD 국가 중 최상위 수준이라는 통계가 아니라도 경제불황에 따른 불안정한 고용관계와 카드빚, 실직 등과 같은 사회적 어려움으로 인해 가정파괴가 급속히 이루어지면서 온전한 가정 유지와 건강한 양육 자체가 심각한 사회문제로 대두되고 있다. 이로 인해 가장 큰 피해를 입는 것은 아동이며, 후속 대처 역시 미흡한 상태여서 이들이 직접 겪어야 하는 고통의 강도가 갈수록 세지고 있다.

우리나라의 가정위탁보호사업의 법적 근거는 '아동복지법', '국민기초생활보장법', '의료급여법' 등이다. 가정위탁보호사업의 주 대상은 보호를 필요로 하는 만 18세 미만의 아동(만 18세 이상인 경우에도 고등학교 재학 중인 경우는 포함)으로서 시·군·구에서 부모의 질병, 가출, 실직, 수감, 사망, 그 밖의 사유로 인하여 보호가 필요하다고 인정한 아동과 아동학대로 인하여 격리보호가 필요한 아동 등이다.

이론상으로 가정위탁보호서비스의 대상은 크게 2가지 부류로 정리할 수 있는데, 하나는 부모와 관련된 경우이고 다른 하나는 아동과 관련된 경우이다.

1) 부모양육의 부적절함으로 인한 경우

아동에 대한 부모양육이 적절하지 못하여 가정위탁보호가 필요한 상황으로 첫째, 부모의 신체적·정신적 질병(알코올중독·약물중독 등)으로 인한 경우가 있다. 다시 말해 부모의 질병으로 가정 전체가 문제 상황에 놓이고, 자녀양육이 제대로 이루어지지 않거나 방임 혹은 유기되는 경우를 말한다. 또 부모 자신의 질병이나 배우자의 질병으로 인한 스트레스가 학대로 나타나게 되는 경우도 포함된다. 아동학대로 격리보호가 필요한 아동이 발생할 경우에는 우선적으로 선정·배치하여야 한다.

둘째, 가족붕괴나 결손가정(이혼, 사망, 별거, 투옥 등)으로 자녀양육이 어려운 경우이다. 이는 가족이 붕괴된 상황에 처하거나 결손가정이라는 이유로 경제적 어려움을 겪고 있어 자녀양육이 제대로 이루어지지 못하는 경우, 아동유기나 학대의 위험을 갖고 있는 경우 등을 말한다.

2) 아동 자신의 문제로 인한 경우

아동 자신의 문제로 인한 경우란 아동 스스로의 문제, 즉 신체적 장애나 정서장애, 지적 발달의 지체, 사회적 일탈행동 등 행동상 문제가 있는 경우를 말하며 이러한 경우 가정위탁보호를 필요로 한다. 아동이 별다른 문제를 보이지 않더라도 부모가 아이를 바람직하게 양육하는 것은 쉬운 일이 아니다. 더욱이 아동에게 이러한 문제가 있을 경우 부모가 이러한 문제에 적절하게 대처하는 것은 절대 쉽지 않으며, 전문적인 도움 없이는 아동양육이 제대로 이루어지기 어렵다. 때에 따라서는 위탁가정의 도움을 통해 부모의 심리적 부담을 줄이고, 아동의 문제를 해결하기 위한 공동의 노력과 기타 관련 기관 전문가의 서비스를 통해 아동의 문제를 해결하게 함으로써 부모양육이 보다 잘 이루어질 기회를 제공할 수 있을 것이다.

3 가정위탁보호사업의 과정

우리나라에서 실시되고 있는 가정위탁보호사업은 크게 3가지 유형으로 이루어지고 있다. 친조부모·외조부모에 의한 양육 형태인 대리양육 가정위탁, 친조부모·외조부모를 제외한 친·인척에 의한 양육 형태인 친·인척 가정위탁, 일반인에 의한 가정위탁 형태가 바로 그것이다.

오늘날 우리나라의 가정위탁보호 관련 기관은 2003년에 전국 17곳에 설치되어 출발한 '가정위탁지원센터'와 1998년 4월에 설립된 '한국수양부모협회'가 있다. 또 '대안가정운동본부', '초록우산 어린이재단' 등도 비영리법인으로 가정위탁보호사업과 관련이 있는 단체이다. '가정위탁지원센터'는 크게 '중앙가정위탁지원센터'와 '지역가정위탁지원센터'로 나누어져 각각의 기능을 담당하고 있다. '중앙가정위탁지원센터'는 가정위탁지원센터의 업무를 총괄 지원하여 가정위탁보호사업의 전문성 및 활성화를 도모하는 반면, 지역가정위탁지원센터는 시·도(시·군·구)의 가정위탁보호업무를 지원함으로써 가정위탁보호사업의 활성화를 도모하는 것을 그 목적으로 한다. 전국 가정위탁지원센터 현황은 표 15-1과 같다.

가정위탁지원센터는 무엇보다 가정위탁보호가 아동의 행복을 최우선하는 최적의 방법인지를 검토해야 한다. 가정위탁 시 아동에 대한 계획 및 아동을 배치한 후 아동에게 적절하고 필요한 조치를 취하였는가에 대한 지속적인 사례 관리와 평가가 이루어져야 할 것이다. 또 친부모와 아동이 재결합할 수 있도록 개별적인 아동계획을 세우고, 친부모와 아동의 재결합을 돕기 위해 친부모와 정기적인 접촉을 하며 이에 대한 기록을 남겨야 한다. 또 시·도(시·군·구), 가정위탁지원센터, 위탁아동, 가정위탁 보호의뢰가정 및 위탁가정이 서로 협력해야 한다. 한국수양부모협회도 위탁가정 및 위탁아동상담사업, 위탁부모교육사업, 가정위탁홍보사업 등과 같은 사업을 활발하게 하고 있다.

가정위탁보호사업은 위탁아동의 친부모나 아동양육시설을 비롯한 아동복지시설 및 기관 등의 의뢰로부터 시작되며, 대체로 다음과 같은 일반적인 과정을 거치게 된다.

1) 접수

위탁보호는 일반적으로 친부모를 통한 의뢰와 아동양육시설을 비롯한 아동복지시설 및 기관으로부터의 의뢰로 이루어진다. 시설이나 기관으로부터의 위탁보호 의뢰는 보호시설에서 보호하는 것보다 가정위탁이 바람직하다고 판단될 경우나 유기 및 학대아동인 경우가 많다.

2) 위탁아동 및 가정의 파악

가정위탁 운영기관장은 위탁이 의뢰된 아동을 대상으로 건강진단을 실시하고 그 아동과 친부모에 대한 심리적 및 환경적 특성을 정확히 파악하여 아동카드를 작성·비치하며, 카드에 기재된 내용을 위탁가정에 알려야 한다. 개별면접 및 집단면접을 통해 아동과 친부모에 관한 정보를 수집하고, 가족 이외의 친척과 교육기관으로부터 정보를 입수하여 활용하는 것이다.

3) 위탁 형태의 결정 및 위탁가정의 선정·교육

위탁아동과 부모 및 가정 환경적 특성을 고려하여 위탁 형태를 결정하고 위탁가정을 선정하게 된다. 위탁가정의 신청은 수시로 접수하고 면담을 실시하여 위탁 동기와 위탁가정의 제반 환경에 관한 정보를 수집하게 된다. 이때 위탁받고자 하는 자 및 그 가족에게 범죄, 가정폭력, 아동학대, 알코올·약물중독 등의 전력이 없어야 하며 위탁가정으로 적합한지 아닌지를 가정조사 시 이웃 등에 확인하는 절차를 거쳐야 한다. 특히 일반인에 의한 위탁보호인 경우, 위탁아동을 부양하기에 충분한 재산이 있어야 하며, 위탁아동의 종교적 자유를 인정하고 사회의 일원으로서 그에 상응한 양육과 교육을 할 수 있어야 한다. 또 가정이 화목하고 정신적·신체적으로 위탁아동을 양육하기에 현저한 장애가 없어야 하며, 위탁받은 자의 나이가 25세 이상이어야 하고(부부인 경우 부모 모두 해당), 위탁가정의 아동이 그들의 자녀를 포함해서 4인을 넘지 않도록(18세 이상 친자녀는 자녀

표 15-1 전국 가정위탁지원센터 현황

지역	운영법인	홈페이지	연락처
중앙	세이브더칠드런코리아	www.fostercare.or.kr	전화: 02)790-2966 팩스: 02)790-7266
서울	초록우산어린이재단	www.seoul-foster.or.kr	전화: 02)325-9080 팩스: 02)325-2664
부산	세이브더칠드런코리아	www.busan.sc.or.kr	전화: 051)758-8801 팩스: 051)752-8810
대구	(사)한국수양부모협회	www.dgfoster.or.kr	전화: 053)656-2510 팩스: 053)626-2510
인천	초록우산어린이재단	www.icfoster.or.kr	전화: 032)866-1226 팩스: 032)866-8227
광주	초록우산어린이재단	www.gjw.or.kr/foster	전화: 062)351-1206 팩스: 062)351-2206
대전	(사)한국수양부모협회	www.djfoster.or.kr	전화: 042)242-5240 팩스: 042)242-5280
울산	굿네이버스	www.goodneighbors.kr/ulsan	전화: 052)286-1548 팩스: 052)286-4675
경기	초록우산어린이재단	www.ggfoster.or.kr	전화: 031)234-3979 팩스: 031)234-2353
북부	(사)한국수양부모협회	www.kgfoster.or.kr	전화: 031)821-9117 팩스: 031)840-2828
강원	초록우산어린이재단	www.foster-gangwon.or.kr	전화: 033)766-1406 팩스: 033)766-1407
충북	초록우산어린이재단	www.chungbuk-foster.or.kr	전화: 043)250-1226 팩스: 043)254-1226
충남	초록우산어린이재단	www.fosterservice.or.kr	전화: 041)577-1226 팩스: 041)578-7175
전북	초록우산어린이재단	www.jbfoster.or.kr	전화: 063)276-2600 팩스: 063)276-2602
전남	초록우산어린이재단	www.jnfoster.or.kr	전화: 061)279-1226 팩스: 061)279-7733
경북	(사)한국수양부모협회	www.gbfoster.or.kr	전화: 053)813-3953 팩스: 053)812-3953
경남	초록우산어린이재단	www.knfoster.or.kr	전화: 055)237-1226 팩스: 055)237-9399
제주	(사)제주상담센터	www.jeju-foster.or.kr	전화: 064)747-3273 팩스: 064)747-3272

자료: 보건복지부(2014). 2014 아동분야 사업안내. p.95.

수에서 제외) 규정하고 있다. 결혼해서 아이를 키운 경험이 있는 가정을 원칙으로 하지만 시장, 군수, 구청장 및 가정위탁지원센터에서 가정환경이 위탁아동을 건전하게 양육하기에 특별히 적합하다고 인정하는 경우에는 위탁이 가능하다.

우선 위탁모의 자격을 심사한 후, 위탁가정 구성원 모두의 동의를 받게 되며, 이러한 과정을 통해 위탁가정이 선정되면 아동을 배치하기 전, 위탁가정을 대상으로 교육을 실시하여 위탁양육에 대한 이해 및 취지, 위탁양육의 절차, 위탁아동의 특성, 아동양육에 필요한 지식 등을 습득하게 한다. 이때 위탁가정의 부모에 대한 교육내용으로는 아동복지, 아동발달, 아동교육 등에 관한 제반 이론과 위탁대상아동이 영·유아기에 집중되어 있다는 점을 고려하여 영양·건강·안전 및 응급조치에 관한 내용을 중점적으로 다루게 된다. 대리양육이나 친·인척 가정위탁의 경우나 교육이수대상자가 노령 또는 질병 등으로 불가피한 경우에는 직접 가정을 방문하여 교육을 실시할 수도 있다.

4) 위탁아동의 배치

요보호아동이 위탁가정에 배치되면 위탁가정에서는 아동이 건강하게 성장할 수 있도록 최선을 다해야 한다. 위탁아동을 위탁가정에 배치할 때 가장 중요하게 고려해야 할 사항은 아동이 행복의 기회를 얻을 수 있는 가정에 위탁하는 것이다. 이미 심리적 상처가 있는 아동을 위탁하는 것이므로 아동에게 가장 안정적이고 적절한 가정을 알선할 수 있도록 세심한 배려를 해야 한다. 만약 배치가 부적절할 경우 위탁아동은 가출, 도벽, 거짓말 등 부정적인 행동을 보일 가능성이 있으며 아동에게 제2의 상처를 주는 결과를 초래하여 건전한 인격 형성을 어렵게 하는 등 발달 전반에 상당한 지장을 초래하게 된다.

5) 위탁아동에 대한 사후관리

아동이 위탁가정에 배치되어 위탁양육이 될 때, 위탁 관련 담당직원은 위탁아동의 양육 상황을 조사·점검하고 위탁아동, 친부모, 위탁부모 모두를 사후관리해야 한다. 위탁기관에서는 매월 정기적으로 위탁가정을 방문하여 아동의 적응 상태와 양육 실태를 정확히 파악하여 사후관리보고서를 작성·비치해야 한다. 또 아동양육상의 여러 가지 어려움이 발생할 경우 필요한 지원을 하거나 위탁가정의 변경 등 조치를 해야 한다. 만약 아동이 친부모에게 돌아갈 수 없는 경우에는 입양과 연계되도록 적극적으로 권장할 필요가 있다.

4 가정위탁보호사업의 복지 실천방안

아동은 자신이 태어난 가정에서 성장·발달하는 것이 가장 바람직하다. 하지만 여러 가지 사정으로 제 가정에서 친부모에 의해 양육되기 어려운 경우에는 그 대안으로 아동복지사업 중 하나인 가정위탁보호사업을 도입할 수 있다. 근래까지만 해도 가정위탁보호사업은 주로 입양기관에서 입양되기 전 입양 대상아동을 위탁가정으로 선정된 가정에서 약 3개월에서 5개월 정도의 기간 동안 입양기관의 양육비 부담으로 일시 가정위탁하는 형태가 대부분이었다. 다행히도 최근에는 가정위탁보호사업에 대한 본래의 취지가 여러 채널을 통해 홍보되어, 위탁보호대상의 폭이 넓어졌을 뿐만 아니라 가정위탁에 대한 국민의 인식도 많이 변모되었다. 그러나 현행 가정위탁보호사업은 여러 가지 문제점을 지니고 있으며, 이러한 문제점을 토대로 향후 개선방안을 모색할 필요가 있다.

1) 가정위탁보호사업에 대한 국민의 인식 제고

앞서 서술한 바와 같이 아직도 일부 국민은 가정위탁보호가 국외입양 전 요보호아동을 일시적으로 위탁가정에서 보호하는 것으로 알고 있다. 가정위탁보호사업의 위탁보호대상아동은 입양 전 아동을 일시 위탁하는 경우 이외에도 여러 가지 상황에 처한 아동이 될 수 있음을 적극적으로 홍보해야 할 것이다. 부모의 이혼, 유기, 사망 등으로 가정이 파탄에 이른 경우, 부모가 신체적·정신적 질병을 앓고 있어 아동을 보살필 능력이 없는 경우, 부모의 학대 등으로 가정이 아동양육에 적합하지 못한 경우, 아동이 정서적 장애 또는 사회적 탈선행위 등 문제행동을 보이는 경우, 경제적으로 지극히 어려운 경우 등 매우 다양한 상황이 있을 수 있다. 따라서 정부는 아동복지의 중요한 서비스인 가정위탁 보호사업에 대한 국민의 인식 제고를 위해 적극적인 홍보활동을 할 필요가 있다.

2) 위탁가정의 양적 확대 및 질적 관리

가정위탁보호사업에 대한 국민의 인식이 낮은 만큼 위탁가정의 수 역시 매우 적다. 오늘날 우리나라 위탁가정의 현주소를 살펴보면 입양 전 위탁가정의 아동보호와 소년소녀가 정보호제도를 대신한 친·인척 위탁가정을 제외하면 엄밀한 의미에서 위탁가정의 수는 극히 제한적이다. 여러 가지 이유로 보호받아야 할 아동의 수는 늘어나는 데 반해, 이들을 친가정과 유사한 가정에서 적절히 보호해줄 위탁보호가정의 수가 턱없이 부족하므로 언론매체 등을 통한 지속적인 홍보를 통해 위탁가정을 점차 늘릴 필요가 있다.

아울러 위탁가정의 양적 확충도 중요하지만 위탁양육이 성공적으로 이루어지기 위해서는 이들 위탁가정의 질적 관리가 무엇보다 중요하다. 그러기 위해서는 위탁가정의 부모를 대상으로 한 교육을 철저히 해야 할 것이다. 특히 우리 사회에서 수용하기 꺼리는 장애아동을 위탁보호할 수 있도록, 위탁부모가 전문직 지식과 기술을 갖추고 아동양육에 필요한 부모로서의 소양을 갖출 수 있도록 보다 지속적이고 체계적인 교육과 사후 관리가 중요하다.

3) 위탁가정에 대한 지원 확대

현재 우리나라에서는 위탁보호가정에 대해 양육보조금 및 국민기초생활보장법에 의한 생계비 등의 지원, 가정위탁아동상해보험료 지급, 대리양육 및 친·인척 위탁가정의 경우는 전세자금 지원 등의 지원이 이루어지고 있으나 실제로 아동을 위탁하여 양육하는 경우, 위탁가정에 대한 경제적 지원은 미흡한 수준이다. 특히 현재의 아동양육수당지원 으로는 가정위탁사업의 활성화를 도모하기가 어려우므로 현실성 있는 지원을 할 수 있도록 지원책을 확대할 필요가 있다.

4) 위탁가정에 대한 전문적 지원 프로그램 실시를 비롯한 체계적 지원 확충

위탁가정의 부모나 위탁아동을 위한 심리적·사회적 적응지원 프로그램을 실시할 필요성이 있다. 위탁아동의 입장에서는 양육의 중도 포기로 인한 잦은 이동, 방임 및 학대, 부적절한 보호 등으로 인한 부적응현상 등 다양한 문제가 발생할 수 있다. 위탁가정의 부모 역시 현재 부족한 지원체제 속에서 위탁아동을 양육하고 그들 아동과의 적응과정에서 여러 가지 어려움을 경험하고 있다. 그러므로 가정위탁지원센터와 지역사회복지관을 중심으로 위탁가정에 대한 사후관리를 철저히 해야 하며, 위탁대상아동과 위탁부모 및 그 가족구성원을 대상으로 전문적인 지원프로그램을 실시해야 할 것이다. 그렇게 하기 위해서는 가정위탁지원센터 같은 관련 기관에 전문상담원과 같은 전문인력을 확보할 필요가 있다.

이외에도 가정위탁보호사업의 법적 근거를 마련하는 것이 시급하다. 현재 우리나라 가정위탁의 개념 및 범위, 가정위탁지원센터의 설치 근거, 친부모와 위탁부모의 권리와 의무 등과 관련한 부분이 불명확하므로 이를 명확히 할 수 있는 법령 마련이 필요하다.

CHAPTER 16

입양아동을 위한
복지 실천

웃음은 전염된다. 웃음은 감염된다.
이 둘은 당신의 건강에 좋다.

– 찰스 윌리엄 프라이(Charles William Fry)

1 입양사업의 개념 및 의의

입양은 대리보호의 한 형태로 법적 절차를 거쳐 친부모가 아닌 성인과 아동이 친자관계와 동일한 관계를 형성하는 것을 말한다. 이는 보호자가 없거나 보호자로부터 이탈된 아동에게 건전한 가정을 영구적으로 제공함으로써 신체적·정신적·사회적으로 건전하게 성장할 수 있도록 하기 위한 것이다. 즉, 입양은 생물학적이 아닌 법적, 그리고 사회적인 과정을 통하여 친권관계를 창조하는 행위이다(Kadushin, 1980). 이러한 입양이 과거에는 주로 가계의 존속과 계승을 위한 목적으로 이루어졌다면, 오늘날에는 사회적 도움을 필요로 하는 우리 사회의 요보호아동을 친가정과 유사한 가정에서 건강하게 양육하고 돌보기 위해서 이루어진다.

입양사업은 입양의 성립을 위한 일련의 조치로써 관계법의 제정부터 입양을 알선하고 성립시키는 기관의 모든 활동이다. 아동이 가장 바람직한 성장을 이룰 수 있는 것은 친가정에서의 친부모에 의한 양육이지만 부득이한 사정으로 이것이 현실적으로 가능하지 않은 경우가 발생할 수 있다. 이 경우 아동을 친가정과 친부모로부터 일정 기간 분리하여 가정문제를 해결할 수 있는 대안으로서 가정위탁보호제도를 실시하고 있다. 하지만 가정위탁제도로도 해결이 어려울 때는 가정이라는 환경에서 제공하는 장기적인 대리보호 형태인 입양을 도입하게 된다. 입양사업이 갖는 의의는 다음과 같다.

첫째, 입양아동이 친가정과 유사한 환경에서 지속적인 보호를 받게 함으로써 아동의 복지를 장기적으로 보장한다.

둘째, 아동이 부모 없이 성장함으로써 발생할 수 있는 다양한 문제를 미연에 예방할 수 있다.

셋째, 입양부모는 입양을 통해 자녀를 양육하는 기쁨과 보람을 느끼게 되고 부모로서의 역할 만족과 자녀가 없음으로 인해 겪는 문제를 해결할 수 있다.

부모는 아동을 양육함으로써 삶의 의의와 자녀양육으로 인한 인간적 성숙의 기회를 가진다. 따라서 부모는 자녀양육을 부담으로 여길 것이 아니라 '삶의 기쁨'으로 받아들이는 지혜로운 자세를 갖출 필요가 있다.

2 입양의 기본원리 및 입양과정

입양사업을 이해하기 위해서는 입양의 기본원리에 대한 이해를 비롯하여 입양이 진행되는 과정에 대해 살펴볼 필요성이 있다.

1) 입양의 기본원리에 대한 이해

입양사업은 입양 대상아동에게 영구적인 가정과 지속적이며 건전한 가족관계를 갖게 함으로써 아동의 건전한 성장과 발달을 도모하며, 자녀를 양육하고 싶은 욕구를 지닌 사람에게 자녀양육의 기회를 제공하고 아울러 집단의 형태인 시설보호로 인하여 발생하는 아동보호의 문제를 해결하는 대안이 될 수 있다. 그렇다고 하더라도 입양사업을 적용할 경우에는 다음과 같은 입양의 기본원리 또는 전제조건을 고려해야 할 것이다.

- 첫째, 아동은 자신의 가족, 지역사회, 그리고 국가에서 양육되는 것이 최우선이고 가장 바람직하다. 그러므로 입양은 아동의 가족을 지키고자 하는 모든 노력을 기울이고 난 후에야 비로소 고려해야 한다.
- 둘째, 대리 양육부모가 필요한 경우에는 아동이 속해 있는 지역사회를 비롯한 국가, 인종집단 및 문화, 종교집단에서 그 가정을 찾는 노력을 우선시해야 한다.
- 셋째, 아동입양의 일차적 목적은 친부모에 의해 양육될 수 없는 아동에게 영구적인 가족을 제공하는 것으로 입양사업은 아동의 복지, 욕구, 관심을 기초로 해야 효과적으로 이루어진다. 가정은 아동을 위해 선택되어야 하며, 가정을 위해 아동이 선택되어서는 안 된다(Kadushin, 1980).

2) 입양과정

아동입양과정은 크게 5단계 즉, 입양희망자에 대한 초기면접, 입양신청서 제출, 가정조사, 아동 선정, 가정배치 및 사후관리의 순으로 진행된다.

(1) 입양희망자에 대한 초기면접

입양업무를 담당하는 기관은 입양을 원하는 사람에게 절차를 설명하고, 입양을 희망하는 사람이 부모로서 갖추어야 할 법적 자격을 갖추고 있는지를 판단하게 된다. 초기면접에서 이루어지는 면담내용으로는 입양의 동기 및 태도, 결혼기간, 불임 여부, 교육수준, 경제적 여건, 아동에 대한 이해 및 아동과의 경험 정도, 입양에 대한 가족구성원의 태도, 입양아동의 친부모와 미혼부모에 대한 태도, 입양 시 발생할 수 있는 문제에 대한 대처방법 등이 있다.

(2) 입양신청서의 제출

입양기관에서는 입양을 희망하는 사람 중 자격요건을 갖추었다고 판단되는 부모에게 입양업무를 추진하는 데 필요한 제반서류를 준비하여 제출하게 한다. 이때 필요한 서류는 국내입양이냐 국외입양이냐에 따라 다소 차이가 있다. 먼저 국내입양의 경우에는 입양동의서, 입양대상아동의 가족관계등록부 등 증명서, 입양대상아동확인서, 양친교육이수증명서, 범죄경력조회회신서, 양친가정조사서 등이 필요하다. 국외입양의 경우에는 국외이주허가신청서, 입양대상아동의 가족관계등록부 등의 증명서, 본국 정부로부터 공인받은 범죄경력 조회에 관한 문서, 입양대상아동확인서, 양친가정조사서, 입양동의서, 입양서약서 및 재정보증서, 본국의 법에 따라 양친될 자격이 있음을 증명하는 서류 등을 문서로 제출해야 한다. 우리나라의 입양기관의 현황을 제시하면 표 16-1과 같다.

(3) 가정조사

입양희망자, 즉 양부모가 될 사람이 입양하는 데 필요한 각종 서류를 제출하면 가정조사를 위해 1회 이상 면담과 가정방문을 하게 되며, 면담은 부부공동면담과 개별면담을 포함하게 된다. 이러한 과정은 입양기관과 양부모 쌍방에게 입양희망자가 양부모가 될 준비가 되었는지에 대해 심사숙고할 기회를 제공한다. 그리고 양부모는 이러한 과정을 통해 입양아동을 양육하면서 겪게 될 어려움과 그에 대한 대처방안을 미리 생각해볼 기회를 갖게 된다.

(4) 아동의 선정

가정조사가 끝나고 입양부모로서 적합하다고 판단되면 입양기관은 입양대상아동에 대한 정보, 예를 들면 아동의 신체적 조건, 건강상태, 아동의 습관 및 관심, 친부모의 배경 및 포기 원인 등에 대한 정보와 아동의 사진을 제공한다. 통상적으로 국내입양의 경우에는 양부모가 아동을 먼저 보고 난 후 결정하지만, 국외입양의 경우에는 사진만 보고 입양을 결정하게 된다.

표 16-1 우리나라 입양기관 현황

구분	기관명	연락처	홈페이지	비고
국내외 입양 기관 (4개)	홀트아동복지회	02-331-7037	www.holt.or.kr	전문기관
	동방사회복지회	02-312-0116	www.eastern.or.kr	전문기관
	대한사회복지회	02-552-1017	www.sws.or.kr	전문기관
	한국사회봉사회	02-908-9191	www.kssinc.org	전문기관 (사후관리만 진행)
국내 입양 기관 (16개)	성가정입양원	02-764-4741	www.holyfcac.or.kr	전문기관
	서울특별시 아동복지센터	02-2040-4252	child.seoul.go.kr	지정기관
	부산아동보호종합센터	054-240-6362	adong.busan.go.kr	지정기관
	대한사회복지회 대구아동상담소	053-756-1392	www.dgsws.or.kr	지정기관
	해성보육원	032-875-3240	www.hschild.or.kr	지정기관
	대한사회복지회 광주영아일시보호소	062-222-1095	www.kjsws.or.kr	지정기관
	울산양육원	052-277-5636	www.adong.or.kr	지정기관
	동방사회복지회 안양아동상담소	031-466-7569	www.ayeastern.or.kr	지정기관
	대한사회복지회 경기지부	031-877-2849	www.swskg.or.kr	지정기관
	자비아동입양위탁소(자비복지원)	033-642-3555	www.jabiwon.or.kr	지정기관
	꽃동네천사의집	043-879-0285	www.kkot.or.kr	지정기관
	홍성사회복지관	041-631-3691	www.hsswc.kr	지정기관
	홀트아동복지회 전주영아원	063-222-1559	www.jjbabyhome.or.kr	지정기관
	이화영아원	061-332-1964	www.happyehwa.net	지정기관
	임마누엘영육아원	054-434-2821	www. emmanuel591.org	지정기관
	홍익아동복지센터	064-755-0844	hongikcenter.or.kr	지정기관

자료: 보건복지부(2014). 2014 아동분야 사업안내. p.64.

(5) 가정배치 및 사후관리

국내입양의 경우 아동이 가정에 배치되고 국외입양의 경우는 해외이주허가와 비자를 받아 호송인과 함께 출국하여 공항에서 양부모를 만나게 된다.

국내입양기관의 사회복지사는 아동이 입양가정에 배치된 지 1개월이 지나면 입양가정을 방문하여 아동의 적응상태를 조사하고, 입양아가 입적된 호적등본을 받아 아동이 입양가정의 법적 자녀가 되었는지를 확인한다. 사후관리는 아동이 입양된 후 6개월까지 정기적으로 이루어져야 한다. 입양기관은 입양이 완결되기까지 가정방문 외에도 입양부모를 대상으로 교육 및 집단상담을 비롯한 각종 서비스를 제공하여 입양아동을 양육하면서 부딪치게 될 여러 가지 문제를 잘 해결할 수 있도록 사전에 준비시키기 위한 노력을 하게 된다.

국외입양의 경우, 법적으로 입양이 완결된 후 국적 취득이 끝나면 협력기관에서는 우리나라 입양기관에 통보를 하고, 입양기관의 장은 입양아동의 외국 국적 취득 관련 증명서류를 첨부하여 외국 국적 취득사실을 안 날부터 1개월 이내에 법무부장관에게 보고하고, 이를 중앙입양원을 통해 보건복지부장관에게도 보고하여야 한다. 또한 입양기관의 장은 모국방문사업, 모국어연수지원, 모국에 관한 자료제공, 친생부모 찾기, 입양정보 공개제도에 관한 홍보, 국적회복지원, 국외로 입양된 자를 위한 상담 등과 같은 사후서비스를 제공해야 한다. 이는 입양아동을 양육하는 문제, 인종과 문화적 배경이 다른 아동을 양육할 때 발생할 수 있는 문제에 대비할 수 있게 하기 위해서이다.

3 입양부모의 조건

입양아동의 부모가 되고자 하는 가정은 대개 불임으로 인해 자녀가 없는 비자발적인 무자녀부부, 자녀가 있긴 하지만 현재 불임이거나 자녀 더 갖기 원하는 부부, 생물학적으로 임신이 가능하나 요보호아동을 위해 인도적 차원에서의 보호를 필요로 하는 부부로 이루어진 가정이다. 2005년까지만 하더라도 입양을 원하는 사람은 기본적으로 혼인 중인 자여야 했다. 이는 결혼이 곧 안정을 의미하는 것이며, 자녀의 입장에서 볼 때 부모가 모두 존재해야 부모로서의 역할을 다할 수 있다고 판단했기 때문이다. 하지만 2006년에 발표된 국내입양활성화 대책 이후, 입양부모의 자격요건이 크게 완화되어 독신자도 아이를 키울 수 있는 조건을 갖추면 입양이 가능해졌다. 입양부모, 즉 양부모의 자격요건은 다음과 같다.

1) 연령

'입양특례법' 제10조 양친될 자격에 따르면 연령은 25세 이상으로 양자될 자와의 연령 차이를 60세 이내로 규정하고 있다. 대체로 입양부모의 연령은 35~45세가 적정한 것으로 본다. 이는 아동이 16~18세 정도로 성장할 때까지 부모가 경제활동을 할 수 있어야 하기 때문이다. 이처럼 양친의 연령을 제한하는 데는 양부모와 입양아동 간 세대 격차가 지나치게 큰 데서 나타나는 문제를 미연에 방지하고자 하는 목적을 내포하고 있다. 양부모의 나이가 너무 많으면 아동보호에 필요한 신체적 부담을 감당할 수 없기 때문이기도 하다.

2) 심리적·정서적 건강

입양부모는 우선 자기 자신에 대한 명확한 이해 및 통찰을 해야 한다. 또 자신을 비롯한 모든 사람이 장단점을 동시에 가졌다는 사실을 받아들일 수 있고, 다른 사람의 입장과 요구를 고려하며 때로는 자신의 만족을 지연할 수 있는 능력, 만족스럽고 지속적인 대인관계를 맺을 수 있는 능력, 자립할 수 있는 능력 등 정서적 건강이 뒷받침되어야 한다.

입양부모는 아동을 사랑하고 수용하며 아동에게 정서적 안정을 제공할 수 있는 능력을 갖추어야 한다. 양부모는 아동의 불가피한 행동문제를 수용할 수 있어야 하고, 이를 이해하려는 마음의 자세를 갖추어야 하며, 아동에 대한 융통성 있는 이해와 그들의 한계에 대한 현실적 수용능력을 갖추어야 한다. 무엇보다 그들을 좋아하고 아동과 함께 즐길 수 있는 능력이 있어야 한다.

3) 신체적 건강

입양부모가 부모로서의 역할을 잘 수행하기 위해서는 무엇보다 부모 자신의 신체적 건강이 전제되어야 한다. 예를 들어 양아버지가 건강하지 못하거나 심신의 장애를 지닌다거나 질병에 걸려 있다면, 결국 가정에 경제적 어려움을 가져와 아동복지에 부정적인 영향을 미치게 된다. 따라서 양친이 될 자는 가능한 가정이 화목하고 정신적·신체적으로 건강해야 한다.

4) 재정적 안정

'입양특례법' 제10조 양친될 자격에 의하면, 양친될 자는 양자를 부양하기에 충분한 재산을 갖추어야 한다. 다시 말해 아동을 입양하기를 원하는 가정은 지속적으로 수입이 보장된 재정적으로 안정된 가정이어야 한다. 아동을 제대로 양육하고 교육하기 위해서는 아동양육을 위한 적정 수준의 경제적 능력이 필요하기 때문이다.

5) 입양동기

앞서 언급한 바와 같이 입양은 입양부모의 욕구 충족보다는 아동의 건전한 성장 등과 같은 아동복지 차원에서 이루어져야 한다.

6) 가족구성원과 주변인의 태도

무엇보다 입양부모를 포함한 가족구성원의 입양아동에 대한 적극적인 호응이 필요하며, 나아가 지역사회와 이웃 주민의 긍정적인 태도가 중요하다.

7) 종교

입양특례법 제10조 양친될 자격에 의하면 양친될 자는 양자의 종교적 자유를 인정하고 사회의 구성원으로서 그에 상응한 양육과 교육을 할 수 있어야 한다. 대개 아동을 입양할 경우 친부모가 가진 종교와 같은 가정에 입양시키는 것을 권장하게 된다.

4 입양사업의 복지 실천방안

"입양은 가슴으로 하는 출산"이라는 말이 있다. 입양사업이 제대로 실시된다면 아동의 성장·발달의 지체를 지연시킬 수 있을 것이다. 1950년에 일어난 6·25 전쟁은 많은 수의 전쟁고아를 발생시켰으며, 전후(戰後) 복구에 여념이 없었던 당시 정부는 이러한 전쟁고아를 국내에서 돌보는 시스템을 마련하기가 역부족이었다. 이러한 상황에서 불가피하게 선택할 수밖에 없었던 것이 해외입양이다. 1988년 올림픽 개최를 계기로 정부에서는 국가적 위상을 감안하여 해외입양을 줄이기 위해 갖은 노력을 했다. 정부는 국내입양을 늘리기 위하여 1995년에 국내입양 촉진에 관한 '입양특례법'을 개정하여 입양가정에 대해 주택융자, 의료비, 교육비, 생활비 등을 보조하는 방안을 마련하였으나 국내입양 활성화에 큰 기여를 했다고 보기는 어렵다.

입양의 발생 원인을 살펴보면 1970년대까지는 주로 경제적 빈곤으로 인한 경우가 많은 편이었으나, 차츰 미혼모가 증가하면서 1990년대 이후에는 입양아의 상당 부분을 미혼모의 자녀가 차지하게 되었다. 그러므로 국내입양사업의 활성화도 꾀해야 하겠지만 우선적으로는 입양대상아동의 발생을 막기 위한 노력이 함께 이루어져야 할 것이다. 이에 정부는 '입양촉진 및 절차에 관한 특례법' 개정(2005. 3. 31)을 통해 지방자치단체의 책임을 강조했다. 즉, 지방자치단체는 가정에서 아동이 건전하게 양육될 수 있도록 지원하고 태어난 가정에서 양육이 곤란한 아동에게는 건전하게 양육될 수 있는 다른 가정을 제공하기 위하여 필요한 조치와 지원을 해야 한다는 것이다. 그리고 지방자치단체는 요보호아동의 입양활성화 및 입양 후 가정생활의 원만한 적응을 위하여 다음의 사항을 실시하여야 한다고 명시하였다. 지방자치단체는 입양의 날(5월 11일) 및 입양주간(5월 11~17일)에 적합한 행사를 실시해야 한다.

- 첫째, 입양정책의 수립 및 시행
- 둘째, 입양에 관한 실태조사 및 연구
- 셋째, 입양 및 사후관리 절차의 구축 및 운영
- 넷째, 입양 및 가족지원
- 다섯째, 입양 후 원만한 적응을 위한 상담 및 사회복지서비스 제공
- 여섯째, 입양에 대한 교육 및 홍보
- 일곱째, 입양 모범 사례 발굴

1) 입양대상아동의 발생 예방

아동은 친부모의 따뜻한 사랑과 관심 속에서 친가족과 함께 살아갈 때 진정한 행복을 누릴 수 있다. 이러한 맥락에서 보면 입양은 가능한 한 발생하지 않아야 할 일이다. 다시 말해 아동복지 증진을 위해서는 무엇보다 입양대상아동의 발생을 예방하는 것이 중요하다. 우리나라의 경우, 입양의 주 대상이 되는 아동은 미혼부모의 아동이다. 그러므로 입양대상아동의 발생을 막기 위해서는 우선 미혼부모가 발생하지 않아야 하며 청소년을 대상으로 한 성교육의 실시를 보다 강화하고 성가치관을 확립시킬 필요성이 있다.

장애아동 역시 입양대상아동의 우선순위에 있으므로 장애아동 발생을 예방하기 위한 각종 노력을 기울여야 할 것이다. 예를 들면 산모의 바람직한 섭생 유지 및 정기적인 검사, 신생아에 대한 각종 검사를 실시하여 장애아동 발생을 예방하기 위한 대책을 수립해야 한다.

2) 입양에 대한 사회구성원의 인식 전환을 위한 노력

과거에 비해 국내입양에 대한 홍보를 강화하고 있음에도 불구하고 국내입양의 비율이

그다지 높지 않다. 만약 입양을 하더라도 주위에 비밀로 하고 싶다는 견해가 지배적이다. 이는 결국 입양에 대한 편견과 부정적인 사회구성원의 생각이 좀처럼 변하고 있지 않음을 반영하는 것이며, 결과적으로 국내입양 활성화를 저해하는 요소가 되고 있다. 국내입양이 부진한 이유로는 여전히 우리 사회에 깊이 뿌리박힌 혈통을 중시하는 유교적 가족관, 아동 중심이 아닌 부모 중심의 입양, 입양 시 아동 선정 조건의 까다로움 등을 들 수 있다. 입양에 대한 사회구성원의 부정적인 인식을 전환하는 것이 급선무이므로, 여러 매체를 통해 지속적으로 홍보하여 입양에 긍정적 태도를 갖게 해야 할 것이다.

3) 입양사업에 대한 정부지원 강화

정부에서는 국내입양을 촉진하기 위하여, 아동을 입양 시 각종 지원책을 제시하고 있기는 하지만, 국내입양의 활성화를 위해 보다 다각적인 측면에서의 노력이 필요하다. 예를 들면, 입양기관의 설치 및 운영에 관한 비용을 대폭 보조한다거나 입양 시 발생하는 수수료와 양육비에 대한 차액을 정부가 현실성 있게 보조하는 방안도 있을 것이다. 무엇보다 입양가정에 지원되는 지원책을 확대하여 국민이 입양에 따른 경제적 부담을 느끼지 않고 아동을 입양할 수 있게 해야 한다. 입양가족이 회원으로 구성된 사단법인 한국입양홍보회(www.mpak.co.kr) 등 입양가족단체에서 실시하는 입양가족모임, 교육, 입양홍보 등에 행정적·재정적 지원을 아끼지 않아야 할 것이다.

외국의 경우, 양부모가 아동을 입양할 경우 상당 기간 입양휴가기간을 갖게 함으로써 입양가정에 대한 심리적 지원을 아끼지 않고 있다. 덴마크의 경우 아동을 입양한 양부모에게 약 47주 동안 휴직할 수 있는 권리를 주며 독일과 일본은 14주, 벨기에는 15주, 미국은 12주를 보장하고 있다. 우리나라도 국내입양 활성화를 위해 입양휴가제도 실시, 양육수당지원, 양육보조금 및 의료비지원 등을 실시하고 있다. 입양휴가제도는 '입양도 출산'이라는 인식의 확대 차원에서 입양 전후 2주 동안 출산휴가에 준하는 입양휴가를 갖도록 하고 있다. 양육수당지원은 국내입양의 경우, 2012년부터 시행된 '입양특례법'에 따라 입양아동이 만 13세가 될 때까지 매월 15만 원의 양육보조금을 지원한다. 입양아동에게 선천적 요인으로 인한 장애가 발견되어 장애인등록을 하거나 질환이 발생한 아동에 대해서도 장애등급에 따라 양육보조금을 55만 1,000원(1~2급), 또는 62만 7,000원

(3~6급)을 지원한다. 의료비는 연간 260만 원 한도에서 지원하며 양육수당과 동시에 지급할 수 있다.

4) 입양 후 입양아동 및 입양가정에 대한 사후관리 강화

입양사업 역시 입양이 결정되어 아동이 입양가정에 배치되고 난 후, 사후관리에 대한 부분을 강화해야 한다. 국내입양의 경우 공개입양은 그나마 괜찮지만 비밀입양의 경우에는 입양 후 입양아동에 대한 사후관리가 정기적이고 체계적으로 이루어지기 어렵다. 국외입양 역시 입양 후 사후관리가 거의 이루어지지 않고 있다. 따라서 입양기관에서는 입양아동과 입양가정에 대한 사후관리가 제대로 이루어지도록 법적으로 제도화할 필요성이 있다. 또 입양가정에 전문적인 상담서비스를 제공함으로써 입양가정이 경험하는 다양한 문제를 조속히 처리할 수 있는 지원시스템을 마련해야 할 것이다.

5) 국외입양인을 위한 사후 프로그램 확대

국외로 입양되었던 아동이 성장 후 자신의 뿌리를 찾기 위해 모국을 방문하거나 친부모를 찾기 위해 노력하는 경우를 흔히 볼 수 있다. 국외로 입양되었던 아동의 경우, 언어와 문화가 다른 환경에서 장기간 양육되면서 자아정체감 혼미 등 상당한 정신적·심리적 어려움을 경험하게 된다. 따라서 현재 실시되고 있는 사후서비스인 모국방문사업, 모국어연수 지원, 모국에 관한 자료제공, 친생부모 찾기 사업과 입양정보공개제도에 관한 홍보, 국적 회복 지원, 국외로 입양된 아동을 위한 상담 등의 사업이 원활히 추진될 수 있도록 유관기관의 행정적·재정적 지원이 지속적으로 이루어져야 할 것이다.

CHAPTER 17

시설보호아동을 위한
복지 실천

웃음은 두 사람 사이의
가장 가까운 거리이다.

– 빅터 보르게(Victor Borge)

1 시설보호사업의 개념

과거의 산업화·도시화를 거쳐 나타난 급격한 정보화현상은 사회 전반에 많은 변화를 가져왔다. 이러한 변화 가운데서도 가족구조 및 기능, 가족관계 측면에서의 변화는 아동복지를 저해하는 결과를 초래하기에 이르렀다. 여러 형태의 가족환경 변화 중에서도 특히 결손가정의 증가는 아동에게 매우 부정적인 영향을 미쳤다. 부모의 사랑과 관심이 절대적으로 필요한 성장기 아동에게 부모가 없는 것처럼 힘든 일도 없을 것이다.

아동은 가정에서 부모의 보호 아래 관심과 사랑을 받으며 자라는 것이 가장 바람직하다. 아동양육환경으로서의 가정이 갖는 중요성에 대해서는 아무리 강조해도 지나치지 않으며, 이에 대해 이견을 보이는 사람도 없을 것이다. 이처럼 부모가 자신의 자녀를 직접 양육하는 것이 가장 이상적이겠지만 그것이 현실적으로 불가능할 경우, 가정과 유사한 환경을 제공할 수 있는 대안을 찾게 된다. 예를 들면, 가정위탁보호나 입양을 고려하게 되는데 이러한 방안마저 실행하기 어려운 상황일 때는 시설보호사업으로 방향을 전환할 수밖에 없다. 과거에는 시설보호사업의 주 대상이 부모가 없는 고아였지만, 오늘날에는 꼭 그렇지만은 않다. 부모의 이혼이나 별거와 같은 가족해체의 증가, 미혼모의 증가, 가장의 사망이나 사고 또는 질병으로 인한 가족기능의 약화 등으로 가정에서의 욕구가 제대로 충족되기 어려운 아동인 경우가 주를 이룬다. 이 밖에도 아동방임 및 유기, 학대 등으로 가정에서 아동을 양육하기 부적절한 경우도 많다. 이러한 이유로 부모가 엄연히 살아 있음에도 불구하고 아동을 시설에서 양육·보호하고 있는 경우가 늘고 있다.

이처럼 시설보호사업은 입양사업, 가정위탁보호사업과 더불어 부모가 아동을 양육·보호할 능력을 상실하였거나 그 역할을 회피할 때 제공하는 대리보호사업의 하나이다. 보호대상아동은 보호로부터 유실되거나 유기된 아동, 보호자가 양육하기에 부적당하거나 양육할 능력이 없는 경우, 기타 아동복지법에 의해 보호를 받아야 하는 아동으로, 혈연관계가 아닌 성인에 의해 시설에서 24시간 동안 보호와 양육을 받게 된다.

2 시설보호사업의 대상 및 전달체계

여기서는 시설보호사업의 대상, 그리고 입소절차에서부터 퇴소 후를 위한 자립준비 프로그램 운영에 이르기까지 시설보호사업 대상아동의 입소 및 관리에 대한 내용을 살펴보도록 한다.

1) 시설보호사업의 대상

시설보호사업의 대상이 되는 아동은 주로 가족구조나 가족구성원의 신체나 정신, 가족관계 및 가정의 기능에 문제가 있는 자녀라고 할 수 있다. 시설보호가 필요한 아동이란 ① 부모의 질병이나 가족의 파탄 혹은 이혼 등의 이유로 부모로부터 격리되어야 하는 상황이지만 부모 외에 타인과 유대를 이루지 못할 여러 가지 이유로 위탁보호를 할 수 없는 아동, ② 신체가 심하게 부자유스러워 부모가 양육하기 어려운 아동, ③ 문화실조나 정서장애 등의 치료과정에서 집단적인 생활경험이 필요한 아동, ④ 성장과정에서 장애를 일으킨 아동으로 특수학교에서의 교육도 불가능하여 시설에서의 보호와 수용이 필요한 아동, ⑤ 사회 전체에 나쁜 영향을 끼칠 비행아동이나 범죄아동, ⑥ 이전에 같이 생활하던 위탁가정으로부터 크게 실망하였거나 깊은 상처를 입어 가족생활이 적합하지 않은 아동, ⑦ 원래의 가족이나 위탁가정으로부터 이탈한 청소년이다.

　시설보호사업의 대상은 시설보호아동의 발생원인과 무관하지 않아서 시대에 따라 변화하고 있다. 초창기에는 시설보호를 받는 아동이 주로 전쟁이나 천재지변 같은 사고 등으로 부모를 잃은 경우나 미혼모의 자녀 등이었다. 하지만 근래에는 이혼가정의 아동이나 빈곤, 폭력, 학대 등으로 인한 '생존형 가출' 아동·청소년이 의식주 문제를 해결하기 위해 시설보호를 받기도 한다.

2) 시설보호사업 대상아동의 입소 및 관리

시설보호를 요하는 상황이 발생한 경우, 아동은 소정의 절차를 거쳐 시설에 입소하게 된다. 즉 입소대상아동이 발생하면 대상아동의 부모, 후견인 또는 보호자가 전화상담이나 내방상담을 통하여 입소와 관련한 상담과정을 거친다. 그다음 아동복지센터에서 개별상담을 실시한 후 입소의 적합성 여부를 판정한다. 시설보호에 적합하다고 판정받은 아동은 관련 서류를 제출하고 생활관에 입소하여 일시보호를 받으며 시설에 배정되기까지 각종 심리검사와 상담, 건강진단, 학습지도, 생활지도를 받게 된다.

(1) 입소 절차
상담 후 시설입소에 적합한 것으로 판정받은 아동은 '아동복지법' 규정에 따라 다음과 같은 입소 절차를 거친다

- 첫째, 시·도지사 또는 시장·군수·구청장은 입소대상아동의 신상카드(아동복지법 시행규칙 별지 제4호 서식)를 작성하고, '복지대상자 시설입소(이용) 신청서(서식 1호)'를 제출받아 아동복지시설의 장에게 입소를 의뢰한다. 학대로 인해 아동의 보호조치를 의뢰할 경우, 아동보호전문기관에서는 시·도지사 또는 시장·군수·구청장에게 보호조치 의뢰 공문(또는 보호조치 승인 공문)과 상담소견서를 제출하면 된다.
- 둘째, 지방자치단체의 장은 요보호아동이 발생하여 관계법률에 따라 아동복지시설에 입소를 의뢰할 때는 '실종아동 등의 보호 및 지원에 관한 법률' 제6조 제2항 규정에 의하여 보호자가 불명확한 아동에 대해서는 신상카드를 작성하여 실종아동전문기관으로 송부한다.
- 셋째, 지방자치단체의 장은 '실종아동 등의 보호 및 지원에 관한 법률' 제6조 제3항 규정에 의하여 아동복지시설의 장(개인 운영신고시설 및 미신고시설 포함)으로부터 보호자가 확인되지 아니한 아동 및 장애인(정신지체인·발달장애인·정신장애인)의 신상카드(아동복지법 시행규칙 별지 제4호 서식)를 제출받은 때에는 실종아동전문기관으로 송부한다.
- 시설장이 보호자로부터 버려진 아동을 발견하여 긴급히 보호할 필요가 있는 때는 우선 보호하되, 24시간 이내에 관할 시·도 및 시·군·구에 보고하고 지자체장은 아동의 최상의 이익을 고려하여 보호조치를 결정한다.

(2) 아동복지시설의 유형에 따른 입소 대상
다음으로 아동복지시설의 유형에 따른 입소 대상을 제시하면 표 17-1과 같다. 시설장은

표 17-1 아동복지시설 입소 대상

시설명	입소 대상
아동양육시설 및 일시보호시설	• 보호자가 없거나 보호자로부터 이탈된 아동 • 보호자로부터 학대받은 아동 • 보호자의 학대로 아동보호전문기관에 신고되어 동 기관이 시·도지사 또는 시·군·구청장에게 보호조치를 의뢰한 아동(특히, 아동에게 문제행동이 있어 상담·치료가 필요한 경우, 아동보호기관에서 아동의 시설입소를 의뢰하면 시·도 또는 시·군·구에서는 반드시 입소될 수 있도록 해야 함) • 기초생활보장수급자로서 보호자의 질병, 가출 등으로 가정 내에서 보호하기 어려운 아동 • 시·도지사 또는 시장·군수·구청장이 특별히 보호가 필요하다고 인정하는 아동
자립지원시설	• 시설퇴소 아동 중 취업중인 아동(우선) • 시설퇴소 아동 중 취업준비중인 18세 이상 24세 이하인 사람 • 아동복지시설 퇴소자로서 24세 이하인 기초생활보장수급자

자료: 보건복지부(2014). 2014 아동분야 사업안내. pp.185-186.

보호 중인 아동이 18세가 되었거나 보호의 목적을 달성했다고 인정되는 경우 퇴소 절차를 밟는다. 다만 대학 이하의 학교에 재학 중인 자, 아동양육시설 또는 직업능력개발훈련시설에서 직업 관련 교육·훈련 중인 자, 학원에서 교육 중인 20세 미만의 자, 질병이나 장애 등을 이유로 시·도지사 또는 시장·군수·구청장이 보호기간의 연장을 요청하는 자의 경우 '아동복지법' 시행규칙 제26조 규정에 의해 보호기간 연장이 가능하다.

(3) 시설별 보호기간 및 연장기간

일시보호시설의 경우, 1회에 한해 3개월 이내로 연장할 수 있으며, 시장·군수·구청장이 특별한 사유가 있다고 인정하는 경우에는 그 사유가 종료되는 날까지 보호받을 수 있다. 자립지원시설의 경우에는 입소 후 24세 이하까지 이용할 수 있다. 입소 후 기본보호기간은 1년이며, 필요시 연장가능하고, 시장·군수·구청장이 특별한 사유가 있다고 인정하는 경우에는 그 사유가 종료되는 날까지 보호받을 수 있다.

입소된 아동의 보호자가 당해 아동을 양육하고자 할 때는 입소를 의뢰한 시·도지사 또는 시장·군수·구청장에게 신청해야 하며, 시설에서 아동을 직접 귀가시키는 일이 없도록 규정되어 있다. 귀가 신청을 받은 시·도지사(또는 시장·군수·구청장)는 당해 시설장의 의견을 듣고 당해 아동을 귀가시키는데, 보호자의 성행이 불량하거나 장애 또는 전염병 등 아동을 귀가시키는 것이 부적당하다고 인정되는 경우 그렇게 하지 않을 수 있다. 아동보호전문기관으로부터 보호조치가 의뢰된 아동을 돌려보낼 때는 반드시 동 기관과 협의하여 학대가 재발할 우려가 없다고 인정되는 경우에만 귀가시키고 있다.

(4) 아동결연 및 후원금 관리

아동결연 및 후원금 관리는 각 시설에서 신경 써야 할 중요한 부분이다. 첫째, 후원자 발굴 및 다중결연은 지양해야 한다. 시설장은 지역사회 내 독지가 및 후원자를 발굴하고 자원봉사인력 개발에 노력해야 한다. 또 어린이재단에 입·퇴소 현황을 수시로 통보하여 결연대상에서 누락되지 않게 하고, 미결연아동을 적극 추천하여 다중결연을 예방해야 한다. 둘째, 후원금 관리 부분이다. 비지정후원금의 경우, 시설장은 후원금 수입을 세입·세출예산에 편성하여 관리의 투명성을 확보하며, 지정후원금의 경우 후원금 통장 명의를 아동 개인으로 하되, 사용인감은 시설 명의로 하고 카드 발급이나 사용인감을 변경하지 못하게 하여 아동이 임의로 현금을 과다 지출하는 것을 방지해야 한다. 또 후원금이 많이 입금되는 아동은 자립정착금, 상급학교 진학을 위한 교육비 및 개인적금 적립 등을 통해 불필요한 사용을 예방·지도한다.

(5) 자립준비 프로그램 운영

시설보호아동의 입소 및 관리 부분에는 퇴소 후를 위한 자립준비 프로그램 운영도 포함된다. 첫째, 각 시설은 시설입소 단계부터 아동발달 단계에 따른(미취학·초·중·고·대학) 자립준비 프로그램을 운영하도록 하고 있다. 이에 시·도(시·군·구)는 입소 때부터 자립지원 프로그램이 실시되도록 프로그램 운영비 등 재정적 지원과 기업체 등 지역사회를 연결해주는 행정적 지원을 적극 추진하고 있다. 시설은 입소부터 아동자립지원을 위한 아동의 개인별 특성을 파악하여 적합한 프로그램을 운영한다. 둘째, 자립지원 프로그램의 개발·보급 확대이다. 지자체 및 시설에서는 자립준비 프로그램을 적극 활용하고, 일상생활, 경제적 개념, 대인관계, 직업 및 사회적응 등에 관한 자립지원 프로그램을 확대 운영하고 있다. 자립준비 영역은 8개 분야 즉, 일상생활기술, 자기보호기술, 지역사회 자원활용기술, 돈 관리기술, 사회적 기술, 진로 탐색 및 취업기술, 직장생활기술, 다시 집 떠나기로 나누어진다. 자립준비 프로그램의 영역별 세분화 내용은 표 17-2와 같다.

앞서 설명한 바와 같이 오늘날의 시설입소아동 상당수는 부모가 없는 것이 아니라 부

표 17-2 자립준비 프로그램 내용의 영역별 세분화

구분	내용
일상생활기술	일상생활에 필요한 세탁, 청소, 예의범절, 요리하기 등 기술 습득
자기보호기술	개인위생관리, 응급처치방법, 성교육, 약물중독교육 통한 자기보호기술 습득
지역사회 자원활용기술	지역 내 활용 가능한 서비스, 사회자원 방문조사 및 활용
돈 관리기술	교육을 통한 올바른 경제관념을 형성, 효율적인 용돈 관리기술 습득
사회적 기술	집단활동을 통해 긍정적인 대인관계기술 습득, 봉사활동을 통한 사회구성원으로 역할 습득
진로 탐색 및 취업기술	적성검사를 통한 상급학교 진학 및 직업 탐색
직장생활기술	이력서 작성법, 면접방법, 대처방법 등 직장생활기술 습득
다시 집 떠나기	집 구하기, 계약, 이사 등의 거주지 마련방법 습득

자료: 보건복지부(2014). 2014 아동분야 사업안내. p.240.

모의 이혼이나 별거, 가출 등으로 인하여 시설에 맡겨진 경우이다. 또한 아동양육시설에서 보호·양육되고 있는 수많은 아동은 시설 입소 전 가족구성원 간 갈등이나 부모의 방임 및 학대 등으로 인해 더 많은 심리적 상처를 지니고 있을 수 있다. 따라서 이들 아동이 시설에 배치되었다면 안정적인 양육환경 조성과 함께 건강한 사회·정서발달을 비롯한 심리적 환경의 조성 및 배려를 우선적으로 고려해야 한다.

3 시설보호아동의 특성

아동양육시설은 사회적 보호가 필요한 아동 중 입양, 대리양육, 가정위탁 및 소년소녀가정 등 가정보호를 할 수 없는 아동을 입소시켜 건전한 사회인으로 육성하는 것을 목적으로 한다. 아동은 원가정에서 친부모로부터 양육받는 것이 가장 바람직하지만 이것이 현실적으로 불가능하다면 가정위탁, 입양, 시설보호를 고려하게 된다. 시설보호의 경우 아동의 발달에 부정적 영향을 미칠 수 있다는 인식의 증가로 세계적으로 지양되는 추세이며, 우리나라 정부도 최근 양육시설을 지역사회아동을 위한 종합서비스시설로 전환하는 것을 장려하고 있다.

기존 양육시설은 대개 집단거주방식으로 많은 수의 아동이 동시에 생활하므로 가정과는 다른 형태를 취한다. 또 시설에서 생활하는 아동은 집단생활을 하여 가정에서 성장하는 아동과 질적으로 다른 생활을 경험하게 된다. 여기서는 시설보호 아래 자란 아동의 발달상 특성과 여러 가지 문제점을 살펴보도록 한다.

1) 제반 발달상의 특성

시설보호아동은 자신과 무관한 아동이나 성인과 함께 생활하고, 그에 적응해야 하기 때문에 일반가정에서 양육되는 아동과 달리 여러 가지 발달상의 특성을 보일 수 있다. 대부분의 시설은 한 사람의 보육사가 몇 명의 아동을 분담하여 양육하므로, 이러한 환경에서 가정과 같은 깊은 인간관계를 만드는 것은 현실적으로 불가능하기 때문에 아동의 안정된 애착 형성과 기본적 신뢰감 형성이 어렵다. 결국 이러한 상황은 아동의 바람직한 성격 형성의 저해요인으로 작용할 뿐만 아니라, 성장 후 심리적·사회적인 부적응 문제와도 관련이 있다. 시설보호아동은 일반가정의 아동에 비해 정서·인지·사회성발달 등 제반 발달상에 있어 여러 가지로 뒤떨어지는 것으로 밝혀졌다.

(1) 정서발달적 측면

시설보호아동은 자신의 의견이나 생각을 적절히 표현하거나 자신의 감정상태를 잘 통제할 수 있는 정서조망능력이 일반아동에 비해 떨어지는 것으로 나타났다. 이들 아동은 감정조절 및 표현이 미숙하여 감정을 효과적이고 적절하게 다루는 기술이 부족할 뿐만 아니라 여러 가지 감정을 잘 구분하여 표현하지 못하며, 욕구불만을 잘 참지 못하고 만족을 지연하는 능력이 제한되어 있는 것으로 밝혀졌다(권세은, 2002). 시설보호아동이 이러한 발달상의 특성을 보이는 것은 이들이 시설에 입소하기 전부터 물리적·심리적으로 불우한 환경에 처해 있었을 가능성이 높고, 시설 수용 이후에도 통제된 환경 속에서 희박한 정서적 유대관계를 맺음으로써 다양한 정서를 경험할 기회가 적었기 때문일 것이다. 이외에도 이들은 열등감과 같은 낮은 자아존중감을 나타내며 수치심과 불안, 우울,

책임감 부족, 무기력, 히스테리적 감정 폭발을 나타내는 것으로 보고되어 있다.

(2) 사회성발달 측면

시설보호아동은 일반아동에 비해 사회성발달 영역에서도 전반적으로 뒤떨어지게 된다. 예를 들어 시설보호아동은 장기적인 집단생활로 인해 원만한 대인관계 형성이나 타인과의 정서적 유대감을 갖기 어려워 일반아동에 비해 정서적 안정감, 사회적 적응이 낮은 것으로 나타났다(연진영, 2007). 시설에서 양육되는 아동은 자신이 처한 환경적 특성 때문에 다양한 배경의 친구들과 사귀려 하지 않으며 같은 시설에서 생활하는 아동과 지내는 경향이 있다. 이는 결국 사회 적응력을 저하시키고 그로 인해 좌절감에 빠지는 경우가 생기며, 이러한 경향이 향후에도 영향을 미쳐 성인기의 사회성발달에 부정적 결과를 가져오게 된다. 또 타인기피나 타인몰입 같은 극단적 형태의 대인관계를 형성하기도 한다.

(3) 인지발달적 측면

시설보호아동은 시설에서의 집단생활 경험으로 인해 개인적인 차원에서의 지적 자극을 잘 받지 못하여 인지발달상의 지체가 올 수 있다. 예를 들면 언어발달상의 지체, 학습장애, 창의성 부족, 단순한 사고력, 집중력 부족, 말더듬기나 불분명한 발음 같은 언어발달 지체 등의 특성을 보일 수 있다(양숙미, 1994). 원인을 정확하게 밝히기는 어렵지만 대부분의 시설보호아동은 학습장애를 경험하고 있다. 이것은 대인관계와도 관련이 있다. 관계의 장애는 적절한 능력을 얻을 수 있는 가능성을 박탈하고 학교에서의 인정을 얻는 데도 실패하게 만든다.

(4) 성격 및 행동적 측면

시설보호아동은 대개 이중인격을 보이는 경향이 있다. 예를 들면, 표면적으로는 규칙에 순종하지만 내면적으로는 반항적이다. 이들은 공격적인 성향을 보이며, 매사에 표현력이 부족하거나 지나친 수줍음 같은 소극적인 행동을 보이고 주의산만, 도벽, 거짓말, 감사할 줄 모르는 태도, 의존적 행동, 게으름, 물품 낭비와 같은 행동 특성을 보인다(김기환, 1996; 노혜련·장정순, 1998; 표갑수, 1994). 또한 시설보호아동은 일반아동과 비교할 때 일상생활에서 여러 가지 좌절에 부딪히면서 자기 자신이나 외부환경에 대한 분노를 종종 느끼게 되며 이것으로 인해 폭행, 반항, 물건 던지기, 타인 비난, 남을 괴롭힘 등 생활에서 공격적인 행동을 나타낸다(조윤경·이정숙, 2011, 재인용). 다시 말해 시설보호양육의 문제는 함께 생활하는 아동이 많음으로써 생기는 산만함과 이로 인한 학습열의 부족, 자신만의 것이라고 할 수 있는 물건이 거의 없고 대부분 공동으로 사용하는 것에서 오는 애착심 결여, 스스로 생각하고 의사를 결정하며 행동할 수 있는 기회 제한에서 오는 의존성 등이 있다. 이처럼 시설보호아동은 집단생활을 하므로 집단 특유의 생활방식을 경험하게 되고 특유의 행동규범을 따른다. 이러한 집단화의 특성은 결과적으로 유연성과 개성의 상실을 초래할 가능성을 높게 하며, 이로 인해 제반 발달상의 어려움을 겪게 된다.

더욱이 이들은 일반아동에 비해 정신적인 문제에 있어 전문적인 치료를 요하는 비율이 매우 높은 것으로 나타났다(노혜련·장정순, 1998). 즉 이들은 친부모와의 분리경험과 이전의 부적절한 양육환경에의 노출로 인해 사회적 관계에서 여러 가지 문제행동이나 부적응행동을 보일 뿐만 아니라 거의 모든 문제행동에서 일반아동과 차이가 나는 것으로 보고되어 시설보호아동을 대상으로 상담·치료할 수 있는 프로그램의 도입이 절실하다.

2) 퇴소 후 자립상의 문제

시설보호아동은 아동복지법상 특별한 사유를 제외하고 만 18세가 되면 퇴소하여 사회로 나가 자립하도록 되어 있다. 즉 적정한 연령에 도달하게 되면, 기본적인 욕구인 의식주를 제공하던 시설을 떠나 독립적인 생활을 해야 하므로 일반가정에서 성장하는 청소년과는 다른 경험을 하게 된다. 이는 곧 이들 삶의 무게를 무겁게 하는 원인이 될 수 있다.

시설보호청소년이 퇴소 전 별다른 심리적 준비 없이 사회로 나오게 되면 심리적 불안 및 혼란을 느끼고, 때에 따라서는 반사회적 문제행동이나 비행을 저지르기도 한다. 또 이들은 정체감 혼미를 경험하기도 하는데, 자아정체감이 올바르고 긍정적으로 형성된 청소년이 자기 자신을 비교적 정확하고 냉정하게 보려고 노력하는 것과는 다른 양상을 보인다. 사회경험과 지식이 부족한 청소년이 사회생활에 잘 적응하기 위해서는 부모를 비롯한 주위 성인의 조언과 충고가 좋은 길잡이가 될 수 있다. 심리적 지지기반이 일반가정의 청소년에 비해 상대적으로 빈약한 시설보호청소년이 퇴소 전 정신적·심리적 도움을 받는다면 그들이 자립하여 생활하는 데 많은 도움이 될 것이다. 이처럼 시설보호아동이 경험할 수 있는 또 다른 양상의 문제가 바로 퇴소 후 자립상의 어려움이다. 실제로 시설보호아동의 가장 큰 애로사항은 퇴소 후 적응상의 어려움인 것으로 나타났다. 그러므로 시설보호아동이 퇴소 후 사회에 나가 적응적인 삶을 살 수 있도록 하기 위해서는 시설에 있는 동안 퇴소 후의 생활에 대비해야 한다.

퇴소아동의 생활실태를 살펴본 연구(신혜령, 2001)에 의하면, 퇴소아동은 자립계획을 혼자 세울 뿐만 아니라, 현실성 있는 직업교육을 받지 못하며, 사회적 편견으로 인해 안정된 직장을 갖기가 어렵고, 주거문제가 해결되지 않아 많은 어려움을 겪고 있는 것으로 나타났다. 또 신분 보장의 어려움으로 인해 인간관계나 결혼에도 어려움을 겪는 것으로 밝혀졌다. 최근 또 다른 연구(신혜령·김성경·안혜영, 2003)에 따르면, 퇴소아동의 자립수준은 전반적으로 높지 않은 것으로 나타났으며, 특히 돈 관리 영역이나 주택 및 지역사회자원 영역, 일상생활 과업영역이 취약한 것으로 나타났다. 자립생활수준에 긍정적인 영향을 미치는 요인은 시설의 지속적인 지지와 조언으로 나타난 반면, 퇴소 후 가족의 지지는 오히려 퇴소아동에게 심리적 부담을 주어 퇴소 후 가족의 지원은 퇴소아동의 자립생활수준을 낮추는 것으로 나타났다. 시설에서 거주하면서 원가정과의 유대가 부족해졌기 때문으로 보인다.

직업 선택의 경우를 보더라도, 일반가정의 청소년은 그들 부모 혹은 주위 친척이나 이웃을 통해 다양한 직업을 알게 되고 각 직업의 대한 도움말을 듣는 등 평소 직·간접적으로 직업에 대해 경험하는 기회를 갖게 된다. 반면 시설보호청소년은 가정 및 기타 사회체계와의 원활한 교류가 상대적으로 적어 직업 선택에 훨씬 편협한 태도를 취할 수밖에 없다. 결론적으로 시설보호아동이 퇴소 후 가장 현실적으로 부딪히는 문제는 바로 직업 선택 및 주택문제라고 할 수 있다. 이에 정부는 시설보호청소년이 당면한 문제를 해결하기 위해 직업훈련시설, 자립생활관, 아동복지 자립지원센터 등을 설치·운영하고 있으며, 지자체마다 다르기는 하지만 퇴소 시 일정 금액의 자립정착금을 지원하고 있다. 하지만 현재 실시되고 있는 여러 가지 제도는 현실적으로 시설보호청소년의 자립에 큰 도움이 되지 못하고 있다. 그러므로 시설에서는 아동이 적정한 연령이 되면 퇴소할 것을 감안하여 향후 생활에 적응상의 문제가 발생하지 않도록 퇴소 전 아동의 생활에 최대한 관심을 기울여야 한다.

4 시설보호사업의 복지 실천방안

정부는 최근 들어 아동복지시설 기능의 다양화와 아동복지시설 운영의 내실방안을 적극 추진하고 있다. 즉, 기존의 아동양육시설의 성격에 아동상담, 일시보호, 가정위탁, 입양, 급식, 프로그램 제공 등을 추가하여 기능의 다양화를 추진 중이다. 또 아동복지시설 운영 내실화를 위해 먼저 일시보호시설이 없는 시·도는 지역에 아동복지시설 중에서 지역의 실정과 시설 여건이 적합한 시설을 일시보호시설로 전환 또는 이에 일시보호기능을 추가하여 아동의 특성과 자립에 적합한 보호양육방안을 강구하도록 하고 있다. 자립지원시설 운영이 미흡한 시·도는 시설환경 개선, 취업·상담지원 프로그램 운영 등의 활성화 방안을 마련하여 추진하도록 하고 있다. 또 단순 숙식 제공뿐만 아니라 자립지원센터, 노동부 고용 관련 기관 등과 연계하여 이용아동에게 적극적으로 취업정보를 제공하는 시설로 운영하도록 하고 있다.

아동보호치료시설, 아동직업훈련시설 운영 활성화도 현재 정부가 주안점을 두는 사업이다. 아동보호치료시설의 경우, 지자체는 보육사 2교대 실시, 아동임상심리상담원 등 법정인원 배치, 시간 외 근로수당 지원 등을 적극 실시하여 종사자의 처우 개선을 추진하고, 생활아동에 대한 보호·치료를 통한 자립지원이 이루어질 수 있도록 효과적인 보호치료계획을 마련하여 추진하고 있다. 아동직업훈련시설의 경우, 지자체는 보육사 2교대 실시, 생활복지사 등 법정인원 배치, 시간외 근로수당 지원 등을 적극 실시하여 종사자의 처우 개선을 추진하고 있다. 자활에 필요한 지식과 기능 습득을 통한 자립지원이 이루어질 수 있도록 효과적인 직업훈련계획을 마련하여 추진하고 있다.

한편 보호대상아동에 대한 자립지원 프로그램이 원활히 이루어질 수 있도록 지자체에서는 자립지원전담요원 배치, 퇴소 및 보호종결아동 자립지원정착금 지원, 대학등록금, 전세자금 지원 확대, 자립지원통합관리시스템을 통한 관할시설 지도감독 실시 등 행·재정적 지원을 하고 있으며, 2011년부터 자립지원 표준화 프로그램이 전면 시행됨에 따라 입소 때부터 자립을 위한 체계적 프로그램을 경험할 수 있도록 지원하고 있다(보건복지부, 2014).

1) 아동양육시설의 기능 변화 및 시설보호형태 개선

앞서 시설보호아동에게 나타날 수 있는 특성에 대해 살펴본 것처럼, 이들 아동은 집단형태로 양육됨에 따라 다양한 심리적 행동 특성을 보일 수 있다. 특히 시설에서 양육되는 아동에게 나타날 수 있는 '시설병'을 없애거나 줄이기 위해서는 시설의 소규모화가 반드시 이루어져야 한다. 즉, 아동보호의 질을 높이기 위해 시설을 최대한 소규모로 만들고 직원의 수를 증가시켜 아동과 양육자와의 거리를 가깝게 하는 그룹홈제도 등의 도입이 보다 확산되어야 할 것이다. 그룹홈 제도는 소숙사제보다 이상적인 형태라 할 수 있으며, 가정위탁보호와 시설보호의 중간 형태이다. 그룹홈은 보호자가 소규모 시설보다 좀더 적은 수의 아동을 비교적 가정과 유사한 환경에서 보호·양육하는 것으로, 보호를 필요로 하는 아동에게 가정과 같은 주거 여건과 보호를 제공하는 것을 목적으로 하는 시설이다.

정부는 기존의 시설보호에서 탈피하고 가정보호 형태의 강조 및 지역사회 중심의 아동보호를 위한 새로운 보호형태를 논의하게 되었고, 1995년 대통령의 '삶의 질 세계화 선언'에 의하여 설치된 '국민복지기획단'에서 마련한 국민복지기본구상에 그룹홈 도입이 논의되었다. 이듬해인 1996년 12월에는 그룹홈 제도 도입을 결정하여 1997년부터 시범사업을 실시하게 되었다. 2004년 1월에는 아동복지법이 개정되면서 공동생활가정, 즉 그룹홈이 아동복지시설의 종류로 추가되었다.

현재 규정되어 있는 그룹홈의 유형으로는 단기보호, 장기보호, 치료보호가 있다. 단기보호는 경제적 위기 또는 부부의 갈등이나 별거, 수감 및 아동학대 등으로 인해 보호자 또는 친·인척이 함께 거주할 수 없는 아동을 보호하는 경우이다. 장기보호는 기존의 소년소녀가정 또는 시설에서 보호 중인 아동 및 장기보호가 필요한 아동을 보호하는 것이고, 치료보호는 시설보호에 적응하지 못하거나 약간의 정서적 문제 등으로 시설보호에 적합하지 않는 아동을 보호하는 경우이다.

보건복지부가 발간한 〈2014 아동분야 사업안내〉에 의하면 그룹홈의 인원은 보호아동 5인을 기준으로 하되 최대 7인 이내로 규정하고 있다. 입주기간은 단기보호 및 치료보호인 경우 1년이 원칙이나 1년 단위로 연장이 가능하며, 장기보호인 경우에는 시설보호와 동일하게 18세 미만(출생일 기준)까지 보호가 가능하나, 아동복지법시행령 제22조(보호기간의 연장)에 해당하는 경우에는 연장이 가능하도록 되어 있다. 그룹홈은 단독주택,

공동주택(건축법 시행령 제3조의 4) 등으로 일반 주택지 내에 위치해야 하며, 간판이나 표찰을 붙이지 말고 몇 개의 그룹홈이 가능한 건물이나 한 주거(주택) 단지 내에 집결되지 않도록 해야 한다.

2) 시설운영 전반의 전문성 제고

오늘날 우리나라에서 수용·보호되고 있는 시설보호아동에 대한 지원 및 배려상황을 보면 물리적인 측면, 즉 의식주 측면에서는 비교적 일정 수준에 이르렀다고 볼 수 있으나 그 외 시설보호아동의 건강한 성장·발달을 위한 심리상담 프로그램의 운영은 상대적으로 취약하다. 다시 말해 아동의 사회·심리적 문제 예방 및 해소를 위한 프로그램과 가족과의 유대 강화, 퇴소 후 자립 생활과 관련한 사회적응 프로그램이 절실한 상황이다.

시설보호아동을 대상으로 향후 우리 사회가 실행해야 할 가장 중요한 사업의 방향은 이들 아동의 심리적·사회적 대처기술의 발달, 시설보호를 받을 수밖에 없었던 상황으로 인해 그들 내면에 남은 마음의 갈등을 치유하는 것이다. 아동의 내면에 남아 있는 부정적 경험을 치유할 수 있는 프로그램의 개발과 보급이 무엇보다 시급하며, 이를 뒷받침할 수 있는 제도 마련 및 운영상의 지원이 이루어져야 할 것이다. 특히 아동이 원가정에서 부모로부터 심각한 수준의 학대나 방임을 경험한 경우에는 더욱 그러하다. 그러므로 입소 전 상담서비스 등을 통해 아동에게 부정적 생활 경험이 없는지를 파악하고, 만약 그러하다면 이전의 부정적 부모–자녀관계를 개선하기 위한 상담 프로그램을 도입해야 할 것이다(정선욱, 2002).

아울러 연고자와의 관계를 보다 양성화하고, 이들과의 교류를 강화하는 등의 노력을 기울여야 하며 궁극적으로 아동의 조기가정 복귀를 유도하는 것이 필요하다. 최근 연구에 의하면, 전체 시설보호아동 가운데 친부모나 친부 혹은 친모가 살아 있는 경우는 56.2%로, 시설보호아동 부모의 상당수가 생존해 있으나 경제적인 문제나 질병 및 장애 등으로 아동을 보호할 수 없는 상태이다(김승권 외, 2003). 이처럼 친부모가 생존해 있는 시설보호아동의 수가 늘어나는 점을 감안하면, 향후 시설보호아동의 가족재결합 프로그램을 보다 강화할 필요성이 있다. 예를 들면, 친부모가 시설에서 수용·보호되고 있는 아동이 가정 복귀를 희망할 경우 주거비·생계비·양육비의 지원을 보장한다거나 아동 및 부모가 가족재결합 프로그램에 적극 참여하도록 유도해야 한다.

이렇게 하기 위해서는 무엇보다 개인 및 가족을 대상으로 하는 상담 및 치료서비스, 부모교육 및 부모기술훈련 프로그램, 가족의 기능을 강화하고 지지하는 서비스 제공, 가족방문을 적극적으로 유도하고 활성화하는 프로그램 등을 적극 도입해야 하며, 정부역시 아동양육시설에서 이러한 프로그램을 운영하도록 권장하고 이를 위한 행정적·재정적 지원을 아끼지 않아야 할 것이다. 또 시설보호아동이 퇴소한 이후에도 시설과의 관계가 단절되지 않도록 추후지도를 통해 사회 적응을 도울 필요가 있다. 퇴소 후에도 시설의 보육사들과 긍정적인 유대관계를 유지하는 아동 또는 시설 출신자들의 모임이 존재하는 시설의 아동은 자립준비 정도가 높은 것으로 나타난 반면, 퇴소 후 사회적으로 적응을 잘 못하는 아동의 경우에는 시설과 긍정적인 관계를 유지하는 경우가 거의 없는 것으로 나타났다. 이는 시설보호아동에게 있어 실제적으로 집의 역할을 했던 시설의 종사자나 선후배와의 지속적인 유대관계가 향후 아동의 자립과 사회생활 적응에 중요한 역할을 한다는 것을 의미한다.

3) 퇴소 후 자립 정착 및 사회 적응을 위한 프로그램 제공

시설보호아동의 경우, 퇴소 전 시설에서의 양육 및 수용·보호도 물론 중요하지만 이들이 퇴소한 후에 사회적으로 잘 적응하여 건강한 생활을 영위하는 것 또한 매우 중요하다. 앞서 언급한 바와 같이 현재 시행 중인 아동복지법에 따르면 시설보호아동은 제16조 규정에 의하여 아동복지시설에 입소한 보호를 필요로 하는 아동의 연령이 만 18세에 달하였거나, 보호의 목적을 달성하였다고 인정될 때 당해 시설의 장이 보호 중인 아동을 퇴소시키도록 되어 있다.

하지만 이러한 규정에도 불구하고 시설에서 계속 보호양육이 필요하다고 인정될 때는 대통령령이 정하는 바에 따라 시설의 장이 보호기간을 연장할 수 있다. 현행법상(제26조), 아동복지시설에서의 보호기간을 연장받을 수 있는 자는 고등교육법에 의한 대학 이하의 학교에 재학 중인 자, 아동직업훈련시설 또는 근로자직업훈련촉진법에 의한 직업능력개발훈련시설에서 교육·훈련 중인 자, 학원의 설립·운영에 관한 법률에 의하여 등록된 학원에서 교육중인 20세 미만의 자, 시·도지사 또는 시장·군수·구청장이 장애·질병 등의 이유로 보호기간의 연장을 요청하는 자로 되어 있다. 이처럼 시설보호기간이 연장될 수 있는 경우를 제외한 대부분의 아동들은 적정 연령에 이르면 비자발적으로 퇴소함과 동시에 독립적인 삶을 영위해야 한다. 이러한 퇴소 연령대는 시설보호아동이 청소년기에서 성인기로 전환하는 중요한 시기일 뿐만 아니라, 퇴소 및 자립이라는 갑작스러운 환경 변화가 이들을 불안하고 부적응적인 삶을 살도록 만들 수 있다. 어느 단계이든 전환기 혹은 과도기는 적응하기가 쉽지 않은데, 일반가정 청소년의 경우에는 부모를 비롯한 가족의 심리적·물질적 지원 및 배려 아래 성인기로의 전환이 비교적 순조롭게 이루어지는 것에 반해 시설에서 보호받고 있는 청소년의 경우에는 그 상황이 다를 수밖에 없다.

더욱이 그동안 부모, 가족, 지역사회관계보다 시설생활의 적응에 초점을 두었던 아동은 퇴소라는 성인기 자립 전환을 통해 사회적 보호체계에서 벗어나 제한된 경험적 정보만을 가지고 의존에서 점차적인 독립, 즉 자립을 추구하게 된다. 그러므로 직업, 대인관계, 의사결정에 대한 책임, 성인생활에 필요한 지식 및 기술 습득과 같은 자립 관련 문제를 직시해야 한다. 무엇보다 중요한 것은 시설보호 동안 어느 정도로 자립, 즉 자기충족이나 독립 그리고 효과적인 사회생활을 준비하고 있었는가이다(신혜령 외, 2003).

현실적으로 시설보호아동은 입소 전의 개인적인 부정적 경험과 함께 입소 후 시설에서의 집단적 체험, 시설종사자인 보육사의 잦은 교체, 퇴소 시 겪게 되는 체제상 전환을 통해 상당히 힘든 적응생활을 경험할 수밖에 없다. 특히 퇴소 후의 학업문제나 취업문제, 주거환경과 관련된 문제는 퇴소한 청소년에게 가장 현실적이고 심각한 사안이다. 그러므로 아동양육시설은 아동이 건강한 사회인으로 시설을 벗어나서 스스로 독립할 수 있도록 퇴소 관련 프로그램을 미리부터 준비하여 시행해야 한다. 자립을 위한 준비과정이 빠를수록 그 결과는 더욱 효과적일 것이다. 또 퇴소 시 자립정착금도 현실적인 수준으로 상향 조정해야 할 것이다. 최근 지방이양사업으로 전환된 퇴소아동자립정착금 지원 목적은 아동양육시설에서 퇴소하는 만 18세 이상의 아동이 사회에서 자립하는 데 필요한 생활용품 구입비용을 지원함으로써 자립활성화에 기여하는 것이다. 하지만 지원금액이 시도별로 차이가 나고, 자립정착금이 너무 낮아 이를 현실화할 필요성이 있다. 즉 퇴소 후 주거 마련과 생활용품 구입에 필요한 자립정착금 지원이 현실화될 수 있도록 예산 증액이 요구된다.

그러나 무엇보다 중요한 것은 입소부터 퇴소까지 의존성에서 벗어나 향후 실질적 자립생활을 할 수 있는 심리적 준비가 되어야 한다는 것이다. 또 시설을 퇴소한 아동이 퇴소 후 자립생활을 할 수 있도록 보다 체계적이고 지속적인 시스템을 마련해야 하며 이에 따른 사회적 지원이 수반되어야 할 것이다. 아울러 시설퇴소 연장아동에 대한 자립지원 프로그램으로 시설 내 아동이 주체가 되고 책임을 지는 개별행동장려 프로그램, 다양한

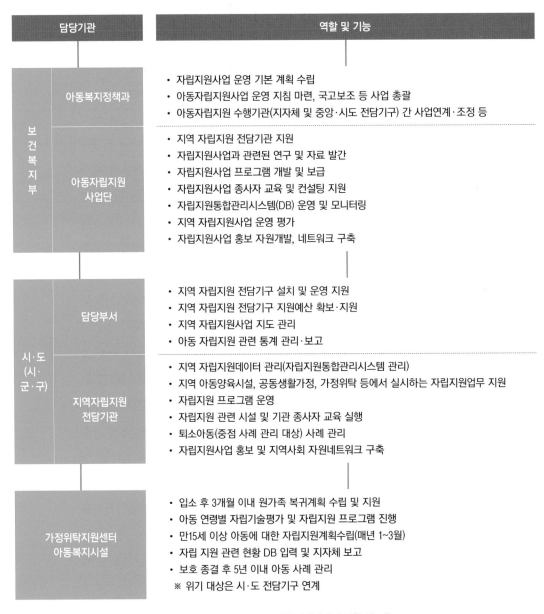

그림 17-1 보호대상아동 자립지원 담당기관의 역할 및 기능
자료: 보건복지부(2014). 2014 아동분야 사업안내. p.237.

직업세계에 대한 탐색을 할 수 있는 프로그램, 진로정보 수집을 위한 견학 프로그램 등을 고려할 수 있을 것이다.

4) 자립지원센터 운영의 내실화

자립지원센터의 운영 목적은 아동복지시설에서 퇴소하는 아동에게 취업정보를 제공하고 직업을 알선하며, 상담하는 등 시설보호아동의 자립지원을 위한 운영비를 지원하는 것이다. 자립지원센터는 1993년 7월부터 지금까지 한국아동복지협회가 해당 사업을 위탁 실시하여 왔으나, 2013년부터는 보건복지부 주관의 자립지원통합관리시스템을 운영하고 있다. 이 사업의 추진 방향은 대리양육, 가정위탁보호, 아동복지시설 보호 아동을 대상으로 퇴소(위탁 종결) 후를 대비하기 위해 만 15세부터 개인별 자립계획을 수립하고, 이에 따른 지원을 지자체별로 운영하고 있다. 또한 자립계획에 대한 지원업무로는 대학 진학에 관한 상담, 취업을 위한 자격증 취득 상담, 주거 마련에 관한 상담, 원가족관계 등에 대한 사회적 자립을 유도하고, 상담기능과 역할 강화로 욕구와 문제점을 파악하여 비행청소년이 되지 않도록 하기 위한 예방활동 등을 실시하고 있다.

보건복지부에서 발간한 〈2014 아동분야 사업안내〉에 의하면, 앞서 사업추진 방향에서 언급한 내용 외에도 시·도 및 시·군·구에 자립지원통합관리시스템(work.jarip.or.kr), 아동자립지원사업단을 통해 자립지원사업 관련 연구 및 자료 발간, 프로그램 개발 및 보급, 종사자 교육 및 컨설팅 지원, 자립지원사업 홍보 자원개발 및 네트워크 구축을 통해 자립을 위한 상담·정서 지지 및 후원 추진, 퇴소(예정)아동에 대한 주거, 취업, 대학 진학 등에 대한 수요 및 실태조사를 실시하고 있다. 만약 이러한 사업내용이 현실과 동떨어진 것이라면 시설퇴소(예정)아동에게는 전혀 도움이 되지 않을 것이다. 따라서 시설퇴소(예정)아동이 건강한 사회구성원으로 성장할 수 있도록 경제적 지원뿐만 아니라 이들에 대한 사회 전체의 지속적인 관심이 필요할 것이다.

CHAPTER 18

향후 아동복지사업의
방향과 과제

우리는 행복하기 전에 먼저 웃어야 한다.
왜냐하면 우리는 웃기 전에 죽을까 두렵기 때문이다.

– 장 드 라 브뤼예르(Jean de La Bruyére)

1 향후 아동복지사업의 추진 방향

이 시대를 살아가고 있는 아이들이 행복하다고 느껴야 우리 사회의 미래가 밝을 수 있다. 오늘날 대다수의 아이들은 행복하다고 생각하고 있을까? 이에 대한 대답은 그렇게 긍정적이지 않다. 보건복지부가 실시한 2013년 아동종합실태조사(만 18세 미만 아동을 양육하는 4,007가구/빈곤가구 1,499가구 포함)에서 아동이 느끼는 삶의 만족도(60.3점/100점 만점)와 아동결핍지수(54.8%)는 OECD 국가 중 가장 낮은 수준이었다. 인터넷과 스마트폰 등 매체 중독 고위험군에 포함되는 초등학생이 16.3%에 이르렀으며, 조사 아동의 67.6%가 사교육 등 방과 후 학습활동에 시간을 보내고 있고, 친구와 놀거나 운동하는 등 여가활동으로 보내는 비중이 상대적으로 낮았다. 아동 스트레스 및 우울수준도 5년 전인 2008년보다 증가하였고, 특히 9~17세 아동의 3.6%가 최근 1년간 '심각하게 자살을 생각한 적이 있는' 것으로 나타났다.

2003년 '어린이 안전 원년' 선포와 함께 추진되었던 '어린이 안전종합대책'에도 불구하고 10년이 지난 2013년 아동종합실태조사에서 1년간 안전교육을 받은 경험이 있는 아동은 44.3%에 불과했다. 교통사고, 성범죄, 놀이 중 사고, 유괴 등 아동안전에 대한 우려는 여전히 높았다. 특히 최근 어린이집, 유치원 시설에서의 아동학대가 사회적으로 파장을 일으키고 있는데, 교육기관뿐만 아니라 가정에서의 학대도 지속적으로 문제가 되고 있다. 1년에 1회 이상 신체학대를 경험한 아동은 6.1%, 정서학대를 경험한 아동은 11.9%, 6~8세 아동방치율은 2008년 51.3%에서 2013년에는 38.1%로 개선되었으나, 아동의 10%(빈곤아동의 17.4%)가 매일 방과 후 방치되고 있는 것으로 나타났다.

조사대상아동의 89.4%는 양친 부모와 함께 거주하고 있으며, 빈곤가정아동의 양친부모 동거비율은 27.8%로 보고되었다. 아동이 있는 가정의 상대적 빈곤율은 8.25%로 2008년 11.5%보다 개선되었다. 6~8세 자녀를 둔 가정은 빈곤율이 상대적으로 낮았으며(6.76%), 12~17세 자녀를 둔 가정은 빈곤율이 좀 더 높았다(9.2%). 먹을 것이 떨어졌는데도 살 돈이 없는 상태인 식품빈곤은 전체 아동의 8%, 빈곤가정아동의 42.2%가 경험한 것으로 나타났다.

정부가 제공하는 아동정책에 대한 만족도는 무상보육(41.5%), 빈곤아동지원(31.3%), 학대아동보호(27.1%) 순으로 높게 나타났다. 향후 보완 및 도입이 필요한 아동정책과 관련해서는 일반가정의 경우 아동성폭력예방, 학교폭력예방, 방과 후 돌봄정책 순으로 나타났고, 빈곤가정의 경우 한부모 및 조손가족 지원정책이 50% 이상으로 1순위였으며 의료비지원, 아동수당정책 도입 순으로 나타났다.

　보건복지부는 이러한 실태조사 결과를 토대로 아동정책기본계획안을 마련하고 공청회를 열어 제1차 아동정책기본계획(2015~2019)을 발표하였다. 이는 개정 아동복지법 제7조(2012년 8월 시행)에 의한 것으로, 향후 5년간 아동의 삶의 질을 개선하기 위해 정책적으로 고려해야 할 과제를 크게 4개 부문(미래를 준비하는 삶, 건강한 삶, 안전한 삶, 함께하는 삶)으로 나누어 제안하고 있다. 제1차 아동정책기본계획은 향후 10년 안에 현재 100점 만점에 60.3점으로 최하위 수준에 머물러 있는 아동의 행복도를 OECD 회원국 평균 수준에 도달하게 만드는 것을 목표로 안전, 건강, 교육 등에 대한 정책과제와 실행을 위해 필요한 사회기반조성과제를 담고 있다. 구체적으로 제1차 아동정책기본계획(2015~2019)에서는 맞벌이가정의 양육 공백을 해결하기 위해 아이돌봄서비스를 강화하고, 영아종일제 지원 대상을 만 36개월까지 확대하는 방안을 추진했다. 또 맞벌이부부의 양육 관련 고충을 해결하기 위한 '워킹맘·워킹대디지원센터'를 만들어 상담하고 컨설팅해주는 사업을 시범 실시하기로 했다. 이외에도 행정기구와 법원 등에서 아동에게 영향을 미치는 사안을 결정할 때는 아동의 진술권을 보장하는 제도를 마련할 예정이다. 예를 들어 학교에서 학생을 징계할 때 학생과 보호자의 의견진술권을 보장할 수 있도록 초·중등 교육법을 개정하고, 이혼과 양육권 결정과정에서 자녀의 의견을 반영하도록 가사소송법을 수정하겠다는 것이다. 정부는 발표된 정책의 기본계획 초안을 토대로 여론수렴과정을 거친 뒤 이를 확대할 계획이다.

　이와 같은 아동 분야 복지정책의 목표는 아동의 권리 신장이며, 이는 궁극적으로 아동이 가정과 지역사회에서 행복하게 살고 존중받으며 안전하게 성장하는 사회를 실현하는 것에서 비롯된다.

2 향후 아동복지과제

이 땅의 아이들이 진정 행복하기 위해 기성세대는 무슨 일을 해야 할까? 혹자는 무엇보다 돈이 있어야 한다는 생각에 막대한 재정을 어떻게 마련할 것인지 고민할 것이다. 물론 돈이 있어야 복지를 앞당길 수 있는 것은 사실이지만, 복지사회 구현에 돈이 최우선 요인은 아닐 것이다. 따라서 '저비용·고효율 정책'을 아동복지에 적용하면 어떨까? 굳이 재정을 쏟아붓지 않고서도 아동복지를 한 단계 끌어올리는 방법은 얼마든지 있을 것이다. 우선 아동을 인권의 주체로 바라보는 사회구성원의 태도 및 자세, 올바른 부모역할 수행 등이 바로 그것이다. 가장 쉽고도 어려운 것이 인식의 전환이므로, 아동을 존중하고 이들을 인권주체로 바라보는 사회적 분위기 조성에 온 국민이 함께하면 좋을 것이다.

1) 아동에 대한 사회구성원 전체의 인식 전환

한 국가의 복지수준이 어느 정도인지 가늠할 때, 해당 국가의 경제적 수준을 비롯하여 많은 요소가 반영된다. 반영요소 중에서는 그 나라의 사회구성원이 아동, 노인, 여성 등의 사회적 약자를 얼마나 배려하고 우대하는가도 있을 것이다. 그중에서도 특히 그 사회의 아동에 대한 인식, 즉 사회구성원의 아동관이 어떠한가는 국가의 아동복지, 나아가 사회복지수준과 깊은 관련이 있다.

아동을 존중하고 한 사람의 인격체로 받아들이며, 아동체벌이 통용되지 않는 사회적 분위기야말로 진정 우리가 바라는 아동이 행복한 사회 구현의 초석이 될 것이다. 우리는 더 이상 아동을 '성인의 축소판'으로 바라보지 않아야 하며, 아동도 성인과 마찬가지로 존중의 대상이고 권리의 주체임을 명심해야 한다.

2) 부모교육의 강화

흔히 하는 말 중에 "문제아동 뒤에는 문제부모가 있다."라는 문구가 있다. 모든 경우가

다 그렇지는 않겠지만 아동을 상담하고 치료하는 기관 종사자의 말을 종합하면 이 문구의 의미가 더욱 힘을 얻는다. 부모는 자녀를 온갖 애정과 관심으로 잘 길렀다고 자부하지만, 그러한 자녀양육방식이 결코 옳은 방법이 아니었음을 자녀가 성장한 후에 깨닫는 경우가 적지 않다. 적어도 자녀교육이나 학교교육만큼은 시행착오가 없어야 한다. 결혼 전 예비부모라면 누구나 자녀를 포함한 아동에 대한 태도, 아동의 발달단계에 따른 부모의 바람직한 역할, 부부관계 등 자녀양육 및 가정생활에서 필요한 기본적 지식을 반드시 습득해야 할 것이다.

이처럼 자녀의 바람직한 성장·발달에서 부모의 역할은 매우 중요하다. 자녀 수가 급격히 감소하여 한 가정에 자녀가 1~2명인 경우가 대부분임에도 오늘날 상당수 부모가 자녀양육 및 교육문제로 과거와는 비교할 수 없을 만큼의 과도한 스트레스를 느끼고 있다. 특히 급속한 사회 변화와 넘치는 양육정보는 오히려 부모를 더욱 혼란스럽게 만들며 이로 인한 불안감을 가중시키고 있다. 하지만 분명한 사실은 부모가 자녀를 출산함으로써 부모의 역할이 자연적으로 습득되는 것이 아니라, 부모 됨을 미리 준비해야 한다는 것이다.

우리의 현행 학교교육시스템은 인지적 교육이 주를 이루고, 향후 사회에 나갔을 때 필요한 지식과 기술교육을 상당히 강조하는 데 반해, 부모가 되었을 때 자신이 부모로서의 역할을 어떻게 수행해야 하는지, 그리고 자녀와 어떻게 놀고 어떤 방식으로 대화를 해야 하는지에 대한 교육이 전무하다고 해도 과언이 아니다.

부모교육은 아동의 건강한 성장과 발달을 위해서 필요하며, 아동복지의 예방적 차원에서 더욱 강화되어야 할 것이다. 또한 부모 개인과 가족의 건강하고 행복한 삶을 위해서라도 부모교육은 반드시 필요하다.

3) 가족기능 강화와 가족보존서비스 확충

아동복지대상에 아동뿐만 아니라 부모를 포함한 그 가족을 포함시키는 이유는 아동복지의 일차적 책임이 바로 가족에게 있고, 나아가 최선의 아동복지가 아동양육에 대한 가족의 기능을 보다 강화하고 보강하는 것이라는 입장에 근거하고 있기 때문이다. 코스틴(Costin, 1981)은 아동복지란 아동과 그 가족의 복지를 증진시키는 한편, 모든 아동과 청소년의 복리증진을 위한 것(주정일·이소희, 1994, 재인용)이라고 주장하면서, 그러기 위해서는 아동복지사업의 근본 목적이 달성되도록 무엇보다 가정생활을 강화해야 한다고 강조했다. 그의 이러한 주장은 "Home life is the highest and finest product of civilization."이라는 문장에서 잘 드러난다.

건강한 성장과 진정한 행복은 아동이 부모 및 가정과 유리된 상태에서 기대하기는 어렵다. 최선의 아동복지는 건강한 가정과 최선의 가족복지에서 비롯될 수 있듯이 부모와 가족구성원이 건강해야 아동이 건강하고 행복할 수 있을 것이다. 그러기 위해서는 무엇보다 가정의 기능이 긍정적이고 역기능적이지 않아야 하며, 가족이 건강하게 유지·존속되어야 할 것이다. 국가와 사회는 가정이 해체되지 않아야 제 기능을 할 수 있으며, 가족이 보존될 수 있도록 제도적 보완과 재정적 지원을 아끼지 않는 등 최대한의 노력을 기울여야 한다.

4) 아동의 건강한 성장·발달을 도모하기 위한 놀이 및 여가·문화 시설 확충

첨단산업화·현대화·정보화 사회는 우리의 생활을 보다 편리하고 윤택하게 만든 반면, 우리 삶에 미친 부정적 영향 또한 적지 않다. 급속한 과학기술 발전과 최첨단 기술문명은 우리로 하여금 전통적인 생활방식을 지양하게 했으며, 아동의 놀이유형 역시 상당히 다른 양상을 보이게 만들었다. 과거에는 아이들이 자연의 산물과 자료를 활용하여 놀이의 즐거움을 만끽하고 컴퓨터 같은 기계보다는 사람과 어울리면서 사회화를 경험하였다.

하지만 오늘날에는 사람보다 기계와 더 친숙해지면서 대인관계가 원만하지 않고 심리적으로 어려움을 호소하는 경우가 늘고 있다. 사람은 사물보다 사람과의 관계를 통한 경험에서 더 큰 성장을 이루기 마련이다. 오늘날의 아동은 놀이할 자유, 선택의 자유를 잃어버렸다고 해도 과언이 아니다. 이들은 종일 부모가 만든 빈틈없는 스케줄에 의해 수동적으로 움직이는 로봇 같으며, 놀이시간에도 창의적인 놀이 대신 컴퓨터나 텔레비전 같은 기계에 몰두하고 있다. 현대적인 의미의 더 멋진 놀이터가 생겨나기는 했지만 놀이의 실조를 보상하지는 못하고 있다. 자연을 접하고 창의적인 놀이를 하며 부모와 상호작용을 할 수 있는 기회를 컴퓨터 같은 기계로 대치하는 것은 오늘날 가장 심각한 문제라고 할 수 있다.

상당수의 부모는 아동발달에서 놀이가 얼마나 중요한 역할을 하는지 제대로 이해하지 못한다. 성인의 놀이에 대한 이런 태도는 결국 아동의 자유놀이와 바깥놀이의 시간을 줄이는 결과를 초래하며, 놀이공간 축소는 물론 안전사고의 위험을 내포한 오래되고 낡은 놀이기구 및 시설을 그대로 방치하는 결과 또한 낳았다. 아동이 마음껏 뛰어놀고 함께 상호작용할 수 있는 공간이 없어진다는 것은 단순히 물리적인 공간의 축소를 의미하는 것이 아니라 공동체의식을 경험할 수 있는 기회를 빼앗는 것과 같다. 따라서 우리 아동들이 건전하고 건강하게 성장·발달할 수 있는 여가 및 문화공간과 시설을 대폭 확충해야 하며, 유해매체와 좋지 못한 환경으로부터 보호하도록 노력을 아끼지 말아야 할 것이다.

5) 아동양육 및 교육에서 가장 기본적인 일부터 충실히 임하는 자세 확립

아동양육 및 교육에 책임이 있는 성인은 아동양육 및 교육에 가장 기본이 되는 일부터 충실히 임하는 자세를 가져야 할 것이다. 그 사회의 아동양육 및 교육문제는 한 개인이나 가정의 일로 간주해서는 안 되며 학교와 지역사회, 나아가 국가가 합심해서 노력을 기울여야 할 사안인 것이다.

안타깝게도 최근 우리는 아동과 관련한 부정적인 상황을 자주 접했다. 학대 및 방임아동 급증, 청소년 폭력 및 비행, 가족해체에 따른 빈곤아동의 증가 등은 심각한 사회문제이며, 사교육 과열로 인한 공교육 부실화의 우려, 저출산·고령화, 사회 전반의 양극화 현상 등 문제는 우리 사회가 시급히 해결해야 할 과제임이 틀림없다. 이러한 사회적 문제해결을 위해서 우선 아동양육과 교육에 책임이 있는 부모나 교사를 비롯한 성인이 양육과 교육에 기본이 되는 일상생활에서의 작은 일부터 충실히 임하는 자세를 지녀야 할 것이다. 특히 부모는 자녀양육과 교육의 일차적 책임자이면서, 아동이 태어나서 가장 먼저 만나는 가장 훌륭한 교사이므로, 부모로서 할 수 있는 기본적인 일에 최선을 다해야 한다. 기본에 충실하다는 것에는 아마도 다음과 같은 것을 포함할 수 있을 것이다.

첫째, 부모는 아무리 바빠도 자녀의 식사를 챙기도록 노력해야 한다. 요즘 아침식사를 거르는 아이의 수가 늘고 있다. 심지어 유아조차도 아침을 먹지 못한 채 유치원이나 어린이집에 등원하는 경우가 허다하며, 일부 학부모는 유치원이나 어린이집에서 유아의 아침 식사까지 해결해주기를 원하기도 한다. 한참 성장해야 할 시기에 식사를 거른다거나 영양을 충분히 섭취하지 못하면, 성장 지연을 비롯한 발육상의 문제뿐만 아니라 정서적인 문제 등을 유발할 수 있다. 아무리 사회가 바쁘게 돌아가더라도 부모로서 자녀에게 사랑과 정성이 담긴 식사를 준비하여 제때 먹이도록 노력해야 할 것이다.

둘째, 부모는 자녀가 정서적 외로움이나 소외감을 느끼지 않도록 아이와 함께 대화하고 놀 수 있는 시간, 즉 부모–자녀 간의 상호작용 시간을 최소 하루 1시간이라도 할애해야 한다. "자녀는 부모의 사랑을 먹고 자란다."는 말처럼 자녀의 바람직한 성장·발달에 부모의 사랑과 관심은 필수적이다. 오늘날 우리 사회는 자녀교육의 목표를 오직 대학 진학에 두고 자녀를 어릴 때부터 인지적 교육으로 몰아가고 있다. 아이들은 자신이 왜 공부해야 하며, 공부가 왜 중요한지도 이해하지 못한 채 부모의 손에 이끌려 수동적 자세로 공부에 임하게 된다. 자신의 확고한 신념 없이, 강요에 의해 학습을 요구받다 보니 이로 인한 정서적·심리적 어려움을 겪는 아동의 수가 늘고 있다. 개인의 인지적 역량 제고야말로 정서적 안정감이 뒷받침되지 않고서는 이루어지기 어려운 부분이므로, 부모는 무엇보다 자녀의 정서적·심리적 부분을 잘 보듬어주도록 노력해야 할 것이다.

셋째, 부모는 아동을 양육하고 교육함에 있어 강압적인 양육을 자제하고 체벌을 삼가도록 노력해야 한다. 최근 자주 거론되고 있는 사회적 문제 중 하나인 아동학대는 아동의 인권을 침해하는 행위임이 틀림없다. 무엇보다 아동학대를 예방하는 것이 중요하며, 이를 위해서는 부모교육 등을 통해 바람직한 부모양육행동을 익힐 수 있는 기회를 부여하고 자녀양육상 어려움을 해결할 수 있는 상담창구를 활성화하는 노력이 필요하다. 만약 주변에서 아동학대가 발생했다면, 즉각적으로 신고하도록 사회구성원의 인식 전환이 이루어져야 하며, 이를 위한 각종 홍보활동과 교육이 병행되어야 할 것이다. 아울러 아동학대를 예방하고, 학대 발생 시 아동을 보호하고 치료를 할 수 있는 전문기관 확충과 기관 종사자의 전문성 확보를 위한 제반 지원 및 노력이 필요하며, 아동학대와 관련된 규정 및 대책을 대폭 강화해야 한다. 이외에도 부모는 자녀와 스킨십을 많이 하고 욕구충족 및 만족지연능력을 길러주며, 화목한 모습을 보여 가정의 안정된 분위기를 창출하려고 노력해야 한다.

이외에도 아동복지전문가에 대한 처우를 개선하고 전문성을 강화하며, 아동복지 각

분야에서 보다 전문화된 아동복지 실천방법을 개발하고, 국내입양과 가정위탁을 활성화하며 장애아동에 대한 종합적인 서비스 체계를 확립하고, 아동을 위한 학교사회사업을 활성화해야 할 것이다. 치료서비스도 중요하지만 근본적으로 예방적 차원에서 접근해야 할 것이다.

국내문헌

강경희·전홍주(2013). OECD 국가의 양육지원정책과 출산율분석: 현금지원정책, 보육시설서비스정책, 조세
　　혜택정책을 중심으로. 한국보육지원학회지, 9(6), 197-221.

강위영·권명옥 역(2001). 정서 및 행동장애아동의 적응훈련 프로그램. 도서출판 특수교육.

공계순·박현선·오승환·이상균·이현주(2003). 아동복지론. 서울: 학지사.

교육부(2012). 학교폭력근절 종합대책.

교육부(2013). 특수교육통계.

교육부(2014). 학교폭력 통계자료(학교알리미 공시).

구향숙(2013). 조손가족을 위한 표현예술치료 프로그램이 손자녀의 자아존중감 및 가족관계에 미치는 효과.
　　청소년복지연구, 15(3), 271-294.

국정브리핑(2006. 6. 16)

권명옥(2008). ADHD 연구동향 분석: 국내 정서행동장애 전문지를 중심으로. 정서·행동장애연구, 24(2),
　　303-327.

권영임(2012). 아버지의 아동기 경험과 자녀양육태도에 관한 연구. 한국유아교육·보육행정연구, 16(2), 125-
　　142.

김광웅·박인전·방은령(1997). 영유아보육론. 서울: 중앙적성출판사.

김명희(1993). 자녀와 함께하는 부모교육. 서울: 학문사.

김미숙(2013). 빈곤아동 삶의 질과 소득지원방안. 보건복지포럼, 206, 35-43.

김상신(2013). 여성의 경제활동 참여와 출산율의 관계에 대한 실증분석 – 일과 가정 양립을 중심으로. 한국
　　산학기술학회논문지, 14(11), 5508-5513.

김승권(2002). 가족해체 발생원인 및 규모 추정. 한국보건사회연구원.

김오남(2000). 아동복지의 이해. 서울: 형설출판사.

김정민·유안진(2005). 부모의 이혼과 청소년의 우울과 외로움: 부보애착과 또래애착의 매개효과를 중심으
　　로. 인간발달연구, 12(4), 159-175.

김춘경·정여주(2001). 상호작용놀이를 통한 집단상담 -이론과 실제-. 서울: 학지사.

김태성·손병돈(2002). 빈곤과 사회복지정책. 서울: 청목출판사.

김현용·윤현숙·노혜련·김연옥·최균·이배근(1997). 현대사회와 아동. 서울: 소화.

박영숙(1997). 일본의 학교폭력발생추세 및 대응사례. 교육개발, 31-35.

박인전(1998a). 현대가족복지론-외동이 가족의 복지대책. 서울: 양서원.

박인전(1998b). 현대가족복지론-무자녀 가족의 복지대책. 서울: 양서원.

박인전·도미향·김현아·석주영·이진영·노현미 역(2002). 학대받은 아동을 위한 치료전략. 서울: 도서출판
　　양지.

박철민(2002). 아동학대 유형과 자아존중감과의 관계에 관한 연구. 대구가톨릭대학교 대학원 석사학위논문.

박현선(2002). 가해자 상담. 국립보건원 보건복지연수부 아동학대 전문상담원과정 연수자료집.

보건복지부(2009). 제1차 저출산·고령사회기본계획: 새로마지 플랜 2010.

보건복지부(2011). 제2차 저출산·고령사회기본계획: 새로마지 플랜 2015.

보건복지부(2013). 아동종합실태 조사보고서.

보건복지부, 저출산·고령사회위원회, 한국보건사회연구원(2006). 저출산 실태조사 및 종합대책 연구.

성영혜·김연진(1997). 아동복지. 서울: 동문사.

신필균(2011). 복지국가 스웨덴. 서울: 후마니타스.

신현순(2000). 아동과 청소년의 정서장애. 서울: 이화여자대학교 출판부.

안동현(2003). 아동학대 행위자 치료 프로그램 개발. 보건복지부 2003년 정책과제 연구보고서.

안명희(2006). 물리적 부모부재와 아동의 적응. 2006년 놀이치료학회 춘계학술대회자료집 한국놀이치료학회. 서울.

안옥희·박인전·안지연 편역(1995). 보육자의 눈으로 본 어린이 놀이 공간. 서울: 형설출판사.

옥경희(2005). 조부모-손자녀가족 조부모의 손자녀양육. 한국가정관리학회지, 23(3), 103-114.

유안진·김연진(1994). 부모교육. 서울: 정민사.

유영주(1985). 신가족관계학. 서울: 교문사.

윤미현(2000). 십대 미혼모의 임신 및 유아 입양관련 요인들에 관한 연구. 숙명여자대학교 대학원 박사학위논문.

윤소영·김하늬·고선강(2009). 맞벌이 가정 일-가정 균형을 위한 기업의 가족친화정책 실시 활용 및 요구. 한국가족자원경영학회지, 13(1), 12-14.

이상복·이상훈(1997). 장애아 부모교육을 통한 장애인 교육재활과 복지. 재활복지연구, 1(1), 30-59.

이상희·유형근·손현동(2008). 초등학생의 공감 및 자기존중감에 따른 집단따돌림 동조유형 판별분석. 상담학연구, 9(3), 1231-1244.

이소희(1989). 아동학대인식을 위한 가정환경 분석연구. 숙명여자대학교 대학원 박사학위논문.

이소희(2003). 아동복지론. 서울: 도서출판 양지.

이영환(2012). 아버지와 어머니의 자녀양육 참여시간 비교. 아동과 권리, 16(3), 471-495.

이현수(2010). 장애관련법에 따른 장애아 교육의 문제점과 개선방안. 한국보육학회지, 10(4), 209-222.

자원봉사포털 1365(www.1365.go.kr)

장인협·오정수(2001). 아동·청소년 복지론. 서울: 서울대학교 출판부.

전영실(2000). 피학대 아동보호 방안에 관한 연구. 한국형사정책연구원 연구보고서 00-06, p.31.

정영숙(2001). 장애아동가족의 빈곤에 대한 결정요인. 사회과학연구, 9(1), 437-456.

정영숙(2003). 발달장애아동과 가족복지의 실제. 서울: 현학사.

조윤경·이정숙(2011). 집단심리치료가 시설보호아동의 공격성 감소에 미치는 효과. 한국아동심리치료학회지, 6(2), 99-123.

주정일·이소희(1994). 아동복지학. 서울: 교문사.

최선희(2003). 교육복지투자 우선지역 아동·청소년 실태조사. 강북·노원지역사업 담당자워크숍자료집. 서울.

통계청(2009). 생활시간조사 보고서.

통계청(2011). 장래인구특별추계(2010~2060).

통계청(2012). 한국의 사회지표.

통계청(2013). 2012년 혼인·이혼 통계.

통계청(2014). 2014년 출생·사망통계.

통계청(2015). 2014년 혼인·이혼 통계.

한국가족연구회(1993). 이혼과 가족문제. 서울: 하우.

한국교원단체총연합회(1999). 새교실, 8월호. p.8

한국보건사회연구원(2003). 가족총소득 대비 1인당 평균 자녀양육비.

한국보건사회연구원(2004). 장애아 복지와 정책과제.

한국보건사회연구원(2009). 전국 출산력 및 가족보건·복지실태조사.

한국보건사회연구원(2012). 전국 출산력 및 가족보건·복지실태조사.

한국보건사회연구원(2014). 가족변화양상과 정책함의.

한미현(1996). 아동의 스트레스 및 사회적지지 지각과 행동문제. 서울대학교 대학원 박사학위논문.

한성심·송주미(2013). 아동복지론. 서울: 창지사.

국외문헌

Alderette, P., & de Graffenried, D. (1986). Nonorganic failure-to-thrive syndrome and the family system. Social Work, 31, 207-211.

Amato P., & Booth, A. (1997). A generation at risk: Growing up in an era of family upheaval. Cambridge, MA: Harvard University Press.

Amato P., Loomis, L., & Booth, A. (1995). Parental divorce, marital conflict and offspring postdivorce well-being during early adulthood. Social Forces, 73, 895-915.

Amato. P. R. (1993). Children's adjustment to divorce: Theories, hypotheses, and empirical support. Journal of Marriage and the Family, 55, 23-38.

Amato. P. R., & Keith, B. (1991) Parental divorce and the well-being of children: A meta-analysis. Psychological Bulletin, 110(1), 26-46.

American Psychiatric Association(2014). DSM-5.

Azar, S., Robinson, D., Hekimian, E., & Twentyman, C. (1984). Unrealistic expectations and problem-solving ability in maltreating and comparison mothers. Journal of Consulting and Clinical Psychology, 52, 687-691.

Bagley, C., Wood, M., & Young, L. (1994). Victim to abuser: Mental health and behavioral sequels of child sexual abuse in a community survey of young adult males. Child Abuse & Neglect, 18, 683-697.

Baldwin, J., & Oliver, J. (1975). Epidemiology and family characteristics of severely abused children. British Journal of Preventive Social Medicine, 29, 205-221.

Barglow, P., Vaughu R., & Molitor, N. (1987). Effects of maternal absence due to employment on the quality of infant-mother attachment in a low-risk sample. Child Development, 58, 945-954.

Bavolek, S. (1984). Handbook for the Adult-Adolescent Parenting Inventory(AAPI). Park City, UT: Family Development Resources.

Bavolek, S. (1989). Assessing and treating high-risk parenting attitudes. In J. Pardeck(Ed.), Child abuse and neglect: Theory, research and practice (pp. 97-110). New York: Gordon & Breach.

Behling, W. (1979). Alcohol abuse as encountered in 51 instances of reported child abuse. Clinical Pediatrics, 18, 87–91.

Biller, H. B. (1974). Parental deprivation: Family, school, sexuality, and society. Lexington, MA: D. C. Heath.

Biller, H. B., & Solomon, R. S. (1986). Child maltreatment and parental deprivation. MA: Lexington Books.

Boyd, C., Blow, F., & Orgain, L. (1993). Gender differences among African–American women substance abusers. Journal of Psychoactive Drugs, 25, 301–305.

Boyd, C., Guthrie, B., Pohl, J., Whitmarsh, J., & Henderson, D. (1994). African–American women who smoke crack cocaine: Sexual trauma and the mother–daughter relationship. Journal of Psychoactive Drugs, 26, 243–247.

Bridge, L. J., Connell, J. P., & Belsky, J. (1988). Similarities and differences in infant–mother and infant–father interaction in the strange situation: A component process analysis. Developmental Psychology, 24, 92–100.

Bristol, M. M. (1987). Mothers of children with autism or communication disorders: Successful adaptation and the Double ABCX Model. Journal of Autism and Developmentally Disorders, 17, 469–484.

Bristol, M. M., Gallagher, J. J., & Schopler, E. (1988). Mothers and fathers of young developmentally disabled and nondisabled boys: Adaptation and spousal support. Developmental Psychology, 24, 441–451.

Brooks–Gunn, J., & Duncan, G. J. (1997). The Effects of poverty on children and youth. The Future of Children, 7, 55–71.

Burgess, R., & Conger, R. (1977). Family interaction patterns related to child abuse and neglect: Some preliminary findings. Child Abuse & Neglect, 1, 269–277.

Burrell, B., Thompson, B., & Sexton, D. (1994). Predicting child abuse potential across family types. Child Abuse & Neglect, 18, 1039–1049.

Cerezo, M., & Frias, D. (1994). Emotional and cognitive adjustment in abused children. Child Abuse & Neglect, 18, 923–932.

Chan, Y. (1994). Parenting stress and social support of mothers who physically abuse their children in Hong Kong. Child Abuse & Neglect, 18, 261–269.

Clark–Stewart, K. A. (1977). Child care in the family: A review of research and some propositions for policy. New York: Academic Press.

Conger, R., Burgess, R., & Barnett, C. (1979). Child abuse related to life change and perceptions of illness: Some preliminary findings. Family Coordinator, 58, 73–77.

Connelly, C., & Staus, M. (1992). Mother's age and risk for physical abuse. Child Abuse & Neglect, 16, 709–718.

Costin, L. B. (1983). Child welfare: Policies and Practice. New York: McGraw-Hill.

Daniel, D., & Moos, F. H. (1990). Assessing life stressors and social resources among adolescents: Applications to depressed youth. Journal of adolescent Research, 5, 268–269.

Downs, A., & Gowan, D. (1980). Sex differences in reinforcement and punishment on prime-time television. Sex Roles, 6, 683-694.

Dubow, E. F., Tisak, J., Causey, D., Hryshko, A., & Reid, G. (1991). A two-year longitudinal study stressful life events, social support, and social problem-solving skills: Contributions to children's behavioral and academic adjustment. Child Development, 62, 583-599.

Duncan, G. J., & Brooks-Gunn, J. (2000). Family poverty, welfare reform and child development. Child Development, 71(1), 188-197.

Duncan, G. J., & Hoffman, S. D. (1985). A reconsideration of the economic consequences of marital disruption. Demography, 22, 485-489.

Duvall, E. (1977). Marriage and family development(5th ed). Philadelphia: Lippincott.

Edwards, J. N. (1987). Changing family structure and youthful well-bing: Assessing the future. Journal of Family Issues, 8, 355-372.

Elkind, D. (1984). All frown up and no place to go. Addison-Wesley publishing Co.

Emery, R, E., & Forehand, R. (1996). Parental divorce and children's well-bing: A focus on resilience. In R. J. Haggerty, L. R. Sherrod, N. Gamezy, & M. Rutter(Eds.), Stress risk and resilience on children and adolescents: Processes, mechanism and interventions. Cambridge: Cambridge University Press.

Faller, K., & Ziefert, M. (1981). Causes of child abuse and neglect. In K. Faller(Ed.), Social work with abused and neglected children: A manual of interdisciplinary practice(pp.32-51). Elmsford, NY: Free Press.

Faller, K., Bowden, M ., Jones, C., & Hildebrandt, H. (1981). Types of child abuse and neglect. In K. Faller(Ed.), Social work with abused and neglected children: A manual of interdisciplinary practice(pp.13-31). New York: Free Press.

Famularo, R., Kinscherff, R., & Fenton, T. (1992). Parental substance abuse and the nature of child maltreatment. Child abuse & Neglect, 16, 475-483.

Famularo, R., Stone, K., Barnum, R., & Wharton, R. (1986). Alcoholism and severe child maltreatment. American Journal of Orthopsychiatry, 56, 481-485.

Frodi, A., & Lamb, M. (1980). Child abusers' responses to infant smiles. Child Development, 51, 238-241.

Garbarino, J., Guttman, E., & Seeley, J. (1986). The psychologically battered child: Strategies for identification, assessment and intervention. San Francisco: Jossey-Bass.

Garbarino, J., & Vondra, J. (1987). Psychological maltreatment: Issues and perspectives. In M. Brassard, R. Germain, & S. Hart(Eds.), Psychological maltreatment of children and youth(pp.25-44). Elmsford, NY: Pergamon.

Gradin, T. (1996). Brief report: Response to national institutes of health report. Journal of Autism and Developmental Disorders, 26(2), 185-187.

Groth, N., & Oliveri, F. (1989). Understanding sexual offense behavior and differentiating among sexual abusers: Basic conceptual issues. In S. Sgroi (Ed.), Vulnerable populations(Vol. 2, pp.309-327). MA: Lexington Books.

Hawkins, W., & Duncan, D. (1985). Perpetrator and family characteristics related to child abuse and neglect: Comparison of substantiated and unsubstantiated reports. Psychological Reports, 56, 407–410.

Herman, J. (1981). Father–daughter incest. MA: Harvard University Press.

Herman, J., Russell, D., & Trocki, K. (1986). Long-term effects of incestuous abuse in childhood. American Journal of Psychiatry, 143, 1293–1296.

Hetherington, E. M., Cox, M & Cox, R. (1982). Effects of divorce on parents and children. In M. Lamb(Ed.), Nontraditional families(pp.233–288). Hillsdale, NJ: Lawrence Erlbaum.

Hetherington, E. M., & Stanley-Hagan, M. (1999). The adjustment of children with divorced parents: A risk and resiliency. Journal of Child Psychology and Psychiatry, 40, 129–140.

Hoffman, M. L. (1971). Father absence and conscience development. Developmental Psychology, 4, 400–406.

Hoffman-Plotkin, D., & Twentyman, C. T. (1984). A multimodel assessment of behavioral and cognitive deficits in abused and neglected preschoolers. Child Development, 55(3), 794–802.

Hurber, J. A., & Spitz, G. C. (1983). Sex stratification, children, house work and jobs. NY: Academic Press.

Huston, A. C., & Aroson, S. R. (2005). Mothers' time with infant and time in employment as predictors of mother–child relationships and children's early development. Child Development, 76, 467–482.

Jaudes, P., Ekwo, E., & Voorhis, J. (1995). Association of drug abuse and child abuse. Child Abuse & neglect, 19, 1065–1075.

Kadushin, A. (1980). Child welfare services. New York: Macmillan Publishing Co.

Kaufman, J., & Zigler, E. (1987). Do abused children become abusive parents? American Journal of Orthopsychiatry, 57, 186–192.

Kitson, G. C., & Morgan, L. A. (1990). The multiple consequences of divorce: A decade review. Journal of Marriage and the Family, 52, 913–924.

Knopp, F. (1984). Retraining adult sex offenders: Methods and models. Syracuse, NY: Safer Society Press.

Kotch, J., Browne, D., Ringwalt, C., Stewart, P., Ruina, E., Holt, K., Lowman, B., Jung, J., & Libow, J. (1995). Risk of child abuse or neglect in a cohort of low-income children. Child Abuse & Neglect, 19, 1115–1130.

Koverola, C., Pound, J., Heger, A., & Lytle, C. (1993). Relationship of child sexual abuse to depression. Child Abuse & Neglect, 17, 393–400.

Kravitz, R., & Driscoll, J. (1983). Expectations for childhood development among child-abusing and nonabusing parents. American Journal of Orthopsychiatry, 53, 336–344.

Kurtz, P., Gaudin, J., Wodarski, J., & Howing, P. (1993). Maltreatment and the school-aged child: School performance consequences. Child Abuse & Neglect, 17, 581–589.

Lanktree, C., & Briere, J. (1995). Outcome of therapy for sexually abused children: A repeated measures study. Child Abuse & Neglect, 19, 1145–1155.

Lewis, M., & Kreitzberg, V. S. (1979). Effects of birth order and spacing on mother-infant interactions. Developmental Psychology, 15, 167-215.

Lynn, D. (1974). The father: His role in child development. Monterey, Califf: Books/Cole.

MacDonald, K., & Parke, R. D. (1984). Bridging the gap: Parent-child play interaction and peer interactive competence. Child Development, 55, 1265-1277.

Mamay, P., & Simpson, R. (1981). Three female roles in television commercials. Sex Roles, 7, 1223-1232.

McGain, B., & Mckinzey, R. (1995). The efficacy of group treatment in sexually abused girls. Child Abuse & Neglect, 19, 1157-1169.

McNulty, C., & Wardle, J. (1995). Adult disclosure of sexual abuse: A primary cause of psychological distress?. Child Abuse & Neglect, 19, 549-555.

Miller, D., McCluskey-Fawcett, K., & Irving, L. (1993). The relationship between childhood sexual abuse and subsequent onset of bulimia nervosa. Child Abuse & Neglect, 17, 305-314.

Moeller, T., Backmann, G., & Moeller, J. (1993). The combined effects of physical, sexual and emotional abuse during childhood: Long-term health consequences for women. Child Abuse & Neglect, 17, 623-640.

Murphy, J., Jellinek, M., Quinn, D., Smith, G., Poitrast, F., & Goshko, M. (1991). Substance abuse and serious child mistreatment: Prevalence, risk and outcome in a court sample. Child Abuse & Neglect, 17, 623-640

National Center on Child Abuse and Neglect(1988). Study findings: Study of national incidence and prevalence of child abuse and neglect: 1998(DHHS Publication No.20-01093). Washington DC: Author.

Nurse, S. (1964). Familial patterns of parents who abuse their children. Smith College Studies in Social Work, 35, 11-25.

O' conell, P., Peppler, D., & Criag, W. (1999). Peer involvement in bullying. Journal of Adelescent, 22(4), 437-452.

OECD(2005). A study on influencing factors of fertility rate: The role of the government.

OECD(2014). Family Database. SF2.1. Fertility rates.

Olweus(1978). Aggression in the schools: Bullying and whipping boys. Washington DC: Hemisphere.

Olweus, D. (1993). Bullying and school. Cambridge, MA: Blackwell.

Pardek, J. (1990). Children' s literature and child abuse. Child Welfare, 69, 83-88.

Parke, T. E., & Tinsley, B. J. (1987). Family interaction in infancy. In J. D. Osofsky(Ed.), Handbook of Infant Development. New York: John Wiley & Sons Inc.

Parsons, T., & Nales, R. F. (1955). Family, socialization and the interaction process. Glencoe: The Free Press.

Patterson, G. (1982). Coercive family process. Eugene, OR: Castalia.

Perez, D., & Widom, C. (1994). Childhood victimization and long-term intellectual and academic outcomes. Child Abuse & Neglect, 18, 617-633.

Peters, D., & Range, L. (1995). Childhood sexual abuse and current suicidally in college women and men. Child Abuse & Neglect, 19, 335-341.

Polansky, N., Chalmers, M., Buttenwieser, E., & Williams, D. (1981). Damaged parents: An anatomy of child neglect. Chicago: University of Chicago Press.

Rankin, J., & Wells, L. E. (1995). The preventive effects of the family on delinquency. In R. Berger(Ed.), The sociology of delinquency(pp.201-217). Chicago, IL: Nelson-Hall.

Reid, J., Taplin, P., & Lorber, R. (1981). A social interactional approach to the treatment of abusive families. In R. Stuart(Ed.), Violent behavior: Social learning approaches to prediction, management and treatment(pp.83-101). New York: Brunner/Mazel.

Roders, K. B., & Rose, H. A. (2002). Risk and resiliency factors among adolescents who experience marital transition. Journal of Marriage and the Family, 64(4), 1024-1037.

Rowilison, R. T., & Felner, F. D. (1988). Major life events, hassles and adaption in adolescence: Confounding in the conceptualization and measurement of life stress and adjustment revisited. Journal of Personality and Social Psychology, 55, 432-444.

Sandler, I. N., Tein, J. U., & West, S. G. (1994). Coping, stress and the psychological symptoms of children of divorce: A cross-sectional and longitudinal study. Child Development, 65, 1744-1763.

Schwarz, J. C., Strikland, T. G., & Krolick, G. (1974). Infant day cate: Behavioral effects at preschool age. Developmental Psychology, 10, 502-506.

Sgroi, S. (1989). An approach to case management. In S. Sgroi(Ed.), Handbook of clinical intervention in child sexual abuse(pp.81-108). Lexington, MA: Lexington Books.

Shapiro, L. (1997). The myth of quality time. Newsweek, May, 12.

Smilansky, S. (1992). Children of divorce: The roles of family and school. MD: BJE Press.

Smucker, M., Craighead, W., Craighead, L., & Green, B. (1986). Normative and reliability data for the children's depression inventory. Journal of Abnormal Child Psychology, 14, 25-39.

Steele, B. (1987). Psychodynamic factors in child abuse. Chicago: University of Chicago Press.

Teets, J. (1995). Childhood sexual trauma of chemically dependent women. Journal of Psychoactive Drugs, 27, 231-238.

Telzrow, C. (1987). Influence by negative and limiting models. In M. Brassard, R. Germain, & S. Hart(Eds.), Psychological maltreatment of children and youth(pp.121-136). Elmsford, NY: Pergamon.

Tyson, P., & Sobschak, K. (1994). Perceptual responses to infant crying after EEG biofeedback assisted stress management training: Implications for physical child abuse. Child Abuse & Neglect, 18, 933-943.

Vissing, Y., Straus, M., Gelles, R., & Harrop, J. (1991). Verbal aggression by parents and psychosocial problems of children. Child Abuse & Neglect, 15, 223-238.

Voydanoff, P., & Donnelly, B. W. (1998). Parents' risk and protective factors as predictors of parental well-being and behavior. Journal of Marriage and the Family, 60, 344-355.

Wallerstein, J. S., & Kelly, J. B. (1980). Surviving the breakup: How children actually cope with divorce. NY: Basic.

Wallerstein, J., Lewis, J., & Blakeslee, S. (2000). The unexpected legacy of divorce. New York: Hyperion.

Walsh, F. (1993). Strengthening family resilience. NY: The Guilford Press.

Wasik, B., & Roberts, R. (1994). Survey of home visiting programs for abused and neglected children and their families. Child Abuse & Neglect, 18, 271-283.

Wiehe, V. (1987). Empathy and locus of control in child abusers. Journal of Social Service Research, 9, 17-30.

Wiehe, V. (1990). Religious influence on parental attitudes toward the use of corporal punishment. Journal of Family Violence, 5, 173-186.

Wiehe, V. (1992). Abusive and nonabusive parents: How they were parent. Journal of Social Service Research, 15, 81-93.

Wozencraft, T., Wagner, W., & Pellegrin, A. (1991). Depression and suicidal ideation in sexually abused children. Child Abuse & Neglect, 15, 505-511.

Young, L. (1964). Wednesday's children: A study of child neglect and abuse. New York: McGraw-Hill.

Young, L. (1992). Sexual abuse and the problem of embodiment. Child Abuse & Neglect, 16, 89-100.

Zill, N. (1988). Behavior, achievement and health problems among children in stepfamilies. In E. Hetherington, & J. Arast(Eds.), Impact of divorce, single-parenting and stepparenting. on children(pp.325-368). Hillsdale, AJ: Erlbaum.

Zill, N., Morrison, D. R., & Coiro, M. J. (1993). Long-term effects of parental divorce on parent-child relationships, adjustment and achievement in young adulthood. Journal of Family of Psychology, 7, 91-103.

井上 肇, 野口勝己 編(1993). 兒童福祉. 日本 東京: 福村出版.

보도자료

MK뉴스(2013. 8. 19). 수능 상위 1% 10명 중 1명은 강남출신.

강원일보(2005. 5. 19). 가족이 해체된다 가정 지켜야 한다.

디벨트[http://www.welt.de](2014. 11. 9). (독일) 엄마들의 장기휴가.

매일신문(2013. 12. 6). 학교, 놀이터 가면 중금속 범벅… 집도 피부·호흡기 안전지대 못돼.

연합뉴스(2005. 6. 28). 부모가 이혼하면 자녀 이혼확률도 높다.

중앙일보(2002. 3. 2). 아버지 자상하면 자녀 성적 좋다.

한국경제TV(2013. 1. 11). '장난감 유해물질 파동 충격', 우리 아이 장난감 안전하게 고르기.

헤럴드경제(2004. 7. 5). 청소년 절반 이혼에 관대.

박인전

영남대학교 대학원 문학박사
영남대학교 사범대학 유아교육과 교수
(재)지구촌발전재단 부설 아동복지상담연구소장
주요 연구 분야_ 아동복지, 놀이치료, 보육 등

권성민

영남대학교 대학원 교육학박사
수성대학교 유아교육과 조교수
수성대학교 유아교육지원센터장
주요 연구 분야_ 유아교과교육론, 교직실무, 교육사회학 등

전혜경

영남대학교 대학원 교육학박사
송곡대학교 유아교육과 조교수
한국유아교육·보육복지학회 이사
주요 연구 분야_ 아동복지, 유아교육과정, 유아수·과학교육 등

김보민

영남대학교 대학원 교육학박사
영남대학교 박정희새마을연구원 연구교수
주요 연구 분야_ 유아교육, 새마을국제개발, 국제사회복지 등

개정판

아동복지론

2006년 9월 11일 초판 발행 | 2015년 7월 14일 개정판 발행

지은이 박인전·권성민·전혜경·김보민 | **펴낸이** 류제동 | **펴낸곳 교문사**

편집부장 모은영 | **책임진행** 이정화 | **디자인** 신나리 | **본문편집** 아트미디어

제작 김선형 | **홍보** 김미선 | **영업** 이진석·정용섭 | **출력** 현대미디어 | **인쇄** 동화인쇄 | **제본** 한진제본

주소 (413-120)경기도 파주시 문발로 116 | **전화** 031-955-6111 | **팩스** 031-955-0955

홈페이지 www.kyomunsa.co.kr | **E-mail** webmaster@kyomunsa.co.kr

등록 1960. 10. 28. 제406 – 2006 – 000035호

ISBN 978-89-363-1508-5(93330) | **값** 20,000원